Psicografia de
Sulamita Santos

Pelo espírito
Margarida da Cunha

começar
outra
vez

LÚMEN
EDITORIAL

Começar outra vez
Pelo Espírito Margarida da Cunha

psicografia de Sulamita Santos

Copyright © 2016 by
Lúmen Editorial Ltda.

1ª edição – outubro de 2016

Direção editorial: *Celso Maiellari*
Direção comercial: *Ricardo Carrijo*
Coordenação editorial: *Casa de Ideias*
Projeto gráfico e arte da capa: *Casa de Ideias*
Impressão e acabamento: *Gráfica Paym*

Dados Internacionais de Catalogação na Publicação (CIP)
(Câmara Brasileira do Livro, SP, Brasil)

Cunha, Margarida da (Espírito).
  Começar outra vez / pelo espírito Margarida da Cunha ; psicografia de Sulamita Santos. – 1. ed. – São Paulo : Lúmen Editorial, 2016.

  ISBN: 978-85-7813-176-0

  1. Espiritismo 2. Psicografia 3. Romance espírita I. Santos, Sulamita. II. Título.

16-07786   CDD-133.93

Índice para catálogo sistemático:
1. Romances espíritas psicografados : Espiritismo   133.93

Rua Javari, 668
São Paulo – SP
CEP 03112-100
Tel./Fax (0xx11) 3207-1353

visite nosso site: www.lumeneditorial.com.br
fale com a Lúmen: atendimento@lumeneditorial.com.br
departamento de vendas: comercial@lumeneditorial.com.br
contato editorial: editorial@lumeneditorial.com.br
siga-nos nas redes sociais:
twitter: @lumeneditorial
facebook.com/lumeneditorial

2016

Proibida a reprodução total ou parcial desta obra
sem prévia autorização da editora
Impresso no Brasil – *Printed in Brazil*

SUMÁRIO

CAPÍTULO UM
Problemas em família 5

CAPÍTULO DOIS
O conflito com Yago 16

CAPÍTULO TRÊS
Os conselhos de Júlia 27

CAPÍTULO QUATRO
Yago arranja um problema 35

CAPÍTULO CINCO
A vida vai voltando aos eixos 41

CAPÍTULO SEIS
Uma fatalidade acontece 52

CAPÍTULO SETE
Arnaldo volta para casa 73

CAPÍTULO OITO
Uma luz no fim do túnel 103

CAPÍTULO NOVE
Ciúme doentio 117

CAPÍTULO DEZ
Yago começa a se estabilizar 128

CAPÍTULO ONZE
Alguém tenta prejudicar Yago 162

CAPÍTULO DOZE
A vingança de Beatriz 194

CAPÍTULO TREZE
Yago pede Ana em namoro 202

CAPÍTULO CATORZE
Nem tudo são flores 221

CAPÍTULO QUINZE
O reconhecimento do erro 260

CAPÍTULO DEZESSEIS
E a vida segue 276

CAPÍTULO DEZESSETE
Beatriz não desiste 310

CAPÍTULO DEZOITO
O retorno à vida espiritual 356

CAPÍTULO DEZENOVE
Yago vai se adaptando 405

CAPÍTULO VINTE
Vingança é um prato que se come frio 422

CAPÍTULO VINTE E UM
E o tempo passou... 452

CAPÍTULO VINTE E DOIS
Começar outra vez 485

CAPÍTULO UM

Problemas em família

Mirtes levantou-se. Passava das seis e meia quando ouviu um barulho na porta da sala. Ela, que colocava água para fazer café, foi até lá para ver quem estava chegando. Ao ver o filho entrar, disse:

— Isso são horas de chegar? Fiquei acordada, preocupada com você.

O rapaz, olhando para a mãe, respondeu com displicência:

— Mãe, quantas vezes tenho que dizer para não se preocupar? Estava com Marcelo. Apenas esquecemos da hora.

Mirtes, irritada, foi logo dizendo:

— Seu pai está levantando. Vá logo para o seu quarto antes que ele o veja! Depois sou eu que aguento ele falando sem parar, me atormentando a cabeça!

O rapaz, sorrindo, aproximou-se, beijou o rosto da mãe e rapidamente foi para o quarto.

Mirtes ficou olhando o filho sumir pelo longo corredor e, meneando a cabeça, soltou:

— Meu Deus, quando Yago vai aprender a ter responsabilidade?

Ao voltar para a cozinha, a mulher fez tudo como de costume: preparou o café, foi até a padaria que ficava ao lado e arrumou a mesa, pois sabia que em poucos minutos Arnaldo, seu marido, e Mercedes, sua filha mais velha, estariam de pé.

Assim que a mesa estava arrumada, Arnaldo apareceu na cozinha e perguntou:

— Com quem estava falando?

Mirtes, desapontada, respondeu:

— Conversava com Yago.

O marido, estranhando o horário, perguntou:

— Que horas ele chegou ontem?

Mirtes, sabendo que não adiantava mentir para o marido, respondeu entredentes:

— Chegou agora de manhã...

Indignado, Arnaldo foi logo dizendo:

— Quem Yago pensa que é para chegar a uma hora dessas?

Mirtes permaneceu calada e sentou-se, a fim de fazer o desjejum com o marido. Arnaldo prosseguiu:

— Yago está passando dos limites, sai todas as noites e chega somente no dia seguinte, não trabalha, não estuda e só Deus sabe o que faz na rua até amanhecer. Hoje terei uma conversa com esse irresponsável!

Mirtes sabia que todas as vezes que Arnaldo conversava com o filho tinha confusão, pois Yago não o respeitava e gritava com o pai a plenos pulmões, fazendo-a interferir. Ela tentou dissuadir o marido:

— Não diga nada. Eu mesma vou ter uma conversa com nosso filho.

Arnaldo, irritado, respondeu:

— Você sempre o protege, por isso esse menino não cria juízo.

Mirtes, sentindo-se ofendida, retrucou:

— Quando converso com Yago não há discussão, pois ele me ouve e algumas vezes argumenta, mas você, ao contrário, chega gritando e fazendo cobranças, irritando-o ainda mais.

— Faça como quiser, mas saiba que se Yago não respeitar as regras da minha casa eu o porei na rua.

— Que espécie de pai é você, que vive dizendo que vai pôr nosso único filho homem na rua?

— Sou um homem de princípios e não vou admitir que Yago continue nessa boa vida – respondeu Arnaldo, com raiva. – Veja Mercedes, ela é o oposto de Yago. Trabalha durante o dia, estuda à noite, e sempre foi responsável, ao contrário de seu filho.

Mirtes sabia que o marido tinha razão, mas sabia também que nada do que dissesse iria fazer com que o filho mudasse seu comportamento. Olhando fixamente para o marido, argumentou:

— Arnaldo, não compare Yago com Mercedes, pois, embora sejam nossos filhos, não são iguais. Mercedes tem uma maneira de ser e de agir, Yago é diferente. Mercedes é boa filha, verdade, mas tem um gênio do cão, enquanto Yago, mesmo sendo destrambelhado, é dócil e carinhoso. Todos nós temos defeitos e qualidades. Como mãe, procuro aceitar meus filhos da maneira que são.

— Você diz que Mercedes é geniosa, mas ela é responsável e nunca me desacatou, ao contrário de Yago, que, sempre que tento conversar, vem com dez pedras na mão – discordou Arnaldo.

Mirtes, tentando defender o filho, retrucou:

— Todas as vezes que você conversa com Yago grita e faz suas exigências, e ele, como um rapaz altivo, não aceita.

— Você é culpada pelas irresponsabilidades de Yago. Lembro-me de que desde criança você o protege, e continua fazendo isso até hoje, que é um homem barbado! Mas vou logo avisando: já estou no meu limite e juro que não vou suportar as irresponsabilidades de Yago por muito tempo!

Ao dizer essas palavras, Arnaldo saiu para trabalhar, deixando Mirtes pensativa.

— Arnaldo tem razão, mas o que posso fazer se Yago não quer nada com a vida? Hoje mesmo vou ter uma conversa com ele e expor a gravidade do problema.

Não demorou e Mercedes entrou na cozinha. Ao ver a mãe preocupada, perguntou:

— O que houve?

Mirtes, em tom de desabafo, disse:

— Seu irmão chegou às seis e meia da manhã e seu pai ficou furioso.

Mercedes sentou-se e, sem pensar, foi logo dizendo:

— Yago não tem jeito, ele pensa que a vida é um lindo arco-íris. Sai todas as noites, chega somente na manhã do dia seguinte, mente dizendo que não viu o adiantado da hora, não pensa em trabalhar nem em estudar, e levanta somente depois das três horas da tarde. Todos os dias é a mesma coisa. Papai tem se esforçado para suportar essa situação, mas ontem ele me disse que está cansado.

— Seu pai disse que está perdendo a paciência, e ameaçou colocá-lo para fora de casa. Se ele fizer isso, o que será de seu irmão?

Mercedes, despejando leite na xícara, respondeu:

— Quem sabe não seja essa a lição que Yago está precisando?

— Não diga isso, minha filha. Seu irmão não saberia viver longe de casa.

Mercedes, que repudiava a proteção da mãe, respondeu:

— Mamãe, compreenda que Yago não mudará enquanto contar com sua proteção. Hoje ele tem a senhora que o poupa, mas se um dia a senhora e o papai morrerem, ele continuará vivendo, pois a vida ensina.

Mirtes irritou-se com Mercedes:

— Enquanto eu viver vou cuidar de meu filho.

—Enquanto a senhora viver Yago continuará a ser o mesmo desmiolado de sempre e nunca amadurecerá para a vida. Hoje tenho que levar meus livros, pois na hora do almoço tenho que estudar para a prova de linguística da faculdade, portanto, não virei almoçar – despediu-se da mãe e saiu para trabalhar.

Arnaldo trabalhava como corretor de imóveis em sua imobiliária e a filha trabalhava em uma loja de roupas para se manter e pagar a faculdade.

Mirtes, ao ver a filha sair, pensou: "Por que Yago não é como a irmã, sempre responsável e estudiosa?".

Ela ficou pensando em Yago, que desde criança sempre lhe deu trabalho. Quando estudava, mentia que ia para a escola, e quando ela perguntava ele arranjava as desculpas mais deslavadas para fugir do castigo e também dos problemas que arranjava com toda a vizinhança.

Com esse pensamento, Mirtes, quase que robotizada, levantou-se para iniciar seus afazeres.

Passava das três horas da tarde quando Yago levantou e gritou pela mãe:

— Mãe, estou com fome!

Mirtes, que passava roupa com o rádio ligado, não ouviu os gritos do filho. Ele entrou na lavanderia dizendo:

— Mãe, estou com fome!

A mulher, de cenho fechado, respondeu:

— Seu prato está feito no forno.

— Por que a senhora está brava? – perguntou Yago ao perceber a fisionomia da mãe.

— Vá almoçar e depois conversaremos – retrucou Mirtes, contendo a irritação.

Yago, com seu jeito meigo, aproximou-se da mãe, abraçou-a pela cintura e disse:

— O que está passando por essa cabeça, dona Mirtes?

Mirtes, naquele momento, abriu um sorriso:

— Almoce e lave o prato!

— Que isso, dona Mirtes... Vai deixar seu filho querido comer comida fria? – disse ele beijando a mãe.

Levada pelos encantos do filho, tratou de esquentar a comida para o rapaz, que cantarolava uma canção da moda. Enquanto a mãe esquentava a comida, Yago foi tomar banho, deixando Mirtes sozinha.

"Yago ainda é uma criança. Mesmo em um corpo de adulto, continua a agir como se fosse um menino", pensou a mãe.

Assim que Yago tomou banho, foi até a cozinha para almoçar. O rapaz de poucos modos sentou-se para fazer a refeição, e sua mãe disse:

— Yago, coloque uma camisa para almoçar.

— Por que faria isso? Estou com calor.

— Seu pai nunca se sentou à mesa para fazer uma refeição sem camisa, ele sempre diz que isso é falta de respeito.

O rapaz não tinha boas maneiras e, com a boca cheia de comida, respondeu:

— Ele é ele, eu sou eu! Se ele tem essa mania de velho, o problema é dele, pois eu ando sem camisa pela casa, saio na rua sem camisa quando está calor e faço minhas refeições sem camisa. Só as mulheres precisam se preocupar com isso, afinal eu não tenho seios para esconder.

— Yago por falar nisso, temos que ter uma conversa – disse Mirtes, ignorando as palavras do rapaz.

Yago sabia o que sua mãe ia dizer:

— Não temos nada para conversar, pois sei bem o que irá dizer.

Mirtes, não se dando por vencida, continuou a falar mesmo a contragosto do rapaz.

— Yago, não acha que está na hora de fazer alguma coisa útil? Você não trabalha nem estuda, o que espera da vida?

— Quero viver a vida ao máximo, e é isso que estou fazendo. Além do mais, trabalhar para quê, se a senhora não me deixa faltar nada? – disse o rapaz olhando com deboche para a mãe.

— Não estou aguentando mais ouvir seu pai reclamar.

— Deixe que fale, não me importo nem um pouco com a opinião daquele velho caquético.

— Você é esquisito, meu filho, quando quer alguma coisa, é amável, mas depois não se importa em usar sua língua ferina para ultrajar as pessoas.

— Mãe, a senhora deveria me conhecer. Passo de anjo a demônio em um segundo, então, é só não pisar no meu calo.

— Mas quem está pisando no seu calo? Estou falando que você já tem idade para saber o que quer da vida. Veja o Antonio, filho do seu

Alfredo, ele tem sua idade e já é gerente da loja de ferragens. E você, o que conseguiu da vida?

— Deixe de conversa, sei bem o que quero da vida. Ainda sou jovem e tenho muito que viver. O que aquele idiota conseguiu?

— Aquele idiota, como você diz, já está terminando de construir a casa dele e logo vai se casar.

— E o que ele aproveitou da vida? Começou a trabalhar cedo e logo vai se casar para arranjar mais responsabilidade. Isso é coisa de louco – retrucou Yago depois de tomar um copo de suco.

Mirtes começou a falar sem deixar que o rapaz a interrompesse:

— Yago, você já não é mais nenhuma criança, o tempo passa depressa, e logo você estará com trinta anos. Como sustentará uma família?

— E quem foi que disse que pretendo constituir família? A vida é uma só, e dela precisamos tomar até a última gota. Vivo cada dia como se fosse o último, e bebo até o último gole a cada dia numa taça de ouro.

— Você vive dessa maneira porque eu não lhe deixo faltar nada. Talvez seu pai tenha razão, já está na hora de trabalhar e se sustentar. Lembre-se de que você não terá a mim a vida inteira. E depois o que pretende fazer? – Mirtes respondeu indignada.

— Quando estiver velho, talvez eu pense no assunto, mas por ora deixe-me viver.

— Seu pai disse que, se você continuar a ser inconsequente dessa maneira, ele o porá para fora de casa. E aí, o que pretende fazer?

Yago até aquele momento sorria. Fixou o olhar seriamente em sua mãe e disse:

— Papai está pensando em me expulsar de casa? E a senhora vai permitir um abuso desses?

— Abuso é o que vem fazendo, saindo todas as noites e voltando somente no dia seguinte. Dorme quase o dia inteiro e na noite seguinte volta a fazer a mesma coisa! Seu pai está perdendo a paciência com você, e o pior é que ele tem toda razão de estar bravo. Veja sua irmã. Trabalha desde os quinze anos, e já está cursando a faculdade de letras. E você, o que vem fazendo? A vida não é nenhum parque de diversões, ela exige que tenhamos responsabilidades.

— Ninguém irá me impedir de me encontrar com meus amigos. Além do mais, a senhora está esquecendo apenas um detalhe: eu não pedi pra nascer – disse Yago, aborrecido. – Vocês me colocaram no mundo e têm a responsabilidade de cuidar de mim.

— A nossa responsabilidade como pais vai até o filho crescer, e você já é um homem feito, portanto, não temos mais nenhuma obrigação para com você. Se quiser alguma coisa, terá que trabalhar. Além do mais, trabalho não mata ninguém.

— Eu não vou mudar! Se a senhora me ama terá que me aceitar como sou! – Yago gritou.

— Estou avisando, pois quero somente seu bem, mas depois não cobre de mim apoio quando seu pai o puser para fora de casa – disse Mirtes com o coração partido. – Estou tentando fazer você enxergar que o trabalho enobrece a alma, mas, se não quer me ouvir, arque com as consequências mais tarde, quando a vida lhe cobrar.

— A vida não cobra nada! Quem cobra são as pessoas, e eu sou livre e jamais permitirei que a senhora ou seu marido me cobre alguma coisa!

Mirtes olhou para o filho surpresa com tais afirmações. Com tristeza, terminou a conversa:

— Se quer continuar a viver dessa maneira, o problema é seu, mas não reclame quando tiver que arcar com as consequências de seus atos.

— Sou um homem livre e faço da minha vida o que bem entender.

— Não se esqueça de que cada escolha tem uma consequência, pois a vida é o que fazemos dela.

Yago levantou-se da mesa deixando o prato e, sem olhar para trás, trancou-se em seu quarto. Ligou o rádio no último volume, pois não queria ser incomodado pela mãe.

Naquele mesmo dia, passava das sete horas quando Arnaldo chegou e disse, eufórico:

— Mirtes, hoje consegui vender uma casa imensa na Vila Mariana. O lucro será considerável, talvez dê pra gente reformar nossa casa no final do ano.

Mirtes, entusiasmada, respondeu:

— A única coisa que quero é comprar um fogão novo. Esse já está fora de moda.

— É só isso que quer? – perguntou Arnaldo, sorrindo.

— Sim!

Arnaldo, mudando de assunto, perguntou:

— Onde está o vagabundo do nosso filho?

Mirtes não gostou das palavras do marido, mas, como não queria estragar a noite, respondeu:

— Não se preocupe, conversei com Yago e agora é esperar pelos resultados.

— Vou tomar banho e depois virei jantar, pois estou cansado e com muito calor. É insuportável essa época do ano...

Mirtes nada disse. Ficou olhando para o marido, que rodopiou lentamente nos calcanhares e se dirigiu ao quarto. Arrumou a mesa e ficou esperando que ele voltasse para jantar. Foi quando ouviu os gritos vindo do fim do corredor. Mirtes se apressou e logo viu pai e filho, um em frente ao outro.

— O que está acontecendo aqui? Por que a discussão? – perguntou Mirtes.

— Cheguei cansado do trabalho, e só queria tomar um banho e relaxar, mas esse vagabundo não sai do banheiro, até parece que faz de propósito – Arnaldo respondeu irritado.

— Você é um velho chato! Ele ficou gritando só porque eu demorei um pouco mais no banheiro.

— Arnaldo, tenha paciência! Como Yago poderia saber que você queria ir ao banheiro?

— Eu bati na porta, e ele disse que já ia sair, mas quanto mais eu pedia mais ele demorava!

— Qual é o seu problema? Se fosse Mercedes que estivesse trancada no banheiro, você não teria feito esse alarde todo! – retrucou Yago.

— Não estamos falando de sua irmã!

— Você não gosta que fale de sua filha preferida, não é mesmo?

— Mercedes é minha filha preferida porque é uma moça responsável, honesta e me dá muitas alegrias! E você não passa de um vagabundo que só me envergonha ao chegar todos os dias pela manhã! – explodiu Arnaldo.

— Para você é só Mercedes, mas não tem problema, pois para mim você não é meu pai.

— Se você não é meu filho, não vejo motivos para continuar morando em minha casa!

Mirtes, percebendo que a discussão poderia tomar proporções gigantescas, interrompeu:

— Calem-se! Arnaldo, vá tomar seu banho e vamos dar por encerrada essa discussão! – e empurrou Arnaldo até o banheiro.

Irritado, Yago trancou-se em seu quarto, sem nada dizer.

Mirtes, irritada, esperou o marido sair do banho e, assim que ele se sentou à mesa para jantar, disse:

— Por que você implica com Yago? Em se tratando de nosso filho, tudo é motivo para briga.

— Implico por ele ser um vagabundo, inconsequente e irresponsável, e tudo isso graças a você.

Mirtes, fingindo uma calma que estava longe de sentir, disse:

— Yago é um bom filho. Ele só precisa de carinho, pois, quando se sentir amado, tomará seu próprio caminho.

— Não acha que já deu carinho demais para esse moleque? Agora ele é um homem, e precisa se portar como tal.

— Vou à casa de Júlia, porque o clima nesta casa está péssimo – disse Mirtes suspirando.

No mesmo instante, Yago entrou na sala de jantar:

— Mãe, vou sair e não me espere, pois não sei que horas irei chegar.

— Por que não deixa para sair amanhã? Pelo que sei, procurar trabalho se faz durante o dia, e não à noite – respondeu o pai.

— Por favor, não me amole!

— Meu filho, por favor, não chegue amanhã de manhã, pois você sabe que eu não durmo enquanto você não chega em casa – disse Mirtes levantando-se da mesa.

— Deixe de bobagem, minha mãe. Prefiro a rua a ficar em casa ouvindo desaforos de seu marido.

Ao dizer essas palavras, Yago saiu e bateu forte a porta atrás de si, enquanto Mirtes sentia seu coração oprimido.

— Será que não tenho um dia de paz nesta casa? De que vale você ganhar dinheiro, realizar minhas vontades se não trata bem nosso filho? – desabafou a mãe.

Arnaldo parou de comer e respondeu:

— Mirtes, está na hora de Yago ir embora desta casa. Ele não me respeita e sempre faz o que quer.

— Não diga isso! Yago é um garoto perdido, não vê que ele é jovem?

— Nossa filha também é jovem, no entanto, é responsável, como qualquer jovem normal de sua idade.

Mirtes sabia que aquela conversa não ia levar a lugar nenhum. Levantou e tratou de limpar a cozinha para encontrar-se com Júlia, sua melhor amiga.

CAPÍTULO DOIS

O conflito com Yago

Júlia era uma mulher de cinquenta e sete anos, viúva há pouco mais de três anos. Morava sozinha e tinha apenas um gato como companhia. Estava no bairro há quase dezesseis anos, e há quatorze anos mantinha amizade com Mirtes e Arnaldo. Era uma mulher bonachona, de fala mansa e caridosa para com todos, de modo que, quando aparecia um mendigo no bairro, logo as pessoas diziam para procurar dona Júlia, pois todos sabiam que a boa mulher o ajudaria com comida e conselhos. Ela era bem vista na comunidade, tinha a simpatia de todos que a conheciam.

Dona Júlia era espírita e, apesar de sua religião não ser bem vista perante a maioria que se dizia católica, suas atitudes faziam com que as pessoas esquecessem a religião e até aceitassem suas crenças.

Mirtes gostava imensamente de Júlia. Quase toda noite, ia até a casa dela e ficava conversando até Mercedes chegar da faculdade. Naquela noite não foi diferente. Mirtes, sofrendo com a possibilidade de Arnaldo expulsar Yago de casa, resolveu confidenciar o problema a Júlia. Quando chegou em frente à casa da amiga, encontrou-a sentada na varanda, lendo um livro.

Curiosa, Mirtes perguntou:

— O que está lendo, Júlia?

Ela fechou o livro tranquilamente e respondeu:

— Esta obra se chama *O livro dos espíritos*.

Mirtes, que não acreditava em espíritos, disse em tom irônico:

— Prefiro ler livros de vivos, e não de mortos.

Júlia conhecia a posição de Mirtes. Com suavidade, respondeu:

— O título é *O livro dos espíritos*, mas saiba que ele desvenda os mistérios da vida e da morte, quer acredite, quer não.

Mirtes sentou-se na cadeira vazia ao lado.

— Os vivos já têm tantos problemas, para que se preocupar com possíveis problemas depois da morte?

— Concordo plenamente que nós temos muitos problemas, porém, com o entendimento necessário, passamos a lidar melhor com as dificuldades do dia a dia – respondeu Júlia, ao perceber a angústia na voz da amiga.

Mirtes, desalentada, olhou para o horizonte estrelado e disse:

— Gostaria muito de ter sua fé, mas infelizmente nem mesmo acredito em Deus.

— A fé não é um dom que Deus dá a alguns. A pessoa precisa adquiri-la e cultivá-la com esforço extremo.

— Mas como posso ter fé se nem mesmo acredito em Deus?

— Há uma grande diferença entre acreditar e negar Deus. Você com certeza nega a existência de Deus, mas no fundo acredita nele.

— Meus pais eram católicos e forçavam eu e meus irmãos a irmos à igreja todos os domingos. Cresci ouvindo que Deus é amor e que Ele quer o melhor para nós, que somos seus filhos. Porém, quando contava com apenas doze anos, minha mãe ficou severamente doente. Lembro-me de ir várias vezes à igreja e pedir a Deus que curasse minha mãe, mas ela foi piorando a cada dia, até que veio a falecer. Na noite que minha mãe morreu, eu chorei e me revoltei contra Deus, e, a partir daquele dia, não mais acreditei nesse Deus de amor que a igreja prega.

Júlia ouvia atentamente o desabafo da amiga, e assim permaneceu sem se pronunciar. Mirtes, que dera uma pausa, ao perceber que a amiga estava esperando pelo término da conversa, voltou a falar:

— Como Deus pôde deixar de ouvir as súplicas de uma criança? Por que não curou minha mãe para evitar meu sofrimento?

Júlia não deixou de notar as lágrimas nos olhos de Mirtes e, penalizada, passou a dizer:

— Mirtes, compreendo sua dor e sua revolta. A perda precoce de sua mãe no momento importante de sua vida a fez sentir Deus de uma maneira distorcida. Como sabemos, nós não podemos vê-Lo, mas podemos senti-Lo, pois Deus é soberanamente Justo e Bom. O que percebi, em seu caso, é que, depois do sofrimento pelo qual foi obrigada a passar, você começou a negar Deus, mas isso não quer dizer que você não crê em sua existência. Deus, em sua infinita bondade e misericórdia, permitiu que os homens tivessem respostas a todas as suas perguntas.

Mirtes, que ouvia atentamente as palavras de Júlia, perguntou:

— Se Deus responde a nossas perguntas, então, me explique por que Ele permite a dor e o sofrimento de pessoas que nunca fizeram mal a ninguém? Por que pessoas boas sofrem, enquanto pessoas ruins levam uma boa vida?

Júlia, olhando para Mirtes com amor, respondeu:

— Segundo a nossa pouca compreensão, a dor é em sentimento geral uma sensação desagradável e penosa, resultante de uma lesão, contusão ou outro problema físico qualquer. Por extensão, o termo se aplica a sentimentos de tristeza, mágoa, aflição, pesar, que causam um terrível mal-estar. Como sofrimento, entende-se por dor moral, e, quando enfrentada com coragem e resignação, torna-se fator de aperfeiçoamento espiritual. Assim como a dor física anuncia que algo em nosso corpo físico não vai bem, a dor moral nos informa que devemos reavaliar nossos atos e corrigi-

-los a tempo de evitar maiores sofrimentos. O homem não vive apenas uma vez na Terra, de modo que seu espírito volta quantas vezes sejam necessárias para seu aprimoramento moral e espiritual. O homem, por meio de suas múltiplas existências na Terra, tem cometido muitos erros. E, como para cada ação há uma reação correspondente, a cada erro cometido, haverá uma resposta.

Mirtes ficou pensando por alguns segundos e disse:

— Qual seria a resposta para cada erro cometido?

Júlia, percebendo a seriedade da amiga, respondeu calmamente:

— Seguindo a lei de que para cada ação há uma reação, a resposta para os nossos erros viria em forma de dor e sofrimento.

Mirtes pensou por alguns instantes e respondeu:

— Mas eu era apenas uma criança, como poderia ter cometido algum erro até aquela idade?

— Como já disse, a reencarnação é um fato, já fomos hóspedes muitas vezes do planeta Terra e, como somos ainda espíritos em evolução, buscando o aprimoramento moral e espiritual, cometemos muitos erros. Sendo assim, quando não pagamos por nossos erros naquela existência, pagaremos na próxima. Portanto, quando uma pessoa sofre desde a sua tenra idade, isso significa que ela está expiando por seus erros passados. Ninguém é inocente. Olhando por essa ótica, entendemos que, quando sofremos sem justificativa aparente, devemos pensar no passado, pois certamente encontraremos nele as respostas. Deus, em sua Divina Justiça, não permitiria que o homem sofresse arbitrariamente. Se sofremos é porque estamos expiando por erros cometidos nesta existência ou em outra existência remota. E, a respeito dessa lei, até mesmo o apóstolo Paulo disse no livro de Gálatas, capítulo seis, versículo sete: "Não vos enganeis, de Deus não se zomba, aquilo que o homem plantar isso mesmo é o que colherá" – Júlia citou o texto de cor e, sorrindo, continuou:
– O tempo que se vive na Terra é relativamente curto, de modo que não temos muito tempo de nos responsabilizar por todos os nossos erros, e a reencarnação nos dá a oportunidade de expiar nossos erros, mas com

eles vêm sempre a dor e o sofrimento. Você disse que era criança quando passou por aquele terrível sofrimento, concordo plenamente. Mas a pergunta que se deve fazer é: "O que diz o meu passado para eu estar sofrendo tanto na presente encarnação?". Seguindo o raciocínio de que Deus é Justo e infinitamente Bom, Ele não nos pune pelos nossos erros. Ao contrário, ele nos ampara e nos dá forças para continuar, portanto, se sofremos, é porque em algum lugar de nossa jornada cometemos graves erros e estamos sofrendo por isso. Não negue Deus, pois, quando a resposta à nossa dor não está no presente momento, nós a encontramos em vidas passadas.

Mirtes permaneceu calada diante do ponto de vista de Júlia e com isso decidiu parar com aquele assunto, para ter tempo suficiente para digerir toda aquela informação.

— Talvez tenha razão... – e, mudando de assunto, disse: – Estou tão preocupada! Arnaldo não está aguentando as estripulias de Yago e está prometendo expulsá-lo de casa. O que devo fazer?

Júlia olhou para a amiga com naturalidade e, com sua habitual mansidão, disse:

— Pelo que vejo, você não tem muito a fazer nesse caso. Ore e peça a Deus ajuda para lidar com essa situação com sabedoria.

Mirtes ficou impaciente e disse sem pensar:

— Percebo que em toda conversa você fala em Deus, por quê?

— Deus é sábio, e como tal peço a Ele tão somente sabedoria para lidar com meus problemas diários. Faça isso e se sentirá melhor. Quando não podemos solucionar os problemas imediatamente, Deus pode nos dar forças para enfrentá-los com dignidade.

Mirtes esboçou um leve sorriso:

— Talvez tenha razão, preciso adquirir mais fé, pois isso está me fazendo falta.

Júlia, sorrindo, levantou-se e trouxe uma bandeja com dois copos de limonada. Depois de servir a amiga, sentou-se pegando o outro copo. Mirtes conversou sobre seus problemas com Yago por mais algum tempo e logo viu Mercedes, que chegava da faculdade. Despediu-se de Júlia prometendo que voltaria no dia seguinte.

Ao chegar em casa, Mirtes encontrou Mercedes na cozinha:

— E então, minha filha, como foi a prova?

— Foi tudo bem, estudei muito e valeu a pena. Mãe, estou com sede. A senhora fez suco?

Mirtes passou na frente da filha, pegou uma jarra na geladeira e, com tranquilidade, descansou-a sobre a mesa. Depois foi até o fogão a fim de esquentar a janta para a filha, que, após tomar um copo de suco, ficou sentada à mesa esperando.

— Mamãe, onde está Yago? – perguntou Mercedes.

— Yago não muda, minha filha. Ele saiu, mas antes arranjou encrenca com seu pai – respondeu Mirtes em um breve suspiro. Contou à filha tudo o que havia acontecido. – Essa situação está insustentável. Seu pai reclama, mas ele não deixa de ter razão.

— Yago não vai mudar, pois ele é irresponsável ao extremo, e papai não quer mais tolerar essa vagabundagem toda. Sinto que a saída de Yago desta casa é uma questão de tempo.

Mirtes respondeu quase em desespero:

— Mas o que Yago vai fazer?

— Com certeza ele logo se meterá com os comunistas e se voltará contra o Governo, e um dia aparecerá morto pelos militares.

— Cruz, credo! Não diga isso, minha filha. Yago não se importa com política! Prefiro meu filho sob meus olhos, mesmo que não faça nada.

— Mãe, a senhora não sabe o que está dizendo. Yago tem que trabalhar, ele não pode dormir fora de casa todas as noites como vem fazendo.

— Eu sei, minha filha, mas o que posso fazer se não me ouve?

Mercedes viu uma lágrima escorrer pelo rosto da mãe e tentou contemporizar:

— Não fique assim, mamãe, vamos pedir a Deus que coloque um pouco de juízo na cabeça de Yago, para que ele perceba que a vida não é nenhum conto de fadas.

— Tem razão, minha filha, a vida não nenhum parque de diversões...

— Mãe, na quarta-feira que vem não terá aula na faculdade e eu prometi a dona Júlia que iria com ela ao Centro Espírita – disse Mercedes, mudando o rumo da conversa.

— Você vai acompanhar Júlia nesse lugar? Gosto muito dela, mas não concordo com suas ideias – emendou Mirtes, um tanto lívida.

— Mãe, pelo que andei conversando com dona Júlia, o Espiritismo é uma religião fundamentada pelos ensinamentos cristãos, portanto, não vejo mal nenhum em ir assistir a uma palestra.

Mirtes, movida pela ignorância, respondeu:

— Não quero que vá ao Centro Espírita. Uma coisa é termos amizade com Júlia e outra é fazer parte de sua religião.

— Não vou me tornar espírita, apenas vou assistir a uma palestra.

— Você não vai! – gritou Mirtes irascível.

— Vou e a senhora não vai me impedir. Já dei minha palavra a dona Júlia e não voltarei atrás.

— Não vai!

— Quem vai me impedir? – perguntou Mercedes em tom desafiador.

— Sou sua mãe e não lhe darei autorização para ir. Você não vai!

— Vou! E a senhora não vai me impedir. Por que em vez de se preocupar aonde vou não se preocupa com Yago, que sai todas as noites e a senhora nem sabe o que ele e o bando de vagabundos estão fazendo na rua? Vou à Casa Espírita com dona Júlia e pronto! Ninguém vai me impedir.

A discussão entre as duas estava acirrada, a ponto de chamar a atenção de Arnaldo, que cochilava na sala. Ele se levantou e foi ver o que estava acontecendo. Ao ver mãe e filha discutindo, foi logo perguntando:

— O que está acontecendo aqui?

Quando Mercedes contou o motivo da discussão, o pai disse:

— Não vejo mal nenhum em Mercedes ir à Casa Espírita com Júlia. Melhor ela procurar uma religião do que ficar vadiando como o irmão.

Mirtes, ao ver que o marido ficara ao lado da filha, deu seu ultimato:

— Se Mercedes mudar de religião, é bom que pense em se casar, pois não vou aceitar minha única filha falando com os mortos dentro de casa.

— A senhora vai me colocar para fora de casa se eu mudar de religião? Será que entendi bem? Yago é um doidivanas e irresponsável e ela não quer que ele vá embora, agora eu sempre fui estudiosa, responsável e trabalhadora e somente por causa de uma religião ela quer me expulsar de casa? Isso é uma injustiça, não acha, papai?

— A decisão de quem vai embora desta casa cabe a mim, afinal sou o chefe desta família, portanto você não vai embora, pois eu não quero! E quanto a você, Mirtes, preocupe-se com Yago, que dá mais trabalho.

— Você sempre coloca seu pai contra mim, por isso prefiro Yago a você!

Mercedes naquele momento sentiu como se um aço frio de um punhal lhe traspassasse o peito e, com lágrimas nos olhos, disse:

— Sempre soube que gostava mais de Yago, mas não se preocupe: quem não quer mais ficar nesta casa sou eu – e foi rapidamente a seu quarto.

— Por que dizer palavras tão duras à nossa filha? Ela sempre foi boa filha e nunca nos deu desgosto.

Mirtes, arrependida por ter dito aquilo tudo à filha, respondeu:

— Isso passa! O temperamento de Mercedes sempre foi o oposto de Yago. Talvez seja por isso que prefiro meu filho.

Arnaldo, não acreditando no que estava ouvindo, disse:

— Acho bom você fazer as pazes com nossa filha, caso contrário, quem sairá desta casa será você – Mirtes não acreditou no que estava ouvindo. — Você está me colocando na parede? Ou ela ou eu?

— Prefiro minha filha a qualquer pessoa neste mundo! – retrucou Arnaldo com a intenção de ferir a esposa.

Mirtes, com lágrimas nos olhos, perguntou:

— E nosso filho, como fica nessa história?

— Yago é um vagabundo bancado por você, ele seria o primeiro a ser descartado!

Mirtes sentiu ódio pelo marido e com isso preferiu se calar a fim de não ser magoada ainda mais por ele. Arnaldo naquela noite decidiu que dormiria na sala para não ter que conversar com a esposa, o que foi um alívio para Mirtes, que se sentia terrivelmente magoada pelo marido.

Passava das seis da manhã quando a porta da sala abriu. Arnaldo mal conseguira dormir, pois os problemas domésticos lhe causaram insônia.

— Isso é hora de chegar em casa? – Arnaldo gritou.

Yago, ignorando o pai, caminhou pelo longo corredor. Foi então que Arnaldo se levantou e o pegou pelo colarinho da camisa:

— Quem pensa que é para chegar uma hora dessas em casa?

Yago estava bêbado e, sem pensar nas palavras, disse:

— Não quero brigar. Me deixe ir para o meu quarto, pois preciso descansar.

— Você não vai a lugar nenhum! – disse Arnaldo, não conseguindo se conter. Puxou o rapaz e o jogou no sofá aos gritos: – Agora, rapazinho, você vai ouvir tudo o que tenho a dizer.

— Não vou ouvir nada! Agora me deixe ir para o quarto – Yago respondeu com raiva.

— Não suporto mais essa situação, você não trabalha e tem roupa lavada, casa e comida. O que quer da vida?

— Não espero nada da vida, afinal ela está muito boa da maneira que está.

Arnaldo, percebendo o tom desafiador do filho, não conseguiu se conter e lhe deu uns safanões. Yago gritava com o pai, chamando a atenção da mãe e da irmã que dormiam, e, com raiva, desferiu um soco que acertou o nariz do pai, fazendo-o sangrar.

Ao sentir o sangue escorrer pela boca, Arnaldo esmurrou o filho, e quem separou os dois foi Mirtes, que acordara sobressaltada.

— Pare com isso, Arnaldo, não vê que nosso filho está bêbado?

— Yago não está tão bêbado quanto parece, veja o que ele me fez.

Enquanto isso Yago gritava e sorria ao mesmo tempo, dizendo:

— Por que vou trabalhar se tenho quem me sustente?

Mercedes, ao ver a cena, procurava puxar o irmão, enquanto Mirtes tentava afastar Arnaldo.

— Saia agora da minha casa! Viva da maneira que quiser, e não volte mais aqui! – gritou Arnaldo, tomado pelo ódio.

— Não vou embora! – retrucou Yago, que de raiva passou a rasgar a própria camisa.

Arnaldo então correu até a cozinha e pegou uma faca na gaveta. Mercedes gritou, aos prantos:

— Papai, não faça isso!

Mirtes gritava para o filho:

— Cale-se, Yago! Vá para o seu quarto!

— Não vou para o meu quarto sem antes dizer tudo o que sinto vontade!

Arnaldo viu a expressão de terror no rosto da filha, recobrou o bom senso e jogou a faca no chão:

— Quero que vá embora da minha casa agora! Você não é mais meu filho!

— Eu que não quero mais viver sob o mesmo teto que você! Vou embora e vou viver a minha vida, sem cobranças – respondeu Yago, transtornado.

— Faça o que quiser da sua vida, ingrato, miserável!

Mirtes, ao ouvir as palavras do filho, ficou pálida e gritou a plenos pulmões:

— Você não tem o direito de expulsar meu filho de casa dessa maneira! Se alguma coisa acontecer com ele, a culpa será sua!

Arnaldo, não acreditando no que estava ouvindo, respondeu:

— Não queira me incutir culpa! Se Yago é assim, a culpa é sua! Sempre o protegeu e até estimulou sua irresponsabilidade, e agora ele vai ter que aprender a viver sozinho para nos dar valor!

Mirtes não se conteve e começou a chorar. Yago, arrogante, foi até seu quarto e colocou algumas roupas em uma pequena mala. Sem demora saiu, para o desespero da mãe, que mal acreditava no que estava acontecendo. Mercedes, penalizada pela situação da mãe, abraçou-a, tentando consolá-la. Arnaldo logo se arrumou e foi trabalhar, sem nem mesmo tomar café.

    A filha, embora estivesse magoada com a mãe pelas palavras duras que ouviu na noite anterior, deu-lhe um suave beijo no rosto e foi para o quarto se arrumar para mais um dia de trabalho. Mirtes chorava ininterruptamente e, desmotivada para começar os trabalhos domésticos, foi até a casa de Júlia para conversar.

CAPÍTULO TRÊS

Os conselhos de Júlia

Júlia estava cuidando de suas plantas quando viu a vizinha se aproximar, e não deixou de perceber que a mulher havia chorado.

— Como é bom receber visita logo pela manhã.

Mirtes, sem prestar atenção na recepção calorosa de Júlia, voltou a chorar:

— Júlia, o que eu temia aconteceu.

A boa mulher, sem saber o que estava acontecendo, esperou que Mirtes falasse o motivo de seu desespero.

— Arnaldo expulsou Yago de casa – entre lágrimas, Mirtes relatou tudo o que havia acontecido.

Júlia ouviu atentamente o relato e disse com calma:

— Venha! Vamos entrar e tomar um chá, isso vai ajudar a acalmá-la.

Júlia fez um chá de camomila para Mirtes e, sentando-se à sua frente, passou a falar:

— Mirtes, compreendo quão difícil foi para você ver seu filho, que você criou desde a tenra idade, sair de casa dessa maneira, ainda mais Yago, que sempre demonstrou ser um problema para todos vocês. Certamente se preocupa com o seu bem-estar, pois seu coração de mãe teme que ele possa se envolver em alguma confusão, ou até mesmo passar por privações, uma vez que não tem como se sustentar.

Mirtes, ao ouvir as palavras de Júlia, não se conteve e novamente começou a chorar copiosamente:

— Yago é meu filho, pois o amo desde que descobri que estava grávida. Para que tanto sofrimento ao parir, se depois o vejo ser enxotado de casa como se fosse um cão sarnento? Estou sentindo tanto ódio de Arnaldo, ele não me poupou desse sofrimento.

Júlia pegou na mão da amiga e retomou a palavra:

— Mirtes, antes de qualquer outra coisa, compreenda: nossos filhos não são nossos, ou nossa propriedade. Eles são filhos de Deus e estão sob nossos cuidados. Bem, junto com filhos pacíficos e obedientes pode surgir aquele outro que, desde o berço, já causa preocupação, irritação e tensão emocional. Pois, como se diz por aí: "Uma mãe pode ter dez filhos, mas nenhum deles é igual ao outro, mesmo sendo todos criados da mesma maneira".

— A senhora tem razão. Mercedes é uma filha que não me causa preocupações, pois sempre foi estudiosa, obediente e boa filha, mas Yago sempre foi o oposto da irmã, não gosta de estudar, sempre foi desobediente e malcriado, principalmente com o pai. Mas por que isso acontece?

— Os espíritos são seres individuais, com gostos e aptidões próprias, mesmo sendo criados no mesmo lar. A resposta para essa pergunta se encontra na lei da reencarnação, pois, como já conversamos antes, essa não é a primeira vez que reencarnamos na Terra. E, ao voltarmos a nascer, trazemos conosco o que fomos em vidas passadas. Assim como há pessoas mansas e responsáveis, há também aquelas revoltadas e irresponsáveis como Yago. Mirtes, não se desespere. Compreenda que os filhos difíceis são resultado de nossas próprias ações passadas, que a Providência Divina uniu a nós por meio de laços consanguíneos e nos deu a chance de resgatar, por meio da reparação e de serviços árduos da educação, para que melhorem e evoluam como espírito. Portanto, Deus confiou esse filho problemático a você, para que possa ajudá-lo no que for preciso e seguir rumo à evolução. Deus lhe confiou essa tarefa, e você fez o que achou ser o melhor para Yago, que pela inexperiência e revolta trilhou um caminho ainda mais doloroso para ele.

— Onde foi que errei para Yago ser dessa maneira?

— Mirtes, perdoe-me pela franqueza, mas muitas vezes uma mãe erra quando quer proteger seu filho a qualquer custo, fazendo-lhe todas as vontades e fazendo vista grossa a seus erros.

— Mas a senhora acha que agi dessa maneira com Yago?

Júlia esboçou um sorriso triste e, com voz baixa, disse:

— Não posso julgar onde errou. Cabe a você refletir e chegar a uma conclusão sobre como criou Yago. A educação dos pais é fundamental no aprimoramento do espírito. Na maioria das vezes, o excesso de mimos pode atrapalhar o espírito a ponto de estimular ainda mais sua revolta.

Mirtes achou as palavras de Júlia duras para aquela ocasião, porém sabia que agira daquela modo. Sempre mimou Yago em demasia, fazendo vista grossa a seus erros, a ponto de esconder do marido as estripulias do filho, para que ele não fosse castigado, tentando protegê-lo de todas as maneiras. Naquele momento, ela voltou a chorar copiosamente, pensando na sorte do filho longe de suas vistas.

— No momento, amiga, você está pensando em sua segurança, afinal, acredita que ele possa morrer longe de sua proteção, mas ledo engano. Yago pode muito bem sobreviver fora de casa e até melhorar seu proceder. Você está sofrendo porque sabe que o rapaz não poderá contar com sua proteção, mas não acha que está na hora de ele aprender a viver sozinho e fazer suas próprias escolhas? Afinal, já é um homem, e não mais um garotinho indefeso.

— Yago sempre foi um menino, e depois um adolescente travesso. No entanto, embora irresponsável, sempre foi muito carinhoso, ao contrário de Mercedes, que sempre foi hostil para comigo. Ela sempre foi uma menina precoce para sua idade, pois sempre fora responsável, mas Yago, ao contrário da irmã, nunca se preocupou com nada a não ser com ele mesmo.

— Yago pode ser carinhoso, mas não deixa de ser um rapaz egoísta. Nunca se preocupou verdadeiramente com ninguém, a não ser com ele mesmo.

— Não acha que está sendo muito dura? – perguntou Mirtes, magoada.

— Não acho. Yago sempre fez o que quis sem se preocupar se isso resultaria em problemas para você ou para Arnaldo. Quantas vezes Arnaldo brigou com você pelas irresponsabilidades de Yago?

— Inúmeras vezes.

— Ele alguma vez se lamentou por ser o motivo das brigas?

— Nunca – respondeu Mirtes enxugando as lágrimas que teimavam em correr pela face.

— Está vendo, minha amiga, como Yago é egoísta? Mesmo sabendo que era o pivô das brigas, nunca se preocupou com você nem com sua saúde emocional.

— Tem razão. Yago sempre disse com displicência que não era para me importar com Arnaldo, e em seguida dizia alguma coisa para eu rir e esquecer os problemas do meu casamento ou como eu estava me sentindo.

— Mirtes, tranquilize seu coração e entenda que Yago continuará a viver com ou sem sua proteção. Dê-lhe toda assistência que precisar, mas não sofra em demasia por sua sorte. A vida dependerá muito das escolhas que ele fizer. No momento, faça preces pedindo a Deus para amainar sua revolta, e, se um dia ele precisar voltar para casa, receba-o de braços abertos.

— Amo Yago, mas está na hora de deixar de ser menino para se transformar em um homem – Mirtes respondeu com tristeza.

Júlia levantou e abraçou a amiga dizendo:

— Há duas maneiras de aprendermos as lições que a vida dá: pelo amor ou pela dor. Talvez Yago tenha escolhido a maneira mais difícil de aprender, mas o importante é que ele aprenderá, afinal, todos nós aprendemos, por isso estamos reencarnados neste planeta maravilhoso chamado Terra.

Mirtes incrédula disse:

— Não tenho tanta certeza... Yago nunca aprenderá que é preciso crescer.

— Crescer dói... Yago aprenderá, mas isso será questão de tempo – acrescentou Júlia sorrindo. — Mirtes, não compete a você decidir por Yago, deixe-o fazer suas próprias escolhas e responder por elas. Somente assim o rapaz irá crescer e se transformar em um homem.

— E se ele não aprender?

— A vida nunca erra, confie que a vida lhe dará as lições que ajudarão seu amadurecimento. Tudo é uma questão de tempo.

— Yago, é um menino ingênuo, vê todos como amigos, e nós sabemos que há uma diferença muito grande entre coleguismo e amizade – Júlia fez uma pequena pausa e depois continuou: – O codificador da doutrina da qual faço parte disse: "O homem sente as primícias da felicidade na Terra quando se encontra com almas que podem desfrutar de uma união pura e santa". Todos nós temos a necessidade de compartilhar nossas alegrias, conquistas, derrotas, vitórias, e certamente só fazemos isso com amigos que provaram ser verdadeiramente amigos. Infelizmente, no mundo em que vivemos, as pessoas tendem a se mascarar, fingindo amizade que não têm, demonstrando sentimentos que estão longe de sentir, e com isso se tornam colegas, mas não amigos. Assim como nós um dia tivemos a dor da decepção por termos falsos amigos, ele também aprenderá, mas lembre-se de que tudo tem seu tempo.

Mirtes lastimou-se dizendo:

— Yago é um menino de bom coração. Se ele se envolver com pessoas erradas, isso contribuirá e muito para seu fracasso.

— Concordo plenamente com você, amiga, mas, como disse anteriormente, Yago terá que tomar suas próprias decisões, afinal, ele é um homem, e como tal precisa amadurecer para seguir sua jornada aqui na Terra.

Mirtes, que naquele momento parara de chorar, disse com tristeza:

— Meu filho terá que crescer. Continuarei a ser sua mãe e farei o que for preciso para ajudá-lo, mas para isso será necessário que ele tenha a capacidade de fazer as escolhas certas.

— Muito bem, é assim que deve pensar. Yago continuará a ser seu filho, e você, como amiga e mãe, irá ajudá-lo no que for preciso, mas não se esqueça de que Deus está no comando de tudo, e ele agora está nas mãos de Deus – disse Júlia sorrindo.

— Que Deus o ajude.

— Deus ajuda todos nós. Para isso, temos que ter a humildade necessária para pedir ajuda.

— E se ele se machucar?

— Se ele se machucar, ele se recuperará como todo mundo faz. E ele só amadurecerá para a vida quando aprender a levantar de suas quedas.

Mirtes naquele momento percebeu que o mal que parecia se instalar na vida de Yago talvez lhe fizesse bem.

Júlia, ao perceber que a amiga estava se sentindo melhor, disse:

— Convidei Mercedes para assistir a uma palestra na Casa Espírita que frequento, ela comentou alguma coisa com você?

Mirtes sentiu um mal-estar, pois discutira feio com a filha na noite anterior por causa daquilo.

— Sim, mas, para falar a verdade, não gostei, pois acho que Mercedes não deveria procurar religião alguma antes de se formar.

— Mirtes, a moça não mudará de religião. Antes assistirá a uma palestra cujo assunto será casamento. Há tempos ela está namorando, e pelo jeito pretende se casar com Fernando.

Mirtes, atônita, perguntou:

— Casar? Ela não nos disse nada.

— Que mal há em uma moça querer casar? Um dia nós também tivemos esse desejo, isso é particularmente saudável – respondeu Júlia com naturalidade.

— Mas, se Mercedes pretende se casar, porque não me disse nada?

— Talvez porque você não tenha lhe dado a oportunidade de falar, pois vive tão preocupada com Yago que vem deixando sua filha de lado.

Mirtes então relatou tudo o que havia acontecido na noite anterior, da discussão com Mercedes à intromissão de Arnaldo em favor da filha.

Júlia ouviu espantada o relato da amiga e perguntou:

— Tudo isso aconteceu porque Mercedes lhe informou que iria assistir a uma palestra na Casa Espírita?

— Desculpe, amiga, mas a verdade é essa, e eu me sentiria pior se mentisse para você.

Mirtes abaixou a cabeça, envergonhada, esperando por uma reprimenda de Júlia, que com amor disse:

— O intento não é persuadir Mercedes a mudar de religião, mas, antes, que ela assista à palestra e coloque em prática o que aprender quando se casar. Acalme seu coração e pense que toda informação útil é bem-vinda, e essas mesmas informações servirão para tornar sua jornada um pouco mais suave.

Mirtes sentiu como se tivesse recebido uma bofetada no rosto. Envergonhada, disse:

— Tem razão, minha amiga, peço que me perdoe.

— Não há motivo para me pedir perdão. Penso que deva pedir desculpas a Mercedes, afinal, ela foi profundamente magoada em seus sentimentos de filha.

Mirtes pensou por alguns instantes e confessou:

— Não sei o que acontece comigo, muitas vezes sinto prazer em magoar Mercedes e percebo que isso está criando um abismo entre nós.

— Amiga, como já lhe disse antes, há a lei da ação e reação, portanto, você um dia lamentará a ausência de Mercedes, mas esteja consciente de que você foi responsável por isso. Ame sua filha, dê a ela o amor que ela precisa e pare de concentrar sua atenção somente em Yago, afinal, Mercedes também saiu de seu ventre.

— Preciso reverter essa situação com Mercedes, e a melhor maneira é chamá-la para conversar.

— Para reverter essa situação, você terá que dar o primeiro passo. Afinal, não foi você a magoar seus sentimentos? Um pedido de desculpas sinceras ajudará e muito a relação de vocês.

Mirtes olhou para o relógio e, levantando-se apressadamente, disse:

— Preciso voltar para casa, pois todo o meu trabalho está por fazer.

Mirtes saiu aliviada da casa de Júlia, que a acompanhou até o portão.

CAPÍTULO QUATRO

Yago arranja um problema

Yago saiu de casa sentindo-se completamente desorientado: "E agora, para onde vou? Arnaldo não podia ter feito isso comigo. Não faço mal a ninguém. Posso até extrapolar no horário, mas entro em casa em silêncio e não provoco confusão. O que mais ele quer? Maldito! Esse homem vai me pagar pelo mal que me fez". Preso em seu ódio, esqueceu que foi ele quem disse que sairia de casa; seu pai apenas o acompanhou.

Yago estava cansado, afinal, passara a noite inteira sem dormir e agora não tinha mais o conforto de seu quarto. Sentado na praça não muito distante da casa de seu pai, finalmente teve a ideia de procurar Marcelo.

Rapaz esguio, de estatura mediana, Marcelo não se preocupava com a aparência e falava gírias sem parar. Não trabalhava, e todos sabiam que ele conseguia dinheiro por vender drogas a um traficante do bairro vizinho. Yago foi até a casa dele e o encontrou dormindo sobre um fino colchão no chão, pois o rapaz não tinha cama e aquele colchão tinha sido ganhado. Ele não gostou do casebre de Marcelo, mas por ora sabia que aquele era o único lugar para ficar.

Marcelo, ao ver o rapaz, mandou que entrasse e sentasse em algum lugar da pequena casa, que não tinha nem mesmo uma cadeira. Yago sentou-se no chão e, desanimado, disse:

— Marcelo, preciso de sua ajuda...

Marcelo desatou a rir, aguçando a curiosidade de Yago, que perguntou:

— Por que está rindo?

— Eu tenho cara de quem tem condições de ajudar alguém? – respondeu Marcelo com deboche.

Yago por um momento se arrependeu por ter saído de casa, mas sabia que teria que aturar o deboche de Marcelo. Não disse nada. Tinha consciência de que não seria fácil ficar longe da proteção de sua mãe.

Marcelo pensou por alguns instantes. E não viu as entidades que estavam com ele em sua pequena casa. Uma delas começou a gritar:

— Aceite! Esse rapaz poderá fazer o serviço para você, e você não se arriscará tanto ao entregar a mercadoria todas as noites.

— Bem, para você ficar aqui, terá que trabalhar para mim – finalmente Marcelo respondeu.

Yago sabia que Marcelo vendia cigarros de maconha à noite, mas não suspeitou que o rapaz o colocaria para fazer tal serviço. Como não tinha opção, prontamente aceitou.

— Quero que enrole os cigarrinhos durante o dia e venda à noite. Fico responsável em conseguir a erva, o que me diz? – Marcelo completou.

Yago jamais imaginou se envolver em tal estilo de vida, porém, naquele momento, viu-se obrigado a fazer o trabalho.

— O que ganho com isso? – perguntou Yago.

— Darei a você dez por cento de tudo o que conseguir vender.

— Onde busca a erva?

— Isso é comigo, portanto, de agora em diante, você será meu sócio.

— Onde come? Você não tem fogão para cozinhar – Yago indagou.

— Ai, meu chapa, onde você vai comer é com você, pois vendendo a erva terá dinheiro todos os dias para comer.

— Quanto você vende na noite?

— Cara, costumo vender entre trinta e quarenta cigarros por noite, isso dá para comer e pagar o aluguel – respondeu Marcelo, passando uma imagem falsa de lucro certo para o rapaz.

Yago aceitou a oferta de Marcelo, que disse:

— Olha, cara, não vá mancar comigo!

— Onde vou dormir? – perguntou Yago.

Marcelo desatou a rir e, com ironia, respondeu:

— Lugar é que não falta, o que não tem é colchão.

Yago pensou por alguns instantes.

— Vou dormir no chão?

— Se houver um lugar macio, poderá ficar com ele.

Marcelo virou-se em seu colchão e adormeceu em seguida. Enquanto Marcelo roncava, Yago pensava: "Minha situação é de lascar, como poderei dormir no chão? Preciso fazer alguma coisa". Decidiu que devia procurar a mãe e pedir ajuda. Estava cansado e, sem sentir o frio do piso, logo adormeceu.

Depois de três horas, Yago acordou com fome e dores pelo corpo. "Isso aqui é vida de cachorro! Preciso procurar minha mãe." Imediatamente levantou e foi até sua casa, pois sabia que naquele horário o pai estava trabalhando. Ao chegar lá, encontrou a mãe sentada na sala, folheando uma revista. Yago, sussurrando, perguntou:

— O velho está aí?

— Não, meu filho, Arnaldo ainda está no trabalho.

— Pô, mãe, a senhora poderia me descolar um rango? Tô morrendo de fome.

Com o coração partido, Mirtes levantou e arranjou um prato de comida para o filho.

— Meu filho, por que não volta para casa?

— Estou morando com Marcelo, já acertei tudo com ele.

— Mas onde está morando, meu filho?

— No bairro vizinho, mas ainda não sei o endereço, só sei como chegar.

Mirtes viu que sua calça jeans estava suja.

— Quero que traga suas roupas para lavar e que venha todos os dias fazer a refeição comigo.

Yago beijou a mãe ternamente no rosto:

— Oh! A senhora é minha coroa preferida. É a única pessoa que amo neste mundo.

Yago fez a refeição, pegou algumas roupas em seu antigo quarto e disse:

— Mãe, como lhe falei, estou morando na casa do Marcelo, mas não tenho cama para dormir, será que a senhora poderia descolar um colchão para mim?

Mirtes, não contendo a dor, começou a chorar. Foi até a edícula e com tristeza disse:

— Pode levar este colchão, meu filho.

— Mas como vou levar? Esse colchão é pesado, pois é de mola – respondeu Yago feliz e sorridente.

Mirtes foi até o armário, pegou umas cédulas de dinheiro e em seguida ordenou:

— Vá à casa de seu Juvenal, ele fará o carreto para você. Mas faça isso o mais rápido possível, pois não quero que seu pai saiba de sua visita.

O rapaz imediatamente foi até a casa de Juvenal:

— Quanto cobra um frete?

O homem, depois de se inteirar sobre o assunto, disse:

— Como é para sua mãe, não cobrarei nada.

Juvenal era grato a Mirtes, que o ajudou durante a grave enfermidade a que sua mulher fora acometida.

— Só vou poder levar se for agora, pois às cinco horas da tarde tenho um frete para fazer.

Yago entrou no pequeno caminhão de Juvenal e juntos foram até a casa de Mirtes para pegar o colchão. Mirtes perguntou o preço, mas o homem se recusou a receber, o que a deixou satisfeita.

Assim que os dois colocaram o colchão na carroceria do pequeno caminhão, Yago abraçou a mãe e, junto com Juvenal, partiu sem notar que ela estava com os olhos marejados de lágrimas. Yago entrou na casa com Juvenal e juntos eles colocaram o colchão no chão. Marcelo, após ver o que o rapaz havia levado para a casa dele, disse sorrindo:

— Você é esperto, hein, malandro? Enrole esses cigarros para vender à noite.

Yago passou a enrolar os cigarros enquanto Marcelo voltou a dormir. Ele pensava: "Se minha mãe souber que estou fazendo algo ilegal, não me ajudará, o que farei se preciso de um teto pra dormir?". Enquanto isso, lembrava-se das mordomias que tinha em casa, arrependendo-se por não ter obedecido às ordens do pai. Yago era um rapaz extremamente bonito, de tez morena. Os grandes olhos castanhos e sua altura chamavam a atenção aonde quer que fosse. O rapaz continuou com suas lembranças e foi nesse momento que disse a si mesmo: "Não vou ficar nessa pocilga com Marcelo. Ele dorme e eu tenho que enrolar os cigarros e ainda vender, ou seja, ele vai ganhar dinheiro fácil enquanto eu terei que me expor. Se a polícia me pegar, trarei imenso desgosto para minha mãe, e se for para magoá-la prefiro morrer".

E assim a primeira noite de vendas de cigarros de maconha começou. Yago começou a andar de um lugar a outro. Pensou em ir atrás de Matias, mas sabia quanto ele era contra drogas, embora bebesse em demasia. Andou de um lugar a outro, e a todos os grupos de jovens ele oferecia o cigarro, enquanto Marcelo ficava o observando de longe.

Cansado de ficar olhando, Marcelo se aproximou de Yago e disse de maneira hostil:

— Que isso, cara! Se fosse eu, já teria vendido quase todos os cigarros. O que está acontecendo com você, anda oferecendo como uma doceira oferece doce?

— Eu não conheço erva e, quando alguns me perguntam se é boa, não sei dizer.

Marcelo naquele instante pegou Yago pelo colarinho e sorrindo disse:

— Talvez esteja na hora de experimentar, pois nunca vi alguém vender algo se não sabe o que está vendendo.

Yago escapou das mãos de Marcelo e aos gritos disse:

— Não vou experimentar nada! Se fosse cachaça eu até beberia, mas fumar eu não farei mesmo, nem que para isso me mande embora de sua casa.

Marcelo sentiu vontade de esbofetear Yago, mas se conteve a fim de ensiná-lo a fazer o trabalho por ele.

— Está bem! Se não quer experimentar, isso é com você, mas exijo que venda todos os cigarros antes de voltar para casa.

— Amanhã mesmo vou procurar um lugar para morar, pois vender drogas pode me dar problemas com a polícia. Além do mais, não vou ficar me expondo dessa maneira; se eu for preso, você vai me ajudar?

— Esse é um mundo cão... Cobra engolindo cobra... Se quiser se sair bem, terá que seguir minhas orientações, pois você sempre foi um almofadinha sustentado pelos pais e agora terá que aprender a se virar sozinho neste mundo. Eu nasci no meio da rua, e continuo nela até hoje, portanto, se for bonzinho, terá que me obedecer, pois certamente eu o ensinarei a viver sem precisar das esmolas de seu pai.

Yago naquele momento percebeu que não poderia voltar para casa, porque seu pai estava imensamente desgostoso com seu comportamento. A única maneira seria aprender o que Marcelo tinha a ensinar.

CAPÍTULO CINCO

A vida vai voltando aos eixos

Mercedes chegou em casa cansada e faminta da faculdade, pois, como havia discutido com sua mãe, preferiu comer um lanche na hora do almoço a voltar para casa e encarar a mulher que estava destruída com a saída de Yago. Encontrou o pai deitado no sofá da sala, ouvindo rádio, completamente abatido. A moça perguntou:

— Como está se sentindo, meu pai?

— Minha filha, hoje o dia não foi nada fácil. Estou cansado e me sinto velho e impotente. Seu irmão poderia muito bem ter evitado toda aquela situação. Sei que perdi a cabeça, mas o que poderei fazer para reverter essa situação? Sua mãe está sentindo ódio por mim e não entende que Yago estava precisando de uma lição – disse Arnaldo sentando-se lentamente.

Mercedes penalizou-se com a situação do pai e com tristeza disse:

— Papai, o senhor não teve culpa. Se há um culpado nessa história é Yago, que preferiu a rua a mudar de vida.

Arnaldo, com lágrimas nos olhos, confessou:

— Minha filha, quando seu irmão nasceu, depositei nele todas as minhas esperanças. Pensei que talvez pudesse ser um médico ou engenheiro, mas o que fez desde criança? Nos deu desgostos e mais desgostos, e sua mãe, em vez de ficar ao meu lado e me apoiar, ficava sempre do lado do seu irmão, mesmo sabendo quanto ele nos fazia sofrer.

— Papai, o senhor não deve se sentir culpado pelas decisões de Yago, pois ele é um homem de vinte e um anos e deveria pensar um pouco mais em sua vida em vez de ficar bancando o menino mimado.

— Sua mãe não entende que fiz isso pensando no bem de seu irmão – interrompeu Arnaldo.

— Mamãe contribuiu e muito para que Yago agisse dessa maneira, sempre o protegendo e dando de tudo a ele. Meu irmão pensa que a vida é um céu de brigadeiro e reluta em crescer. A vida vai dar a Yago lições que ele jamais aprenderia sendo protegido por vocês. Confie em Deus, meu pai, pois Yago aprenderá coisas valiosas longe de casa.

Arnaldo, não contendo a emoção, disse:

— Não sei se terei saúde para ver meu filho se tornar um homem.

Mercedes, ao perceber que seu pai estava demasiadamente sensível com toda aquela situação, disse:

— O senhor tem saúde de touro, meu pai.

Arnaldo abraçou a filha sorrindo, e Mercedes, aproveitando o momento para mudar de assunto, perguntou:

— Mamãe já foi dormir ou está na casa de dona Júlia?

— Está no quarto, minha filha. Cheguei do trabalho e ela não me dirigiu a palavra.

Mercedes sentiu pena da mãe, porém sabia que naquele momento precisaria ser firme e fazer com que visse que a família ainda estava ao lado dela. A moça decidiu que teria uma conversa franca com a mulher que lhe deu a luz.

— Papai, vou ao quarto ter uma conversa com mamãe, pois está na hora de ela perceber o erro que está cometendo.

— Não diga nada! Por favor, deixe sua mãe em paz, já não suporto ouvir tantas discussões nesta casa.

Mercedes, não ouvindo o que seu pai estava pedindo, foi até o quarto da mãe e a encontrou chorando, abraçada ao travesseiro de Yago.

— Por que está chorando, minha mãe? Alguém morreu?

Mirtes levantou a cabeça e olhou para a filha:

— Seu irmão está morto e tudo isso graças a seu pai, que não soube ter paciência.

Mercedes respondeu:

— Ora, mamãe, deixe de fazer drama! Yago apenas saiu de casa, e não foi morar num cemitério.

Mirtes, fazendo o sinal da cruz, disse:

— Deixe de falar besteiras, Mercedes! Seu irmão não estava preparado para sair de casa neste momento. Como ele vai se sustentar? Como vai dormir? E se ficar doente, quem vai cuidar dele?

— O Yago é quem deveria ter pensando nisso tudo. Em vez de pensar em suas perdas, enfrentou o papai e ainda saiu de casa por livre e espontânea vontade.

— Seu irmão não saiu de casa! Seu pai o obrigou a sair.

Mercedes naquele momento sentiu sua raiva aumentar e disse:

— Yago disse que não suportava olhar para papai e por isso ele iria embora de casa! Papai nada teve a ver com isso.

— Seu pai disse que não tinha mais filho! Coloque-se no lugar de seu irmão e pense em como ele se sentiu ao ouvir tais palavras da boca do pai.

— Não se sentiu pior do que eu, que tive que ouvir que minha mãe prefere meu irmão problemático a mim, que sempre procurei fazer tudo certo, trabalhando, estudando e programando minha vida futura.

Mirtes olhou para a filha e, com o rosto molhado, perguntou:

— Você me odeia, minha filha?

— Mesmo que eu quisesse, jamais conseguiria odiá-la, mas confesso que sua predileção por Yago me magoa, e muito, afinal, procuro fazer tudo certo para não dar desgosto para a senhora e para meu pai, e o que recebo em troca? Ouvir da boca da minha própria mãe que prefere meu irmão vagabundo a mim, que sempre procurei ser boa filha. Não se preocupe, não estou cobrando nada, mas saiba que, se Yago é seu filho, eu sou sua filha única, portanto, deveria ter um pouco mais de consideração pelos meus esforços.

Mirtes percebeu quanto havia magoado a filha e, enxugando as lágrimas derramadas por Yago, disse:

— Minha filha, você deve compreender que seu irmão sempre precisou de mais atenção, pois ele sempre foi um menino problemático e hoje se tornou um adulto problemático e irresponsável. Ele precisa mais de ajuda do que você.

Mercedes conteve o ímpeto de gritar.

— Volte a falar com meu pai, pois ele foi longânime em aceitar todas as travessuras de Yago. Pense que talvez seja o melhor para o meu irmão, afinal, ele precisa amadurecer. Se ele se machucar pelo caminho, sendo responsável pelos próprios atos, cabe à senhora, como mãe, fazer os curativos. Yago não vai aprender a viver se a senhora continuar a protegê-lo dessa maneira. Entenda, minha mãe, que o passarinho cresceu e agora precisa aprender a voar, mas isso só ocorrerá se a senhora deixá-lo livre.

Mirtes voltou a chorar copiosamente, e Mercedes continuou falando:

— Yago vai cair e se machucar muitas vezes, mas essas quedas e arranhões serão necessários para que ele aprenda a viver longe de sua proteção.

Percebendo quanto sua filha era madura, Mirtes confessou:

— Júlia me disse quase a mesma coisa. Por acaso tem conversado com ela sobre o assunto?

— Não, minha mãe. Converso com dona Júlia sobre outros assuntos, afinal, Yago não é o centro do meu universo. Agora faça as pazes com papai, pois ele está sofrendo tanto quanto a senhora, e nós duas sabemos que Yago o desafiou e terá que arcar com as consequências de seus atos.

Mirtes ficou surpresa, pois sentia como se estivesse conversando com uma mulher com mais de cinquenta anos.

— Não imaginei que você fosse tão madura, minha filha... Enquanto você esbanja maturidade, ela falta a seu irmão.

— Não seja imatura como seu filho, pare de acusar o papai da saída de Yago de casa. Isso foi escolha dele, assim como será escolha dele voltar para casa.

Mirtes olhou para o travesseiro, sem perceber a filha rodopiar lentamente nos calcanhares, e perguntou:

— Mercedes, hoje estava conversando com Júlia e ela me disse que a palestra na Casa Espírita é sobre casamento. Por acaso está pretendendo se casar?

— Pretendo me casar, mas não agora. Antes tenho que terminar a faculdade e depois arranjar um bom emprego para ajudar meu marido – respondeu Mercedes, sorrindo.

— Mas quem tem que pensar no sustento da família é o homem, e não a mulher.

— O dever de sustentar uma casa é tanto do homem como da mulher, portanto, tenho como obrigação ajudar meu marido. Claro que não vou prover todas as necessidades da casa, mas o pouco que ajudar será de grande valia.

— Não suportaria ficar sem meus dois filhos em casa, mas é bom que pense assim.

Mercedes sentiu um profundo carinho nas palavras da mãe e, voltando a se aproximar da cama, beijou-a ternamente no rosto.

— Meu prato está feito? Estou morrendo de fome.

— Vou esquentar a janta para você – respondeu Mirtes, sorrindo.

Mãe e filha saíram do quarto e, ao chegarem à sala, Mirtes perguntou ao marido:

— Arnaldo, está com fome?

Arnaldo, surpreso com a mudança da mulher, respondeu:

— Estou com fome. Hoje não consegui tocar na comida.

Os três foram à cozinha e Mercedes, para animar os pais, começou a falar sobre coisas que tinham acontecido durante o dia.

※

Depois que Yago foi embora de casa, o convívio familiar melhorou. Mercedes ficava conversando até altas horas com a mãe. Arnaldo não discutiu mais com Mirtes e tudo corria bem. Embora Arnaldo não soubesse, Yago fazia suas refeições todos os dias na casa dos pais e levava também suas roupas para lavar. Arnaldo não dizia, mas sentia falta de Yago, e se preocupava com ele.

Uma semana havia se passado desde que Yago saíra de casa, e no fim da tarde Mercedes chegou do trabalho dizendo para Mirtes:

— Mãe, hoje vou assistir à palestra na Casa Espírita.

Mirtes recomendou:

— Tome cuidado, obedeça à Júlia e volte com ela.

— Mamãe, não tenho oito anos de idade, fique tranquila.

Mirtes ficou observando a filha sair lentamente portão afora. "Mercedes é tão diferente de Yago...", pensou. E foi à cozinha arrumar a mesa para o jantar.

Mercedes aproximou-se do portão de Júlia e a boa mulher, ao ver a moça, entusiasmou-se:

— Chegou cedo, minha filha!

— Não quero chegar atrasada.

Júlia, sorrindo, chamou a moça para entrar, pois estava comendo um lanche para sair despreocupada.

— Mercedes, você já jantou?

— Ainda não. Estou acostumada a comer mais tarde.

Júlia colocou então mais um prato sobre a mesa e alguns talheres.

— Obrigada, dona Júlia, mas estou sem fome.

— Por favor, faça-me companhia – Júlia respondeu sorrindo.

Mercedes gostava muito de Júlia, afinal, quando a conhecera tinha apenas oito anos de idade.

— Dona Júlia, quando a senhora mudou para o bairro eu tinha apenas oito anos.

— Esses catorze anos passaram depressa. Ontem você era uma menina e agora está prestes a se casar.

— Não estou indo à Casa Espírita porque pretendo me casar, mas sim porque sempre conversamos e suas explicações são tão lógicas que me fazem pensar no sentido da vida. Há quase dez anos a senhora me falou pela primeira vez sobre reencarnação e, depois de muito pensar, percebi que isso tem lógica, afinal, por que deveríamos fazer o bem se nós tivéssemos uma única vida?

— Como seres inteligentes, queremos respostas a nossas perguntas. Eu só obtive resposta quando passei a estudar com afinco a doutrina.

— Como a senhora sempre diz: "Para toda pergunta há sempre uma resposta satisfatória...".

As duas mulheres gargalharam e, assim que o silêncio se fez, Júlia perguntou:

— E Arnaldo, como ficou depois que Yago saiu de casa?

— Meu pai sempre foi firme com Yago, mas o fato de ele ser irresponsável e inconsequente não fez com que ele deixasse de gostar daquele doidivanas. Muito pelo contrário: hoje percebo que meu pai está sofrendo muito com essa situação. Às vezes chego a pensar que meu pai só não vai atrás de Yago por orgulho – respondeu Mercedes após um suspiro profundo.

— Um dia você será mãe e compreenderá que os pais, por mais que briguem com os filhos, continuam a ser pais, portanto, entre um pai e um filho nunca existe um ponto final, mas uma vírgula ou um espaço de tempo que amaina a situação.

Penso que talvez Yago esteja lamentando profundamente pelo seu ímpeto, mas com certeza essa situação o ajudará a evoluir como espírito.

— Sempre gostei de conversar com a senhora, dona Júlia, pois me faz ver o lado positivo da vida.

— Quando pensamos de maneira positiva, costumamos atrair coisas boas a nossas vidas. Infelizmente, as pessoas costumam ser negativas em sua maneira de pensar, pois é cômodo. Porém, quando somos positivos, vemos as coisas não com um otimismo cego, mas sempre achando uma saída estratégica para nossos problemas. O ditado que diz "é melhor rir que chorar" é verdade, pois, quando somos positivos, costumamos ver o lado bom da vida.

— Gostaria que minha mãe fosse um pouco mais positiva. Ela sempre fala de doenças, de fatos que a marcaram no passado, dos problemas com Yago, e às vezes me sinto sufocada a seu lado. Concordo que, quando Yago estava em casa, ela estava pior, mas isso não quer dizer que tenha deixado de ser uma pessoa negativa. Pelo menos agora ela já não reclama tanto da vida como fazia antes.

Júlia pegou na mão da moça e disse:

— Tenha paciência com sua mãe. Como sabe, sempre conversamos e posso lhe afirmar que Mirtes tem problemas emocionais dos quais não se recuperou. Essas lembranças desagradáveis a fazem ver o mundo com negatividade, enxergando tudo obscuro à sua volta. Tornar uma pessoa positiva não é algo que se faz em uma noite. Hoje sou negativa, amanhã estarei positiva. Não é isso. Antes, é um processo no qual a pessoa aprende a ver o mundo com positividade, sabendo que, por pior que seja um problema, para tudo há uma solução. A pessoa negativa não consegue enxergar além do problema, pois só consegue vê-lo, sem achar nenhuma solução para ele. Quando conhecemos a doutrina, aprendemos a ver o mundo com mais claridade, e quando nos vemos desesperados, confiamos que Deus nos dará a ajuda de que necessitamos. Portanto, tenha paciência com sua mãe. Um dia ela aprenderá que Deus está no leme de tudo e que nos ajuda sempre que precisamos e pedimos a Ele.

Mercedes, olhando para o relógio da cozinha, perguntou:

— Dona Júlia, que horas começará a palestra?

— Vamos, não podemos nos atrasar.

Dona Júlia, com seu jeito bonachão, pegou as chaves da casa e, depois de trancar a porta, rapidamente saiu em companhia de Mercedes.

Faltavam poucos minutos para as três horas da tarde quando Yago chegou na casa da mãe e começou a reclamar:

— Preciso arrumar um outro lugar para ficar, pois morar com Marcelo está acabando com meus nervos.

Mirtes, interessada em saber o que estava acontecendo, perguntou:

— O que esse rapaz está fazendo?

Foi então que Yago passou a falar:

— Marcelo está me fazendo trabalhar e, para ser sincero, estou odiando tanta cobrança. No final do expediente tenho que lhe entregar todo o dinheiro.

— Mas que tipo de trabalho, meu filho?

Yago percebeu que havia falado demais e logo arranjou uma mentira para esconder de sua mãe o que estava fazendo de verdade.

— Marcelo trabalha fazendo bicos, vendendo redes de varanda, e eu o estou ajudando.

— O quê? Meu filho, vendendo redes de porta em porta? Isso é um ultraje. Yago, vou conversar com seu pai e quero que volte para casa, isso não é vida para você.

— De maneira alguma! Não pretendo voltar para a casa do homem que me enxotou.

— Seu pai não o colocou para fora. Foi você que disse que iria embora de casa.

— Que seja! Mas prefiro vender redes a morar sob o mesmo teto que seu marido.

Mirtes, percebendo que o filho não mudaria de ideia, passou a dizer:

— Como é a casa em que mora?

— Uma pocilga, minha mãe. Não tem móveis, não tem nada. Se a senhora não me desse aquele colchão velho, estaria dormindo no chão e passando fome.

Mirtes começou a chorar e implorar para o filho voltar para casa, mas o rapaz respondeu não com veemência.

Cansada de pedir, a mãe finalmente disse:

— Venha almoçar, meu filho, e não se esqueça de levar suas roupas, estão na lavanderia.

O rapaz levantou-se irritado. Almoçou com descaso, reclamando que não gostava de cebola. Mirtes arrumou as roupas do filho. Assim que ele terminou sua refeição, aproximou-se da mãe e perguntou:

— Mãe, a senhora tem dois mil cruzeiros? Preciso de dinheiro para o final de semana.

Mirtes, em sua ingenuidade, disse:

— Não se preocupe com dinheiro, meu filho. Para você fazer suas refeições no sábado e no domingo, darei os dois mil que me pede.

— Mãe, estou precisando de dinheiro hoje, e não no final de semana.

Nos finais de semana Yago não ia almoçar na casa dos pais, pois sabia que o pai ficava em casa.

— Meu filho, desde que saiu de casa, tenho lhe dado dinheiro todas as sextas-feiras, e você nunca reclamou. Hoje ainda é quarta-feira.

Yago se irritou e disse:

— Mãe, será que não percebe que não estou querendo dinheiro para as refeições nos finais de semana? Tenho minhas despesas.

Mirtes percebeu a irritação do filho e, sem se conter, gritou:

— Que despesas são essas, meu filho?

— Tenho que pagar minha parte no aluguel – mentiu Yago.

— Se tem trabalhado como camelô vendendo redes pela cidade, por que ainda tem que pagar sua parte no aluguel? Quer saber, volte para casa, não vou permitir que passe por uma humilhação dessas.

— Não vou voltar pra casa, mãe, tenho que aprender a resolver meus problemas sozinho. Quer saber, vou embora. Não precisa me dar nada.

Mirtes, irritada com a malcriação do filho, chamou-o:

— Tome, leve o dinheiro de que precisa, mas saiba que, se quiser voltar para casa, estou esperando.

Yago pegou o dinheiro que viu a mãe tirar do armário da cozinha e, sem lhe dar ao menos um beijo, ganhou a rua.

"Yago está sofrendo... Ele emagreceu a olhos vistos. Só Deus sabe o que ele tem passado...", pensou Mirtes, deixando que as lágrimas banhassem seu rosto e voltando para a cozinha desanimada.

CAPÍTULO SEIS

Uma fatalidade acontece

Arnaldo recebera um telefonema de um homem que pretendia comprar uma casa no bairro da Mooca e, eufórico, saiu dizendo para Iracema que fecharia o negócio e iria direto para casa mais tarde. A secretária permaneceu calada e se pôs a escrever alguns nomes na agenda do dia seguinte.

Arnaldo estava andando em direção ao velho carro quando de repente sentiu uma imensa dor no peito. Abriu com sofreguidão a porta do carro, rapidamente soltando o nó da gravata. Sentiu o ar faltar e o peito como a levar diversos golpes de punhal. Com desespero, ele tentou gritar para a secretária, porém o ar lhe faltava ainda mais.

Iracema terminou de escrever os nomes na agenda e ficou mais um tempo no escritório da pequena imobiliária. Faltavam apenas cinco minutos para as cinco da tarde quando a moça começou a fechar todo o escritório para ir embora. Nesse momento, para sua surpresa, viu o carro de Arnaldo ainda estacionado. Ressabiada, a moça lentamente se aproximou e encontrou o patrão deitado no banco do passageiro. Iracema chamou, mas nada de Arnaldo responder. Desesperada, ela correu para a praça que ficava logo mais abaixo e gritou para um taxista ajudar Arnaldo.

O taxista, que estava passando pano em seu carro, ouviu os gritos da moça e preocupado perguntou:

— Por que grita tanto?

— Meu patrão morreu dentro do carro – respondeu a moça em franco desespero.

O homem apressou-se em ir até o local onde estava estacionado o carro de Arnaldo.

— Senhor! Acorda!

Mas não ouviu nenhum ruído de Arnaldo.

O homem, desesperado, colocou Arnaldo dentro de seu carro de praça e o levou, juntamente com a secretária, para o hospital. Ao chegar lá, Arnaldo foi prontamente atendido pelo doutor Antonio Viana, que, ao ver o estado de Arnaldo, disse:

— Venham, tragam-no aqui.

Com a ajuda de um enfermeiro, o taxista colocou Arnaldo sobre a maca, levando-o para o interior do hospital. O médico e três enfermeiros reanimaram Arnaldo, que depois de quarenta minutos foi voltando lentamente. O doutor prescreveu algumas medicações para Arnaldo, inclusive a petição de internação.

Arnaldo, ao acordar, perguntou:

— O que estou fazendo aqui?

O médico respondeu:

— O senhor teve uma síncope. O melhor que tem a fazer é descansar.

Arnaldo pensou em Mirtes e desesperou-se:

— Minha mulher está sabendo que estou no hospital?

O médico, com olhar benevolente, respondeu:

— Talvez precise dar seu endereço e o nome de sua esposa para que ela possa ser avisada.

Arnaldo naquele momento lembrou que tinha uma venda a ser feita. Preocupado, perguntou:

— Doutor, que horas são?

— São dezoito horas e quarenta e cinco minutos.

— Não posso ficar aqui, preciso sair para fechar o negócio da venda da casa.

— Esqueça do fechamento do negócio. Agora se preocupe em se recuperar.

Naquele instante Iracema entrou na saleta e Arnaldo perguntou:

— Já avisou Mirtes que estou no hospital?

A moça respondeu timidamente:

— Ainda não, pois não tenho o endereço de sua casa.

Foi então que Arnaldo se lembrou de que nunca falara onde morava para Iracema. Ela foi até a praça próxima do hospital, pegou um táxi e foi até o endereço que seu patrão lhe dera. Não demorou e Iracema logo viu a casa verde que fora descrita pelo patrão. Ao chegar, rapidamente saltou do carro e começou a gritar no portão.

Mirtes atendeu rapidamente, e a moça, sem pensar em boas maneiras, disse de supetão:

— A senhora é dona Mirtes?

— Sim! – respondeu Mirtes, sem imaginar a gravidade da situação.

— Seu Arnaldo está no hospital, ele teve um mal súbito e foi levado até lá às pressas por um taxista.

Mirtes naquele momento sentiu o chão desaparecer sob seus pés e atônita perguntou:

— Mas o que houve com ele? Arnaldo nunca apresentou problemas de saúde!

— Não sei dizer, a senhora precisa me acompanhar até o hospital.

Mirtes entrou rapidamente na casa, apagou o fogo das panelas, tirou o avental e saiu acompanhada de Iracema.

Após pouco mais de meia hora Mirtes entrou no corredor da saleta onde Arnaldo estava e rapidamente entrou, sem se importar com as normas do hospital.

— Arnaldo, o que aconteceu?

— Não sei, senti fortes dores no peito e me faltou o ar e de repente... não vi mais nada.

— Onde está o médico que o atendeu?

— Ele foi atender outros pacientes, disse que não demoraria a voltar.

Mirtes, olhando aflita para o marido, perguntou:

— Há quanto tempo está doente?

Arnaldo esboçou um sorriso e respondeu:

— Não estou doente, apenas estava sentindo dores no peito, nada de mais.

— Desde quando? – perguntou Mirtes.

— Há alguns dias.

Mirtes ia falar alguma coisa para Arnaldo quando o doutor Antonio Viana entrou bruscamente na sala e disse calmante:

— A senhora é esposa do senhor Arnaldo Gouveia?

— Sim, somente agora fui informada de seu estado de saúde.

O médico, fazendo gestos, a convidou para conversar no corredor. Mirtes acompanhou o médico e, sem dar tempo de ele falar, perguntou:

— O que aconteceu, doutor?

Percebendo o nervosismo da mulher, o médico foi logo dizendo:

— Por favor, se acalme, o quadro de seu marido é estável.

Mirtes, com os olhos marejados, insistiu:

— Por favor, não me esconda nada!

— Ainda não tenho certeza, mas creio que seu marido sofreu um infarto leve.

Ao ouvir aquilo, Mirtes quase desmaiou, sendo amparada pelo médico.

— Calma! Ao que tudo indica, seu marido vai se recuperar. As evidências mostraram que ele sofreu um infarto, mas graças a Deus foi trazido a tempo ao hospital. Ele terá que ficar alguns dias no hospital, para que possamos acompanhá-lo, mas logo estará em casa.

— Doutor, Arnaldo poderia ter morrido?

O médico, não querendo deixar a mulher ainda mais nervosa, disse:

— Todos nós podemos morrer, mas, como havia dito, o importante é que seu marido foi atendido a tempo. Ele se queixou de dores nesses últimos dias?

— Arnaldo nunca se queixou de nada. Sempre aparentou estar bem. Somente há pouco disse que vinha sentindo dores no peito nesses últimos dias.

— Como eu suspeitava...

Mirtes, desesperada, perguntou:

— O que o senhor suspeitava, doutor?

— Arnaldo há dias não vem se sentindo bem e escondeu da família o que vinha sentindo – disse o médico com tranquilidade.

Mirtes, sem compreender, perguntou:

— Mas o que tem isso doutor?

— Arnaldo já vinha sentindo alguma coisa relacionada e não procurou ajuda. Foi socorrido a tempo, mas, se não fosse, o resultado seria pior – disse o médico levando a mão à testa. – Mas o importante agora é que seu marido receba o tratamento. Ele ficará internado por alguns dias. Depois que voltar para casa, terá que ficar de repouso e, principalmente, manter a calma.

— Há alguns dias, tivemos um problema em casa e Arnaldo sofreu muito com o ocorrido.

— O que aconteceu? – retrucou o médico sem pensar em ser discreto.

Mirtes então passou a relatar tudo o que havia acontecido entre Arnaldo e o filho.

— Isso contribuiu e muito para que Arnaldo sofresse o infarto – disse o médico. – Arnaldo terá que ser poupado de aborrecimentos, portanto, procure dar a ele uma vida tranquila, sem sobressaltos.

— Como posso fazer isso?

— Talvez um lugar tranquilo. Faça uma viagem.

— Não posso viajar, doutor, temos muitas coisas para resolver aqui em São Paulo – disse Mirtes desesperada.

— Entendo... O melhor que tem a fazer é procurar por Deus... pois Ele pode dar a paz de que Arnaldo está precisando.

Mirtes não acreditou no que estava ouvindo: "Essas palavras vindas de um médico?".

Sem que Antonio e Mirtes percebessem, um jovem enfermeiro se aproximou dizendo:

— Doutor, o senhor está sendo chamado na emergência.

— Preciso ir... Talvez um novo infartado tenha acabado de chegar.

O médico, juntamente com o enfermeiro, passou a andar rapidamente no longo corredor, enquanto Mirtes pensava: "Onde já se viu um médico dizer para Arnaldo procurar uma igreja?".

Mirtes voltou para o lado de Arnaldo e disse:

— Arnaldo, o doutor disse que você terá que passar uns dias no hospital, pois o que sofreu foi sério, mas agora terei que sair para cuidar de sua internação.

— Por favor, Mirtes, não demore – Arnaldo pediu, com lágrimas nos olhos.

A mulher disse que voltaria logo e seguiu rumo ao departamento de internação. Depois de vinte minutos, Mirtes voltou dizendo que tudo já havia sido resolvido e foi nesse instante que dois enfermeiros chegaram com uma maca dizendo que Arnaldo seria levado ao quarto. Mirtes estava abatida, pois nunca imaginou que passaria por momentos difíceis como aquele.

Mercedes chegou da faculdade mais cedo, e logo percebeu que os pais não estavam em casa. Preocupada, a moça foi até a casa de Júlia ver se a mãe estaria na companhia da boa senhora.

Júlia não sabia o que estava acontecendo, e, preocupada, disse:

— Conversei com sua mãe à tarde e estava tudo aparentemente normal.

Mercedes se desesperou: onde estariam seus pais? A moça decidiu voltar para casa, e Júlia a acompanhou. As duas estavam conversando na cozinha quando Mirtes chegou. Aflita, a moça perguntou:

— Mãe, onde esteve? Onde está papai?

— Seu pai sofreu um mal súbito no trabalho e foi levado ao hospital. Estive com ele até agora – respondeu Mirtes, cansada.

Mercedes naquele momento se entregou ao desespero e entre lágrimas perguntou:

— Mas o que aconteceu?

— Estive conversando com o médico que o atendeu e ele disse que foi um infarto.

Mercedes, ao ouvir as palavras da mãe, passou do rubor à palidez em poucos segundos. Entre lágrimas, perguntou:

— Como ele está?

— Aparentemente está bem, mas o médico o internou para fazer exames complementares.

Mercedes chorava copiosamente, quando Júlia disse:

— Não se desespere, tudo está certo como está. Arnaldo foi atendido e agora está bem.

— Dona Júlia, meu pai sofreu um infarto, temo que isso seja o começo do fim – respondeu Mercedes em franco desespero.

— Não seja pessimista. Quantas pessoas sofrem infartos e vivem por longos anos? Seu pai foi atendido a tempo e agora vai se recuperar, confie em Deus – disse Júlia pegando na mão da moça.

Mirtes, que observava a cena, disse:

— Há muitos anos tive um vizinho que sofreu um infarto fulminante e morreu minutos depois.

Ao ouvir o comentário da mãe, Mercedes se entregou ainda mais ao desespero.

— Graças a Deus não foi isso que aconteceu com meu pai! – Por um momento, Mercedes sentiu raiva da mãe. – Mamãe, por favor, não aumente ainda mais minha angústia.

Júlia, percebendo uma discussão iminente, interpôs-se entre as duas e disse:

— Arnaldo é forte e vai ficar bem. Logo ele voltará a trabalhar e tudo voltará ao normal.

— Tomara... Tomara – resmungou Mirtes.

— Quero ir ao hospital.

— De maneira alguma! Está tarde e seu pai está descansando – opôs-se Mirtes.

— Não se preocupe, Mirtes, eu vou com Mercedes – sugeriu Júlia.

Ao perceber que não poderia segurar a filha, Mirtes consentiu dizendo:

— Seu pai está no quarto vinte e quatro. À noite é mais fácil entrar.

— Mercedes, tem dinheiro para o táxi? – perguntou a mãe.

— Não se preocupe com isso, pagarei a corrida – disse Júlia.

Mirtes ficou calada e viu quando as duas mulheres se afastaram.

Faltavam poucos minutos para a meia-noite quando Júlia e Mercedes chegaram ao hospital. Mercedes se aproximou da recepcionista e disse:

— Meu pai sofreu um infarto à tarde e gostaria de vê-lo.

A recepcionista, de mau humor, respondeu:

— Não posso deixá-la entrar, por favor, venha amanhã no horário de visita.

Nesse momento, Júlia interveio:

— Por favor, peço que deixe Mercedes ver o pai. Ela só ficou sabendo do ocorrido há pouco menos de uma hora.

A moça da recepção pensou por alguns segundos e disse:

— Está bem, vou deixar entrar por cinco minutos.

Mercedes olhou agradecida para a moça que procurava nos arquivos o número do quarto.

— O quarto em que meu pai está é o número vinte e quatro – adiantou-se Mercedes.

A moça conferiu o nome do paciente e o quarto e logo as duas seguiam pelo longo corredor. Ao chegarem à clínica médica, observaram os números dos quartos e não foi difícil encontrar o quarto. As duas entraram vagarosamente e logo perceberam que o quarto tinha dois leitos, mas Arnaldo estava sozinho. Mercedes aproximou-se do pai e disse:

— Pensei que estivesse dormindo.

Arnaldo, ao ver a filha, abriu um largo sorriso.

— Minha filha, que bom que veio. Estou me sentindo muito só neste lugar. Que bom que veio, dona Júlia. Se ela viesse sozinha, eu ficaria preocupado.

— Não poderia deixar de vir... Mas que susto, não?

Arnaldo sorriu.

— Obrigado, dona Júlia, por acompanhar Mercedes.

— Não tem por que me agradecer. Mercedes estava aflita e eu não poderia deixar que viesse sozinha.

— Como está se sentindo papai? – disse Mercedes, interrompendo a conversa.

— Sinto-me indisposto, mas o doutor Antonio disse que é normal, logo estarei em casa.

Mercedes alisava os cabelos do pai ininterruptamente, e foi Júlia quem retomou a conversa:

— O importante agora é ficar bem para voltar logo para casa.

Arnaldo, ao ver os olhos marejados da filha, disse:

— Filha, fique tranquila, logo voltarei para casa.

Mercedes, sabendo que não poderia ficar muito tempo, disse:

— Precisamos ir, pois tínhamos apenas cinco minutos. Mas amanhã virei vê-lo.

— Arnaldo, fique calmo, amanhã viremos vê-lo, mas peço que mantenha a calma – pediu Júlia.

— Como poderei ficar calmo sabendo de meu estado de saúde?

— Coloque nas mãos de Deus e aguarde, pois logo poderá voltar para casa. Isso que aconteceu foi para que prestasse mais atenção à saúde.

Arnaldo sorriu para as duas mulheres e disse:

— Mercedes, fique calma, estou me recuperando e logo estarei em casa.

A moça beijou ternamente o rosto do pai enquanto Júlia segurava sua mão. Não demorou e as duas saíram, a fim de não arranjar problemas para a recepcionista do hospital.

Ao ganharem a rua, Mercedes disse:

— Tudo isso é culpa de Yago! Se ele não fosse tão estúpido, meu pai não estaria nessas condições.

Júlia pensou por alguns instantes e disse:

— Não foi culpa de Yago, seu pai já não vinha se sentindo bem. A briga com seu irmão agravou o problema, mas ele sofreria esse infarto mesmo que seu irmão ainda estivesse em casa. Concordo que seu pai viveu momentos intensamente nervosos, mas não foi por isso que sofreu o infarto. Todos nós temos problemas que podem desencadear um infarto ou outras doenças, mas o importante é como nós enfrentamos o problema. Podemos fazer isso de maneira positiva ou negativa. Vários problemas, como a perda de um ente querido, o desemprego, problemas com filhos, podem desencadear o infarto, assim como outras doenças. Mas o que faz a diferença é encarar o problema de maneira positiva. Talvez uma das maneiras de fazer isso é confiar que tudo está certo como está na vida, que, se nós não podemos resolver, devemos dar tempo ao tempo e esperar que as coisas se acalmem. Essa é uma maneira positiva. A maneira negativa é deixar que os problemas nos engulam, isto é, a pessoa se entrega ao pessimismo e começa a ver que não tem saída, entrando em total desespero. É nesse momento que a doença se instala, causando sérios problemas de saúde. Essa é a maneira negativa de enfrentar o problema. Você acha que Arnaldo só tinha problemas com Yago? Seu pai tem muitos problemas, e muitas vezes não os comenta para não preocupar vocês.

Mercedes pensou por alguns instantes e disse:

— Tem razão! Papai está sempre preocupado com alguma coisa, e Yago é apenas um deles.

Júlia, olhando para a praça, viu um taxista que se preparava para ir embora:

— Olha lá, ainda tem um táxi.

As duas correram até o táxi e logo estavam voltando para casa. Ao chegarem no bairro, Mercedes disse:

— Obrigada, dona Júlia, por estar comigo neste momento tão difícil.

Júlia, sorrindo, apertou a mão da amiga, e esperou que ela entrasse em casa. Mercedes encontrou Mirtes sentada no sofá, que perguntou:

— E então, viu seu pai?

— Sim! Foi por cinco minutos apenas.

— E como ele está?

— Está melhor, sente-se um pouco indisposto.

Mirtes levantou-se do sofá dizendo:

— Vá se deitar, minha filha, amanhã o dia promete ser longo.

— Amanhã não vou trabalhar – disse Mercedes olhando para a mãe como se a estivesse vendo pela primeira vez.

Mirtes gostou da decisão da filha.

— Muito bem, assim terei companhia para esperar pelo horário de visitas – e, sentindo-se vulnerável, aproximou-se da filha: – Agradeço a Deus por ter me dado você, pois o que seria de mim agora?

Mercedes se aproximou da mãe e a abraçou.

— Mãe, saiba que a senhora nunca estará sozinha.

As duas andaram pelo longo corredor da casa e cada uma se trancou em seu quarto. Mirtes deitou-se, mas não conseguia dormir. Só conseguiu pegar no sono quando o dia já estava quase amanhecendo.

Mirtes acordou cedo, e começou a arrumar as roupas para levar ao hospital. Foi nesse momento que lembrou que Yago ia para casa fazer sua refeição. Ela foi até a cozinha, e a preocupação com o filho não lhe dava tréguas. Nesse instante, Mercedes entrou e encontrou a mãe fazendo café:

— Dormiu bem, minha mãe?

— A noite foi terrível. Demorei a dormir e, quando consegui, sonhei com Yago e seu pai. Seu irmão teve culpa nisso tudo.

Mercedes, que havia conversado com Júlia na noite anterior, passou a dizer:

— Yago não teve culpa do que aconteceu com papai.

— Teve, sim, minha filha. Se Yago não tivesse saído de casa, nada disso teria acontecido.

Mercedes lembrou-se da conversa que tivera com Júlia:

— Mamãe, papai sempre teve problemas, o que desencadeou essa doença foi o fato de ele não ter lidado com as dificuldades com otimismo.

Tudo na vida se resolve, e para papai faltou a confiança de que tudo se resolveria a seu tempo. Concordo que ele esteja sofrendo por Yago, mas seu pessimismo fez com que ele não visse solução para os diversos problemas que vem enfrentando. Yago não é o centro do universo, portanto, não podemos colocar toda a culpa nas costas dele.

Mirtes olhou seriamente para a filha:

— Você não culpa seu irmão por toda essa desgraça?

— Não, minha mãe. Ontem, por um momento, pensei dessa maneira, mas dona Júlia me fez ver que Yago não tem culpa de nada. O único culpado é papai, por não ter sabido lidar com a situação.

Mirtes ficou calada por alguns instantes e retrucou:

— Minha filha, preciso te contar algo.

— O que aconteceu, mamãe?

A mulher, depois de um longo suspiro, soltou:

— Seu irmão está passando por sérias dificuldades, mora com um rapaz que alugou uma casa, mas não há mobília nela. Ele vem trabalhando como vendedor de redes e não tem dinheiro para nada. Por isso, ele tem vindo aqui todas as tardes fazer sua refeição e trazer roupas para lavar.

Mercedes ficou muda; depois de alguns instantes, perguntou:

— Como vai fazer quando papai sair do hospital? Certamente, ele não poderá voltar a trabalhar no dia seguinte.

Mirtes, com lágrimas nos olhos, confessou:

— Mercedes, isso me tirou o sono, pois não posso contar a Arnaldo, sabe como ele é...

— Mamãe, concordo que queira ajudar Yago, mas não quero que papai fique sabendo disso.

— E então o que sugere que eu faça? – perguntou Mirtes em desespero.

Mercedes, não vendo uma solução para o problema, disse:

— Vou pensar em alguma coisa.

Mirtes terminou de coar o café e foi à padaria. Ao retornar, Mercedes disse:

— Se papai souber que Yago continua vindo aqui, vai ter outro infarto. Talvez seja melhor conversar com dona Júlia, ela sempre tem uma solução para tudo – Mercedes tomou o café da manhã e continuou: – Vou te ajudar nos afazeres domésticos e depois terei uma conversa com dona Júlia.

— Mercedes, estou acostumada a cumprir minha obrigação sozinha, portanto, tire a manhã para descansar.

— Vou arrumar meu quarto e depois irei à casa de dona Júlia – disse Mercedes depois de pensar por alguns instantes.

Mirtes gostou da ideia e logo voltou para suas obrigações domésticas. Mercedes arrumou o quarto e em seguida foi ter uma conversa com a boa mulher. A moça não estava percebendo que o laço de amizade entre ela e Júlia estava se estreitando, firmando assim uma amizade que duraria a vida toda.

Naquela manhã, quando ouviu baterem no portão, Júlia estava conversando com a moça que a ajudava duas vezes na semana. Ao ver Mercedes, perguntou, curiosa:

— Mercedes, você aqui a uma hora dessas?

— A senhora sabe como é. Mamãe não quer que eu a ajude e, como não consigo ficar sem fazer nada, decidi fazer uma visita matinal para minha única amiga.

— Ontem fiz um bolo de laranja, venha experimentar – disse Júlia sorrindo.

Mercedes entrou na cozinha e encontrou a ajudante, que limpava um dos armários. Ela a cumprimentou e Júlia pegou um prato e cortou uma fatia do bolo. Como a cozinha estava bagunçada, Júlia convidou a moça a ir à sala de jantar.

— Dona Júlia, estamos com problemas... – Mercedes confidenciou.

A mulher empertigou-se na cadeira e, com voz séria, perguntou:

— O que está acontecendo?

Mercedes contou sobre as visitas diárias de Yago e de sua preocupação quando o pai viesse para casa.

— Vi Yago algumas vezes entrando na sua casa, mas não sabia que esse menino estava passando por tantas dificuldades.

— Minha mãe está preocupada com o fato de ele não ter onde fazer suas refeições, e eu sinceramente não consegui pensar em nada.

— Acompanhe-me em uma prece, tenho certeza de que nos ocorrerá alguma ideia.

Mercedes acompanhou Júlia em sentida prece. Assim que terminaram, Júlia disse:

— Espere um momento. Vou buscar o doce de abóbora que fiz ontem.

Enquanto Júlia caminhava na cozinha, uma luz se formou a seu lado, sem que ela visse, e passou a falar em seu ouvido:

— Minha irmã, estamos neste planeta para ajudar uns aos outros, portanto, sugiro que dê as refeições a esse rapaz no período de convalescença do pai.

Júlia não ouviu as recomendações desse espírito, mas sentiu as palavras vibrarem em seu coração. Ao voltar com o doce, foi logo dizendo:

— Os irmãos espirituais me orientaram a permitir que Yago faça suas refeições em minha casa.

Mercedes olhou surpresa para Júlia e perguntou:

— Você ouve a voz dos espíritos?

Júlia, sorrindo, respondeu:

— Não ouço com o ouvido físico, mas ouço com meu ouvido espiritual.

Intrigada, Mercedes perguntou:

— Como com o ouvido espiritual?

Júlia, sentando-se em frente à Mercedes, passou a dizer:

— Todos nós somos médiuns em maior ou menor grau, pois todos nós sentimos a influência dos espíritos, sejam elas positivas ou negativas. Quando fazemos preces, nos colocamos à disposição de espíritos bondosos, e eles muitas vezes usam a nossa intuição para nos instruir. Quando digo que ouço por meio de meus ouvidos espirituais, quero dizer que presto atenção nas intuições que me ocorrem. Agora há pouco, pedi auxílio a Deus, e ele prontamente respondeu, por meio de minha intuição, o que eu deveria fazer. Ao fazermos uma oração com o coração aberto, recebemos o amparo da espiritualidade maior, e como nem todos têm a capacidade de ouvir claramente os espíritos, eles nos orientam por meio de sugestões, e isso aparece para nós como ideia. Acredite, minha filha, essa ideia de ajudar Yago não foi minha, mas uma sugestão recebida.

Mercedes, encantada com as revelações de Júlia, disse:

— Mas todas as ideias que recebemos provêm dos espíritos?

— Os espíritos costumam dirigir nossos pensamentos e atos, costumam nos dar bons conselhos. No entanto, os espíritos maus nos intuem pensamentos tão ruins quanto eles. Quando fazemos uma prece, como o fizemos agora, nos ligamos por meio dos pensamentos a amigos espirituais, e estes, prontos a nos ajudar, nos dão bons conselhos. Portanto, não cabe dizer que todas as ideias provêm dos espíritos, mas uma boa parte delas, sim – Mercedes abriu um largo sorriso e Júlia continuou: – Se quisermos ter sempre bons espíritos para nos instruir, devemos prestar atenção em nossos pensamentos, pois foi por esse motivo que o próprio Jesus disse que deveríamos orar e vigiar. Orar para sempre ter bons espíritos a nos intuir e vigiar nossos pensamentos, e para que não atraiamos espíritos malfazejos para junto de nós.

Mercedes, encantada com o que ouvira, disse:

— Estou gostando imensamente do que venho aprendendo com a senhora.

— Cabe a Mirtes aceitar essa ideia... – concluiu Júlia.

— Mamãe não tem escolha. Ou ela aceita a ajuda que a senhora está oferecendo ou o filho dela vai passar fome – e, mudando de assunto, perguntou: – Dona Júlia, a senhora vai conosco ao hospital?

— Certamente que sim, pois não vou deixar meu amigo sozinho naquele hospital.

Mercedes voltou para casa com o rosto iluminado por um sorriso, e, ao ver a mãe limpando a cozinha, disse:

— Mamãe, dona Júlia se prontificou a nos ajudar.

— Nos ajudar em quê, minha filha?

Mercedes contou à mãe a ideia de Júlia, o que deixou Mirtes imensamente feliz.

— Gostaria que meu filho continuasse a fazer as refeições aqui, mas Arnaldo ficará em casa por uns tempos, e isso seria inviável. Agora cabe a mim conversar com Yago, pois você sabe como é seu irmão, sempre muito orgulhoso – disse Mirtes, preocupada.

Mercedes, irritada, respondeu:

— Mamãe, Yago não está em posição de fazer exigências. Ou ele aceita ou morre de fome – e pensou por alguns instantes antes de continuar: – Não se preocupe, conversarei com ele.

— Pois bem, faça como quiser, mas não arranje confusão com seu irmão. Ele está muito fragilizado com a situação.

Mercedes, embora estivesse irritada, nada respondeu, pois sabia que sua mãe não perderia a mania de proteger Yago. Decidiu ficar calada a fim de não arranjar uma discussão desnecessária.

Depois de finalizada a conversa, Mercedes avisou:

— Mamãe, hoje vou ficar em meu quarto para estudar um pouco para a prova.

Mirtes, percebendo que a filha estava cada vez mais sozinha, perguntou:

— Mercedes, por acaso terminou com Fernando?

— Não, minha mãe. Combinamos que em semanas de prova não nos encontraríamos, pois não posso me distrair com outras coisas.

— Está tudo bem entre vocês, minha filha?

— Sim. Fernando é um rapaz compreensivo.

— Compreensivo agora que está fazendo faculdade de engenharia, mas deixe terminar... A compreensão sai pela janela.

— Fernando não é assim, minha mãe, ele sempre foi compreensivo comigo e sempre me incentiva a terminar os estudos.

— Júlia vai conosco ao hospital? – perguntou Mirtes mudando de assunto.

— Sim, ela garantiu que iria. E a senhora sabe quanto ela é prestativa.

— Eu sei, minha filha, por isso gosto tanto dela.

Mercedes pediu licença para a mãe e se dirigiu ao quarto a fim de estudar para a prova que teria naquela noite.

As três mulheres desceram do ônibus que passava na quadra de trás do hospital e, assim que chegaram, Mercedes disse:

— Mamãe, deixe-me conversar com o médico que está cuidando de papai, afinal, preciso saber qual é o verdadeiro estado dele.

Mirtes gostou do fato de a filha ter tomado a iniciativa de cuidar do pai:

— Acho uma boa ideia, até porque não consigo compreender claramente o que o médico diz.

— Não se culpe, minha amiga, quando o paciente é um ente querido, a família tem dificuldade em assimilar o que o médico está querendo dizer – disse Júlia, interrompendo Mirtes.

Mercedes, ao se aproximar do balcão, percebeu que a recepcionista não era a mesma da noite, e com humildade disse:

— Meu pai foi internado ontem com problemas cardíacos. O médico responsável é o doutor Antonio Viana. Gostaria muito de conversar com ele sobre o estado de saúde de meu pai.

A moça, sem expressar nenhuma emoção, disse:

— Para conversar com o doutor Antonio, procure-o no posto de enfermagem, após a visita.

Mercedes obedeceu e pegou três cartões de visitante. Faltava pouco mais de dez minutos para o início do horário de visitas – e para que pudessem entrar e ver Arnaldo. As três mulheres estavam ansiosas quando as primeiras pessoas começaram a entrar. Aproveitando o momento, entraram e correram até o quarto vinte e quatro. Ao chegar, encontraram Arnaldo olhando para a grande janela. Ao ver as três, ficou feliz e disse:

— Não vejo a hora de voltar para casa, ficar neste lugar é um tédio.

— Logo o senhor voltará para casa – Mercedes disse.

— Como está se sentindo? – perguntou Mirtes, aflita.

— Estou bem melhor, obrigado.

Júlia, percebendo que Arnaldo estava emotivo, disse em tom jocoso:

— Pensei que estivesse gostando de ficar hospedado neste hotel cinco estrelas.

Mirtes e Mercedes riram da observação da amiga, e Arnaldo brincou:

— Não desejo que ninguém fique hospedado neste hotel, pois a noite foi terrível. Estava dormindo e, por diversas vezes, vi a enfermeira entrar no quarto. Quero voltar para casa e dormir a noite inteira sem interrupção.

Todos estavam conversando, quando doutor Antonio entrou, com um papel nas mãos.

— Graças a Deus, não foi infarto. Estou com seu eletro nas mãos, no qual não foi confirmada nenhuma anomalia.

Mercedes abriu um largo sorriso de satisfação e disse:

— Doutor, podemos conversar um minuto?

O médico, pegando no braço de Arnaldo, disse:

— Cuide desse rapaz, pois ele é impaciente e teimoso...

Todos riram do bom humor do médico.

Mercedes e doutor Antonio saíram do quarto, deixando Arnaldo em companhia da esposa e da vizinha.

— O que houve, doutor?

— Pelo que tudo indica, foi um quadro de angina coronária.

Mercedes, sem compreender bem os termos técnicos do médico, insistiu:

— Mas o que pode ter ocasionado essa angina?

— Talvez o estreitamento da artéria coronária, ou um abatimento emocional. O sangue teve dificuldade de passar pelas artérias, diminuindo a oxigenação, resultando em torpor e desmaio e culminando nessa dor aguda do peito. Por isso chamamos de angina pectoris. Como seu pai não fuma e está no peso ideal, acredito que isso tenha ocorrido por causa de seu estado nervoso.

— Os últimos dias não têm sido nada fáceis para papai, mas ele vai superar.

Enquanto Mercedes esclarecia suas dúvidas com doutor Viana do lado de fora do quarto, o paciente, olhando fixamente para as duas mulheres que o visitavam, disse:

— Sempre tive uma saúde de ferro, não sei o que está acontecendo comigo.

— O senhor tem andado com os nervos à flor da pele. O melhor que tem a fazer é não se entregar demasiadamente aos problemas... – disse Júlia.

— Problemas não faltam... – respondeu Arnaldo.

Nesse instante, o médico voltou ao quarto e, ao ouvir as palavras de Arnaldo, disse:

— Todos temos problemas, mas devemos lembrar que eles não são maiores que nós. Para que tenha uma qualidade melhor de vida, o senhor terá que fazer algum tipo de exercício físico, e precisa acalmar seu coração. Há muitos anos um sábio rei disse que "uma vida calma é vida para o corpo físico". Portanto, mantenha a calma e procure viver um dia de cada vez.

Mercedes, satisfeita com a resposta que o médico deu para Arnaldo, perguntou:

— Doutor, esses últimos dias não têm sido fáceis para papai. Como fazer com que ele se acalme com essa situação?

Mirtes ficou tensa, achando que a moça fosse falar ao médico o motivo do nervoso de Arnaldo, mas a moça agiu com discrição:

— Meu pai se preocupa com tudo.

O médico, sorrindo, disse:

— O melhor que tem a fazer é descobrir a paz interior. Sei que é difícil, mas não é impossível. Arnaldo, acredito que poderá voltar para casa nos próximos dias – e, educadamente, perguntou a Mercedes: – Ainda tem alguma dúvida? Prefere voltar ao corredor para conversar um pouco mais? Estou aqui à disposição de vocês.

— Não, doutor, o senhor respondeu a todas as minhas perguntas.

— Ótimo! Cuide de meu paciente, pois não quero voltar a vê-lo aqui.

Júlia, sorrindo, baixou suavemente a cabeça e fez uma prece em pensamento, agradecendo a Deus.

Arnaldo ficou feliz em saber que teria alta logo, e passou a conversar sobre outros assuntos com as três mulheres. Os trinta minutos passaram rápido. Logo elas se despediram.

— Mirtes, por favor, vá até a imobiliária e peça para o Oscar levar meu carro para casa. Com certeza ele está no mesmo lugar em que deixei.

— Quando você tiver alta, pedirei a Oscar que venha comigo para levá-lo embora.

— Espero vocês.

Mirtes sorriu e saiu.

Arnaldo pensou: "Gostaria muito que Yago estivesse aqui, mas ele me detesta...". Por um momento ficou triste, mas, ao lembrar da preocupação da filha, sentiu seu coração se enternecer. Sentiu um sono suave e logo adormeceu.

CAPÍTULO SETE

Arnaldo volta para casa

Mirtes acordou ansiosa, pois sabia que no dia seguinte, antes das oito horas da manhã, deveria estar no hospital. Arnaldo receberia alta.

Mercedes acordou, aprontou-se para ir ao trabalho e, ao ver a mãe, perguntou:

— Mãe, o leite já está morno! Que horas a senhora levantou?

— Minha filha, hoje tive que levantar às cinco horas da manhã, pois quero que seu pai encontre a casa toda arrumada – respondeu Mirtes, sorrindo.

Mercedes olhou para o lado e viu que a mãe já havia feito quase todo o serviço.

— Pelo jeito a senhora sentiu mais falta do papai do que eu poderia imaginar!

— Seu pai foi o único homem com quem namorei. Depois que ficou doente, percebi que a vida seria insustentável sem ele. Nesses últimos dois dias, percebi que ainda o amo.

— Como diz o ditado, nós só damos valor quando perdemos... – disse Mercedes, sorrindo. Ela sentou-se e fez seu desjejum sentindo uma paz que há muito não sentia.

Yago chegou na casa da mãe agindo como se ainda morasse lá. Ao encontrar a mãe na lavanderia, foi até lá e disse:
— Boa tarde, minha rainha.
Mirtes gostava da maneira afetuosa do filho, e respondeu sorrindo:
— Boa tarde, como tem passado?
— Estou na mesma, minha mãe, continuo vendendo redes e dormindo no chão – Yago respondeu desanimado.
— Meu filho, penso que não precisaria passar por nada disso. Aqui você tinha sua cama, suas roupas lavadas, refeições na hora certa e o carinho de sua mãe.
Yago, ao pensar em seu pai, respondeu:
— Não quero viver sob o mesmo teto que seu marido. Esqueceu o que ele me fez?
Mirtes pensou por alguns instantes e disse:
— Não fale assim de seu pai, ele está no hospital.
— O que aconteceu? – Yago, surpreso, perguntou.
Mirtes passou a contar ao filho o que havia acontecido, e arrematou a conversa dizendo:
— Seu pai passou por fortes emoções e essa foi a causa da angina.
Yago, pegou uma maçã, mordeu e disse, ainda com a boca cheia:
— Queria que tivesse morrido!
Mirtes, assombrada com as palavras do filho, respondeu:
— Não diga uma coisa dessas, meu filho, seu pai é um bom homem e nós precisamos dele.
Yago respondeu com displicência:
— Não me importo com ele. Sinceramente, tanto faz se ele morrer.
Mirtes, desapontada com o filho, insistiu:

— Yago, seu pai receberá alta e, quando isso acontecer, ele ficará sem trabalhar por uns dias, portanto, você não poderá fazer suas refeições em casa, afinal, vocês dois estão de relações cortadas.

Yago, naquele momento, percebeu a gravidade do assunto e, preocupado, perguntou:

— E agora, onde vou comer?

— Conversei com Júlia e ela se prontificou a lhe servir as refeições enquanto seu pai estiver em casa.

— Não vou comer na casa da dona Júlia, pois nunca gostei dela. Essa religião fez dela uma mulher estranha.

— Meu filho, você sempre gostou de Júlia. Quando era criança, vivia na casa dela fazendo suas estripulias – disse Mirtes, sorrindo.

Yago pensou e respondeu com rispidez:

— Mamãe, quando somos crianças, não vemos as pessoas como elas são de verdade, portanto, não gosto da dona Júlia.

Naquele momento, Mercedes chegou do trabalho e, ao ver o irmão, o abraçou muito feliz. Assim que o coração serenou, ela perguntou:

— Como vão as coisas, meu irmão?

Yago, sorrindo ironicamente, respondeu:

— Como pode ver, estou ótimo! Comendo de favor e morando numa pocilga.

— Se está vivendo dessa maneira a culpa é sua. Afinal, quem escolheu isso foi você – retrucou ela.

— Não escolhi nada, seu pai me colocou para fora de casa – respondeu Yago, enraivecido.

— De maneira alguma! Papai não o colocou para fora. Quem escolheu sair de casa foi você.

— Mercedes continua a mesma queridinha do papai – Yago disse olhando para a mãe.

— Não sou a queridinha de ninguém, apenas estou sendo justa. Você tomou sua decisão sem pensar nas consequências e agora está culpando papai por seu fracasso.

— Mercedes, eu estava conversando com Yago sobre o fato de ele fazer as refeições na casa de Júlia – Mirtes interveio ao perceber que logo haveria uma discussão.

— Dona Júlia é uma mulher excelente. Faça as refeições na casa dela até papai melhorar – disse Mercedes.

Yago enraiveceu e, esbravejando, disse:

— Não vou fazer refeição alguma na casa daquela louca! Essa mulher vive a falar de espiritismo como se isso fosse a verdade mais cristalina do mundo! Prefiro comer lixo a fazer minhas refeições na casa dela.

— A escolha é sua. Ou aceita a ajuda de dona Júlia ou morre de fome – respondeu Mercedes dando de ombros.

— Prefiro morrer de fome.

— Papai logo voltará para casa e, até onde sei, você não tem dinheiro suficiente para pagar por suas refeições.

Yago percebeu que não tinha saída.

— E quanto ela vai cobrar da senhora pelas refeições?

— Não vai me cobrar nada. Minha amiga tem bom coração.

Yago jogou os restos da maçã sobre a pia e disse:

— Está bem, mas assim que seu marido voltar ao trabalho, volto a fazer minhas refeições aqui.

— Yago, você não está em condições de exigir nada. Aceite a ajuda que estamos lhe oferecendo e procure fazer as pazes com papai, pois somente assim deixará de sofrer humilhações – disse Mercedes olhando penalizada para o irmão.

Yago sentiu raiva da irmã por um momento, mas preferiu não iniciar uma nova discussão com ela para evitar dissabores para a mãe. Pensou por alguns instantes e disse:

— Está bem, aceito fazer minhas refeições na casa de dona Júlia, mas avise que não quero falar sobre espíritos e coisas do gênero.

Mirtes sorriu aliviada:

— Entregue as roupas para Júlia para que eu continue lavando.

O rapaz concordou e exigiu:

— Onde está o rango? Estou morrendo de fome.

Mercedes se irritou com a maneira de o irmão falar, porém, decidiu não falar nada a fim de evitar uma nova discussão. Mirtes esquentou a comida e, em menos de dez minutos, o rapaz já estava comendo. Depois ele soltou um arroto que deixou Mercedes enfurecida. Sem conseguir se conter, ela disse:

— Yago, você continua o mesmo mal-educado de sempre. Vai fazer isso com dona Júlia também?

— Sou como sou e não pretendo mudar. Se ela quiser, terá que ser assim.

— Não esqueça que você vai comer na casa dela de favor, e ela não é obrigada a suportar falta de educação à mesa, portanto, porte-se como uma pessoa educada, para não nos fazer passar vergonha – retrucou Mercedes não suportando tanta ingratidão.

— Se ela quiser vai ser assim, se não quiser o problema é dela.

— Sua irmã tem razão. Júlia não é obrigada a suportar isso – disse Mirtes, horrorizada com os modos do rapaz.

— Quer saber, não vou fazer as refeições na casa da dona Júlia coisa nenhuma; eu me viro por aí, não preciso da esmola de ninguém.

— Você é egoísta, acha que todo mundo tem a obrigação de ajudá-lo, mas o que faz para merecer a ajuda que recebe? Nada! Portanto, vire-se sozinho e faça suas refeições junto aos porcos com quem está acostumado a viver – disse Mercedes com repulsa. – Não vou deixar minha amiga passar por tamanho constrangimento.

Mirtes, tentando contemporizar a situação, disse:

— Não diga isso, minha filha! Seu irmão está querendo te irritar.

— E estou conseguindo... – disse Yago, soltando uma grande gargalhada.

— Sinto pena de você, meu irmão, pois, enquanto não perceber que não é o centro das atenções do mundo, vai sofrer. Quem sabe um dia você aprende a valorizar as pessoas que realmente gostam de você.

Yago voltou a rir com ironia sem nada dizer.

— Vou embora, não quero irritar mais ninguém – gritou o rapaz, levantando-se da mesa.

— Não vai me dar um beijo, meu filho? – disse Mirtes, olhando súplice para o filho.

— Não! Hoje a senhora não está merecendo beijo algum – e saiu batendo forte a porta atrás de si.

— Sinto pena de meu irmão! Yago está procurando mais sofrimento para si.

— Tenho minha parcela de culpa por Yago ser assim. Talvez, se eu não o protegesse tanto, as coisas tivessem sido diferentes.

Mercedes esboçou um sorriso triste para a mãe, porém, dessa vez, não fez acusação alguma.

Fazia duas semanas que Arnaldo recebera alta do hospital. Sua saúde parecia ter se estabilizado e, com isso, ele resolveu voltar à sua rotina de trabalho. Numa segunda-feira, cansado de ficar em casa, disse à esposa:

— Vou ao escritório, não aguento ficar em casa. Preciso ver se a venda da casa na Mooca está de pé.

Mirtes, surpresa com a decisão do marido, respondeu:

— Por acaso está em condições de enfrentar o trabalho?

Arnaldo, que apesar do tempo continuava a amar a esposa, disse satisfeito:

— Não se preocupe, estou bem. O que me faz mal é levar essa vida de aposentado.

Depois da doença de Arnaldo, o casamento deles havia melhorado, pois eles não tocavam mais no nome de Yago. Mercedes havia entrado em férias na faculdade e passava mais tempo em casa, para alegria do pai. Yago, apesar da situação em que vivia, não aceitou fazer as refeições na casa de Júlia, aumentando ainda mais o desespero de sua mãe. Apesar de tudo, a vida da família foi voltando ao normal.

Naquela segunda-feira Arnaldo foi ao escritório somente para saber como estava o andamento das coisas em sua ausência. Ficou a parte da manhã no escritório, voltando para casa em seguida. Chegou em casa cansado, sentou-se no sofá e disse:

— Não posso ficar sem trabalhar, pois perdi o negócio da venda da casa da Mooca.

— Em vez de ir ao escritório, por que não liga para Iracema para saber o andamento das coisas? Ela me pareceu uma moça competente.

Arnaldo pensou por alguns instantes e em seguida disse:

— Não posso me dar ao luxo de ficar em casa com tanta coisa para fazer no escritório.

— Arnaldo, chegou o momento de voltar sua atenção para sua saúde, portanto, deixe as coisas como estão e pense em você.

— Mirtes, é da imobiliária que tiro o sustento desta família – respondeu Arnaldo, satisfeito em ver a preocupação no rosto da esposa. – Mirtes, temos nossos problemas, mas você é a mulher com que sempre sonhei.

Mirtes sorriu embevecida ao ouvir a confissão do marido.

— Arnaldo, não pense em me deixar, pois não sei o que faria da minha vida sem você.

Nesse momento, Júlia chegou e bateu levemente a porta da sala. Ela ia conversar com Arnaldo todas as tardes, o que estreitou a amizade entre os dois. Ela gostava de conversar, e com isso fazia companhia ao marido da amiga.

Arnaldo comentou sobre a perda da venda da casa com a amiga, que disse:

— Não é fácil, mas este é o momento de se atentar à sua saúde. Confie em Deus que ele se encarregará do resto.

— Confio em Deus, pois nunca deixei de acreditar em sua existência — disse Arnaldo, sorrindo.

Mirtes não gostava daquele assunto, mas ouviu calada a conversa do marido. Depois de conversarem por mais de meia hora, Júlia finalmente decidiu voltar para casa.

— Quando morrer, Júlia vai direto para o céu, pois nunca vi pessoa mais bondosa que ela.

— Gosto de Júlia, só não gosto do fato de ela envolver Deus em todas as conversas – respondeu Mirtes.

— Júlia é uma mulher de fé, e isso a ajuda a ser essa pessoa maravilhosa que é.

Mirtes sorriu com a observação do marido.

— Gostaria de ter a fé que Júlia tem, pois ela consegue ver coisas boas em tudo.

Arnaldo parou e ficou observando Mirtes. Notou que a aparência de sua esposa havia mudado muito, pois o tempo havia passado, mas, apesar da idade e do tempo, ela continuava a ser uma mulher bonita.

— Mirtes, os anos se passaram, criamos nossos filhos e, com o passar do tempo, a rotina estragou nosso relacionamento. Só que, depois de tudo o que aconteceu nos últimos tempos, parece que você voltou a ser a mesma mulher por quem um dia me apaixonei.

Mirtes ficou satisfeita em ouvir a declaração do marido e simplesmente respondeu:

— Arnaldo, embora a rotina tenha desgastado nosso relacionamento, nunca deixei de amá-lo, e quando pensei que fosse ficar sem você, algo dentro de mim despertou... Acho que é amor.

Naquele mesmo dia, Júlia estava terminando o almoço, quando ouviu alguém bater em seu portão. Para a surpresa da boa mulher, era Yago, que disse, constrangido:

— Desculpe incomodá-la, mas minha mãe disse que eu poderia vir fazer minhas refeições em sua casa.

Júlia, que conhecera Yago ainda menino, respondeu sorridente:

— Claro, meu filho, por que não veio esses dias? Fiquei te esperando, e como não apareceu fiquei preocupada.

— Não quis aborrecer a senhora, mas confesso que, desde que meu pai saiu do hospital, ainda não fiz uma refeição decente – disse o rapaz, cabisbaixo.

Júlia não deixou de perceber o abatimento do rapaz.

— Yago, conheço você e sua irmã desde que eram crianças, não tinha motivo para achar que ia me incomodar, pois, se assim o fosse, eu não teria me colocado à disposição.

Yago pela primeira vez sentiu-se envergonhado por ter dito com todas as letras que não gostava de Júlia, pois ela sempre fora boa e compreensiva com ele.

— Entre, meu filho, o calor está horrível hoje. Também, em dezembro é assim, calor abrasador e poucas chuvas. O mês que vem já melhora, pois janeiro é mês de chuva, e a temperatura fica um pouco mais amena.

Yago entrou envergonhado na casa de Júlia, e, ao entrar na cozinha, viu que nada mudara. Não entrava lá desde que chegara à adolescência, mas até a posição dos móveis continuava a mesma.

— Meu filho, quer tomar um banho para almoçar? Pelo que vejo, você está suarento.

Yago gostou da proposta da boa mulher, e sem hesitar aceitou o convite. Júlia foi até o guarda-roupa e pegou uma toalha para o rapaz, que tomou um banho tranquilo e revigorante. Quando saiu do banheiro, Yago se sentia bem melhor. Júlia arrumou a mesa e ficou esperando para almoçarem juntos.

— Esse banho foi o melhor que tomei em toda a minha vida.

— Pode vir tomar banho sempre que desejar – respondeu Júlia sorrindo.

Yago olhou para aquela senhora e sentiu pena: "A bondade de Júlia a faz parecer boba...".

A senhora bonachona nem imaginava o que passava na mente de Yago – não se preocupando com seu conceito, o serviu como se ele fosse um rei. Ele almoçou tranquilamente enquanto Júlia falava. O rapaz se espantou com o fato de Júlia não lhe fazer perguntas sobre sua vida, muito menos acusações, e sorrindo disse:

— Dona Júlia, a senhora foi a única pessoa que não me fez perguntas sobre onde moro, como está minha vida ou coisa parecida.

— Meu filho, estou aqui para servi-lo, e não para fazer perguntas desnecessárias. Se você quiser falar alguma coisa, prometo que ouvirei, mas, se não quiser, tudo bem, falamos de outras coisas.

Naquele momento, Yago se desarmou e, com um sorriso, disse:

— A senhora lembra quando Edson e eu jogamos bombinha em seu quintal para assustar o cachorro?

— Como poderia esquecer? Trovão era um cachorro grande, um pastor-alemão. Naquele dia, ele entrou em casa com medo da explosão e deu trabalho para sair.

Yago começou a rir com as lembranças, e assim o almoço transcorreu tranquilamente. Quando terminou a refeição, Júlia pegou uma compota de doce de leite e o serviu. Ao contrário do que Mercedes e Mirtes pensaram, Yago comportou-se bem na casa de Júlia.

Depois do almoço, a boa mulher o convidou a ir até a sala para descansarem um pouco. Yago viu a grande estante de livros, e logo passou a ler os títulos dos livros. Júlia, procurando deixá-lo à vontade, disse:

— Se quiser ler algum, pode pegar.

Yago não se interessou por nenhum livro, porém, ao ver o violão num canto da sala, perguntou:

— A senhora toca violão?

— Não. Esse violão é a única coisa que restou de meu filho.

Yago olhou surpreso para a mulher.

— A senhora teve filhos?

Júlia foi arremessada ao passado e, com pesar, disse:

— Tive um filho, chamado Aquiles, mas ele morreu quando tinha apenas dezessete anos.

Yago, como sempre indiscreto, disse:

— Eu nunca soube que a senhora teve filho.

Júlia sorriu de leve, e Yago percebeu que aquelas lembranças ainda doíam na pobre mulher.

— Do que morreu seu filho?

— Aquiles nunca fora um menino saudável, mas, quando tinha dezesseis anos, os médicos descobriram que ele tinha leucemia.

Ao perceber que os olhos de Júlia ficaram marejados, Yago disse somente:

— Desculpe-me, não quis aborrecê-la com perguntas.

Yago sentou-se na cadeira de balanço e logo cochilou, pois não estava acostumado a almoçar exatamente ao meio-dia.

Júlia ficou observando a expressão de Yago, e não deixou de notar quanto o rapaz emagrecera, o que o fez parecer mais velho. Ela tinha um quarto vago e, com mansidão, chamou o rapaz:

— Meu filho, venha se deitar na cama.

Cansado, Yago obedeceu a mulher e, pela primeira vez em mais de um mês, deitou-se em uma cama limpa. Naquela tarde, o rapaz teve um sono solto e, ao acordar, percebeu que já passava das seis e meia da tarde.

Yago levantou e encontrou Júlia preparando o jantar.

— Desculpe, dormi demais, que horas são?

— Seis e meia.

Yago colocou o calçado dizendo que precisava ir embora.

— Não vou deixar você sair sem jantar – disse Júlia sorrindo.

Yago novamente se sentiu constrangido. Além de sua mãe, Júlia fora a primeira pessoa que realmente se preocupara com seu bem-estar.

— Não posso, já lhe dei trabalho demais.

— Isso não foi trabalho nenhum. Foi um prazer, pois há muito tempo não cozinho para alguém em minha casa.

Yago naquele momento sentiu um carinho imenso tomar conta de seu ser, e sorrindo perguntou:

— Posso vir almoçar amanhã?

— Eu o vi crescer e, embora você tenha sido uma criança levada, sempre me foi muito querido. Tê-lo em minha casa é um prazer. Quero que venha todos os dias, incluindo sábado e domingo.

— Um dia vou lhe pagar por tudo o que está fazendo por mim – respondeu Yago, timidamente.

— Combinado! Mas o pagamento será você engordar um pouco. Veja como está magro!

O rapaz só saiu da casa de Júlia depois do jantar. Sentia-se bem, pois fazia tempo que não descansava tanto. Ao ganhar a rua em direção ao casebre de Marcelo, Yago ia pensando: "Dona Júlia sempre foi uma boa pessoa, pena que ela é tão ingênua...".

Júlia ficou feliz em ver o rapaz saindo de sua casa, porém, em seu íntimo, sentia uma ponta de tristeza invadir seu coração por ver Yago naquela situação.

Depois de limpar a cozinha, Júlia sentou-se na varanda como fazia todas as noites e pensou: "Yago é um bom rapaz, porém sua maneira de agir está acabando com sua qualidade de vida, e ele ainda não percebeu". Nesse momento, lembrou-se de Aquiles, seu único filho, que falecera aos dezessete anos. Lembrou-se do período da doença, do sofrimento do menino, bem como de seu próprio sofrimento. A cada lembrança ela ia se entregando mais à tristeza: "Não posso ficar presa ao passado, o importante é que meu filho se livrou do corpo doente e cansado, e agora vive feliz em sua nova vida". Levou a mão à testa como a afastar maus pensamentos e decidiu fazer uma prece para não deixar que a tristeza se apoderasse de seu ser.

Depois da prece, Júlia sentia-se melhor, então, resolveu ler um livro, a fim de não pensar na miséria de Yago e muito menos na doença e morte de seu filho. Levantou-se, foi até a estante, pegou um livro e, de volta à varanda, passou a ler com afinco. Entretida, não percebeu o passar do tempo. Ouviu o portão se abrir. Ao levantar a cabeça, viu que se tratava de Mirtes.

— Que bom que veio, tenho boas notícias – disse Júlia.

Mirtes aproximou-se, sentou-se em uma cadeira de vime em frente à de Júlia e, curiosa, respondeu:

— Estou precisando de boas notícias...

Júlia contou que Yago lhe fez uma visita.

Mirtes suspirou fundo e perguntou:

— Como ele está?

— Me pareceu bem – disse Júlia remexendo-se na cadeira.

Júlia sabia que não poderia falar o que realmente achara do rapaz, para não preocupar Mirtes ainda mais, então, tentou mudar de assunto, mas Mirtes não permitiu.

— Eu queria muito que meu filho voltasse para casa, mas ele se recusa a fazer isso.

— Yago é um bom rapaz, mas seu orgulho fala mais alto, e isso impede que ele volte para casa.

Mirtes, olhando para a amiga, desabafou:

— Júlia, o ponto fraco de uma mulher são os filhos. Ver Yago nessa situação me deixa muito triste, mas não posso fazer nada, ele é um rapaz de vinte e um anos, bonito, inteligente, saudável, mas orgulhoso demais para reconhecer que errou e voltar atrás. Agora vejo quanto Yago se tornou o centro do meu universo, contribuindo para o desgaste de meu casamento e a má relação com Mercedes. Depois que Yago saiu de casa, tudo melhorou, e Mercedes se tornou a mesma menina afável de quando era criança. Arnaldo anda me fazendo até declarações de amor. As coisas em casa melhoraram, mas esse punhal cravado em meu coração não sai.

— Entendo sua posição, mas temos que pensar em uma maneira de ajudar Yago – disse Júlia após pensar por um momento.

— Mas como podemos fazer isso?

— Fazendo preces por ele, pois Deus deu a cada um o livre-arbítrio, e tudo depende das escolhas que ele fizer.

Mirtes suspirou fundo:

— Yago não tem juízo.

— Juízo é uma coisa que vem com o tempo, e o melhor que temos a fazer é rezar e dar tempo ao tempo.

Mirtes disse com tristeza:

— Júlia, compreenda que não será fácil aceitar Yago em sua casa, pois ele está revoltado ao extremo e fará coisas que talvez venha a lhe trazer desgostos.

— Yago é um rapaz que precisa de atenção. Pode ser que no início ele faça tudo para me irritar, mas quem sabe depois ele aprende que não é o centro do universo e que terá que se adequar às situações. A vida já está lhe dando todas as ferramentas para que ele aprenda a lição, portanto, cabe a nós pedir a Deus que o ajude em sua jornada e que aprenda que a revolta não o levará a lugar nenhum.

Mirtes olhou surpresa para a amiga.

— Não tenho tanta esperança assim... Talvez meu filho seja um caso perdido.

— Nada está perdido para Deus. Há os que são rebeldes, mas com o tempo eles aprenderão que sua rebeldia só causou dor e sofrimento – disse Júlia com um sorriso suave.

Mirtes, deixando uma lágrima escorrer em seu rosto, continuou:

— Se eu pudesse, protegeria meu filho de todas dores do mundo, mas, se ele quer assim, não posso fazer nada.

— Há uma coisa que todos nós podemos fazer – disse Júlia. – Podemos orar para que Yago tome consciência e passe a agir de maneira diferente.

Mirtes ficou calada, sem nada responder, afinal, falar de Yago sempre era motivo de tristeza. Ela percebeu que estava ficando tarde e decidiu voltar para casa. Despediu-se da amiga, pois temia que Arnaldo precisasse de alguma coisa.

Júlia também estava cansada naquela noite, então decidiu se recolher mais cedo. Depois de se arrumar para dormir, sentou-se à cama e fez uma sentida prece, pedindo a Deus paciência para suportar as provocações de Yago, caso ele as fizesse, e que ele pudesse ver que a revolta e o orgulho estavam o destruindo. Júlia finalmente se deitou e adormeceu com a sensação de dever cumprido.

Na manhã seguinte, Yago pensou: "Não posso viver assim. Vendo cigarros de erva para Marcelo, mas não vejo a cara do dinheiro. Ele fica com tudo, dizendo que tem que pagar os fornecedores, e o que ganho em troca? Um lugar para dormir, mas apenas isso é muito pouco".

Yago logo se lembrou de que não poderia aparecer muito tarde para o almoço na casa de Júlia, pois a boa mulher o ficava esperando para comer.

— Não posso acreditar que ainda existam pessoas boas como dona Júlia. Ela me trata como se eu ainda tivesse oito anos de idade.

Yago lembrou-se do almoço que tivera no dia anterior e de como descansou na cama macia de lençóis limpos, e se sentiu muito bem. Também se lembrou da confissão da boa senhora sobre o filho que falecera e de como ela ficou triste. "Se dona Júlia quiser me adotar, eu aceito", pensou ele. Mas o rapaz fez uma reflexão sobre a vida e, entristecendo-se, disse a si mesmo:

— Dona Júlia não merece um traste que nem eu como filho. Ela é muito boa e eu não presto.

Chegou à conclusão de que Júlia não merecia ter um filho como ele e decidiu arranjar alguma coisa para fazer, para ganhar algum dinheiro, para fazer pelo menos suas refeições: "Yago Gouveia não tem que viver de esmolas de estranhos...". Ao pensar em comer naquele dia na casa de Júlia, sentiu-se incomodado. Ele não viu, mas uma entidade se aproximou dele, dizendo:

— Para que depender dos outros para comer? Se não tem o que comer, roube, mas faça alguma coisa.

Yago foi tocado no fundo de seu orgulho e, por um momento, pensou: "Quer saber? Não vou mais fazer minhas refeições na casa de dona Júlia".

A entidade gargalhou, dizendo:

— É fácil controlar esse paspalho...

Yago olhou para o lado e viu Marcelo dormindo profundamente, e sentiu verdadeiro ódio daquele que um dia teve como amigo. O rapaz não conseguiu pegar no sono e faltavam poucos minutos para as dez horas da manhã quando decidiu sair e dar umas voltas pelo bairro. Pegou sua mala e viu que todas as roupas estavam sujas, então vestiu a que lhe pareceu melhor e saiu. Andou nos mesmos lugares de sempre, mas não viu nenhum de seus amigos: "A uma hora dessas o pessoal está dormindo, e eu aqui sem saber o que fazer, nem para onde ir".

Yago sentiu-se muito triste, e por um momento pensou na casa dos pais. Sentou-se na praça e viu o relógio da igreja marcar onze e meia. "Estou com uma fome danada. Se aquele velho caquético do meu pai não estivesse em casa... Eu iria até lá descolar um rango", pensou.

A fome do rapaz foi apertando sobremaneira, e ele decidiu ir até a casa de Júlia para almoçar. Era quase meio-dia e meia quando chegou. Júlia, ao vê-lo, abriu um largo sorriso:

— Pensei que não fosse vir.

Yago, envolvido por aquele rosto bonachão, disse amavelmente:

— Pensei em não vir, mas meu estômago falou mais alto.

Júlia, não querendo fazer perguntas, o fez entrar na cozinha e, sorrindo, perguntou:

— Meu filho, onde estão suas roupas? Traga-me para que possa lavar.

— De maneira nenhuma, a senhora não tem que cuidar das minhas roupas. Já está me ajudando muito me servindo as refeições – disse o rapaz, constrangido.

— Quero lavar essas roupas enquanto você descansa depois do almoço.

— Obrigado, dona Júlia, mas preciso aprender a me virar sozinho.

A mulher sorriu sem nada dizer. Após arrumar a mesa, perguntou:

— Fiz uma lasanha, você gosta?

— Como sabe que lasanha é meu prato preferido? Por acaso perguntou para minha mãe? – disse Yago surpreso.

Júlia abriu um largo sorriso.

— Não sabia que era seu prato preferido, fiz somente porque tenho sangue italiano... Talvez isso explique meu peso.

Yago riu.

— Fique à vontade. Já que lasanha é nosso prato preferido, precisamos aproveitar – disse Júlia ao se sentar.

Yago não se fez de rogado. Serviu-se de uma boa porção e comeu rapidamente, pois estava faminto. O rapaz olhava para Júlia com carinho, cada gesto da mulher o fazia gostar ainda mais dela. Assim que o almoço terminou, Júlia serviu doce de batata-doce em compota.

Yago comeu e elogiou o doce, o que deixou Júlia feliz.

— Agora quero que vá ao quarto, tire essa roupa e dê-me para lavar, pois você só irá embora quando ela estiver limpa e passada – ordenou Júlia após terminar a refeição.

Yago tentou argumentar dizendo que não precisava, mas, como estava cansado, decidiu obedecer. Depois que entregou a roupa a Júlia, o rapaz deitou-se na cama usando somente a roupa de baixo. E, devido à noite mal dormida, logo pegou no sono. Yago se sentia à vontade na casa de Júlia, porém, a ideia de não depender de ninguém o perseguia.

Ao acordar, o rapaz olhou pela janela que estava aberta e logo percebeu que já se fazia tarde, pois a noite caía rapidamente. Chamou por Júlia ainda no quarto, sendo atendido prontamente pela mulher.

— Dona Júlia, minha roupa está pronta?

Como naquele dia o calor estava extremo, o sol tratou de secar a roupa de Yago rapidamente. A mulher, sorrindo, chegou à porta do quarto e viu o rapaz se escondendo atrás da porta. Entregou-lhe a roupa. Ao sentir a roupa lavada e passada no corpo, sorriu satisfeito. Saiu do quarto e encontrou Júlia sentada na cozinha.

— Dona Júlia, obrigado por lavar minha roupa.

A mulher sorriu amavelmente, sem nada dizer.

— Preciso ir embora, pois já se faz tarde.

— Você só sairá daqui depois do jantar e, além do mais, fiz pudim enquanto dormia – disse a mulher sorrindo.

Yago sorriu satisfeito, afinal, ele gostava daquela sobremesa.

Júlia ligou o forno e esquentou a lasanha para o jantar.

Yago, olhando a mulher se locomover pela cozinha, perguntou:

— Dona Júlia, a senhora não se sente sozinha?

A mulher, surpresa, olhou para o rapaz, pensou por alguns instantes e devolveu a pergunta:

— O que é solidão para você?

Yago olhou para a senhora e sem pensar na resposta disse:

— Para mim, a solidão é o fato de a pessoa estar completamente sozinha, ou seja, sem amigos, sem vizinhos, sem parentes, sem ninguém.

Júlia pensou por alguns instantes e disse:

— Podemos definir solidão como a dor de estar sozinho, mas há outra palavra que se assemelha à solidão, mas seu sentido é bem diferente.

— Que palavra? – perguntou Yago sem entender aonde a mulher queria chegar.

— Solitude: é o esplendor de estar sozinho.

Yago remexeu-se na cadeira.

— O que isso quer dizer?

— O que estou tentando dizer é que a solidão é dolorosa para uns, enquanto a solitude é algo relativamente prazeroso. Por exemplo, quando uma pessoa está desanimada de viver sozinha, é comum ela querer arranjar um companheiro, mas, quando a pessoa está satisfeita com a falta de pessoas a seu redor, ela pode estar vivendo em plena solitude. Simplificando, uma pessoa pode se sentir só, mesmo estando em meio a outras, e essa sensação de solidão é ruim e por vezes chega até a machucar. Por outro lado, há pessoas que escolhem viver sozinhas e elas não sentem falta de ninguém a seu lado. Elas fazem a ausência de pessoas ser até benéfica para elas, pois aproveitam para ler um livro, ouvir uma boa música e fazer coisas que junto de outras pessoas seriam inviáveis. Há pessoas que vivem na mais pungente solidão e reclamam por estar sozinhas e há outras que aproveitam esses momentos para fazer alguma coisa útil. No meu caso, posso dizer com toda a sinceridade que vivo em solitude, pois o fato de estar sozinha faz com que minha atenção se volte para coisas úteis. O fato de estar só muitas vezes é esplendoroso, pois é nesses momentos que aproveito meu tempo para refletir sobre a vida e as minhas ações.

Yago compreendeu plenamente aonde Júlia queria chegar.

— A senhora mora sozinha, mas não sente essa solidão dolorosa, pois, quando está sozinha, opta por se ocupar com coisas boas. E isso faz com que não sinta a solidão como a maioria das pessoas.

Júlia ficou satisfeita com o raciocínio lógico de Yago.

— Exatamente, viver na solidão não significa propriamente ser um solitário.

Yago pensou por alguns instantes e disse:

— Dona Júlia, vou lhe confessar que sou um solitário. E já era até mesmo quando morava na casa de meus pais. Meu pai sempre voltava suas atenções a Mercedes, minha mãe prestava atenção em mim, mas preocupava-se muito com meu pai, com o que ele ia dizer ou pensar, e Mercedes estava sempre preocupada com ela mesma, com a faculdade, o trabalho, o namoro... Enfim, quando conheci o pessoal, as coisas mudaram, pois a turma se tornou minha família.

Júlia, observou Yago e pela primeira vez percebeu que o rapaz estava se despindo da couraça que o envolvia.

— Mas como se sente hoje?

Yago pensou por alguns instantes e disse:

— Da mesma forma, pois estou ainda mais sozinho. Para ser sincero, às vezes me sinto tão só que mais pareço órfão de pais vivos.

Júlia, então, percebeu que as dores na alma de Yago eram mais profundas do que ela podia supor. Sorriu de maneira serena para o rapaz e começou a dizer:

— A solidão é uma teia que o homem acaba por construir a si mesmo. Toda pessoa solitária costuma apiedar-se de si, e não se permite olhar a miséria à sua volta. É comum nos sentirmos só de vez em quando, porém, quando esse estado de solidão persiste por muito tempo, fazendo com que nos fechemos em nosso mundo interior, é hora de procurarmos ajuda, pois a solidão e a timidez andam de mãos dadas.

— Mas como devemos encarar esse estado de solidão? – perguntou Yago, atento à explicação de Júlia.

Júlia pensou por um momento antes de começar a falar:

— O homem pode encarar essa situação de duas formas: aceitar a solidão, vendo-a como total liberdade, ou achando que a solidão é um estado de constante abandono, ou castigo, por algo que talvez tenha feito.

Júlia sabia que tinha entrado em um terreno estreito. Perguntou com sutileza:

— Como vê essa solidão que sente?

— Vejo como castigo, pois eu nunca fui uma boa pessoa. Meus pais sempre brigaram por minha causa e, como nunca gostei de meu pai, fazia de tudo para que se desentendesse com a minha mãe. Quando entrei na adolescência, entreguei-me à bebida. Por diversas vezes chegava bêbado em casa e me trancava no quarto. Nunca me envolvi com drogas, mas sempre gostei de bebida. Os anos foram se passando, entrei em minha fase adulta, e o que estava ruim ficou ainda pior.

— Em minha opinião, você, quando se entregou à bebida, estava desesperadamente pedindo socorro, porém os que estavam à sua volta não compreenderam isso – disse Júlia com olhar escrutinador.

— E a senhora como vê sua solidão?

— Quem foi que lhe disse que sofro desse mal? Realmente moro sozinha, mas não me sinto só. Solidão é um estado doloroso da alma, e esse não é um problema. Tenho companheiros valorosos na Casa Espírita que frequento, tenho sua mãe, que todas as noites vem me fazer companhia, Mercedes, que me é excelente companheira, e agora tenho você, afinal, o tenho como filho. Eu o vi crescer. Quem tem irmãos não é solitário.

Yago pensou por algum momento, suspirou fundo e disse:

— A senhora tem razão. Talvez eu seja mesmo muito egoísta.

— Quem se entrega a uma boa companhia não se sente solitário.

— Mas como posso mudar essa situação?

Júlia, sorrindo, respondeu:

— Mostrando às pessoas o melhor de si e sendo sincero para com todos. Ninguém é forte o tempo todo, e todos temos defeitos e qualidades. Deixe o mundo observar suas qualidades.

Yago pensou no pessoal da turma e disse:

— Isso seria um erro fatal, pois as pessoas são falsas e se formos verdadeiros elas nos engolirão.

— Meu filho, compreenda, as pessoas costumam ser o reflexo do que somos. Se você mostrar o seu lado bom, o mundo o tratará melhor.

— Isso é para pessoas fracas. Eu sou forte.

Júlia, percebendo que o rapaz estava se munindo de altivez, perguntou:

— Não acha que o preço a pagar pela fortaleza que quer mostrar é muito alto?

— Talvez! Mas muitas coisas aprendi vivendo, por isso não faço questão que as pessoas vejam o melhor de mim.

— Essa é uma das escolhas que fazemos, e nunca se esqueça de que, para cada escolha, há uma consequência – respondeu Júlia esboçando um sorriso triste. – O que acha de tomarmos um café?

A noite caiu sem que Yago percebesse.

— Preciso ir embora, pois tenho algumas coisas a fazer.

Júlia, percebendo que Yago estava se tornando uma presa fácil para as más companhias, foi sincera ao dizer:

— Yago, quando o conheci, você ainda era um garoto. Eu o vejo como um filho, pois, embora fosse uma criança travessa, sempre se portou de maneira educada comigo.

— A senhora se lembra da dona Anastácia, aquela senhora que morava no começo da rua? – disse Yago com um sorriso embevecido.

Júlia não compreendeu aonde Yago queria chegar, mas respondeu:

— Como poderia esquecer? Anastácia sempre foi uma amiga querida...

— Ela vivia dizendo que eu era o diabo vestido de gente. A senhora não me conhece.

Júlia, gargalhando com as declarações do rapaz, tomou a palavra:

— Yago, o que diz de vir morar comigo? Moro sozinha, tenho quarto sobrando, poderia cuidar de suas roupas e de sua alimentação.

Yago, não acreditando na proposta, perguntou:

— O que ganharia com isso?

— Ganharia um filho. Quer motivo melhor que esse para fazer tal convite?

— Dona Júlia, fiquei afastado da senhora por muitos anos. A senhora não sabe em que me transformei.

— Você se transformou em um belo rapaz, que terá um futuro brilhante se aprender a fazer boas escolhas – disse Júlia pegando na mão do rapaz.

Naquele momento, a couraça que envolvia Yago se desfez, e com lágrimas nos olhos o rapaz disse:

— Não mereço tanto carinho...

— Por que não?

—Porque não presto. A senhora sofreria muito se eu morasse aqui, e, sinceramente, não quero que sofra – disse o rapaz deixando uma lágrima escorrer pela face.

Júlia, ao perceber o conceito que o rapaz tinha de si mesmo, disse:

— Não acha que está na hora de olhar no espelho e ver com sobriedade quem você é? Não tenha uma visão distorcida de si mesmo, pois todos nós somos valorosos diante de Deus. Como lhe disse, todos temos defeitos, mas, se soubermos fazer as escolhas certas, podemos sair parcialmente vitoriosos desta vida. Não costumo me enganar. Você é um bom rapaz, só precisa de orientação.

Yago por um momento se arrependeu de ter se afastado de Júlia.

— Não se iluda, dona Júlia, agora é tarde demais para mim...

—Faço minhas as palavras de Chico Xavier: "Embora ninguém possa voltar atrás e fazer um novo começo, qualquer um pode começar agora e fazer um novo fim...". Portanto, meu filho, sempre há tempo para recomeçar.

— Preciso ir embora.

Júlia, percebendo que o rapaz estava fugindo da conversa, perguntou:

— Você virá amanhã?

Yago olhou com carinho para sua interlocutora e respondeu:

— Não sei... tudo dependerá da fome...

— O que gostaria de comer?

Yago olhou para Júlia com os olhos do coração e, sem querer se aproveitar da situação, respondeu:

— Não se preocupe com isso. O que fizer para mim está bom.

Júlia por um momento pensou que o rapaz não voltaria.

— Vou fazer carne assada, você gosta?

Yago, sorrindo, aproximou-se da boa mulher, beijou-lhe ternamente a testa e disse:

— A senhora é uma santa.

— Santa, eu? – gargalhou.

— Nunca vou esquecer o que está fazendo por mim.

— Por favor, meu filho, tome cuidado, pois a rua é implacável para quem vive nela – disse Júlia, emocionada.

— Pode deixar – respondeu Yago, sorrindo. E saiu andando vagarosamente. As palavras de Chico Xavier não lhe saíam do pensamento. Caminhando lentamente na rua deserta, repetiu: – "Qualquer um pode começar agora e fazer um novo fim". Como posso voltar atrás? Dona Júlia é uma mulher inocente e não vê que sou pior que uma cobra peçonhenta – o rapaz olhou para o céu e, observando as estrelas, disse: – Se há um Deus, por favor, ampare-me em meu desespero.

Naquele momento, uma figura de mulher aproximou-se de Yago.

— Yago, aproveite essa oportunidade, vá morar com Júlia.

Yago não ouviu a recomendação, mas a sentiu em seu coração.

— Dona Júlia não merece minha companhia, gostaria de ser um rapaz bom, mas infelizmente não sou.

A figura feminina, com tristeza, desapareceu. Pela primeira vez em sua vida Yago sentiu paz e, ao chegar em casa, decidiu que não sairia aquela noite. Marcelo, ao entrar, viu Yago deitado e disse com rispidez:

— Onde esteve? Ainda tem que fazer os cigarros.

Yago olhou para Marcelo como a um inimigo.

— Não vou fazer cigarro algum! Hoje quero ficar em casa e pensar em minha vida.

— Não tem essa! Se quiser morar aqui, terá que fazer o que estou mandando.

— Não sou obrigado a nada. Além do mais, sou contra drogas – respondeu Yago com empáfia.

— Não me interessa se é contra. O importante é o dinheiro, pois graças a isso consigo pagar o aluguel – Marcelo disse com raiva.

Yago rapidamente se lembrou do convite de Júlia.

— Quer saber? Vou arrumar outro lugar para ficar. Acho que está na hora de arranjar um emprego e ganhar a vida como todo mundo ganha: trabalhando.

— Você trabalhando? Só pode ser piada, pois você é tão ou mais vagabundo que eu – disse Marcelo gargalhando.

— Vou arranjar um trabalho e viver honestamente – respondeu Yago sentindo-se desafiado.

Marcelo riu e decidiu enrolar os cigarros para vender. Depois de uma hora e meia, saiu levando os cigarros consigo. Enquanto isso, Yago continuou pensando na conversa que tivera com Júlia: "Vou arranjar um trabalho. Amanhã mesmo conversarei com dona Júlia e pedirei que me ajude a procurar. Vou provar a meu pai que sou um homem de bem".

O rapaz, sentindo uma paz tomar conta de seu ser, logo adormeceu. Seu sono foi tranquilo e sem sonho.

Enquanto Júlia via Yago se afastar, sentiu seu peito oprimir-se, e por um momento nem ela entendeu por que gostava tanto do rapaz. Sentou-se no mesmo lugar de sempre na varanda e fez sentida prece, pedindo que Deus ajudasse Yago a encontrar seu caminho. Depois a boa mulher entrou e tratou de limpar a cozinha, pois ficou conversando com o rapaz e deixou a limpeza para depois. Assim que terminou, resolveu se banhar, pois sabia que Mirtes iria lhe fazer companhia, como toda noite fazia.

Mirtes chegou pouco depois das nove horas da noite e encontrou Júlia sentada no lugar de sempre. A vizinha sentou-se ao lado de Júlia e passou a falar sobre diversos assuntos, porém Júlia fez questão de falar sobre Yago.

— Mirtes, hoje tive uma longa conversa com Yago.
— Como está meu filho?

Os olhos de Júlia anuviaram-se, porém foi enfática ao dizer:
— Yago não me pareceu muito bem. Suas roupas estavam sujas, e ele está visivelmente magro e abatido.

No mesmo instante, Mirtes começou a chorar.
— Não sei o que fazer para ajudar meu filho.

Júlia, vendo o desespero daquela mulher, disse com mansidão:
— Por ora não temos nada a fazer, a não ser rezar por ele.

Mirtes, ao ouvir a mesma conversa de sempre, se irritou:
— Para quê? Se eu deixar para Deus cuidar do meu filho, ele vai morrer assim como morreu minha mãe.

Júlia sentiu a amargura no coração da mãe de Yago.
— Minha amiga, há quanto tempo temos amizade?
— Há quatorze ou quinze anos, por quê?

— Em todos esses anos que temos de amizade, você nunca disse que não acreditava em Deus, apenas se nega a aceitar que Ele é a causa de todas as coisas boas que acontecem.

Revoltada, Mirtes esbravejou:

— Você conhece minha história. Por esse motivo me recusei a casar na igreja. Não posso aceitar que Deus seja esse amor todo que a igreja prega, pois se o fosse não deixaria seus filhos sofrerem.

— Entendo sua revolta, amiga, imagino quanto sofreu quando sua mãe partiu deste mundo, mas sua revolta mudou o rumo das coisas? – disse Júlia olhando seriamente para Mirtes.

— Quando minha mãe morreu, chorei, me revoltei e esbravejei, mas de nada adiantou.

— Se seu pranto e sua revolta não mudaram as coisas, compreenda que as coisas estão certas como estão. Podemos dizer que o planeta Terra é uma escola, onde nos preparamos para seguir outros níveis espirituais. Muitas são as causas das mortes, das enfermidades, dos acidentes violentos, dos crimes... enfim, há uma gama de motivos pelos quais muitas pessoas partem deste planeta todos os dias. Quando perdemos alguém, no princípio é uma dor extenuante, depois vem a saudade, ou seja, embora a morte pareça algo irreversível, Deus dá forças para prosseguirmos sem esmorecer. Mas a dor é ainda maior quando filhos perdem os pais ainda na infância, mães perdem filhos, irmão perde irmã, ou seja, quando perdemos pessoas próximas a nós. A pergunta que está se fazendo é: "Onde entra a Justiça Divina e a Bondade do Criador nessa situação? Como Deus explica esse sofrimento?". Muitas pessoas podem não acreditar, mas a reencarnação é um fato, e ninguém foge dela. Fica a nosso cargo aceitar esse fato ou duvidar da reencarnação, colocando em dúvida a bondade e a justiça de Deus. Devemos compreender que, se sofremos no presente, talvez a causa principal esteja no passado. A bem da verdade, você era apenas uma criança quando perdeu sua mãe, mas pense por outro lado, que esse sofrimento a fez crescer como ser humano, pois, como uma criança de apenas doze anos, pensava diferente de outras crianças que tinham a mesma idade.

— Realmente, como única filha mulher, tive a responsabilidade de cuidar de meus irmãos enquanto meu pai trabalhava. Tanto que só pensei em namorar quando Igor, meu irmão caçula, já tinha dezoito anos. Concordo que me tornei uma boa dona de casa, mas só Deus sabe quanto isso me custou.

— Mirtes, quando uma criança nasce, ela não traz consigo nenhuma cicatriz, mas, à medida que vai crescendo, cada ferimento, principalmente na infância, deixa sua marca. Quando morrem, as pessoas levam cicatrizes de ferimentos que fizeram ainda crianças, ou mesmo na fase adulta, mas ninguém volta sem cicatriz.

Júlia, naquele momento, levantou a blusa e mostrou uma cicatriz de queimadura.

— Acha que nasci com isso? Não! Queimei-me quando tinha apenas oito anos, ao tentar pegar um bule de café do fogão, virando o café fervendo sobre mim. Mas graças a essa cicatriz nunca mais ousei mexer no fogão, pois temia que isso voltasse a acontecer. O que quero dizer com isso? Que você tem muitas cicatrizes emocionais, mas graças a essas cicatrizes cresceu e aprendeu como ser humano. Está vendo? Até mesmo o que pensamos ser o mal é um bem para nós.

Júlia levantou-se, indo até a sala, e em poucos minutos trouxe um livro nas mãos. Mirtes ficou calada esperando a mulher prosseguir com sua explanação.

— Minha amiga, devemos compreender que muitas vezes o mal é um bem e nem sempre enxergamos isso, pois quando a explicação não está em uma vida passada está na presente. Veja o que diz o Evangelho:

"Vossa terra é por acaso um lugar de alegrias, um paraíso de delícias? A voz do profeta não soa ainda aos vossos ouvidos? Não clamou ele que haveria choro e ranger de dentes para os que nascessem neste vale de dores? Vós, que nele viestes viver, esperai portanto lágrimas ardentes e penas amargas, e quanto mais agudas e profundas forem as vossas dores, voltai os olhos ao céu e bendizei ao Senhor, por vos ter querido provar! Oh, homens! Não reconhecereis o poder de vosso Senhor, senão quando ele curar as chagas de vosso corpo e encher os vossos dias de beatitude e de alegria? Não reconhecereis o seu amor, senão quando ele adornar vosso corpo com todas as glórias, e lhe der o seu brilho e o seu alvor? Imitai aquele que vos foi dado para exemplo. Chegado ao último degrau da abjeção e da miséria, estendido sobre um monturo, ele clamou a Deus: 'Senhor! Conheci todas as alegrias da opulência, e vós me reduzistes à mais profunda miséria! Graças, graças, meu Deus, por tendes querido provar o vosso servo!' Até quando os vossos olhos só alcançarão os horizontes marcados pela morte? Quando, enfim, vossa alma quererá lançar-se além dos limites do túmulo? Mas ainda que tivésseis de sofrer uma vida inteira, que seria isso, ao lado da eternidade de glória reservada àquele que houver suportado a prova com fé, amor e resignação? Procurai, pois, a consolação para os vossos males no futuro que Deus vos prepara, e vós, os que mais sofreis, julgar-vos-eis os bem-aventurados da Terra.

"Como desencarnados, quando vagáveis no espaço, escolhestes a vossa prova, porque vos considereis bastante forte para suportá-la. Por que murmurais agora? Vós que pedistes a fortuna e a glória, o fizestes para sustentar a luta com a tentação e vencê-la. Vós, que pedistes para lutar de alma e corpo contra o mal moral e físico, sabíeis que quanto mais forte fosse a prova mais gloriosa seria a vitória, e que, se saísseis triunfantes, mesmo que vossa carne fosse lançada sobre um monturo, na ocasião da morte, ela deixaria escapar uma alma esplendente de alvura, purificada pelo batismo da expiação e do sofrimento.

"Que remédios, pois, poderíamos dar aos que foram atingidos por obsessões cruéis e males pungentes? Um só é infalível: a fé, voltar os olhos para o céu. Se, no auge de vossos mais cruéis sofrimentos, cantardes em louvor ao Senhor, o anjo de vossa guarda vos mostrará o símbolo da salvação e o lugar que devereis ocupar um dia. A fé é o remédio certo para o sofrimento. Ela aponta sempre para os horizontes do infinito, ante os quais se esvaem os poucos dias de sombras do presente. Não mais nos pergunteis, portanto, qual o remédio que curará tal úlcera ou tal chaga, essa tentação ou aquela prova. Lembrai-vos de que aquele que crê se fortalece com o remédio da fé, e aquele que duvida um segundo da sua eficácia é punido, na mesma hora, porque sente imediatamente as angústias pungentes da aflição.

"O Senhor pôs o seu selo em todos os que creem nele. Cristo vos disse que a fé transporta montanhas. Eu vos digo que aquele que sofre e que tiver a fé como apoio será colocado sob a sua proteção e não sofrerá mais. Os momentos mais dolorosos serão para ele como as primeiras notas de alegria da eternidade. Sua alma se desprenderá de tal maneira de seu corpo, que, enquanto este se torcer em convulsões, ela pairará nas regiões celestes, cantando com os anjos os hinos de reconhecimento e de glória ao Senhor. Felizes os que sofrem e choram! Que suas almas se alegrem, porque serão atendidas por Deus."

Assim que encerrou a leitura, Júlia, sorrindo, disse:

— Pelo que o autor desse texto deixou claro, muitos dos nossos sofrimentos vêm com provação, e nós devemos aceitar cada sofrimento com resignação. Mirtes, o ser humano tem como costume, em situações de sofrimento, se posicionar como vítima das circunstâncias por achar que Deus é injusto e vingativo. Porém, se olharmos as coisas pelo prisma espiritual, compreenderemos que tudo que nos acontece tem uma razão de ser, nada acontece por acaso. Desculpe minha sinceridade, amiga, mas, ao pensar no passado, na morte de sua mãe, no fato de ter que ajudar a criar seus irmãos, você se vê como uma sofredora. Não veja assim, pois você precisava dessa lição para se diferenciar de outras crianças nessa idade. E qual é o resultado disso? – Mirtes, atônita com tamanha sinceridade, nada disse esperando que ela continuasse. Depois de um longo suspiro, Júlia prosseguiu: – Hoje, você não apenas tem o amor de seus dois irmãos, mas o respeito, pois, eles a veem como mãe. Não acha que isso já é uma recompensa por tanto esforço?

— Meus irmãos hoje são homens casados, e insisto em vê-los ainda como dois garotinhos... Mas me sinto recompensada, pois os laços entre nós se estreitaram sobremaneira.

— Mirtes, não veja somente o lado ruim de uma situação, pois mesmo em toda essa tragédia que se abateu sobre vocês houve pontos positivos.

Mirtes pela primeira vez sentiu que o amor que seus irmãos devotavam a ela era algo bom entre tantas amarguras.

— Júlia, você tem o dom de me fazer me sentir melhor.

Júlia sorriu sem nada dizer à amiga. Mirtes despediu-se para voltar para casa. Júlia permaneceu sentada no mesmo lugar, vendo Mirtes se afastar. Meneando a cabeça disse:

— Pobre Mirtes. Enquanto não se livrar do fardo pesado do passado, não conseguirá resolver os problemas do presente.

A mulher levantou-se calmamente e entrou em casa decidida a dormir. Enquanto caminhava, teve a ideia de conversar com Arnaldo sobre Yago e seu sofrimento. Olhou para o alto e agradeceu a Deus pela ideia, a qual tinha certeza de que lhe fora sugerida por um bom amigo espiritual. Júlia não viu, mas a seu lado havia uma figura que, com as mãos espalmadas, lhe transmitia raios de luz.

CAPÍTULO OITO

Uma luz no fim do túnel

Desde que seu pai adoecera, Yago não fora mais à casa da mãe para fazer suas refeições, mesmo porque o rapaz aprendeu a gostar consideravelmente de Júlia. Naquela noite, ficou em casa, pensando no que faria de sua vida no dia seguinte.

Marcelo saiu contrariado, a fim de vender a mercadoria para jovens que encontrasse nas ruas.

Yago pensava: "Preciso fazer alguma coisa. Do jeito que está não dá para ficar. Marcelo é um vendedor de ervas miserável e está me explorando...".

Yago não viu, mas a seu lado uma figura se formou intuindo-o a procurar trabalho e começar uma nova vida. Ele não ouviu os comentários da entidade, mas pôde senti-los em seu coração. Virando-se no velho colchão, pensou: "Talvez, minha mãe esteja certa. Preciso arranjar um trabalho e com isso poderei procurar um lugar melhor para ficar e levar uma vida decente. Muitos cachorros levam a vida melhor que a minha...".

Com esse pensamento, Yago sentiu uma paz invadir seu peito e, com tranquilidade, virou e logo adormeceu.

Passava das quatro horas da manhã quando Marcelo entrou no pequeno quarto, irritado:

— Vagabundo! Se tivesse ido trabalhar hoje eu não teria passado pelo que passei.

Yago acordou sobressaltado e, vendo a irritação de Marcelo, perguntou:

— O que aconteceu? Por que está bravo desse jeito?

— Aqueles vagabundos dos seus amigos, que moram na rua de baixo. Eles me assaltaram e levaram as mercadorias que sobraram – Marcelo esbravejou.

— De quem você está falando? – indagou Yago.

— O Zé Magrão e o Espinafre.

— Quem?

— O José Carlos e o Walter – respondeu Marcelo aos gritos.

Yago logo se lembrou de que os dois haviam sido seus amigos de infância e com isso disse:

— Mas como eles puderam fazer isso?

— São uns canalhas, vagabundos! Mas se você tivesse ido trabalhar nada disso teria acontecido.

— Ninguém gosta de você. Os meninos sabem que trafica e, como não têm a mínima consideração por você, pouco se importaram em te assaltar.

— Você está dizendo que sou chato? – gritou Marcelo, irritado.

Yago, revirando-se no colchão, afirmou:

— É chato, mal educado e arrogante. Talvez se fosse diferente os meninos pensariam duas vezes antes de fazer isso com você.

— Quero que vá atrás daqueles vagabundos pela manhã! Preciso ter a mercadoria de volta.

Yago, que estava decidido a ir procurar emprego, foi logo dizendo:

— Não vou atrás de ninguém reaver as suas drogas. Amanhã já tenho compromisso.

— Não quero saber o que terá que fazer pela manhã. Você vai e pronto. Caso contrário, sairá da minha casa levando apenas esse colchão – gritou Marcelo ao se sentir desafiado.

Yago pensou por alguns instantes e disse:

— E onde vou encontrar aqueles dois? Ninguém os vê durante o dia nas ruas, são como gatos: têm hábitos noturnos.

— Isso não é problema meu. Quero minha mercadoria de volta.

Yago preferiu ficar calado, pois sabia que aquele não era o momento certo de falar com Marcelo. Ficou olhando Marcelo se jogar no colchão sem nem mesmo apagar a luz.

— Não acredito que aqueles dois trapalhões me arranjaram essa...

Yago levantou-se e, depois de apagar a luz, continuou deitado tentando voltar ao sono. Porém, depois de meia hora, se deu conta de que não conseguiria dormir e de que talvez fosse melhor procurar Zé Magrão e Espinafre. Levantou-se e vestiu rapidamente as roupas, decidido a cumprir a incumbência que Marcelo o designara. O rapaz saiu às ruas, entretanto, a madrugada já ia alta, e o movimento já era de quem ia começar cedo no serviço.

— Onde vou encontrar aqueles trapalhões? Por que foram roubar justamente Marcelo? – disse Yago irritado.

Olhando para um canto da praça, ele se deu conta de que sua mãe sempre estivera certa ao dizer:

— Yago, compreenda, você não tem amigos. Tem colegas de farra, pois uma amizade se prova com o tempo.

— Como pude ter sido tão ingênuo a ponto de pensar que aqueles dois eram meus amigos? – disse Yago em voz alta. E com essa reflexão continuou a procurar pelos rapazes que roubaram Marcelo.

Já estava amanhecendo o dia e nada. Foi quando o rapaz, desanimado, decidiu que voltaria para casa a fim de se trocar e ir em busca de trabalho. Ao chegar, encontrou Marcelo dormindo profundamente, e com raiva disse:

— Maldito! Fez-me perder uma noite de sono.

Yago se lembrou do que seu pai dizia: o melhor horário para procurar emprego era de manhã.

Ao abrir sua mochila, logo percebeu que não tinha roupas limpas: "Não posso procurar trabalho com roupas sujas; preciso fazer alguma coisa". Lembrou-se de Júlia, e depois de pensar por alguns minutos decidiu ir à casa da boa mulher para pedir que ela lavasse sua roupa. Ele estava com fome, então aproveitaria para fazer seu desjejum lá também. Pegou todas as roupas, enfiou na mochila e foi até a casa de Júlia. Ao chegar, encontrou a boa mulher mexendo no jardim e timidamente disse:

— Bom dia, dona Júlia.

A mulher estranhou ao ver o rapaz aquele horário, mas respondeu com verdadeira alegria:

— Bom dia, Yago! Que bom vê-lo.

— O motivo pelo qual venho é para lhe pedir um favor.

Ao dizer essas palavras, o rapaz não conseguiu falar mais nada. Júlia, percebendo seu constrangimento, interrompeu:

— Por favor, entre; venha tomar café comigo.

Envergonhado, o rapaz entrou e logo viu a mulher colocar duas xícaras na mesa. Também colocou pães, queijo, geleia de abóbora e um bolo que havia comprado na padaria assim que levantou. Yago estava faminto e logo se sentiu à vontade para se servir enquanto falava:

— Dona Júlia, estou com um problema. Preciso urgentemente arranjar um trabalho, porém minhas roupas estão todas sujas.

— Que bom! Você não sabe quanto isso me deixa feliz.

O rapaz passou a relatar suas reais atividades à boa mulher, e encerrou dizendo:

— Não quero viver assim. Vou provar a meu pai que não sou o vagabundo que ele sempre disse que eu era.

— Muito bem, meu filho! Você está se tornando um homem.

Yago sorriu envergonhado, sem nada dizer, e foi Júlia quem retomou a palavra:

— Meu filho, esse Marcelo não é boa companhia. O melhor seria você mudar de casa.

Entusiasmado, Yago passou a falar:

— Quero arranjar um emprego, depois arrumar um lugar para ficar e levar uma vida normal, como todo mundo.

Júlia, sorrindo, começou a contar uma historieta:

— Certa vez, ao sair de sua casa, Jesus, sentando-se à beira-mar, começou a contar uma parábola. Logo uma pequena multidão passou cercá-lo, de modo que entrou em uma embarcação e passou a relatar: "O Semeador saiu a semear, e enquanto lançava as sementes parte delas caiu à beira do caminho e as aves vieram e as comeram. Outra parte caiu em terreno pedregoso, onde não havia muita terra, e logo brotou, porque a terra não era profunda, mas, quando saiu o sol abrasador, os raios queimaram as plantas, e elas logo se secaram, porque não tinham raízes. Outra parte caiu entre os espinhos, que cresceram e sufocaram as plantas. E o restante caiu em boa terra, e a sua colheita foi farta".

A mulher, ao dizer essas palavras, suspirou fundo e Yago perguntou:

— O que a senhora está querendo dizer com isso?

Júlia, retomando a palavra, explicou:

— Quero dizer que a parte que caiu entre os espinhos cresceu, mas foi sufocada pelo espinheiro. Sendo assim, as sementes que caíram em solo fértil e úmido encontram os verdadeiros moradores, ou seja, os espinhos. As plantas que nasceram dessas sementes foram sufocadas pelos espinhos que já estavam lá; pois foram elas que caíram em local errado. A princípio tudo correu bem, elas cresceram normalmente, como outras plantas que foram plantadas em solo bom. Só que, à medida que o tempo passou, os espinhos renasceram. Depois do inverno, ficaram prontos para uma nova estação, e em pouco tempo os espinhos e os cardos ficaram maiores que o trigo. E foram sugando a umidade e outros nutrientes da terra, sufocando até matar aquela plantinha germinada daquela semente.

Yago, não conseguindo compreender aonde Júlia queria chegar, pensou: "Coitada de dona Júlia, está ficando caduca...". Mas a mulher, sem se preocupar com o que o rapaz estava pensando, continuou:

— Isso é o que acontece quando andamos em más companhias. Em um primeiro momento, tudo parece bem, os amigos parecem ser boas pessoas, sorriem, brincam e parecem ser membros de uma única família. A pessoa envolvida não consegue enxergar os defeitos das outras e passa a ignorar seu mau comportamento, acreditando que a má conduta só faz mal a elas mesmas. Ledo engano, meu filho, pois o que a princípio parece ser defeito, com o tempo, passa a nos ser aceitável e mais tarde começa a ser até copiado. Isso é o que chamo de verdadeiro espinheiro, pois acaba por sufocar os bons costumes que aquele jovem desavisado tenha aprendido em casa. Foi por esse motivo que até mesmo o apóstolo Paulo disse: "Não vos deixeis enganar; más companhias estragam hábitos úteis". Portanto, meu filho, o que quero dizer é que esse Marcelo não é boa companhia para você.

Yago finalmente compreendeu aonde Júlia queria chegar e com isso se sentiu envergonhado em tê-la julgado mal antes que ela terminasse sua explicação. Pensou por alguns instantes e disse:

— Conheci Marcelo há uns dois anos, por intermédio de outros amigos. Concordo que antes ele era legal, ria de minhas piadas, mas agora que fui morar na casa dele, estou vendo um lado que não conhecia. Ele é um rapaz egoísta e explorador, e isso está me cansando.

— Yago, as pessoas não mudam, elas são o que são. O que acontece é que geralmente elas têm o dom de usar uma máscara, e, como toda máscara não está colada ao rosto, um dia ela cai. Marcelo sempre foi como é, mas você não via a máscara que usava porque não tinha convivido com ele. A sua ingenuidade não permitiu que visse com clareza quem realmente era esse rapaz.

— Tenho raiva de Marcelo, pois, em uma conversa que tivemos, ele me perguntou se eu ia voltar para casa. Por um momento fiquei em dúvida, mas sabe o que ele me disse? Que um homem de verdade não volta atrás em sua decisão, porque quem anda para o lado é caranguejo. Como fui idiota. Quando ele me disse tais palavras, na verdade queria que eu ficasse morando naquela pocilga, me explorando para vender a mercadoria dele.

Júlia, que não havia compreendido o termo "mercadoria", finalmente entendeu que Yago se referia a drogas.

— Meu filho, este é um dos motivos pelos quais você deve abandonar esse rapaz definitivamente. Por acaso tem ideia da confusão que pode arranjar?

— O que a senhora quer dizer com isso?

— Por favor, não minta para mim.

Yago anuiu com a cabeça dizendo que não mentiria, e a mulher finalmente perguntou:

— Yago, você usa cigarros ou outras drogas?

O rapaz nem precisou pensar para responder:

— De maneira alguma! Gosto de bebida, mas não gosto da ideia de ficar doidão com essas drogas, pois elas são muito viciantes e tenho medo.

Júlia acreditou em Yago e com isso soltou um longo suspiro, dizendo:

— Yago, você corre perigo, pois, envolvido com tais pessoas, se a polícia chegar, vai levá-lo junto. Além do mais, vão revistá-lo, e você poderá ir para a cadeia como traficante. Já pensou no desgosto de sua mãe, que sempre o apoiou?

Yago não havia visto a situação por aquele ângulo.

— Mas eu apenas vendo para garantir um teto sobre minha cabeça.

— Para a polícia, você é um traficante, e será tratado como tal. É um perigo estar em companhia de Marcelo, se a polícia for fazer uma revista em sua casa, encontrará a tal mercadoria e vocês dois serão enquadrados, pois os dois serão considerados culpados.

— A senhora tem razão, preciso fazer alguma coisa e sair da casa de Marcelo.

— Não se esqueça de que as companhias definem o caráter de um homem. – Por que não vem morar em casa? – sugeriu Júlia, percebendo que o rapaz já estava quase cedendo.

Yago pensou por alguns instantes e sentiu vontade de aceitar o convite, porém logo pensou que ele poderia lhe trazer problemas. Não querendo dar uma resposta definitiva, disse:

— Por favor, deixe-me tentar arranjar um trabalho e me instalar; se por ventura não conseguir, virei em busca de ajuda.

Júlia se deu por satisfeita com a resposta do rapaz.

— Enquanto lavo suas roupas, por que não vai fazer uma visita à sua mãe?

Yago estava magoado com a mãe pelo fato de ela o proibir de voltar para casa enquanto seu pai estava convalescente.

— Se minha mãe estivesse sentindo saudades já teria me procurado.

Júlia pensou por alguns instantes e disse:

— Ela não só sente saudades, como também está preocupada, posso lhe assegurar.

Yago, em tom presunçoso, perguntou:

— Como pode afirmar algo dessa natureza?

— Todas as noites ela vem me visitar e sempre pergunta de você.

— Quer saber? Será melhor ficar longe de minha mãe, pois já lhe dei muitos aborrecimentos.

— Por mais problemas que um filho traga a uma mãe, ele nunca deixa de ser seu filho, portanto, faça-a feliz.

— Está bem, mas, se não se importar, prefiro almoçar com a senhora, pois não quero comer a comida que aquele homem coloca na mesa.

Júlia por um momento sentiu pena de Yago.

— Venha para o almoço. Enquanto vai à casa de sua mãe, vou lavar suas roupas.

Yago abriu um sorriso e, curvando-se, beijou ternamente a testa da boa mulher. Júlia viu o rapaz se afastar e por um instante sentiu seu coração se oprimir: "Por que me importo tanto com Yago? Muitas vezes, sinto como se já o conhecesse". E uma lágrima escorreu por sua face. Sentindo-se perturbada, fez sentida prece pedindo serenidade a Deus naquele momento.

Yago andou tranquilamente em direção à antiga residência. Ao parar em frente à casa, pensou: "Não posso contar à minha mãe o que realmente está acontecendo, pois ela vai pedir para eu voltar. Falarei que está tudo bem e que estou procurando trabalho". O rapaz havia mudado, pois já não entrava como se fosse morador daquela residência. Chegou até a varanda e bateu na porta. Mirtes estava na cozinha, mas ouviu as batidas na porta. A mulher estranhou o fato de a pessoa entrar na varanda para chamar sua atenção. Abriu a portinhola e viu Yago. Não conseguindo conter a emoção, abraçou o filho chorando. Yago a abraçou também e rapidamente os dois estavam sentados no sofá, conversando.

— Meu filho, o que faz aqui a uma hora dessas?

Constrangido, o rapaz respondeu:

— Vim até a casa de dona Júlia trazer roupas para lavar e aproveitei para lhe fazer uma visita.

Mirtes não deixou de perceber que o filho estava diferente.

— Já tomou café, meu filho?

— Sim, tomei café com dona Júlia.

— Júlia é uma excelente pessoa. Pena que só fala de religião.

— Não seja dura com dona Júlia. Passo longas horas com ela, e ela não fica falando de religião.

— Em todas as conversas ela sempre menciona Deus, e isso me irrita.

Yago defendeu a mulher com veemência:

— Mamãe, conheço dona Júlia desde que era menino, ela sempre me pareceu uma boa pessoa, nunca nem ralhou comigo. Depois que cresci me distanciei e somente agora penso no quanto perdi por ter me afastado de sua companhia. Talvez se a tivesse ouvido falar de Deus eu não estaria nesta situação. Não gosto que fale assim de dona Júlia, pois para mim ela tem se mostrado uma mãe.

— Você gosta tanto dela assim, meu filho?

— Gosto! Para ser sincero, gosto mais dela que de meu próprio pai. Dona Júlia sempre me recebeu com alegria, faz a comida que realmente aprecio e neste momento está lavando minhas roupas.

Mirtes sentiu como se seu coração se transformasse em uma pedra e em tom glacial perguntou:

— Você gosta mais de Júlia que de sua mãe?

Yago logo percebeu que a mãe sentiu ciúme e procurou contornar a situação:

— Não seja boba! A senhora é minha mãe, mas em todo esse tempo convivendo com dona Júlia aprendi a vê-la como uma segunda mãe. Tirando a senhora, ela foi a única pessoa que realmente se importou com meu bem-estar, e procura cuidar de mim.

— Mas ela não é sua mãe – disse Mirtes, magoada.

Yago irritou-se com a infantilidade da mulher e respondeu:

— Que diabo de amor é esse que diz sentir por mim? Deveria ficar feliz em ter uma pessoa que se preocupa com meu bem-estar e procura me dar conselhos para que eu chegue a algum lugar nesta vida!

Mirtes sentiu que estava sendo imatura e tentou contemporizar a situação:

— Tem razão, meu filho; Júlia é uma excelente amiga, sou grata por tudo que ela está fazendo por você. Meu filho, não está na hora de voltar para casa?

— Mãe, sou um homem e tenho que aprender a cuidar de mim. Não acha que estou crescido para ficar na barra de sua saia?

A mulher olhou para o filho como se o estivesse vendo pela primeira vez, dando-se conta de que havia crescido.

— Mãe, minhas roupas estavam sujas e trouxe para dona Júlia lavar, pois a partir de amanhã irei procurar trabalho.

— Por que não trouxe as roupas para eu lavar? Afinal, sou sua mãe, não se esqueça disso.

— Por favor, dona Mirtes, não me venha com cena de ciúme agora.

— Não é ciúme, meu filho, é cuidado – respondeu a mulher, sem querer dar o braço a torcer.

O rapaz desatou a rir e, sorrindo, disse:

— Mãe, por ora deixe as coisas como estão. Dona Júlia está me dando todo o suporte de que preciso. Não se esqueça de que a senhora é minha mãe e eu a amo.

A mulher sentiu seu coração descompassar.

— Venha tomar café. Comprei aquelas broas de que gosta.

— Não precisa se preocupar. Já fiz meu desjejum com dona Júlia.

Mirtes sentiu um mal-estar, embora não deixasse transparecer.

— E Mercedes como está? – perguntou o rapaz, mudando de assunto.

— Mercedes está bem. Está procurando uma escola para fazer estágio.

— Que bom! Mercedes é bem melhor que eu. Sempre preocupada em estudar, o que ela faz muito bem.

Mirtes apenas sorriu ao ouvir o comentário do filho.

— E não vai perguntar de seu pai?

Yago, sentindo o ódio brotar em seu coração, disse:

— Não quero saber de seu marido. Esqueceu o que ele me fez?

Mirtes logo percebeu que não devia ter falado em Arnaldo. Mudando de assunto, perguntou:

— Onde pretende arranjar trabalho?

— Ainda não sei. Quero fazer qualquer coisa que dê uns trocados, pois pretendo alugar uma casa e levar minha vida.

Embora Mirtes sentisse ciúmes do carinho de Júlia para com seu filho, não deixou de perceber que ela estava sendo uma boa companhia para o rapaz.

Yago fez questão de entrar em seu antigo quarto:

— Vou ficar um pouco aqui. Se a senhora permitir, claro.

A mulher não fez nenhuma objeção, e Yago, ao se ver sozinho, deu vazão às lágrimas. Após serenar seu coração, pensou: "Tive tudo que um rapaz pode querer: uma mãe amorosa, um quarto só para mim, roupas lavadas, casa limpa, comida farta, mas fui um idiota em não dar valor". E logo adormeceu sentindo o perfume da cama limpa.

Enquanto o rapaz descansava, Mirtes pensava: "Yago está mudado... Talvez essa experiência esteja o ajudando a crescer e a ver a vida como realmente é, mas não posso deixar de agradecer a Júlia, pois ela o está ajudando nesse processo". Mirtes logo se lembrou do peito oprimido pelo ciúme, e com isso pensou: "Que bobagem! Sentir ciúme de Júlia...". Meneando a cabeça, continuou a fazer seus afazeres domésticos, porém sentia-se em paz, pois o filho estava em casa.

Yago acordou e logo olhou no despertador, que ficava sobre a cômoda, e assustado disse:

— Dormi muito, já é quase meio-dia e dona Júlia está me esperando para o almoço.

O rapaz saiu do quarto com as roupas amarfanhadas e cabelo em desalinho e entrou rapidamente na cozinha, encontrando sua mãe a terminar o almoço.

— Por que não me acordou?

A mulher, sorrindo, disse:

— Por que iria acordá-lo? Até onde sei, você não tem nenhum compromisso.

— Dona Júlia está me esperando para o almoço – respondeu o rapaz, angustiado.

— Não vai almoçar comigo?

— Desculpe, minha mãe, mas havia combinado de almoçar com dona Júlia.

— Você almoça com ela todos os dias, por que não pode fazer pelo menos uma vez sua refeição comigo? – disse Mirtes, revoltada.

Yago, tomado por súbita responsabilidade, disse:

— Compreenda, prometi a dona Júlia que almoçaria com ela, portanto, não posso fazê-la esperar.

Mirtes deixou que a lágrima escorresse em sua face.

— Não acha que está se apegando muito a Júlia? Compreendo que ela o tem apoiado nesses últimos tempos, mas ainda sou sua mãe.

— Não se preocupe, na semana que vem virei almoçar com a senhora.

— Então não virá mais fazer suas refeições em casa? Sou sua mãe e aqui continua a ser sua casa – Mirtes perguntou de maneira incisiva.

— Esta não é minha casa! Esta continua a ser a casa de seu marido.

— Deixe de bobagem! Esta é sua casa, assim como eu sou sua mãe.

— Vou indo. Com certeza dona Júlia já está com a mesa arrumada, não quero fazê-la esperar.

Beijando a mãe, o rapaz saiu rapidamente em direção à casa de Júlia, que ficava do outro lado da rua.

O rapaz entrou sem bater e encontrou Júlia levando uma travessa com bifes à mesa.

— Perdoe-me, dormi a sono solto quando deitei em minha antiga cama.

— Isso não é motivo para pedir perdão. Terminei o almoço agora, portanto, você não está atrasado.

Yago abriu um largo sorriso e, sentindo-se à vontade, sentou-se à mesa.

— Depois tire essa roupa também, pois quero que todas fiquem limpas.

O rapaz, sorrindo, concordou, e sem pensar passou a falar:

— Dona Júlia, nunca me dei conta de que minha mãe era uma mulher ciumenta – Júlia, sem compreender, ficou esperando o rapaz continuar. – A senhora acredita que ela está com ciúme da senhora estar me ajudando?

— Isso não é bom. O ciúme anda de mãos dadas com o orgulho e o egoísmo, e são geradores de todos os defeitos humanos. Digo que o ciúme é egoísta porque ele age de maneira a roubar a liberdade do outro, tenta obrigá-lo a seguir por um caminho delimitado, ou até mesmo tenta aprisioná-lo. Todo ciumento tem o desejo insano de dominação, e não digo isso somente do ciúme romântico entre homem e mulher, mas de pais para com os filhos. A sua mãe está imaginando que, pelo fato de eu lhe dar atenção, quero roubar o amor que sente por ela e não vê que isso é impossível, pois um amor de filho não acaba assim tão facilmente, ainda mais que ela sempre o tratou muito bem. Precisamos ter cuidado com esse ciúme de Mirtes, pois isso poderia atrapalhar nossa boa relação. Por isso o ciúme é um campo perigoso de se transitar.

— Não se preocupe, dona Júlia, minha mãe vai compreender que a senhora tem sido como uma segunda mãe para mim e logo deixará esse sentimento bobo de lado – disse Yago sorrindo.

— Que Deus nos ajude.

— Dona Júlia, a senhora ainda tem aquele pudim de ontem? – perguntou o rapaz assim que terminou de almoçar.

— Espere um minuto, vou pegar na geladeira.

Assim que o almoço terminou, Yago surpreendeu Júlia ao dizer:

— Hoje quero que descanse, vou arrumar a cozinha para a senhora.

Ela permitiu, pois sabia que ele queria se sentir útil.

Quando terminou, o rapaz disse:

— Vou para casa.

— Ainda não. Vou passar suas roupas assim que secarem, portanto, peço que passe o dia comigo – disse a mulher, querendo que o rapaz ficasse mais tempo em sua casa.

O rapaz agradeceu e dirigiu-se até a sala, pegando um livro e estirando-se no sofá. Faltava pouco para as seis da tarde quando Júlia terminou de passar as roupas do rapaz e ele saiu em direção à casa de Marcelo.

CAPÍTULO NOVE

Ciúme doentio

Mercedes chegou em casa poucos minutos antes das onze e logo viu sua mãe conversando com Júlia na varanda. Foi ao encontro delas, que conversavam alegremente, aproveitando a noite quente.

Júlia, ao ver a moça, disse sorrindo:

— Que bom, mais uma para se juntar a nós.

Mercedes estava irritada, pois havia brigado com Fernando, seu namorado.

— Preciso distrair minha cabeça, pois hoje Fernando conseguiu me irritar.

— Mas o que houve? – perguntou Mirtes, surpresa.

— Fernando apareceu na faculdade de surpresa e me encontrou conversando com Cícero, meu professor de literatura. Ficou muito bravo e gritou comigo.

— Se enquanto namora já grita, imagine depois de casar. Você se tornará sua prisioneira – Mirtes comentou.

— Gosto muito de Fernando, mas, se ele não mudar, não vou casar. Ele tem que confiar em mim. Se acha que vou deixar de conversar com as pessoas, ele está muito enganado!

— O que ele sentiu foi ciúme, Mercedes – disse Júlia, sorrindo.

— Por que sentir ciúme? Não dou motivos para isso. Fernando não imagina como ele é irritante quando vem com essa conversa de que quer me proteger.

— Quando comecei a namorar Arnaldo, ele também fazia cena de ciúme, mas agora, depois de tantos anos de casamento, isso já não existe mais. Tenha paciência, minha filha – disse Mirtes.

Júlia aproveitou a oportunidade para falar sobre o ciúme:

— No passado existia um rei muito sábio chamado Salomão. Certa vez, ele disse que o ciúme é a podridão dos ossos. O ciúme torna-se podridão quando é capaz de destruir um bom relacionamento, pois todo ciumento não percebe que seu sentimento sufoca a outra pessoa, a ponto de acabar com sentimentos puros como o amor. O ciumento tem a capacidade de fantasiar coisas e ver aquilo como a mais absoluta verdade, causando sofrimento a si mesmo e aos outros. Fernando não faz por mal, mas ele não consegue dominar esse sentimento, e acaba por irritá-la com cobranças exageradas. O pobre rapaz precisa compreender que amar não é se tornar dono do outro, mas companheiro. Assim como a planta precisa de oxigênio para sobreviver, o amor precisa de espaço para que possa continuar existindo.

— O ciúme é o tempero do amor... – disse Mirtes com um leve sorriso.

— Discordo de você. O ciúme nada tem a ver com amor. Antes, é a semente da discórdia, das brigas, das desconfianças desnecessárias. Todo ciumento sofre e faz o outro sofrer, pois sua imaginação fértil o escraviza, e este, por sua vez, movido pela raiva e pelo egoísmo, acaba aprisionando o outro. Não vejo o ciúme como um ponto positivo, pelo contrário, o ciúme causa rompimento de relações – retrucou Júlia.

Mirtes sentiu-se envergonhada por deixar transparecer seu lado imaturo.

— Tem razão, Júlia, o ciúme é a praga que corrói qualquer relacionamento.

Mercedes, ao ver a mudança de opinião da mãe, achou graça, mas nada disse a fim de não constrangê-la na frente da amiga.

— A senhora concorda que ciúme é desconfiança, dona Júlia?

— A desconfiança anda de mãos dadas com a insegurança. Todo ciumento é inseguro, pois o medo de perder impera, e ele se torna escravo de sua imaginação. Sendo assim, minha filha, você não deixa de ter razão, mas essa é uma situação que só Fernando poderá contornar.

Aflita, a moça finalmente confidenciou:

— Gosto de Fernando, afinal ele é meu primeiro e único namorado, mas sua insegurança está indo longe demais.

— Minha filha, para que sofrer? Se não está dando certo, o melhor é terminar isso agora, pois é mais fácil terminar um namoro que um casamento, não acha? Se Fernando está assim agora, imagine no futuro. Ele vai prendê-la ao pé da mesa enquanto trabalha – disse Mirtes com um tom irreverente.

Mercedes, ao ouvir o comentário da mãe, sentiu sua cabeça rodar e, deixando as lágrimas escaparem, disse:

— Mãe, amo Fernando e não saberia viver sem ele.

Júlia, ao perceber o nervosismo da moça, se interpôs entre as duas, dizendo:

— Calma! Fernando precisa de ajuda, pois, como disse antes, ele sofre intermitentemente com esse sentimento. Há momentos em que a insegurança toma conta e ele não consegue se conter.

— É exatamente isso. Fernando não me atormenta o tempo todo, mas quando ele coloca uma coisa na cabeça ninguém tira.

— Então não vejo motivo para terminar esse namoro assim de uma hora para outra – disse Júlia. – Minha filha, talvez esteja na hora de ter uma conversa franca com Fernando para falar como se sente. Quem sabe ele se esforce mais para se conter.

— Como disse Shakespeare: "O ciumento não precisa de causa para o ciúme; tem ciúme, nada mais. O ciúme é o monstro que se gera em si mesmo e de si nasce" – complementou Mercedes.

Júlia, não querendo dar o assunto por encerrado, continuou:

— O ciúme tem várias faces, inclusive, é muito comum pais terem ciúme de filhos e filhos, de pais.

Mirtes naquele momento se lembrou do sentimento que se apossou dela pela manhã e disse:

— É muito natural pais terem ciúme de seus filhos.

Mercedes, surpresa, perguntou:

— O que está dizendo, minha mãe?

A mulher, constrangida, repetiu que era absolutamente normal os pais sentirem ciúme de seus filhos.

— Os pais não precisam sentir ciúme, pois seus filhos nunca deixarão de ser seus filhos. O ciúme é corrosivo em todas as suas faces. Há pais que sentem ciúme de seus filhos em excesso e, quando eles crescem e começam a namorar, implicam com os respectivos namorados. Quando se casam, não se dão bem com o novo membro da família. Nesses casos, só há desavenças, causando a diferença familiar. Isso explica a velha diferença entre sogra e nora, pois a mãe se acha insubstituível, de modo que tudo o que a nora faz ao marido não é suficiente para ela. O ideal é combater esse sentimento nocivo, para que haja sempre a paz familiar – completou Júlia, sorrindo.

— Penso como a senhora, pois o ciúme não é bom e nunca será.

Mirtes, envergonhada por se lembrar que sentiu ciúme de Yago, confessou:

— Senti ciúme da senhora pela manhã.

— Minha boa e velha amiga, Yago a ama de uma maneira especial e, por mais que se afeiçoe a outra pessoa, jamais se comparará com o que sente por você – disse Júlia com um largo sorriso.

Mercedes sentiu-se preterida ao saber que a mãe sentia ciúme do irmão, porém resignou-se a ficar calada.

— Tem razão, à medida que vamos envelhecendo, vamos nos tornando mais carentes – completou Mirtes.

Mercedes levantou-se convidando a mãe a voltar para casa, pois sabia que no dia seguinte teria que levantar cedo para enfrentar mais um dia de trabalho.

Fernando era um rapaz moreno, alto, de belos cabelos negros. Não raro, via moças o paquerarem, mas ele amava Mercedes e pretendia se casar assim que a moça terminasse a faculdade. Naquela noite, com saudade de Mercedes, resolveu ir até a faculdade. Embora estivesse cansado, decidiu que levaria Mercedes para casa, porém, ao chegar, encontrou a moça conversando com seu professor em frente ao prédio. Logo pensou que estivesse interessado nela e sentiu sua raiva subir à cabeça:

— Mercedes, vamos para casa! Não tenho a noite inteira para te esperar.

Mercedes sentiu o calor subir à face e, constrangida, apresentou o rapaz ao professor:

— Professor Cícero, este é meu namorado, Fernando.

O professor, percebendo que o rapaz havia sido tomado pelo ciúme, estendeu a mão para o rapaz, que não retribuiu o cumprimento.

— Só um minuto, já vamos embora – disse Mercedes envergonhada.

— Mercedes, você pode fazer o trabalho até sexta-feira? Quero usar sua dissertação como base para a aula – o professor disse ao perceber o constrangimento da moça.

— Claro, professor, entregarei na sexta-feira.

O homem, ajeitando as pastas que trazia na mão, despediu-se do casal, mas apenas Mercedes respondeu. Ela era uma boa moça, mas era geniosa e não conseguia disfarçar quando algo a desagradava. Assim que o professor saiu, passou a andar rápido em direção ao ponto do ônibus, enquanto Fernando gritava logo atrás:

— Mercedes! Pare, precisamos conversar.

A moça irritada gritou:

— Não tenho nada para conversar com você. Por que me envergonhou daquela maneira?

O rapaz, ainda com raiva, pegou-a pelo braço e, puxando-a para si, disse:

— Não vai me dizer que não viu como aquele velho sem vergonha olhava para você?

— O professor Cícero e um excelente professor. Pediu-me gentilmente para fazer um trabalho que contará em minhas notas – gritou Mercedes, indignada.

Fernando, não se dando por satisfeito, continuou:

— Antes de ser professor, ele é homem, e como homem sei muito bem o que estava pensando.

— Não seja ridículo! – gritou Mercedes. – O que pensa que sou?

Fernando naquele momento percebeu que havia cometido um erro e, tentando contornar, disse:

— Mercedes, por favor, entenda. Fico cego quando vejo um homem próximo de você.

— Qual é o seu problema? Ele é apenas meu professor, nada mais. Além disso, o que pretende fazendo essas coisas?

Fernando, abaixando o tom de voz, disse:

— Quero protegê-la de certos homens.

A cada palavra de Fernando, Mercedes ia ficando ainda mais irritada.

— Por favor, vá embora! E não apareça em minha casa no final de semana.

A moça apressou os passos, deixando o rapaz parado, observando ela se afastar.

Fernando deu um leve tapa no próprio rosto e com raiva disse a si mesmo:

— Como pude ser tão idiota? Essa atitude meiga de Mercedes com todo mundo me dá nos nervos.

O rapaz rodopiou lentamente nos calcanhares e decidiu voltar à frente da faculdade, onde havia deixado seu carro. Fernando era um bom rapaz, cursava engenharia, trabalhava em um escritório de engenharia, não tinha mãe, pois a perdera quando tinha doze anos, tendo sido criado somente pelo pai, que nunca mais se casara a fim de criá-lo com dignidade. Ele era bom moço, mas era escravo de seu ciúme doentio. Sabia que suas crises de ciúme deixavam Mercedes muito irritada, mas não conseguia se controlar.

Naquela noite, contrariado, Fernando voltou para casa sem querer falar com o pai. Trancou-se no quarto, onde se jogou na cama sem trocar de roupa. Levou as mãos à cabeça e começou a pensar em Mercedes sendo envolvida nos braços daquele professor, que, apesar da idade, ainda era um homem apresentável. Passou a ficar inquieto e naquele momento decidiu que buscaria Mercedes todas as noites na faculdade. A inquietação de Fernando era tanta que naquela noite não conseguiu conciliar o sono, pois passava de devaneio a devaneio, aumentando sobremaneira seu sofrimento interior. Pela manhã, o rapaz saiu do quarto e encontrou o pai fazendo café.

Ernani, ao olhar para o filho, perguntou:

— O que houve, meu filho?

— Nada! Apenas não dormi direito – respondeu o rapaz.

Ernani colocou uma xícara para o filho.

— Meu filho, alguma coisa está acontecendo. Será que posso ajudar?

Fernando amava profundamente o pai e o tinha como seu melhor amigo, e não demorou para que passasse a contar a ele o que havia acontecido na noite anterior. Ernani era um homem paciente. Depois de ouvir o relato do filho, disse:

— Não acha que se precipitou, meu filho? Mercedes é uma boa moça, trabalhadora, esforçada, educada e gosta verdadeiramente de você.

O rapaz, em desespero, levou a mão à cabeça e disse:

— Não sei, meu pai...

Ernani continuou:

— Fernando, é normal sentir ciúme da namorada, desde que seja moderado, mas, pelo que vejo, esse não é seu caso. Pelo que me disse, perdeu uma noite de sono fantasiando sobre o que poderia acontecer entre Mercedes e esse professor. Isso é um absurdo. Certamente esse homem é casado, tem filhos e vê Mercedes como uma aluna qualquer. Não acha que a moça merece ser respeitada em seus sentimentos?

Fernando, muito nervoso, não conseguiu compreender aonde seu pai queria chegar com aquele discurso e disse:

— Pai, o que Mercedes quer? Eu a trato como uma rainha, faço todas as vontades dela, quero um compromisso sério.

— Meu filho, sou seu pai e conheço suas qualidades, porém, vejo também que seu ciúme o está fazendo sofrer. Mercedes ficou brava por não sentir que seus mais caros sentimentos foram respeitados. Sem contar que se sentiu envergonhada com sua atitude. Não acha que deve se desculpar?

Fernando desatou a chorar e disse:

— Pai, o senhor acha que ela pode terminar comigo?

— Mercedes o ama, mas lembre-se de que, a cada situação constrangedora que a coloca, esse sentimento diminui. O amor é como uma planta... Uma planta precisa ser regada todos os dias para ficar bonita e dar flores, e assim também é com o amor. O amor precisa ser regado de respeito, carinho e compreensão. Caso não exista isso em um relacionamento, esse sentimento poderá acabar. Portanto, seja mais compreensivo e menos ciumento, e aí poderei dizer que esse namoro vai florescer.

— Pai, eu faço tudo errado. Quando sinto ciúme, não consigo me controlar, e quando me dou conta já fiz ou falei algo para magoar Mercedes.

— A melhor coisa que tem a fazer é conversar com Mercedes e expor a ela o problema – disse Ernani ao perceber o desespero do filho. Levou a mão ao ombro de Fernando e completou: – Escute seu velho pai. Todo ciumento sempre está em busca de sua própria infelicidade.

Fernando calou-se e decidiu que teria uma conversa com Mercedes.

No dia seguinte, Fernando faltou ao trabalho decidido a conversar com Mercedes no intervalo do almoço. Ele sabia que horas ela saía para comer, então chegou exatamente naquele horário.

Mercedes tinha um temperamento forte e, ao ver o rapaz, não conseguiu esconder seu dissabor.

— O que faz aqui? Por que não está no trabalho?

— Preciso ter uma conversa séria com você.

— Não basta a vergonha que me fez passar? Ainda quer que eu perca meu horário de almoço para conversar? – respondeu Mercedes, irritada.

— Errei, verdade, mas estou aqui para reparar o mal que lhe fiz.

— Fernando, o seu ciúme está acabando com nosso namoro. Você sempre fica bravo se me vê conversando com alguém. Não acha que está precisando de tratamento? Estive pensando, se no namoro você é assim, imagine depois de nos casarmos. Você vai me prender dentro de casa e não permitirá que fale com ninguém, nem mesmo saia de casa. Para ser sincera, estou me sentindo prisioneira, pois às vezes tenho medo até de conversar com alguns colegas, já que se você vir estará armada a confusão.

Fernando, envergonhado, passou a dizer:

— Tenho exagerado, mas peço que me entenda.

— Entender o quê? Que me faz passar vergonha onde quer que esteja? Lembra daquele dia que eu queria comer pipoca e você ficou bravo com o vendedor quando ele me deu o molho, pois achou que o pobre rapaz estava me paquerando? Você é doente e nosso namoro está adoecendo junto.

— Mercedes, eu a amo tanto que, só de pensar em te perder, já começo a sofrer.

— Não acha que está na hora de confiar um pouco em mim? Saiba que, se um dia eu achar que você não serve mais para mim, sou mulher suficiente para pôr fim nesse namoro. Não sou do tipo que fica flertando com qualquer um.

Constrangido, o rapaz disse:

— Não desconfio de você.

— Fernando, você é muito inseguro em relação a mim, mas agora te pergunto por quê? Nunca lhe dei motivos para que desconfiasse de minhas ações.

— Não desconfio de você em nada, apenas temo que um dia deixe de me amar e me troque por outro rapaz mais apresentável que eu.

Mercedes, quase aos gritos, disse:

— Estou vendo que você não acredita em meus sentimentos, pois, se assim o fosse, você não seria tão inseguro. Antes de te conhecer recebi vários pedidos de namoro, mas nunca aceitei nenhum, pois sabia que não haveria possibilidade de amar aqueles pretendentes. Quando aceitei seu pedido, tinha plena convicção de que era isso que eu realmente queria.

Por que não acredita em mim e nos meus sentimentos?

Fernando se pôs a chorar e, baixinho, disse:

— Por favor, me perdoe, vamos recomeçar. Prometo que vou procurar melhorar e não a importunar mais com meus medos infundados.

Mercedes, ao ver o rapaz chorando, não se conteve e com a voz mansa disse:

— Vamos esquecer esse assunto. Vou lhe dar mais uma chance, mas da próxima vez que me fizer passar vergonha não me procure, pois acabou.

Fernando apertou a moça contra o peito e passaram a andar de mãos dadas. O rapaz a levou até um restaurante e almoçaram juntos.

Mercedes era uma moça falante por natureza, então, falava sem parar sobre a palestra que ouvira na Casa Espírita. O garçom trouxe a refeição e, por um momento, Fernando achou que o rapaz estivesse olhando para Mercedes, mas se controlou a fim de não arranjar uma nova confusão, e Mercedes não percebeu.

— Quero conhecer essa Casa Espírita. Posso ir com você? – disse Fernando.

— Podemos ir na próxima quarta-feira – respondeu Mercedes, encantada.

O rapaz gostou do entusiasmo da moça e finalizou:

— Ótimo! Vamos juntos.

Fernando sentiu em seu coração que lá receberia ajuda para seu problema. Os dois voltaram para a frente da loja e, depois de um longo beijo, se despediram. Mercedes sentiu-se feliz, pois sabia que encontrariam ajuda nas palestras da Casa Espírita.

CAPÍTULO DEZ

Yago começa a se estabilizar

Yago estava apreensivo, afinal, sabia que precisaria tomar um rumo em sua vida, e a única coisa a fazer seria arranjar um emprego. O rapaz pensou muito e no dia seguinte resolveu procurar trabalho em um despachante. Ele conhecia bem a máquina de escrever, mas não tinha prática em datilografar.

Chegou logo pela manhã e disse à recepcionista:

— Estou procurando trabalho. Gostaria de saber se vocês estão precisando de alguém.

— Você sabe usar a máquina de escrever?

— Sim, fiz o curso há um tempo, mas não tenho prática.

A moça, percebendo que o rapaz aceitaria qualquer coisa, disse:

— Espere um momento. Vou chamar o dono do escritório para conversar com você.

Yago ficou esperando e não demorou para um senhor de bigode farto e barrigudo se aproximar:

— Ana me disse que está procurando trabalho.
— Sim, senhor.
— O que sabe fazer?

Yago, como nunca tinha ido a uma entrevista de emprego, disse com sinceridade:

— Terminei o curso secundário, fiz datilografia e tenho facilidade em aprender.

— Venha! Vamos fazer um teste em uma das máquinas de escrever do escritório.

Yago lembrou-se de Júlia e por um momento sentiu paz. O homem deu um texto a Yago e pediu que ele o datilografasse. Ele logo se lembrou das aulas, principalmente das posições dos dedos, e com isso rapidamente digitou o texto que lhe fora passado.

Moacir era um senhor bonachão, muito sério em seu trabalho. Ao analisar o texto, percebeu que havia poucos erros, então decidiu dar uma chance ao rapaz.

— O salário não é muito, e o horário é das oito da manhã às seis da tarde.

— Mas qual é o salário? – Yago perguntou.

— Vou estudar um salário razoável para você, afinal, nossa moeda já não vale mais nada.

Moacir estava precisando de uma pessoa para ajudar, já que outro rapaz havia se demitido e ido trabalhar em outro escritório. Yago aceitou a oferta.

— Quando começo?

— Amanhã, mas só assinarei sua carteira depois de conhecer seu trabalho.

Naquele momento, Yago lembrou que teria que tirar a carteira profissional. Depois de combinar os detalhes, saiu do escritório e, feliz, decidiu que iria à casa de Júlia para lhe contar a novidade.

Passava das dez horas da manhã quando o rapaz chegou à casa de Júlia. Ele a encontrou juntando as folhas do jardim.

— Dona Júlia, arranjei um trabalho – disse ele, sorrindo.

— Que boa notícia! – respondeu ela, surpresa. – Onde vai trabalhar?

Yago respondeu a todas as perguntas da mulher e, sorrindo, disse:

— Logo poderei arranjar outro lugar para ficar, pois não dá para passar muito tempo na pocilga de Marcelo.

— Muito bem! Você virá almoçar aqui em casa?

O rapaz pensou por alguns instantes e disse:

— Não poderei fazer isso, pois o escritório é longe e, para vir até aqui, tive que pegar uma condução. A senhora sabe que não tenho dinheiro para condução, portanto, terei que me arranjar.

A mulher, sorrindo, disse:

— Yago, para começar lhe emprestarei algum dinheiro, mas no final de semana quero que venha até aqui para fazer as refeições comigo.

— Não terei como pagar, pois a senhora sabe que nosso dinheiro não vale nada e a inflação aumenta a cada dia – Yago respondeu após pensar por alguns instantes.

— Arranjarei dinheiro para que possa fazer suas refeições. Não terá que pagar, desde que continue vindo fazer suas refeições nos finais de semana.

Yago sabia que Júlia era uma boa pessoa, mas não imaginava quanto. Ao pensar no valor do aluguel, disse:

— Financeiramente, este país está doente...

— Vivemos num planeta de provas e expiação, portanto, as coisas estão certas dessa maneira. Somente assim os espíritos encarnados aprenderão a lição.

Yago permaneceu calado e, mudando de assunto, disse:

— Depois do almoço vou contar a novidade à minha mãe.

Júlia, satisfeita, encorajou o rapaz a ir. Embora estivesse feliz com a decisão dele, sabia que o que ele ganharia não seria suficiente para arcar com as despesas de uma casa.

— Yago, tenho me sentido só e pensei que talvez pudesse vir morar comigo. Não precisaria pagar aluguel, teria roupas lavadas e o que ganhasse seria apenas para suas despesas pessoais.

— Acho que está na hora de começar a andar com minhas próprias pernas. Meu pai sempre disse que sou vagabundo, mas vou provar a ele que estava enganado – agradeceu o rapaz.

Júlia entristeceu-se, pois sabia que ele logo se decepcionaria, afinal, mal ganharia para as refeições diárias.

— O convite está feito e espero que pense com carinho.

Logo depois do almoço, Yago disse a Júlia:

— Vou contar a novidade à minha mãe.

— Vá, meu filho! Tenho certeza de que sua mãe ficará feliz com a notícia – respondeu a mulher, satisfeita.

O rapaz saiu e em poucos minutos estava entrando na sala de sua antiga casa. Mirtes, ao ver o filho, disse:

— Que saudade, meu filho!

Eufórico, o rapaz passou a contar sobre seu trabalho, e a mãe ficou radiante com a notícia.

— Meu filho, agora poderá voltar para casa, pois seu pai não arranjará confusão, afinal, você estará trabalhando.

— De jeito nenhum! Vou trabalhar e, com o tempo, arranjarei uma casa para morar – disse o orgulhoso rapaz.

— Deixe de ser orgulhoso, o custo de vida está muito alto e você mal poderá pagar pela comida.

Yago sentiu como se um balde de água fria caísse sobre seu entusiasmo e com isso disse:

— Por que a senhora tem o dom de acabar com a felicidade dos outros? Vim lhe contar sobre meu primeiro emprego, e a senhora vem agourar meus planos.

A mulher, desculpando-se, respondeu:

— Não estou agourando nada, meu filho, apenas sendo realista.

O rapaz, irritado, retrucou:

— Não deveria ter vindo aqui. Saiba, minha mãe, que vencerei sozinho e um dia terei o prazer de falar a seu marido que não sou o vagabundo que ele sempre disse que sou.

Mirtes ficou triste e, para mudar de assunto, disse:

— Farei um bolo para comemorar seu novo trabalho.

— Não precisa! Vou pra casa de dona Júlia para descansar um pouco – respondeu ele, irritado.

— Por que não se deita em seu quarto para descansar?

— Não tenho quarto nesta casa desde o dia que seu marido me expulsou daqui.

— Ninguém o expulsou de casa. Você saiu por livre e espontânea vontade.

Irritado, Yago rodopiou rapidamente nos calcanhares e disse:

— Vou para a casa de dona Júlia. Outro dia conversamos.

A mulher ficou olhando aflita para o filho e pensou: "Preciso fazer alguma coisa, pois meu filho passará por dificuldades". Mirtes ouviu o portão da frente bater. "Se Yago não fosse tão cabeça-dura, voltaria para casa e levaria uma vida como qualquer jovem em sua idade."

❦

Passava das nove horas da noite quando Mirtes chegou à casa de Júlia e a encontrou sentada na varanda, quase cochilando. Ela entrou e disse:

— Yago me contou a novidade, mas ficou contrariado quando eu disse que ele podia voltar para casa.

— Eu o convidei por diversas vezes a morar comigo, mas ele quer morar sozinho.

— Yago é turrão como o pai.

— Ele está certo ao querer ser independente, mas não imagina quão difícil é manter uma casa.

— Mais uma vez, vai se decepcionar.

— Yago vai aprender, afinal, todos aprendem as lições que a vida dá. Cada um passa pelas provas que o elevará espiritualmente.

— O que devo fazer para evitar que meu filho sofra? – perguntou Mercedes, aflita.

Júlia suspirou fundo e disse:

— Devemos orar por ele, afinal, aprenderá de uma maneira ou de outra. Mesmo porque, você não viverá eternamente para evitar as quedas dele. A lei é simples, caindo e levantando sempre, esse é o caminho para o progresso pessoal. E quem não aprende pelo amor fatalmente aprenderá pela dor. Deixe seu filho caminhar, cair e levantar quantas vezes forem necessárias, pois um dia ele agradecerá por cada obstáculo e cada queda.

Mirtes olhou surpresa para a amiga.

— Você diz isso porque não tem filhos.

— Não há maior exemplo de bom Pai que Deus. No entanto, Ele nos deixa cair quantas vezes for possível, pois sabe que só aprendemos com nossas dores.

Mirtes, não querendo entrar em mais detalhes, emendou, tentando encerrar o assunto:

— Mas Yago não conhece nada da vida, nunca se preocupou com nada, e de repente vai se ver cheio de responsabilidades, aluguel para pagar, comida e outros compromissos.

— Não entendo por que está preocupada. Já faz três meses que Yago saiu de casa e tem se arranjado muito bem.

— Mas ele não está andando sozinho porque tem a você e a mim como bengalas.

— Um pássaro só está apto a alçar novos voos quando suas asas estão firmes, portanto, ele só saberá o momento certo de voar depois de muitas quedas.

Mirtes, percebendo que não teria como argumentar com Júlia, finalmente disse:

— Tem razão! Yago é um homem, mas ainda insisto em vê-lo como menino.

— Yago tem a nós, portanto, não se aflija em demasia – respondeu Júlia com um largo sorriso.

Mirtes gostou do que ouviu e sem demora perguntou:

— Por que gosta tanto de Yago? Ele mal conversava com você.

Júlia, olhando para um ponto na varanda, se pôs a falar com o coração:

— Sempre gostei de Yago, por ser educado e respeitoso embora soubesse que era um garoto peralta.

— Só isso?

— Há coisas que não conseguimos explicar. Gosto de Yago de uma maneira especial. Para mim ele sempre será um filho querido.

— Então me ajude a cuidar daquele leãozinho, pois está difícil para eu cuidar sozinha.

Júlia sorriu meneando a cabeça em afirmativa.

As duas mulheres conversavam animadamente quando Mercedes se aproximou dizendo:

— Que calor horrível.

— Por isso gosto de ficar fora, pois dentro de casa está um forno.

Mirtes, ao olhar para a filha, percebeu algo diferente e perguntou:

— Sinto que está feliz.

A moça, com olhar perdido, respondeu:

— Realmente, quando as coisas entre mim e Fernando estão bem, tudo vai bem. Eu o amo, mas seu ciúme está me sufocando.

Júlia sorriu sem nada dizer.

— Quarta-feira vamos com a senhora à Casa Espírita, porque ele quer conhecer a fundo a doutrina.

Satisfeita, a mulher respondeu:

— Para mim será um prazer.

Quem não gostou da notícia foi Mirtes, pois, embora gostasse imensamente de Júlia, não gostava de sua religião.

— Esse é o mal do ser humano. Quando as coisas vão mal, logo procuram uma igreja para tentar ajustar as coisas.

Júlia olhou surpresa para Mirtes e disse:

— Discordo de você. Quando as coisas vão mal, geralmente as pessoas procuram Deus para ajudá-las a carregar o fardo, que na ocasião está demasiadamente pesado. Mas, no caso de Fernando, ele quer ajuda para corrigir a si mesmo, e para isso é necessário ter conhecimento.

Não acredito que ele esteja disposto a conhecer a doutrina apenas para manter Mercedes a seu lado, mas sim que queira ajuda para corrigir esse ciúme e fortalecer sua relação.

Mirtes não discutiu com Júlia; mudou de assunto contando a novidade para a filha:

— Minha filha, seu irmão arranjou emprego no escritório de despachante lá na cidade.

— Não esperava outra coisa de meu irmão. Talvez ele esteja criando juízo – disse Mercedes com um largo sorriso. Depois de pensar por alguns instantes, perguntou: – Mas agora ele voltará para casa?

— Não! Embora eu o tenha convidado a voltar para casa, ele disse que não vai voltar a morar sob o mesmo teto que seu pai.

— Yago é muito orgulhoso. Se ele não mudar, essa será sua ruína.

— O orgulho é sempre um mau conselheiro, mas no momento Yago está pensando somente em tocar a própria vida e se afastar daqueles amigos da boemia – disse Júlia.

— A senhora acredita que Yago permanecerá no trabalho? Ele não sabe o que é ter que aturar patrão irritado e colegas chatos, sem contar a falta de dinheiro – pensou por alguns instantes e perguntou: – Mas como Yago sustentará uma casa se o salário é baixo? A senhora sabe que a mão de obra neste país é quase de graça.

Mirtes interferiu:

— Essa está sendo minha preocupação, pois Yago não conseguirá pagar aluguel e se manter com um salário de secretário de despachante.

— Papai já está sabendo da novidade? – perguntou Mercedes.

Mirtes meneou a cabeça em negativa.

— Podemos contar a ele a novidade e pedir que peça a Yago que volte para casa, pois somente assim ele aceitará.

Júlia gostou do interesse da irmã em Yago.

— Tenho minhas dúvidas. Seu irmão é demasiadamente orgulhoso para aceitar qualquer ajuda de seu pai.

Mercedes era uma moça impetuosa e com isso ordenou:

— Ao chegarmos em casa, conversaremos com papai e falaremos para ele conversar com Yago.

— Entre seu pai e Yago, não sei quem é mais teimoso – disse Mirtes, temerosa.

Júlia ouvia atentamente a conversa entre mãe e filha.

— Não se anime demais, Mercedes. Sei que seu pai está sofrendo com a ausência de Yago, porém, ele é inflexível quando o assunto é disciplina. O ser humano só dá valor a algo quando o dá por perdido. Não acha que está na hora de Yago sentir na pele o que fez quando afrontou seu pai? O rapaz precisa de uma lição e isso só a vida poderá lhe dar.

Mercedes era moça inteligente e logo percebeu aonde Júlia queria chegar. Depois de pensar por alguns instantes, finalmente disse:

— Tem razão, dona Júlia, talvez esteja na hora de Yago aprender que a vida não é nenhum arco-íris para ele contemplar.

Mirtes interferiu na conversa:

— Como pode dizer que gosta de meu filho se fica esperando seu sofrimento?

Júlia fitou Mirtes e disse:

— Posso dizer que amo Yago, mas não estou esperando seu mal. Apenas que ele se torne homem. Alguns aprendem cedo, outros, como no caso de Yago, demoram um pouco, mas infelizmente o crescimento vem acompanhado de muitas dores, portanto, tentar poupar o rapaz do sofrimento não é algo bom para seu crescimento.

Mercedes compreendeu plenamente o que Júlia queria dizer.

— Mãe, sua superproteção atrapalhou o desenvolvimento de Yago, dona Júlia tem razão. A vida não poupa ninguém e meu irmão só aprenderá sentindo as dores.

Júlia sorriu ao ouvir o comentário de Mercedes e disse:

— Você já ouviu falar em Francisco Otaviano, Mercedes?

— Sim, foi um poeta, senador do império e deputado – respondeu Mercedes, como aluna aplicada que sempre fora.

Mirtes não compreendeu por que Júlia havia abordado aquele assunto:

— O que tem esse homem a ver com o que estamos conversando, Júlia?

— Francisco Otaviano, esse exemplar poeta, escreveu:
"Quem passou pela vida em brancas nuvens
E em plácido sono adormeceu.
Quem não sentiu o frio da desgraça,
Quem passou pela vida e não sofreu
Foi espectro de homem.
Só passou pela vida e não viveu."

Mercedes amou ouvir a poesia de Francisco Otaviano declamada pela voz firme de Júlia e, como sempre gostou de poesia, prontamente compreendeu aonde Júlia queria chegar.

Mirtes, por sua vez, não entendeu nada e, olhando para Júlia, ficou esperando por uma explicação.

— O que esse poeta quis dizer é que todos nós temos que passar pelo frio da desgraça para passarmos pela vida aproveitando cada lição que ela nos dá todos os dias. Portanto, quando tolhemos essa oportunidade do outro, estamos fazendo com que essa pessoa passe pela vida sem sofrimento, mas também sem aprendizado, pois a única coisa que levaremos deste mundo ao partir são as experiências vividas e as lições aprendidas.

Mirtes compreendeu o que a amiga queria dizer e pela primeira vez viu quanto Júlia era instruída. Mercedes sorriu ao ouvir o argumento de Júlia, e, não querendo se prolongar o assunto, resolveu chamar a mãe para voltarem para casa. As duas se despediram e Júlia as observou indo embora tranquilamente.

As duas mulheres, ao chegarem em casa, encontraram Arnaldo sentado ouvindo rádio na sala.

Mercedes, sorrindo, perguntou ao pai:

— Papai, como o senhor se sente?

— Estou bem, minha filha. Não senti mais nenhum mal-estar, mas o doutor Viana disse que preciso controlar minha pressão.

— Faça tudo o que o médico mandar, pois não quero vê-lo no hospital.

— Prometo, minha filha, que isso nunca mais acontecerá.

Mercedes sabia que não podia esconder o fato de Yago começar a trabalhar, mas não ia pedir ao pai para conversar com o irmão.

— Papai, tivemos notícias de Yago – Arnaldo empertigou-se no sofá, permanecendo calado, enquanto Mercedes prosseguia: – Ele começará a trabalhar amanhã no escritório de despachante, no centro da cidade.

Naquele momento, Arnaldo sentiu seu coração sobressaltar-se e, esquecendo do orgulho, perguntou:

— Quem lhe contou minha filha?

— Hoje ele veio até nossa casa e contou a novidade à mamãe.

Arnaldo, ao lembrar do filho, sentiu um nó fazer-se na garganta.

— Por que sua mãe não me contou?

— Não sei... Ela tem seus motivos.

Pela primeira vez Arnaldo quis saber o que estava se passando com o filho:

— Onde seu irmão está morando?

Naquele momento, Mirtes entrou na sala e, embora estivesse ouvindo toda a conversa, procurou não se envolver, deixando que a filha desse as notícias sobre o irmão.

— Pelo que sei, ele está morando na casa de um tal de Marcelo.

— Quem é Marcelo? – resmungou Arnaldo.

— Não sei, não o conheço.

— Seu irmão nunca nos apresentou nenhum de seus amigos. Com certeza deve ser outro vagabundo.

Mirtes impacientou-se e disse:

— Nosso filho não é nenhum vagabundo. Ele vai começar a trabalhar e vai levar uma vida como a de qualquer pessoa.

Arnaldo pensou por alguns instantes e disse:

— Yago estava precisando dessa lição. Quando morava conosco, nada lhe faltava. Com certeza agora dá valor ao que deixou para trás – Mirtes ia levantando quando Arnaldo voltou a falar: – O que ganhará no despachante mal dará para pagar suas despesas, pois o custo de vida é muito alto e o salário é muito baixo. Como se manterá?

Mercedes, surpresa com a preocupação do pai, disse:

— Papai, Yago tem passado por muitas dificuldades, e mesmo trabalhando continuará a passar.

Arnaldo passou a mão na barba por fazer e respondeu:

— Se Yago trabalhasse comigo, ganharia muito mais que em um simples escritório de despachante – e, mexendo a perna freneticamente, tomou uma decisão impensada pelas duas mulheres: – Não quero meu filho ganhando uma miséria em qualquer escritoriozinho. Diga a ele para trabalhar comigo e voltar para casa.

Mercedes sentiu seu coração sobressaltar e, sorrindo, disse:

— Está falando sério?

— Sim! Como viverei sossegado sabendo que meu único filho está passando por dificuldades? Ele trabalhará comigo, e pagarei bem mais do que ganharia no despachante.

Mercedes sentou-se ao lado do pai e carinhosamente passou a mão no rosto daquele homem que aparentava mais idade do que realmente tinha. As duas mulheres não esperavam tal reação, e, felizes, dirigiram-se a seus quartos enquanto Arnaldo continuava na sala ouvindo as notícias de futebol no rádio de pilha.

Mercedes pensava em como seu pai era bom, e não entendia o antagonismo que havia entre o irmão e ele. Naquele momento, Mercedes lembrou-se de que ainda não havia comido nada e voltou à cozinha a fim de fazer um lanche. Arnaldo despediu-se da filha e foi dormir. A moça comia tranquilamente quando Mirtes entrou na cozinha, preocupada.

— Seu pai me surpreende.

— Papai é um homem bom. Pena que Yago não veja isso – Mercedes disse, sorrindo.

Mirtes resolveu falar o que a estava incomodando:

— Minha filha, seu pai é um bom homem, bem o sabemos, porém seu irmão não o vê dessa forma. Ele é cabeça-dura e não vai aceitar a proposta de seu pai. E agora, o que vamos fazer?

Mercedes mastigava lentamente seu lanche e, assim que engoliu, disse:

— Mamãe, papai fez a parte dele, oferecer anistia a Yago, porém, se ele não aceitar isso, é problema dele, pois tudo o que acontecer será por sua conta e risco. Afinal, ele não é nenhum bebê que se tem que pegar pela mão para conduzir. Papai mostrou-se um homem íntegro e de bom coração, mas, se Yago recusar sua proposta, terá que arcar com as consequências de seus atos.

Mirtes foi obrigada a concordar com a filha:

— Que Deus o ajude a engolir o orgulho e a voltar para casa.

Mercedes estranhou o fato de pela primeira vez na vida ouvir a mãe falando em Deus, porém decidiu não falar nada a fim de não constrangê-la.

Mirtes logo se levantou, dizendo:

— Minha filha, não precisa lavar nada, deixe que amanhã eu faço isso.

A moça ficou sentada e percebeu quanto sua mãe mudara desde que Yago saíra de casa. Colocou a xícara na pia, juntamente com os talheres que usara para fazer o lanche. Verificou se a porta estava trancada, e depois de apagar a luz foi ao seu quarto se arrumar para dormir.

Naquela noite, Mercedes estava especialmente cansada, pois o calor a deixava exaurida. Deitou e logo adormeceu.

Mirtes acordou feliz no dia seguinte, e quando Arnaldo levantou a mesa já estava posta. Sorrindo, ela perguntou:

— Arnaldo, o que disse ontem é sério?

— O que eu disse? – respondeu ele, querendo brincar com a esposa.

A mulher pensou que o marido havia voltado atrás em sua decisão e com os olhos úmidos perguntou:

— Você não se lembra?

— Não me lembro de ter dito nada – prosseguiu com a brincadeira.

Mirtes empertigou-se na cadeira.

— Você disse que nosso filho poderia voltar para casa.

Arnaldo, ao ver o quase desespero da mulher, respondeu:

— Claro que falei sério. Por acaso sou homem de voltar atrás em minhas palavras?

A mulher pegou na mão do marido e agradeceu. Arnaldo olhou para a mão da mulher que segurava a sua e passou a dizer:

— Yago sempre foi um garoto diferente, muito inteligente e muito travesso. Sempre andando na contramão das regras, mas o que podemos fazer? Não foi por isso que deixou de ser meu filho.

Mirtes decidiu contar toda a verdade sobre o fato de Yago fazer suas refeições em casa e depois na casa de Júlia.

Surpreso, Arnaldo perguntou:

— Por que não me contou tudo isso? Se eu soubesse, teria o feito voltar para casa no mesmo dia.

— Você estava tão ressentido...

— Mirtes, compreenda, não há ressentimento que dure quando vemos um filho sofrendo.

Mirtes não conseguiu conter as lágrimas.

— É uma pena Yago não saber o pai que tem.

— Procure nosso filho e ainda hoje o traga de volta a esta casa – e continuou: – Hoje voltarei mais tarde, pois tenho que levar um cliente para ver um apartamento na Vila Ema e ele marcou comigo depois das seis.

Mirtes anuiu com a cabeça, sorrindo.

Não demorou e logo Mercedes entrou na cozinha, toda arrumada e perfumada. A mãe, eufórica, contou à filha o que havia conversado com o marido.

— Parece que as coisas voltarão ao normal nesta casa – disse Mercedes sorrindo.

Por um instante, uma ruga de preocupação se formou na testa de Mirtes, que disse:

— O que farei se Yago não quiser voltar? Como irei convencê-lo?

Mercedes, percebendo a preocupação da mãe, disse:

— Se ele não quiser aceitar o convite de papai, sofrerá.

Mirtes, não querendo aceitar a possível rejeição do filho, respondeu:

— Quando a barriga ronca, todo mundo sabe para onde correr.

Mercedes apenas sorriu, embora pensasse que o irmão era orgulhoso demais para voltar atrás em uma decisão. Logo despediu-se da mãe:

— Mamãe, já fechei minhas notas na faculdade, estou praticamente de férias, portanto, hoje vou ao Centro Espírita com dona Júlia.

Mirtes estava tão envolvida em seus pensamentos que não deu atenção à filha. A moça saiu dizendo que voltaria mais tarde naquela noite.

De repente, Mirtes se viu sozinha e, como se sentiu agoniada, resolveu desabafar com Júlia. Passava das oito da manhã quando foi até a casa de Júlia e a encontrou lavando a louça do café. Contou tudo o que havia se passado na noite anterior.

— Não esperava outra atitude de Arnaldo – disse Júlia, sorrindo.

— Yago guarda muitos ressentimentos do pai, talvez não aceite a ajuda que está oferecendo.

— Por que está sofrendo por antecedência? Vamos pensar positivo e acreditar que Yago aceitará o convite do pai.

— Conheço o filho que tenho e sei que ele não voltará atrás em sua decisão – retrucou Mirtes, olhando desolada para a amiga.

— O melhor que temos a fazer é confiar em Deus.
Mirtes anuiu com a cabeça, permanecendo apreensiva.
— O que fará? Irá até o escritório? – perguntou Júlia.
Mirtes, com os pensamentos em torvelinho, respondeu:
— O que me aconselha?
— Vamos até o escritório. Podemos chamar Yago para almoçar conosco e assim conversar com ele.
Mirtes concordou:
— Vou para casa cuidar dos meus afazeres. Quando for dez e meia voltarei para que possamos ir até o escritório onde Yago está trabalhando.

Mirtes voltou para casa enquanto Júlia pedia auxílio ao Alto para que o rapaz aceitasse voltar para casa.

Eram quase onze horas da manhã quando Mirtes chegou à casa da amiga:
— Desculpe o atraso.

Júlia disse que não tinha problema, então foram até o ponto de ônibus a fim de seguir para a cidade. Yago tinha explicado a Júlia onde ficava o escritório onde começaria trabalhar, e não foi difícil para as duas encontrarem o local. Ao chegarem, foram atendidas por uma moça.
— Por favor, queira me informar se um rapaz começou a trabalhar no escritório hoje.

Júlia, ao olhar para os fundos, logo viu Yago sentado em frente a uma máquina de escrever. Sentiu imensa alegria por ver com os próprios olhos que o rapaz falara a verdade. A moça imediatamente foi até a máquina chamar Yago, que estava distraído com o trabalho e não notara a presença da mãe e da melhor amiga. Ao levantar a cabeça, assustou-se ao ver as duas mulheres e, de cenho fechado, foi atendê-las no balcão.
— O que fazem aqui?

Mirtes se precipitou em dizer:
— Meu filho, a que horas sairá para o almoço?
— Pontualmente ao meio-dia.

Júlia adiantou-se em dizer:

— Meu filho, será que podemos esperá-lo para o almoço? Precisamos conversar contigo.

Pela expressão de Júlia, o rapaz logo percebeu que era algo sério.

— Tudo bem. Vou esperá-las em frente ao escritório.

Júlia, não querendo atrapalhar o primeiro dia de trabalho do rapaz, foi logo dizendo:

— Vamos aguardar lá fora.

Pegou no braço de Mirtes e juntas elas saíram, deixando Yago desconfiado.

Passada cerca de meia hora o rapaz saiu para o almoço e encontrou as duas mulheres o esperando.

— O que está achando do trabalho? – Júlia, sorrindo, perguntou.

O rapaz suspirou fundo e disse:

— É chato, pois estou preenchendo documentos e não pode haver erros.

— Yago, onde podemos encontrar um restaurante por aqui? – perguntou Mirtes.

O rapaz conduziu as duas mulheres a um restaurante simples, onde se sentaram para almoçar.

— O que as trouxe aqui? – perguntou o rapaz.

Mirtes já ia começar a falar quando Júlia interveio:

— Yago, saiba que nesta vida nada acontece por acaso. Se estamos aqui é por um bom motivo. Estamos felizes por ter percebido a urgência do trabalho e, com a coragem, ter aceitado o desafio.

— Por favor, dona Júlia, deixe de rodeios...

— Contamos a seu pai que começou a trabalhar nesse escritório, e ele disse que o salário é muito baixo, e que se quiser poderá trabalhar com ele na imobiliária e voltar para casa – Mirtes disse logo.

Yago emudeceu e, somente depois de alguns minutos, conseguiu falar o que se passava em seu coração.

— Mãe, seu marido me escorraçou de casa e agora está pedindo pra eu voltar?

Mirtes ignorou o fato de Yago não chamar Arnaldo de pai:

— Seu pai é um bom homem e quer que volte para casa.

Yago esboçou um sorriso debochado.

— Agora ele quer que eu volte para casa, só porque comecei a trabalhar... Quando estava pedindo esmolas ele não se importou em saber como eu estava passando.

— Yago, deixe os ressentimentos de lado e volte para casa. Como diz o ditado, o bom filho à casa torna.

— Não sou um bom filho e nunca serei – retrucou Yago irritado.

— Meu filho, pense, o que ganhar nesse escritório não dará para pagar as despesas de uma casa. Se voltar, ganhará dinheiro sem despesas.

Yago não acreditava no que estava ouvindo.

— Não consigo esquecer o que aquele homem me fez.

— Toda situação tem duas faces. Você só se importa com a que quer ver, mas está esquecendo da outra face da moeda – disse Júlia olhando seriamente para Yago.

— Que face? – perguntou ele.

— Estou dizendo que você só se lembra do que seu pai lhe disse, mas tenho certeza de que esqueceu o que disse a seu pai. Se ele te magoou, pode ter certeza de que você também o magoou, portanto, peço que reconsidere. Seu pai é um bom homem e está disposto a ajudá-lo em qualquer circunstância.

Yago pensou por alguns instantes e disse:

— Prefiro não dar nenhuma resposta no momento. Deixem-me pensar e, assim que decidir, voltaremos a conversar.

O rapaz olhou no relógio do restaurante e percebeu que em vinte minutos voltaria a trabalhar. Comeu rapidamente e voltou ao escritório, deixando as duas mulheres sentadas observando sua saída.

— Yago não vai aceitar o convite do pai. Ele é muito orgulhoso e jamais vai se curvar diante dele – disse Mirtes.

— O convite foi feito. A decisão cabe a ele, mas lembre-se de que se não aceitar a culpa não será sua, pois você fez tudo o que estava a seu alcance.

— Como é difícil criar filhos... – constatou Mirtes, desanimada.

— Nada é fácil neste mundo, mas lembre-se de que Deus deu essa missão a você.

Mirtes, olhando para o prato do filho, se pôs a chorar.

— Deixe disso. Como conversamos ontem, há duas maneiras de aprender: no amor ou na dor – Júlia a consolou. – Que Yago seja sábio e faça a melhor escolha.

As duas mulheres terminaram o almoço e saíram do restaurante em direção ao ponto de ônibus.

Yago entregou uns documentos que havia preenchido e seu trabalho foi tido como excelente. Faltava um minuto para as seis horas da tarde. Ele cobriu a máquina de escrever, jogou seu lixo e arrumou os documentos que iria trabalhar no dia seguinte. Ana aproximou-se, dizendo:

— O doutor Moacir gostou muito de seu trabalho, disse que tem futuro.

Yago não se entusiasmou, permanecendo calado.

— Pode sair, amanhã no mesmo horário – completou a moça.

Yago pegou a blusa que deixara no encosto da cadeira, despediu-se e foi embora.

Ana pensou: "É um rapaz bonito, mas muito estranho...".

Yago saiu do escritório pensando na proposta que o pai lhe fizera: "Quando eu era um vagabundo, ele não me quis em casa. Agora, mal começo a trabalhar e ele já pede pra eu voltar". O rapaz não percebeu que duas entidades caminhavam a seu lado. Pôs-se a pensar nos benefícios de voltar para casa. Enquanto lembrava de seu quarto, da cama macia, das roupas lavadas, da comida da mãe, uma entidade disse:

— Vai se deixar levar por isso? Um homem tem que pensar muito bem antes de tomar uma decisão, mas assim que tomar não deve em hipótese alguma voltar atrás.

Yago não ouviu, apenas registrou a ideia como se fosse sua: "Não sou homem de voltar atrás. Sofri muito nesse tempo que estou fora de casa. Agora continuarei meu caminho sem eles". Andou a passos largos e, depois de quarenta minutos, entrou em casa. Encontrou Marcelo enrolando alguns cigarros.

— Como foi seu primeiro dia trabalho? – perguntou Marcelo com deboche.

— Foi muito bom, por quê?

— Por nada, só falei para puxar assunto.

Yago não suportava a presença de Marcelo e rapidamente se jogou no colchão.

— Agora que está trabalhando, terá que pagar metade do aluguel.

Revoltado, Yago disse:

— Como vou pagar metade do aluguel se o que ganho é pouco?

— O problema não é meu. Eu lhe dei a chance de ganhar um bom dinheiro e você preferiu se sujeitar a isso.

— Ganhar um bom dinheiro? Saía todas as noites vendendo essa porcaria e nunca via a cara de nenhum tostão.

— Nesta vida, tudo tem um preço. Nada sai de graça, portanto, a venda pagava sua parte no aluguel e na mercadoria – respondeu Marcelo, continuando a enrolar os cigarros.

Yago sentiu vontade de esbofetear Marcelo, mas, trincando os dentes, saiu enfurecido. Decidiu ir até a casa de Júlia para espairecer. Andou a esmo pelas ruas e, sem perceber, estava indo em direção à casa da amiga. Ao chegar, pensou: "O que devo fazer? Marcelo vai me explorar com essa história de pagar metade do aluguel. Talvez eu deva aceitar o convite de meu pai e voltar para casa". Logo o rapaz entrou e encontrou Júlia se arrumando para ir à Casa Espírita.

— Que bom que veio, meu filho! Está com fome? – disse ela.

— Não muito... – respondeu Yago.

— Venha, ainda vou lanchar.

Constrangido, o rapaz sentou-se à mesa e contou à Júlia sobre as provocações de Marcelo. Júlia, enquanto servia leite ao rapaz, disse:

— Yago, seu pai fez a parte dele quando o chamou de volta, mas cabe a você decidir se voltará ou não. Lembre-se de que para cada ação haverá sempre uma reação, portanto, peça sabedoria a Deus para fazer a escolha certa.

Yago percebeu que o melhor seria voltar para a casa dos pais, mas disse:

— Não sou cachorro para voltar para casa com o rabo entre as pernas, sou homem e tenho amor-próprio.

— Isso que chama de amor-próprio eu chamo de orgulho. Mas o orgulho nunca é bom conselheiro. Seus pais querem seu bem, mas esse seu amigo se preocupa apenas com a própria sobrevivência...

— O que a senhora faria se estivesse no meu lugar?

Júlia sentiu vontade de falar que voltaria para casa, mas sabia que não poderia interferir na decisão do rapaz.

— Meu filho, não estou em seu lugar, então não posso dizer o que faria. Mas confesso que levaria algumas coisas em conta. Por exemplo, como sobreviverá ganhando pouco, como pagará aluguel e como fará para se manter com um salário baixo? Não podemos pensar somente em nosso orgulho. A decisão cabe a você, mas lembre-se de que a vida responde positiva ou negativamente às nossas ações e decisões, portanto, antes de rejeitar o convite de seus pais, pense nas consequências.

Yago, nervoso, disse:

— Não sei o que fazer.

— Na casa de seus pais nada lhe faltará, e mesmo que venha a ganhar pouco, dará para comprar o que deseja, mas, se não aceitar, passará por muitas dificuldades – Júlia pensou por alguns instantes e perguntou: – Yago, o que sente pelo seu pai?

— Não sei... Desde criança meu pai preferiu Mercedes a mim, e isso me magoou.

— Existe a lei da afinidade. Talvez seu pai tenha preferido Mercedes porque ela nunca lhe trouxe nenhum aborrecimento.

— Ela sempre fez tudo o que ele esperava dela, mas eu não sou assim, pois não nasci para agradar ninguém, sou o que sou. Será que Mercedes é desse jeito ou só usa uma máscara para agradá-lo? – perguntou Yago, revoltado.

— Não acredito que Mercedes use máscara alguma. Seu jeito natural deve agradar seu pai.

— Papai sempre gostou mais de Mercedes, e não fez questão de esconder isso.

— Ao contrário de sua mãe, que sempre gostou mais de você... – continuou Júlia com mansidão.

Ao pensar em sua mãe, o rapaz abriu um sorriso e disse:

— Mamãe sempre foi minha heroína...

— Todos nós temos nossas preferências. Não devemos cobrar nada de ninguém e aceitar as coisas como são. Certamente, Mercedes por diversas vezes se sentiu preterida por sua mãe. Posso lhe garantir que seu pai gosta de você. Pode até ser de maneira diferente que gosta de Mercedes, porém, ele se preocupa, tanto que o chamou para voltar para casa. Os pais gostam dos filhos, mas dizer que gostam de todos de maneira igual é uma utopia. Isso que sempre sentiu em relação a Mercedes se chama ciúme. O ciúme pode surgir numa família quando os pais dão preferência a um dos filhos, como é o caso de vocês. Mas isso não é algo novo, temos o mais famoso exemplo descrito nas escrituras sagradas. Acaso já ouviu falar em Jacó ou José? – o rapaz meneou a cabeça em negativa, e a mulher prosseguiu: – José era o décimo primeiro filho de Jacó, e os irmãos de José sentiam ciúme dele. Esse ciúme era gerado porque Jacó, o pai de todos eles, tinha uma preferência especial por José, pois ele era filho de Raquel, a esposa que ele amava. Naquela época era natural o homem ter filhos com as esposas, mas também com as concubinas. Os irmãos de José na verdade eram seus meio-irmãos, pois Jacó seguiu a tradição e teve filhos com outras mulheres. Certa feita, Jacó mandou que se fizesse uma túnica listrada a José, o que aumentou ainda mais o ciúme de seus irmãos mais velhos. Mas o ciúme é algo tão corrosivo que leva quem o sente a perder completamente o bom senso. E não foi diferente com os irmãos de José, que passaram a odiá-lo. José teve então um sonho, que contou à família, em que seus irmãos se curvavam diante dele, o que aumentou sobremaneira o ódio de seus irmãos. Algum tempo depois, quando José estava com dezessete anos, seus irmãos saíram para pastorear as ovelhas, e o pai, preocupado, mandou que José fosse ver como estavam. Os irmãos, quando viram José, sentiram tanto ódio que a vontade da maioria deles era matar seu jovem irmão, com exceção de Rubem e Judá. Finalmente, quando alguns mercadores passaram por ali a caminho do Egito, Judá disse: "Vamos vendê-lo!". E foi exatamente isso que fizeram. Venderam o irmão como escravo aos mercadores. Como eles não podiam voltar para casa sem o rapaz, tiveram a mais cruel das ideias. Eles tiraram a túnica listrada de José, mataram um bode e, em seguida, mergulharam a vestimenta no sangue do bode; ao chegarem em casa, disseram ao pai que uma fera havia devorado José. José, que fora vendido como escravo, seguiu para o Egito, e logo se descobriu que ele tinha o dom de interpretar sonhos. Certa vez, o faraó tivera um sonho que ninguém conseguia interpretar, e naquele momento mandou que trouxessem José, que estava preso, e este conseguiu não só interpretar como também aconselhou o rei a estocar comida. O faraó gostou tanto da ideia que o fez governador do Egito. Um belo dia, movidos pela fome, os irmãos de José foram até o Egito em busca de ajuda. O tempo havia passado, e eles estavam bem mais velhos. José os reconheceu, porém mandou que trouxessem seu pai, a que os irmãos, sem reconhecer que se tratava do irmão mais novo, obedeceram. Todos, inclusive seu pai, prestaram reverências ao homem, que depois do faraó era o mais importante do Egito.

Yago, ao ouvir a história contada por Júlia, disse:

— Esses irmãos de José eram maus.

A mulher pacientemente respondeu:

— Não eram maus, apenas deixaram o veneno do ciúme dominar seus corações. Aprendemos com essa história que o ciúme pode levar a pessoa a cometer insanidades de que pode se arrepender depois.

Yago pensou por quase um minuto e disse:

— Mas não tenho ciúme de Mercedes.

— Yago, seja sincero, quantas vezes sentiu raiva de sua irmã por notar que seu pai dava preferência a ela?

O rapaz empertigou-se na cadeira e respondeu:

— Não tenho ódio de Mercedes, mas não gosto quando ela se faz de perfeita para agradar meu pai.

— Quantas vezes você brigou com ela por causa dessa raiva? – Júlia voltou a perguntar.

Yago, percebendo o olhar escrutinador da mulher, não conseguiu mentir e, com sinceridade, respondeu:

— Muitas vezes, inclusive quando entramos na puberdade, por diversas vezes bati nela, mesmo sabendo que depois meu pai me bateria.

— E agora, o que sente por Mercedes?

Yago pensou na irmã e sentiu carinho, pois ela sempre o defendia das duras críticas do pai.

— Mirtes me disse que Mercedes ficou imensamente feliz quando seu pai voltou atrás e o mandou chamar de volta.

— Mercedes é uma boa irmã, mas sua perfeição ainda me irrita.

— Ninguém é perfeito. Mercedes só faz o que acha ser certo.

— Gostaria de ser como ela, mas infelizmente não sou.

— Cada um é como é, meu caro – Júlia disse em um suspiro. E, voltando a atenção para a situação do rapaz, disse: – Antes de rejeitar a proposta de seus pais, pense em como sobreviverá fora de casa.

Yago pensou por alguns instantes e perguntou:

— A senhora disse que vai à Casa Espírita. Posso acompanhá-la?

Júlia ficou feliz e respondeu:

— Meu filho, para mim será um prazer ter sua companhia.

Yago ficou quieto por alguns instantes e depois pediu:

— Poderia tomar um banho? Estou suado.

— Claro, meu filho. Tenho roupas suas em casa.

— Como a senhora tem roupas minhas em sua casa?

— Yago, naquele dia que lavei suas roupas, guardei uma muda, caso precisasse tomar um banho qualquer dia.

— A senhora é minha segunda mãe – Yago disse sorrindo.

— Meu filho, sei que tem roupas sujas, portanto, traga-me para que eu possa lavar.

Yago anuiu com a cabeça e dirigiu-se ao banheiro. Depois do banho, o rapaz vestiu roupas limpas e esperou Júlia para sair. Em poucos minutos os dois ganharam a rua, e juntos chegaram em frente à Casa Espírita.

— É uma casa comum... – observou Yago.

— Mas o que esperava? – Júlia peguntou.

— Não sei... Talvez um lugar mais sofisticado.

Júlia meneou a cabeça e disse:

— Venha! Vou lhe apresentar alguns amigos.

Ela apresentou Yago aos trabalhadores da casa, e logo procurou um lugar para se sentar. Depois de alguns minutos, o rapaz viu uma moça passar e logo atrás dela um rapaz. Percebeu que eram Mercedes e seu namorado. Yago acenou. Mercedes, ao ver o irmão, sentiu-se tão feliz que imediatamente procurou um lugar para três, chamando Yago para se juntar a ela.

— O que faz aqui? – Yago perguntou.

— O que você faz aqui? – devolveu ela.

Os dois desataram a rir e Fernando, não compreendendo o motivo do riso, ficou calado observando a simplicidade da casa.

— Agora sou um homem de respeito, estou trabalhando – Yago disse baixinho.

Mercedes pousou a cabeça no ombro do irmão:

— Yago, quando soube fiquei tão feliz... Agora só falta voltar para casa.

Naquele instante, Yago lembrou-se do impasse que estava vivendo e com tristeza respondeu:

— Por isso estou aqui. Para pedir ajuda a Deus, pois não sei o que farei.

Mercedes, pegando na mão do irmão, falou:

— Você receberá a ajuda de que precisa, confie em Deus.

De repente, um senhor de sessenta e cinco anos pôs-se à frente e começou a dar as boas-vindas a todos os presentes. Com simplicidade, o senhor disse:

— Chamo-me Paulo Rubens, sou um trabalhador da casa e hoje vou iniciar a reunião com uma prece.

Paulo Rubens convidou todos a fecharem os olhos e o acompanharem em uma prece. Depois da prece, continuou:

— Hoje falaremos a respeito de uma parábola, contada por Jesus, descrita no livro bíblico de Lucas, capítulo quinze, de onze a trinta e dois, que diz: "Certo homem tinha dois filhos; o mais oco deles disse ao pai: 'Pai, dá-me a parte dos bens que me cabe'. E ele lhes repartiu os haveres. Passados não muitos dias, o filho mais moço, ajuntando tudo o que era seu, partiu para uma terra distante e lá dissipou todos os seus bens, vivendo de maneira dissoluta. Depois de ter consumido tudo, sobreveio naquele país uma grande fome, e ele começou a passar necessidade. Então, foi e se agregou a um dos cidadãos daquela terra, e este o mandou para os seus campos a guardar porcos. Ali, ele desejava fartar-se das alfarrobas que os porcos comiam, mas ninguém lhe dava nada. Então, caindo em si, disse: 'Quantos trabalhadores de meu pai têm pão com fartura e eu aqui morro de fome! Levantar-me-ei, e irei ter com o meu pai e lhe direi: *Pai, pequei contra o céu e diante de ti; já não sou digno de ser chamado de seu filho, trata-me como um dos teus trabalhadores*'. E, levantando-se, foi até seu pai. Vinha ele ainda longe quando o pai o avistou e, compadecido dele, correndo, o abraçou e o beijou. E o filho lhe disse: 'Pai, pequei contra o céu e diante de ti; já não sou digno de ser chamado de filho'. O pai, porém, disse a seus servos: 'Tragam depressa a melhor roupa, vistam-no, coloquem-lhe um anel no dedo e sandálias nos pés; também tragam e matem o novilho cevado. Comamos e nos regozijemos, porque este meu filho estava morto e reviveu, estava perdido e foi achado'. E começaram a comemorar. O filho mais velho estivera no campo e, quando voltou, ao aproximar-se da casa, ouviu música e dança. Chamou um dos criados e perguntou o que era aquilo. E ele informou: 'Veio teu irmão, e teu pai mandou matar o novilho cevado, porque o recuperou com saúde'. Ele se indignou e não queria entrar, porém o pai procurava conciliá-lo. Mas ele respondeu a seu pai: 'Há tantos anos que te sirvo sem jamais transgredir uma ordem tua, e nunca me deste um cabrito sequer para alegrar-me com meus amigos; vindo, porém, este teu filho que desperdiçou teus bens com meretrizes, tu mandaste matar para ele um novilho cevado'. Então lhe respondeu o pai: 'Meu filho, tu sempre estás comigo; tudo que é meu é teu. Entretanto, era preciso que nos regozijássemos e nos alegrássemos, porque este teu irmão estava morto e reviveu, estava perdido e foi achado'." O que podemos aprender com essa parábola do Mestre? Jesus ensinava por parábolas, para facilitar o aprendizado das pessoas de sua época. Mas, como toda parábola, sempre há uma aplicação, e com esta não foi diferente – Paulo Rubem respirou fundo ao perguntar: – Mas o que realmente significava essa parábola?

Yago ouvia atentamente a explicação daquele homem simples e, emocionado, pensava que ele era como aquele filho, que não tinha dado valor aos conselhos da mãe e agora estava passando por séria dificuldade. O rapaz mantinha sua atenção presa à explicação, e o palestrante prosseguiu:

— Vamos entender o que representam os personagens da história. Primeiro, veremos o que representa o pai. O pai descrito nesse texto representa o próprio Deus. Essa parábola procura mostrar os descasos do coração humano e o beneplácito do amor divino. Pois, como sabemos, Deus é a personificação do amor, e aquele pai, embora o filho esbanjasse toda sua fortuna, continuou a amá-lo apesar de suas extravagâncias. O filho incauto representa o ser humano sem experiência e, portanto, mais afoito pelas aventuras da vida. Todos nós, seres humanos, temos a tendência de querer aproveitar a vida ao máximo, pois muitos pensam nessa existência como sendo única, tendo que ser aproveitada ao máximo, sem levar em consideração que, para cada ação, haverá sempre uma reação, ou seja, que as consequências de nossas ações virão quer queiramos ou não. O texto fala que o filho esbanjador foi para uma terra distante, mas o que isso quer dizer? O lugar longínquo representa a distância dos conselhos e das recriminações do pai. É o lugar do erro, da liberdade viciosa, do dinheiro, dos prazeres. De certa maneira, retrata a carência da proteção espiritual, levando-o a responder por suas ações. Meus irmãos, como somos imperfeitos e pequeninos espiritualmente falando. Podemos dizer que incorremos em muitos erros e que geralmente as escolhas que fazemos são erradas, nos causando muitas dores e sofrimento. O texto mostra que, caindo em si, o filho se arrependeu. O que significa "caindo em si"? É preciso ponderar se o "caindo em si" não é demasiadamente tardio. Como diz o ditado, o arrependimento sempre vem tarde demais. Um exemplo disso foi o de Judas Iscariotes. Quando caiu em si sobre o mal que tinha feito, Jesus já tinha sido entregue aos juízes. Todo ser humano acaba reconhecendo seus erros e, quando isso acontece, sempre vem o arrependimento, porém, ninguém pode mudar o passado, e com isso terá que arcar com as consequências de seus erros. Como sabemos, Deus está sempre pronto a perdoar, mas ele não isenta ninguém das consequências de suas ações, pois há uma lei da qual ninguém foge, chamada de ação e reação, ou seja, para cada ação, haverá sempre uma reação correspondente. Portanto, meus irmãos, cuidado com o que faz hoje, pois as consequências virão amanhã.

Yago, ao ouvir as últimas palavras do orador, sentiu-se desconfortável: "Tenho feito tantas bobagens que, se for responder por elas, estou frito...". E o orador continuou com sua dissertação:

— Quando a pessoa cai em si, comumente ela deseja se reerguer e começar uma nova vida. Pode ser tarde para se arrepender, porém, nunca é tarde para a pessoa cair em si e começar uma vida nova. Tão verdadeiras são essas palavras, que o próprio Chico Xavier disse certa vez: "Embora ninguém possa voltar atrás e fazer um novo começo, qualquer um pode começar agora e fazer um novo fim". Portanto, nunca é tarde para recomeçar, pois Deus se agrada com o arrependimento. E, graças ao arrependimento, a pessoa pode mudar seu proceder e começar a plantar novas sementes. Mas, voltando a falar sobre a parábola, veremos a parte em que o jovem decide se levantar e ir ter com seu pai. Devemos compreender que o rapaz, ao se arrepender de seus atos, tomou uma ação positiva e decidiu voltar e pedir perdão ao pai. Assim também conosco, não basta somente se dizer arrependido, mas antes devemos tomar uma decisão positiva diante de nossos erros. Não devemos somente deixar de fazer o errado, mas, antes, devemos ter a humildade de procurar fazer o que é certo. Isso quer dizer: dar uma guinada em nossa vida de cento e oitenta graus e recuar. Podemos exemplificar isso com um homem que decide viajar. Ele arruma seu carro, pega o mapa e sai, mas, em dado momento, se engana com o mapa e descobre que errou o caminho. O que ele deve fazer? Se reconheceu seu erro, de nada vai adiantar desligar o carro e ficar esperando alguém para lhe dar a informação de um atalho que o levará ao caminho certo. Antes, ele terá que voltar até o ponto onde tinha certeza de que estava certo e mudar sua direção. Mas, continuando com a explicação dessa parábola, devemos compreender que esse bom pai tinha também outro filho, e este ficou em casa servindo o pai. E, ao saber que o irmão havia voltado, ele se revoltou dizendo que o pai não havia nem mesmo matado um carneiro para que comesse com seus amigos. Mas o que significa esse irmão? Bem, enquanto um filho daquele homem foi irresponsável e perdulário, esbanjando os haveres do pai, o outro ficou em casa, servindo-o lealmente. Será que o filho que ficou era bom? Ou somente mantinha a aparência do bem? O que isso quer dizer? Esse segundo filho se ressentiu com o pai por acolher o filho perdulário de volta, e isso deixou claro um grave defeito. Esse rapaz era egoísta, pois, se fosse realmente bom, se alegraria com a atitude do pai. Mas, ao contrário, ficou tão zangado que não quis nem mesmo participar do banquete para o irmão caçula. O segundo filho praticamente se lastimou por ter servido o pai lealmente, pois ele havia recebido o filho perdulário de braços abertos. Então, qual a lição dessa parábola? – continuou Paulo Rubens. – Essa é uma das mais conhecidas e sugestivas parábolas evangélicas. Foi apresentada por Jesus aos que o censuravam por dar bom acolhimento aos "pecadores". Jesus quer chamar a atenção do ser humano quanto ao perdão incondicional. Quer ensinar-nos que o Pai, misericordioso que é, está sempre disposto a nos dar uma nova oportunidade, mesmo que tenhamos caído nos maiores deslizes. Devemos compreender que não importa o tamanho do pecado. Para Deus, o importante é o tamanho do arrependimento, pois somente o arrependimento sincero pode levar a pessoa a mudanças profundas em sua vida – o expositor suspirou fundo e acrescentou: – devemos sempre imitar o amor de Deus e perdoar nossos irmãos. Já que Deus, sendo perfeito, perdoa, por que nós não podemos perdoar nossos irmãos que por ignorância permanecem no erro? Agindo dessa maneira estaremos absorvendo os ensinamentos do Cristo em toda a sua essência.

E o homem, falando pausadamente, convidou todos a o acompanharem em uma prece. Depois da prece, os presentes eram conduzidos, de quatro em quatro, a uma sala que ficava ao lado do salão principal. Naquele momento, Yago percebeu que havia muitas pessoas, e sorrindo perguntou à irmã:

— Por que as pessoas estão indo para aquela direção?

— Para tomar passes.

— O que é passe?

— Espere e verá.

— Dona Júlia me trouxe e quando chegamos sumiu – Yago disse.

— Dona Júlia trabalha na casa, e com certeza está ocupada.

— Mas o que ela faz? – perguntou o rapaz.

— Espere e verá. Agora fique em silêncio, pois, o silêncio aqui é algo precioso.

Yago, ergueu a cabeça e leu os dizeres: "O silêncio é uma prece". Com isso o rapaz resolveu se calar e esperar chegar a sua vez. Não demorou e logo os três e um outro senhor foram encaminhados a uma sala. Yago logo viu Júlia em frente a uma cadeira vazia. Depois de alguns minutos, ele compreendeu o que Júlia fazia. Assim que saíram da câmara dos passes, os três voltaram a seus lugares e aguardaram a prece final. Depois de encerrados os trabalhos, esperaram por Júlia, que foi uma das últimas a sair. Ao vê-los, ela disse:

— Ainda é cedo, o que acham de irem à minha casa tomar um chá?

Os três aceitaram alegremente, e juntos saíram. Fernando estava impressionado com a explicação da parábola do filho pródigo e fazia muitas perguntas à boa mulher. Yago, por sua vez, estava calado e Mercedes, ao perceber que o irmão não estava interagindo com o grupo, perguntou:

— O que há com você?

Yago esboçou um sorriso triste, dizendo:

— Não sou como o filho pródigo, pois ele reconheceu que estava errado e voltou para casa.

— Yago, uma coisa boa já aconteceu – disse Júlia. O rapaz olhou surpreso para a mulher e esperou que ela continuasse. – Você reconheceu que errou ao brigar com seu pai e sair de casa.

— Mas em que isso resolve?

— Reconhecer que errou é um passo para o arrependimento.

— Errei, todos sabem disso, mas não costumo voltar atrás, mesmo sabendo que estou errado.

— Um passo de cada vez...

Mercedes, Fernando e Júlia falaram sobre outros aspectos da parábola, enquanto Yago permanecia calado. Passava das onze da noite quando Mercedes e Fernando decidiram ir embora. Yago levantou-se para ir embora e Júlia disse:

— Por que não dorme aqui, meu filho?

Yago, surpreso com a proposta, não se fez de rogado, aceitou e dormiu na casa de Júlia. A mulher arrumou a cama para o rapaz, despediu-se e foi dormir. Yago, porém, não conseguiu pegar no sono, pois estava em dúvida se realmente deveria voltar para casa.

❧

No dia seguinte, Yago levantou faltando poucos minutos para as seis horas, pois sabia que precisaria passar em casa antes de ir ao trabalho. Logo o rapaz viu Júlia terminar de coar o café.

— Dormiu bem, meu filho?

— Demorei a dormir, pois estou preocupado com aquela proposta de meu pai.

— Yago, se decidir voltar para casa, estará fazendo a escolha certa, pois seus pais só querem seu bem.

— Não queria voltar a depender de meus pais. Acho que um homem tem que ser autossuficiente.

— Concordo com você, mas todos precisam da ajuda de alguém no começo de suas vidas.

Yago, olhando para a leiteira depositada à mesa, fez uma observação:

— Se voltar para casa, meu pai vai querer que eu vá trabalhar com ele. Não sei se conseguiria conviver diariamente com ele...

— Talvez você possa morar lá e continuar no escritório, não vejo mal nisso – disse a mulher de maneira calma.

— Dona Júlia, meu pai vai me humilhar pelo fato de estar ganhando pouco.

A mulher sentou-se ao lado do rapaz e disse:

— Por que está pensando nisso? Jesus foi um homem muito sábio, e sabe o que ele disse?

Yago não respondeu esperando pela resposta.

— O livro de Mateus, capítulo seis, versículo trinta e quatro, diz: "Portanto, não se preocupem com o amanhã, pois o amanhã trará as suas próprias preocupações. Basta a cada dia o seu próprio mal". Você está sofrendo por algo que ainda não aconteceu e talvez nem venha a acontecer.

— Conheço meu pai...

— Não quero te desanimar, mas neste mundo ninguém conhece ninguém. Fui casada por trinta e dois anos, e quando meu marido morreu, descobri que tinha outra mulher...

Yago riu do comentário da mulher e, pegando em sua mão, disse:

— Dona Júlia, a senhora não existe.

O rapaz fez seu desjejum e logo saiu, pois não queria chegar atrasado em seu segundo dia de trabalho.

Mirtes acordou feliz naquele dia, pois a esperança de que seu filho voltaria para casa a deixou radiante.

Arnaldo levantou e encontrou a mulher cantando uma canção de infância. Com estranheza, Arnaldo perguntou:

— Cantando a essa hora?

— Tenho certeza de que meu filho voltará para casa – disse a mulher, sorrindo.

Arnaldo, despejando o café na xícara, disse:

— Não se anime muito. Yago é um rapaz orgulhoso, não se esqueça disso.

Mirtes, não se dando por vencida, respondeu:

— O orgulho termina quando começa o sofrimento...

Arnaldo procurou não dizer nada para não estragar o dia da esposa e, mudando de assunto, disse:

— Chegarei um pouco mais tarde, pois tenho que ir ao consultório do doutor Viana.

— Por quê?

Arnaldo, não querendo preocupar a esposa, disse somente:

— Estou com um quadro de hipertensão. Talvez esteja na hora de fazer uso de algum medicamento.

— Tome cuidado! Pressão é coisa séria.

O homem terminou de tomar seu café e tratou de sair, pois naquele dia havia muitas coisas a fazer. Mirtes estava cantarolando a mesma canção, quando Mercedes apareceu na cozinha. A moça estava visivelmente feliz, o que chamou a atenção de Mirtes.

— O que há com você, minha filha? Viu o passarinho verde?

Mercedes, esboçando um largo sorriso, disse:

— O que vi foi muito melhor que um passarinho verde...

Curiosa, a mulher perguntou:

— O que viu que a deixou nesse estado de graça?

— Ontem fui à Casa Espírita com Fernando e sabe quem encontramos lá?

Mirtes, sem dar muita atenção ao fato, esperou que a filha dissesse.

— Yago foi à Casa Espírita com dona Júlia.

Mirtes, boquiaberta, perguntou:

— Quem?

Mercedes repetiu e, sorrindo, prosseguiu:

— Yago está tão diferente... Ele assistiu à palestra que falava sobre o filho pródigo, e depois nos acompanhou à casa de dona Júlia.

Mirtes ficou imensamente feliz ao saber que o filho estava mudado.

— E então seu irmão resolveu voltar para casa?

— Não disse nada a respeito. Vamos aguardar e confiar em Deus, que ele seja como o filho pródigo, arrependa-se e volte para casa.

Mirtes, estranhando a calma da filha, disse:

— Não é só Yago que está mudado, você também.

Mirtes não gostava das visitas da filha à Casa Espírita, mas, para não estragar seu dia nem o da filha, decidiu não se pronunciar sobre o assunto.

Mercedes saiu de casa dizendo que voltaria logo depois do trabalho, pois já estava em recesso na faculdade. Com alegria, Mirtes viu a filha rodopiar nos calcanhares e sair batendo a porta levemente atrás de si.

A mulher, ao se ver sozinha, pensou: "Melhor meu filho em companhia de Júlia do que com seus amigos irresponsáveis".

CAPÍTULO ONZE

Alguém tenta prejudicar Yago

Yago chegou ao trabalho faltando poucos minutos para as oito da manhã e assinou o livro de ponto. Ana já estava arrumando uns documentos quando o viu e, sorrindo, disse:

— Bom dia, Yago.

O rapaz respondeu timidamente ao cumprimento da colega de trabalho. Foi até sua máquina para começar o trabalho quando Ana se aproximou:

— Yago, seu Moacir gostou do seu trabalho, tanto que o elogiou dizendo que tem futuro no escritório.

Apesar de ser um rapaz com temperamento irascível, Yago era tímido com estranhos, por isso sorriu sem nada dizer. Ana estava com uns documentos de clientes nas mãos e disse:

— Preciso que preencha esse formulário, pois o cliente disse que pegaria hoje depois das dez horas.

Yago não disse nada. Estendeu a mão para pegar o formulário enquanto Ana dizia:

— Neste papel estão documentos, portanto, tenha cuidado ao escrever os números, não pode haver erros.

Yago pegou o papel e tranquilamente se pôs a preencher o formulário que lhe fora entregue. Era um rapaz calado, porém procurava fazer seu trabalho com perfeição. Assim que terminou, foi até a mesa de Ana e, entregando-lhe o papel, perguntou:

— Ana, você falava sério sobre o elogio de seu Moacir?

— Sim, e olha que é difícil agradar o doutor Moacir. Ele é perfeccionista demais – respondeu Ana, sorrindo.

Yago gostou de saber que estava agradando o chefe, mas não disse mais nada. Voltou à sua máquina para fazer os trabalhos que não tinha conseguido terminar no dia anterior. Ana achou Yago um rapaz bonito, mas retraído.

Moacir saiu de seu escritório dizendo à secretária que iria ao cartório e voltaria mais tarde. Ana gostava quando Moacir ia resolver problemas fora do escritório, pois ela sentia que não trabalhava sob pressão todo o tempo. Ao lado da mesa de Ana trabalhava uma moça chamada Beatriz, que estava lá há pouco mais de um ano. Beatriz era uma moça morena, de longos cabelos negros. Tinha vinte e dois anos e desejava tomar a posição de Ana. Ela logo percebeu os olhares de Ana para Yago, chegando à conclusão de que a moça estava interessada no rapaz. Yago falava pouco, não se misturava nem mesmo na hora do café. Ana era uma moça alta, de cabelos louros, olhos azuis e dona de uma silhueta perfeita. Naquela tarde, na hora do café, Beatriz se aproximou da mesa de Yago e perguntou:

— Como consegue ser tão quieto?

Yago, estranhando a conversa, respondeu:

— Sempre fui assim...

Beatriz, sorrindo maliciosamente, disse:

— Calado já arranca suspiro, imagine se fosse um rapaz falante...

Yago não entendeu aonde aquela estranha queria chegar e com antipatia disse:

— Não estou aqui para arrancar suspiro de ninguém. Quero apenas fazer meu trabalho e ganhar meu dinheiro.

Beatriz não esperava aquela resposta e, com raiva e descaso, respondeu:

— Se não quer saber quem está gostando de você, não conto.

— Não quero saber, pois se quisesse já teria perguntado.

Beatriz sentiu vontade de responder à altura, mas, como estava em horário de trabalho, não poderia se expor. A moça se afastou e, com raiva, pensou: "Esse idiota não sabe com quem sem meteu...". Dirigiu-se até o café e continuou: "Esse cretino não ficará nem um ano trabalhando neste escritório". E, trincando os dentes, disse em voz alta:

— Eu juro!

A moça entornou um copinho de café goela abaixo e rapidamente voltou à sua máquina. Beatriz era uma moça odienta por natureza, e a partir daquele dia, passou a odiar Yago com todas as fibras de seu coração. As semanas se passaram e Ana sempre dizia que o dono do escritório estava satisfeito com o trabalho de Yago. Era pontual, não faltava, procurava realizar com precisão sua tarefa. O rapaz estava gostando de trabalhar no escritório, até que certo dia foi chamado à sala de Moacir.

— E então, Yago, está gostando de trabalhar conosco?

— Sim, gosto do que faço.

— Entendo, mas gostaria de lhe dizer que não permitimos atrevimentos no local de trabalho.

Yago, sem compreender, perguntou:

— Com todo respeito, o que está querendo dizer?

Moacir, que simpatizava com o rapaz, disse em tom austero:

— Fiquei sabendo que se dirigiu a Beatriz com desrespeito.

Atônito com a afirmação, Yago perguntou:

— Como assim? Não estou entendendo...

Moacir foi direto ao assunto:

— Beatriz me contou o que houve. Você a convidou para dormir em sua casa.

Surpreso, Yago respondeu:

— Eu? Jamais dirigi a palavra a Beatriz. Há algumas semanas ela veio até minha máquina na hora do café e disse que eu estava arrancando suspiros, mas eu não quis saber de quem se tratava.

Moacir percebeu sinceridade nas palavras de Yago.

— Você nunca conversou com Beatriz?

— Não! A única pessoa a quem mal dirijo a palavra é Ana, e somente assunto de trabalho.

Moacir não gostava de ser injusto.

— Está bem, vamos dar o assunto por encerrado. Agora chame Ana até meu escritório.

O rapaz saiu da sala de Moacir sem compreender por que Beatriz havia mentido ao patrão. Assim que avisou Ana, o rapaz voltou à sua máquina. Beatriz, ao saber que Yago fora chamado à sala de Moacir, sentiu uma alegria que não conseguiu disfarçar.

Todos os dias, depois do almoço, um rapaz recolhia os trabalhos das mesas dos funcionários e, quando se tratava de documentos para despachar nos correios, pegava e imediatamente saía com uma bicicleta e uma pasta azul. Naquele dia, o rapaz estava sem fazer nada. Dirigindo-se à mesa de Yago, perguntou:

— Há coisas para despachar?

— Não. Tudo o que faço entrego a Ana.

— Meu nome é Pedro. Fiquei sabendo que doutor Moacir andou elogiando seu trabalho.

— Não sei até quando... Depois de hoje caí na marcação de Moacir – respondeu Yago, desanimado.

— O que aconteceu? perguntou Pedro indiscretamente.

Yago sabia que Moacir não gostava de conversa paralela no horário de trabalho, então disse:

— Estou precisando conversar. O que acha de me esperar lá fora depois do expediente?

— Combinado, te espero – respondeu Pedro.

Enquanto isso, Moacir conversava com Ana em seu escritório.

— Como é o comportamento de Yago?

— É um rapaz quieto, faz tudo o que peço e o faz com perfeição.

— Alguma vez faltou-lhe com respeito?

Ana, sem compreender aonde o patrão queria chegar, disse:

— Por Deus, não! Yago mal fala com os colegas, e até mesmo na hora do café fica trabalhando, deixando somente para tomar seu café depois que todos já voltaram ao trabalho.

— Diria que ele é antissocial? – perguntou Moacir satisfeito.

— Não, ele é educado, porém reservado.

— Por ora é isso.

Ana saiu do escritório de Moacir com mais dúvida do que quando entrou, porém decidiu guardar aquela conversa só para si.

Moacir, depois que a moça saiu, pensou: "Não posso me deixar levar pelas conversas de Beatriz. Ela me fez dispensar Marcos, e pelo jeito está querendo que eu dispense Yago". Moacir decidiu ficar atento quanto à proximidade de Beatriz e Yago.

⁂

Naquela tarde, Yago, ao sair, viu Pedro o esperando.

— Por que demorou tanto? – perguntou Pedro, sorrindo.

— Tinha que terminar um documento. Como há muitos detalhes, procurei não errar, e isso leva tempo.

— O que acha de tomarmos um refrigerante?

— Não tenho dinheiro.

— Não se preocupe, tenho conta em uma lanchonete. Vamos tomar um guaraná. Hoje é por minha conta.

Yago, sorrindo, acompanhou o rapaz que falava sem parar. Quando os dois se sentaram, Pedro perguntou:

— Está gostando do trabalho?

— Sim, mas hoje o doutor Moacir me chamou em seu escritório e veio com uma conversa estranha...

E Yago contou tudo o que Moacir havia dito. Pedro, entornando o copo de refrigerante, disse:

— Trabalho no escritório há um ano. Quando entrei fazia poucos dias que Beatriz havia começado. Tudo parecia normal, até que um rapaz de nome Marcos chamou sua atenção, porém, ele tinha uma namorada que trabalhava no escritório da delegacia. Beatriz se apaixonou por ele, mas como ele não lhe deu chance, ela começou a inventar mentiras ao doutor Moacir, que acabou dispensando o pobre rapaz.

— Você acha que ela poderá me prejudicar? – perguntou Yago.

Pedro olhou sério para Yago e respondeu:

— Beatriz é uma moça que, quando não consegue o que quer, acaba destruindo a pessoa. Ela é uma cobra peçonhenta, e o doutor Moacir sempre acredita em suas mentiras.

— Mas eu não converso com ela nem com ninguém.

— Talvez seja por isso que ela tenha raiva de você – disse Pedro de maneira displicente.

No escritório ninguém gosta dela, pois todos perceberam quão maldosa ela é.

— Vou ficar o mais longe possível dessa cobra – Yago disse.

— Faz muito bem.

Pedro mudou de assunto.

— Mora com seus pais? – perguntou.

Yago não respondeu.

Pedro foi logo dizendo:

— Moro com minha mãe. Meu pai trabalhava como caminhoneiro, mas morreu em um acidente.

— Você tem irmãos?

— Não. Quando meu pai morreu, eu só tinha nove meses, minha mãe me criou sozinha.

Yago sentiu-se à vontade com Pedro, e aos poucos passou a falar sobre sua família e sobre como gostava de sua mãe. Depois desse primeiro encontro, Yago sempre estava às voltas com Pedro, e com o tempo o rapaz se tornou seu melhor amigo.

Naquele mesmo dia, Yago não foi para a casa de Marcelo, como de costume. Preferiu ir à casa de Júlia conversar com ela sobre Beatriz. Ao chegar à casa da boa mulher, ele a encontrou dando um prato de comida a um pedinte que se sentara em sua varanda. Ao ver aquele homem maltrapilho e malcheiroso, o rapaz perguntou:

— O que está acontecendo aqui?

— Estou terminando de preparar a refeição para esse pobre homem – Júlia disse sorrindo.

Yago, sentiu-se incomodado, perguntou:

— Não acha perigoso receber uma pessoa que não conhece em sua casa? Pois muitas vezes um cão morde a mão que o trata.

Júlia, percebendo a preocupação na voz do rapaz, disse:

— Não se preocupe. Veja o estado desse pobre homem. Não posso negar-lhe um prato de comida, pois Deus me dá tanto...

Yago, não se dando por vencido, disse:

— Podia dar comida a ele do lado de fora de seu portão.

— Por que deixá-lo do lado de fora, se aqui em minha varanda é mais fácil de atender às suas necessidades?

Yago logo percebeu que não poderia fazer cobranças, pois Júlia não ia mudar sua maneira de ser só porque ele queria. Depois de servir um prato de comida reforçado para o homem, Júlia deu-lhe também suco e pães para que comesse mais tarde. O homem agradeceu profundamente pela boa ação da mulher e seguiu seu caminho. Júlia estava satisfeita, pois só as palavras de agradecimento já a fizeram se sentir feliz. Yago, ao ser tocado pela boa ação da mulher, vendo o homem ir embora, disse:

— Dona Júlia, a senhora é um anjo de Deus.

Júlia riu a valer e disse:

— Meu filho, estou muito longe de ser um anjo. Não me veja como um ser além das expectativas. Sou como uma pessoa qualquer, apenas acredito que quando fazemos as coisas com amor estamos além do bem e do mal. A caridade é a forma de expressarmos às pessoas que as amamos e que as vemos como irmãos. Nos dias de hoje, cada um está preocupado consigo mesmo, com suas dores, frustrações, problemas e acabam esquecendo que há pessoas que passam por situações piores. Todos nós temos problemas, mas há pessoas com problemas piores que os nossos.

— E o que a senhora ganha em fazer isso?

— Ganho a alegria imensurável de fazer o bem. Quer maior presente que esse?

Yago sentiu profundo respeito por Júlia, e pela primeira vez a abraçou como um filho abraça a mãe.

— Júlia, será que poderia ficar em sua casa por uns tempos? Preciso organizar minha vida e Marcelo me avisou que tenho que pagar metade do aluguel.

Júlia naquele momento sentiu-se imensamente feliz e, com um largo sorriso, respondeu:

— Já deveria ter vindo.

— Preciso ir à casa de Marcelo para buscar minhas roupas, pois não aguento ficar naquela pocilga nem mais um dia.

— Vou com você. Vamos com seu Clóvis, o taxista, e rapidamente estaremos de volta.

Yago sentiu-se envergonhado.

— Não precisa se preocupar. Vou e prometo voltar antes das dez horas.

Júlia, que sempre teve curiosidade de saber onde Yago estava morando, disse resoluta:

— De maneira nenhuma. Vou com você, pois de hoje em diante você será meu filho.

Yago resmungou um pouco e disse:

— Agradeço pelo carinho, mas, para ser sincero, tenho vergonha de levá-la ao lugar onde estou morando.

— Não se envergonhe. Buscaremos seus pertences e pronto! Está resolvido.

Yago concordou, não querendo acabar com a alegria daquela senhora que o aceitara do jeito que ele era. Júlia calçou sua sapatilha e rapidamente foram até a praça contratar os serviços de Clóvis. Envergonhado, Yago pediu ao taxista que parasse na esquina, pois não queria que mais pessoas, além de Júlia, soubessem onde morava. O carro deslizou tranquilamente pelas ruas e em pouco mais de quinze minutos os dois desceram na esquina que Yago indicara. A mulher pediu ao taxista que os esperasse, pois voltariam em seguida. Ao desembarcar, Júlia logo percebeu que o bairro era simples, constituído de pessoas em péssima situação financeira.

— Se a senhora quiser, pode me esperar aqui fora, pois volto logo.

— Entrarei com você e o ajudarei a arrumar as coisas – disse Júlia, curiosa.

Yago finalmente cedeu, permitindo que a boa senhora o acompanhasse ao interior da casa. Ao entrar, Júlia não deixou de perceber um odor estranho, mas não disse nada. Ela ficou penalizada ao ver as condições em que o rapaz estava vivendo, porém, agiu com naturalidade. Marcelo estava dormindo, mas acordou ao ouvir o barulho que Yago estava fazendo para pegar suas roupas. O rapaz estava tão nervoso que começou a pegar roupas sujas e colocar junto com roupas limpas. Logo ele disse:

— Vamos! Já peguei minhas coisas.

Marcelo, que fingira dormir, sentou-se em sua cama dizendo:

— Aonde vai?

— Estou indo embora, pois não tenho condições de pagar o aluguel.

Marcelo irritou-se ao ouvir a explicação de Yago:

— E como ficará a sua parte do aluguel? Afinal, você não me ajudou esse mês, e eu não sou ama seca de homem barbado.

— Pagarei assim que receber.

Marcelo levantou-se rapidamente e gritou:

— Quero a parte do aluguel agora! Não sou bobo de acreditar que voltará aqui para pagar sua dívida.

— Tenha paciência, não tenho dinheiro agora. Voltarei quando receber.

Marcelo enfrentou Yago. Pegou sua mochila de roupas e disse:

— Só tirará suas coisas daqui quando pagar o que deve.

Marcelo não se importou com a presença de Júlia, e continuou a gritar que Yago só tiraria suas roupas da casa quando pagasse a parte do aluguel.

Júlia interferiu dizendo:

— Vamos manter a calma. Quanto Yago lhe deve, meu rapaz?

Marcelo, que estava irritado por Yago sair de sua casa, disse:

— Não é da sua conta!

— Não fale assim com ela! - retrucou Yago.

— Falo com ela e com quem mais se meter em meus negócios!

Yago, então, avançou em Marcelo e os dois começaram a brigar. Marcelo era um rapaz franzino, e logo Yago o dominou, dando-lhe alguns socos.

— Yago, não perca sua razão, deixe disso – Júlia disse tentando apaziguar as coisas.

Assim que Marcelo conseguiu se desvencilhar de Yago, disse:

— Isso não vai ficar assim.

— Onde já se viu dois jovens bonitos brigando como adolescentes em porta de colégio!

Marcelo, que levara um soco no rosto, disse com raiva:

— Ingrato! Quando estava na rua, eu o acolhi e agora veja o que recebo em troca.

— Não vejo motivos para essa agressão desnecessária. Pagarei a dívida e encerramos o assunto – disse Júlia.

Marcelo, ao ouvir que receberia naquele mesmo instante o dinheiro, mudou de tom dizendo:

— Por que o está ajudando? Yago não merece a ajuda de ninguém.

— Todos nós merecemos uma segunda chance, e com Yago não será diferente – respondeu a mulher. – Meu rapaz, não vejo motivo para se irritar. Quanto Yago lhe deve?

Marcelo pensou por alguns instantes e logo disse o valor. Yago logo retrucou:

— Não lhe devo isso!

— A outra parte da grana é para pagar o soco que me deu no rosto.

Júlia, temendo que os dois se atracassem novamente, abriu a bolsa, rapidamente pegou o dinheiro e entregou a Marcelo. O rapaz, apesar de receber o valor inteiro do aluguel, não estava satisfeito, afinal, estava com o orgulho ferido e a raiva não passava.

Yago pegou sua mochila e rapidamente disse:

— Vamos embora, dona Júlia! Este não é ambiente para a senhora.

A mulher sentiu pena de Marcelo e com isso disse:

— Meu filho, não guarde rancor. Um homem sábio disse: "Embora ninguém possa voltar atrás e fazer um novo começo, qualquer um pode começar agora e fazer um novo fim". Yago decidiu recomeçar sua vida, e você deverá fazer o mesmo para que tenha um pouco mais de paz. Você é um jovem bonito, e tem a vida inteira pela frente, não tenha vergonha de recomeçar, pois somente os fortes recomeçam.

— Vamos embora, dona Júlia! – disse Yago impaciente.

A mulher estendeu a mão a Marcelo e com suavidade disse:

— Se um dia precisar de mim, me procure, moro no bairro da mãe de Yago.

Yago estava inconformado, e com raiva gritou novamente:

— Vamos embora! O táxi está nos esperando!

Júlia sorriu a Marcelo, que ficou perplexo com as palavras da mulher. Rapidamente se despediu e saiu, enquanto Yago a esperava no portão. Os dois saíram e Yago disse:

— Como pôde ser benevolente com aquele canalha?

Júlia, que se esforçava para acompanhar os passos do rapaz, disse:

— Por que não seria? Ele é uma ovelha desgarrada e só precisa de orientação para seguir o rumo certo.

— Marcelo não é nenhuma ovelha, mas sim um canalha da pior espécie, que sempre me explorou. A senhora precisa aprender a ver as pessoas como são, dona Júlia – disse Yago irritado.

Júlia pegou no braço do rapaz e disse:

— Eu vejo as pessoas como são, Yago, por isso procuro fazer o que posso para ajudar.

Yago parou no meio-fio da calçada e respondeu:

— E como a senhora vê as pessoas?

— Como irmãos! Somos filhos do mesmo Pai, portanto, somos irmãos.

Yago ficou sem palavras e, não querendo se aprofundar no assunto, disse:

— Veja, o senhor Clóvis está nos esperando.

Em poucos minutos, os dois entraram no carro para retornar. O motorista, sem imaginar o que havia acontecido, ligou o carro, que rapidamente deslizou por aquelas ruas. No trajeto, Yago ficou calado, enquanto Júlia e Clóvis conversavam sem parar. Logo pararam em frente à casa de Júlia, e Yago, sem se despedir do motorista, desceu, afinal, ele estava demasiadamente aborrecido com o que vivenciara.

— Yago, vou lavar todas as suas roupas, já que você colocou roupas limpas com roupas sujas – disse a mulher, sorrindo.

O rapaz mal respondeu, pois estava se sentindo mal por ter acertado um soco no rosto de Marcelo. Júlia pegou as roupas do rapaz e tratou de colocar as peças brancas de molho para lavar no dia seguinte. Depois, tratou de preparar o jantar, pois sabia que o rapaz não havia almoçado. O silêncio se fazia naquela casa, pois, enquanto Júlia cuidava de seus afazeres, o rapaz estava sentando na varanda. Seu abatimento era visível.

— Não vai tomar banho para jantar? – perguntou Júlia.

— Estou sem fome.

— Procure esquecer esse incidente e trate de comer, afinal, saco vazio não para em pé.

Yago sentiu-se em casa e, sorrindo, disse:

— Está bem. Vamos jantar e em seguida tomo banho.

— Hoje fiz frango ao molho. Espero que goste.

O rapaz, sentindo um carinho imenso pela mulher, respondeu:

— Não tenho palavras para agradecer tudo o que está fazendo por mim.

— Não tem por que agradecer. O bom nisso é que agora não estou mais sozinha – e, percebendo a magreza do rapaz, teve uma súbita ideia. – Meu filho, vejo quanto emagreceu. A partir de amanhã, mandarei almoço para você no escritório.

— De maneira alguma! Durante o dia me viro e janto aqui à noite.

A mulher, simplificando as coisas, disse:

— Contratarei Clóvis para levar almoço para você, e isso não me causará transtorno algum.

Yago pensou por alguns instantes e disse:

— De coração, não precisa se preocupar. Não sinto tanta fome assim. Basta fazer um bom desjejum. Na hora do almoço, como alguma coisa na rua e, à noite, janto com a senhora.

A mulher, não querendo impor nada ao rapaz, concordou:

— Que seja feita a sua vontade...

Os dois desataram a rir e tranquilamente jantaram. Júlia não falou sobre o incidente, procurando manter o ambiente descontraído. Naquela noite, Yago sentiu uma vontade imensa de sair, porém, sabia que não seria de bom-tom deixar Júlia sozinha. Passava das nove horas da noite quando Mirtes chegou e, ao ver o filho, perguntou, surpresa:

— O que faz aqui, meu filho?

O rapaz, com naturalidade, respondeu:

— Agora moro com dona Júlia, minha mãe. Sempre que quiser me ver, basta atravessar a rua.

Júlia sorriu ao ver que o bom humor do rapaz voltara, mas quem não ficou feliz com a notícia foi Mirtes, que à queima-roupa perguntou:

— Por que não voltou para casa?

O rapaz pensou por alguns instantes e respondeu:

— Mamãe, quero fazer as coisas do meu jeito. Além do mais, a senhora sabe que minhas diferenças com meu pai não acabaram.

Mirtes ficou magoada com a decisão do filho, porém sabia que o rapaz ficaria bem. Yago, querendo deixar as duas mulheres à vontade, disse:

— Mãe, vou dormir, estou cansado.

A mulher olhou no relógio e viu que eram apenas dez horas da noite. Surpresa, disse:

— Dormir a essa hora?

O rapaz, sem perceber a ironia na voz da mãe, respondeu:

— Amanhã tenho que levantar cedo, pois tenho que trabalhar. Agora não sou mais o vagabundo que meu pai sempre disse que eu era.

— Quando vai perdoar a seu pai?

O rapaz pensou por alguns instantes e disse:

— Já o perdoei.

Júlia, sorrindo, devolveu a pergunta:

— Será? Perdoar não é tão simples assim. A maioria das pessoas tem a consciência de que não é fácil perdoar. Mesmo que nos esforcemos e tentemos realizar o ato supremo de amor e caridade mencionado por Jesus, quando disse: "Amai aos que vos odeiam, perdoai os que vos tem ofendido, orai pelos que vos perseguem e caluniam". Podemos comparar a ofensa a uma ferida. Enquanto sentimos a dor, não conseguimos esquecer que a ferida está instalada, mas, quando a ferida fecha e cicatriza, nem nos lembramos de que um dia havia uma ferida, exceto quando olhamos para a cicatriz. Isso quer dizer que, enquanto nos lembramos da ofensa e isso nos causa dor, ainda não perdoamos. Ninguém tem amnésia a ponto de esquecer uma ofensa, mas só nos damos conta de que realmente perdoamos quando nos lembramos da ofensa e ela não nos causa dor. Infelizmente, meu filho, você ainda se lembra de seu pai com ressentimento, e isso lhe causa certo desconforto. Essa é uma evidência de que ainda não perdoou. Mas haverá um dia que se lembrará das ofensas e elas não lhe causarão nenhum desconforto. Quando esse dia chegar, finalmente você terá perdoado seu pai.

Mirtes olhava fixamente para o filho, esperando que ele dissesse alguma coisa. O rapaz, então, disse:

— Talvez tenha razão. Não consigo esquecer as palavras duras que meu pai me disse.

— Dê tempo ao tempo... Não se esqueça de que o tempo é sempre o melhor remédio – respondeu Júlia.

Yago bocejou e disse:

— Agora, me deem licença. Preciso descansar para levantar cedo amanhã.

Mirtes, ao ouvir as palavras do filho, sentiu-se feliz e respondeu:

— Vá descansar, meu filho, pois a noite é curta para quem está cansado.

O rapaz despediu-se das duas mulheres beijando a face de cada uma delas. Mirtes inquietou-se, pois percebeu que o rapaz tinha quase os mesmos sentimentos por Júlia, mas esforçou-se para não deixar transparecer. As duas mulheres ficaram observando Yago rodopiar lentamente nos calcanhares e entrar em casa.

— Quase não consigo acreditar no que vejo: Yago indo se deitar cedo para trabalhar. Isso é um milagre – disse Mirtes.

— A vida é uma grande educadora... Yago está se esforçando, e isso é um bom começo.

As duas mulheres conversaram sobre diversos assuntos e logo Mercedes se juntou a elas.

— Quer saber a novidade? – perguntou Mirtes à filha.

Mercedes olhou curiosa para a mãe esperando que ela contasse.

— Yago está morando com Júlia.

Mercedes, não vendo o irmão, perguntou:

— Onde ele está? Acaso já foi para a rua?

Mirtes respondeu com um largo sorriso:

— Seu irmão está dormindo, pois disse que estava cansado.

— Dona Júlia, a senhora é um anjo em nossas vidas – disse Mercedes, sorrindo.

Júlia, com seu jeito manso, respondeu:

— Não fiz nada. Yago reconheceu que precisava mudar seu proceder, e está se esforçando.

— Posso vê-lo? – perguntou Mercedes.

— Deixe seu irmão descansar. Agora poderemos vê-lo quando bem entendermos.

Mercedes insistiu:

— Quero vê-lo nem que seja dormindo.

— Vá até lá, minha filha, veja seu irmão – respondeu Júlia.

Mercedes entrou na casa de Júlia e dirigiu-se ao quarto. Abriu a porta vagarosamente e encontrou o irmão deitado, lendo um livro. Gentilmente perguntou:

— Posso entrar?

— Mercedes? O que faz aqui?

A moça logo explicou que quase todas as noites ia ter com Júlia e que estava extremamente feliz em saber que ele estava morando com a amiga de tantos anos.

— Yago, ter a companhia de Júlia é um privilegio, pois, além de ser uma excelente pessoa, ela é também muito sábia nas questões da vida.

Yago respondeu em tom reflexivo:

— Dona Júlia é o anjo bom que Deus colocou em meu caminho.

Mercedes, alisando o cabelo do irmão, disse:

— Estou tão orgulhosa de você...

— Não esteja, pois continuo sendo a mesma pessoa de antes. Tenho medo de magoar dona Júlia.

Mercedes olhou séria para o irmão quando disse:

— Aproveite a oportunidade que ela está lhe dando, pois isso só acontece uma vez na vida. Você tem saudade de sua antiga vida?

Yago pensou por alguns instantes e respondeu:

— Não sei dizer... Quando fiquei completamente na miséria, aqueles que se diziam meus amigos se afastaram.

Yago, sentindo que precisava conversar com alguém, sentou-se na cama e passou a contar sem mentiras tudo o que havia vivido desde que saíra da casa dos pais. Horrorizada, Mercedes perguntou:

— Por que não me procurou?

O rapaz voltou sua atenção para as mãos quando disse:

— A vergonha nunca permitiu que eu falasse a você ou a mamãe que eu era um derrotado.

Penalizada, a irmã disse:

— Meu irmão, poderia ter me procurado, pois eu arrumaria um jeito de ajudar.

Yago, querendo afastar os maus pensamentos, passou a falar sobre as mordomias que tinha na casa de Júlia e em como ela o tratava. Mercedes voltou a ficar alegre, pois falar sobre a boa mulher sempre atraía bons pensamentos. Yago voltou a ficar sério quando resolveu contar à irmã sobre como saíra da casa de Marcelo e, principalmente, sobre o desentendimento. Mercedes, que era uma moça correta, adiantou-se em dizer:

— Amanhã mesmo pagarei o aluguel para Júlia. Afinal, ela não pode sair no prejuízo.

— De maneira alguma! Pagarei assim que receber meu primeiro salário – disse Yago resoluto.

— Meu irmão, deixe de ser orgulhoso. Sempre fui econômica e tenho dinheiro em casa, não me fará falta.

Yago recusou veementemente o dinheiro da irmã.

— Vou receber na sexta-feira e pagarei dona Júlia. Se der, pretendo comprar algumas roupas, pois as minhas estão velhas e tenho que me arrumar melhor para trabalhar.

— No sábado, vá à loja em que trabalho e pegue o que precisar. Marcarei em minha conta, depois você me paga – disse Mercedes sorrindo.

Yago pensou por alguns instantes e, em seguida, disse:

— Não vou pegar muita coisa: umas três camisas, duas calças, sapatos e meias.

— Você é tão bonito... Chegaram umas roupas lindas, que lhe cairão muito bem.

Yago, sorrindo, abraçou a irmã e com sinceridade disse:

— Nunca me senti tão amado... Às vezes, chego a pensar que não mereço o carinho de todas vocês.

Mercedes abraçou novamente o irmão e respondeu:

— Yago, compreendo que goste imensamente de dona Júlia. Só peço que tenha cuidado com mamãe, pois ela é demasiadamente ciumenta quando o assunto é você.

Yago, com toda a sinceridade do coração, disse:

— Gosto de dona Júlia como gosto de nossa mãe. Às vezes fico imaginando que, se não tivesse me afastado dela, minha situação hoje seria diferente.

A irmã estava demasiadamente feliz, pois o irmão não era nem de longe o rapaz irresponsável de outros tempos.

— Irmão, não esqueça de ajudar dona Júlia nas despesas. Como sabe, a situação está muito difícil, então, faça sua parte.

— Já havia pensado nisso, vou ajudá-la no que for preciso, apesar de ter quase certeza de que ela não aceitará.

Mercedes pensou por alguns instantes e completou:

— Se ela não quiser pegar seu dinheiro para as despesas, compre alguma coisa para trazer para casa.

Yago gostou da ideia.

— Mercedes, você acredita no ditado que diz que só damos valor para as pessoas quando a perdemos?

Mercedes olhou seriamente para o irmão e perguntou:

— O que quer dizer com isso?

O rapaz, alisando o braço da irmã, confessou:

— Sempre gostei de você. Tanto que, quando começou a namorar o Fernando, pensei por diversas vezes em juntar uns colegas e dar uma surra nele, mas depois que saí de casa senti tanto a sua falta que penso em como pude perder tempo com brigas bobas, em vez de desfrutar de sua companhia.

Mercedes, sorrindo, confessou:

— Desde que você saiu de casa, meu irmão, ela parece que morreu, pois uma coisa era saber que estava em um quarto ao lado do meu e outra era ter aquele quarto vazio. Todas as manhãs, mamãe chorava, e a casa ficou vazia sem você. E pensar que passava por dificuldades me angustiava, mas, como sabe, sou uma moça forte e não podia esmorecer chorando junto com nossa mãe, pois ela precisou muito de ajuda. O tempo passou, mas a falta que faz não muda. Agora, saber que está bem e trabalhando já nos serve de consolo.

— Acaso não se cansa de ser forte o tempo inteiro? – perguntou Yago.

— Uso uma armadura o tempo todo, mas, quando estou em meu quarto, tiro a armadura e muitas vezes dou vazão às lágrimas.

Yago abraçou a irmã e disse:

— Sempre que precisar, estou aqui. Ficamos muito tempo vivendo nossas vidas e esquecemos quanto precisamos um do outro.

— Sábado irá a loja? Vou guardar as roupas mais bonitas para você – disse Mercedes sorrindo.

— Certamente! Pela primeira vez usarei uma roupa pela qual eu mesmo pagarei.

— Você é um homem, e como tal tem o direito de escolher e pagar pela sua vestimenta.

Yago sentiu-se orgulhoso, e com isso perguntou:

— Quando papai soube que eu estava trabalhando, o que ele disse?

Mercedes, sorrindo, passou a falar sobre a reação do pai e sobre a preocupação dele em Yago levar uma vida independente ganhando pouco.

— Papai não só ficou surpreso como ficou orgulhoso.

Embora Yago não gostasse do pai, sentiu-se bem em saber que se surpreendera com a notícia.

Mercedes, não querendo tomar mais o tempo do irmão, disse:

— Está na hora de dormir. Amanhã terá que levantar cedo, pois o trabalho o espera.

As palavras da irmã fizeram bem ao rapaz que, sorrindo, disse:

— Estou gostando do trabalho, mas infelizmente tem uma moça chamada Beatriz que já está me causando problemas.

Mercedes, que estava de pé, voltou a sentar querendo saber o que estava acontecendo. Yago contou resumidamente o que acontecera naquele dia e Mercedes disse:

— Meu irmão, sempre há pessoas que nos causam problemas no trabalho. O melhor que tem a fazer é ficar atento a cada movimento dessa moça, mantendo sempre distância.

Yago concordou.

— Ela está querendo me prejudicar, mas não vejo motivo para isso, afinal, eu não converso com ninguém no trabalho.

Mercedes, beijando o rosto do irmão, voltou a dizer:

— Desde que comecei a trabalhar, nem tudo foi flores, pois, quando comecei a me destacar como vendedora, algumas pessoas tentaram me prejudicar, mas elas acabaram abandonando o trabalho; outras se demitiram, enquanto eu continuo no mesmo trabalho há três anos. Faça sua parte, trabalhe com esmero e seu patrão logo saberá que homem é você e não acreditará nas mentiras que ela inventar.

Yago lembrou-se da história de Marcos e logo relatou o que ficou sabendo sobre como ela prejudicou o pobre rapaz.

Mercedes, com olhar reflexivo, disse:

— Não se preocupe com essa moça, nem tente se vingar, afinal de contas, fruta podre cai sozinha.

Yago achou graça da observação da irmã, que, depois de lhe dar um sonoro beijo no rosto, o deixou sozinho a fim de que descansasse para mais um dia de trabalho.

Mercedes era uma moça discreta e, ao chegar à varanda, disse sorrindo:

— Yago está bem... Estou gostando dessa nova fase de meu irmão.

— Yago não imagina a felicidade que estou sentindo, pois nunca imaginei vê-lo dormir cedo para acordar cedo no dia seguinte – respondeu Mirtes.

— Graças a Deus que o mundo é feito de mudanças, e nenhuma situação é perpétua. Tudo muda o tempo todo no mundo, às vezes para pior e outras vezes para melhor. Por isso, devemos conservar a paciência nos piores momentos e aguardar, pois a vida não erra nunca – completou Júlia.

— Vamos embora, minha filha. Júlia precisa descansar – finalizou Mirtes, levantando-se.

Mercedes concordou e, depois de dar um abraço apertado e um longo beijo no rosto bonachão de Júlia, despediu-se oferecendo o braço para a mãe, que a acompanhou.

Yago acordou faltando poucos minutos para as seis horas da manhã, pois pretendia fazer seu desjejum com tranquilidade. Júlia já estava em pé e perguntou:

— Por que acordou tão cedo, meu filho? Podia ficar um pouco mais na cama.

Yago disse:

— Quero ter mais tempo com a senhora, pois ontem o dia foi curto e mal pudemos conversar.

A mulher sorriu ao ver a boa disposição do rapaz em lhe fazer companhia. Yago, sentando-se à mesa, que estava posta para o café da manhã, passou a relatar tudo o que acontecera no escritório no dia anterior.

— Não entendo por que Beatriz fez isso comigo. Eu nunca lhe fiz nada.

Júlia, que ouvira o relato com atenção, disse:

— Meu filho, compreenda que as pessoas não cruzam nosso caminho por acaso. Talvez você a conheça de outras eras.

Yago empertigou-se na cadeira e disse:

— Nunca vi essa moça em toda minha vida...

Júlia, cortando uma fatia do bolo, disse com naturalidade:

— É aí que se engana, meu filho. Já aconteceu de sentir simpatia ou antipatia por alguém à primeira vista?

Yago pensou por alguns instantes e respondeu:

— Sim, certa vez minha professora de matemática ficou doente e veio uma outra professora para substituí-la. Foi estranho porque eu nunca havia visto aquela senhora, mas confesso que não gostei dela. Ela era tão boa professora como a outra, mas sua presença me incomodava. Durante todo o tempo, essa professora chamada Iraci me agradava, chamava-me à lousa, procurava conversar, mas nunca lhe dei atenção. Como explicar essa antipatia gratuita que sentimos por algumas pessoas?

Júlia foi rápida em responder:

— A repulsão instintiva de uma pessoa em relação à outra e sentimentos de antipatia vêm do passado. Cada um de nós gera um tipo de magnetismo, cuja força é boa ou má, dependendo do sentimento que imprimimos nessas vibrações. Cabe a cada um analisar seu magnetismo e cuidar dele, de modo que seu uso seja de proveito para si e para os outros. Se há sentimento de repulsa por alguém, seja por pessoas desconhecidas, seja por familiares, o que é mais comum, não devemos nos revoltar. Antes, devemos fazer preces por essa pessoa, que talvez seja um velho conhecido do passado.

— Não sinto nada em relação a essa moça. Para mim é como se ela não existisse – falou Yago.

— Talvez essa moça não sinta antipatia por você, mas fez o que fez porque se sentiu desprezada quando veio com assuntos paralelos e você não lhe deu a atenção que ela gostaria de receber.

Yago levou um pedaço de bolo à boca para ter tempo para pensar. Assim que engoliu, disse:

— Não deveria ter sido tão sincero com Beatriz, mas como poderia imaginar que ela era tão vingativa?

Júlia achou graça na observação do rapaz.

— Por isso, meu filho, quando nos dirigimos a alguém, devemos ser sempre educados, afinal, não sabemos em que terreno estamos pisando.

Yago perguntou:

— Como posso reverter essa situação?

— Por ora, não faça nada, mas, quando essa moça se dirigir a você, procure ser sempre respeitoso e educado, pois assim você apagará a má impressão que causou nela. A relação entre as pessoas é muito difícil, mas nós temos que agir com sutileza e sinceridade com os semelhantes para que não haja conflito.

Yago pensou por alguns instantes e disse:

— Quando morava na casa de meus pais, os colegas sempre diziam que eu era o maior, mas, quando fiquei completamente na miséria, todos eles me viraram as costas.

— Você se lembra de quando disse que a maioria das pessoas usa máscara? Pois bem, quando disse isso, quis dizer que infelizmente as pessoas costumam aparentar uma coisa que não são, acreditando fazer a política da boa vizinhança. Mas, ao meu ver, isso é falsidade. As pessoas pensam que enganam os outros, mas toda pessoa com personalidade dúbia acaba enganando a si mesma, pois ninguém consegue segurar a máscara por muito tempo e, quando ela cai, deixa à mostra quem realmente essa pessoa é. A sinceridade é um bem precioso. Pena que a maioria das pessoas descarta esse bem e prefere fingir uma coisa que não é, mentir sobre o que verdadeiramente pensa e dissimular o que lhe vai ao coração. Não pense que perdeu alguma coisa ao descobrir que seus amigos agiram falsamente para com você. Quem perdeu foram eles.

Yago sorriu ao saber o que Júlia pensava a seu respeito. Preferiu mudar de assunto e logo se arrumou para ir trabalhar. Ao sair, o rapaz deu um beijo no rosto de Júlia e disse que voltaria no horário. A mulher, ao ver Yago sair, sentiu que o rapaz conseguiu manter sua pureza apesar de todas as adversidades, pois na maioria das vezes se comportava como um menino inocente. Júlia estava feliz em ter Yago como seu hóspede. Tratou de lavar as roupas do rapaz com carinho.

Naquele dia, Yago chegou ao escritório preocupado em como tratar Beatriz. Ao entrar, logo viu a moça conversando com Ana a respeito de um formulário que havia preenchido errado. Yago cumprimentou as duas e foi à sua máquina. Ele tinha a mania de chegar e colocar sua mesa em ordem antes de começar a trabalhar. Ana ficou feliz em ver Yago, porém continuou a entregar o trabalho a Beatriz. Assim que deu todas as recomendações à moça, foi até a mesa de Yago a fim de lhe entregar um trabalho. Ao se aproximar, disse:

— Bom dia, Yago – o rapaz respondeu timidamente e Ana continuou: – Observei que não tem prática em escrever à máquina, mas tudo o que faz é bem-feito – o rapaz ficou olhando para Ana, que continuou: – Por favor, não fale a ninguém, mas peço que refaça este trabalho de Beatriz, pois, se isto chegar à sala do doutor Moacir, certamente o deixará irritado.

Yago pegou alguns formulários da mão da moça e perguntou:

— Mas o que há de errado com esse trabalho?

— Beatriz não está fazendo seu trabalho com esmero. Nestes dois formulários as numerações dos documentos estão erradas, e nestes quatro há muitas rasuras, onde não deveria haver nenhuma. Como vou levar estes documentos à mesa do doutor Moacir? Hoje não estou a fim de ouvir críticas.

— Mas por que você tem que ouvir críticas se não foi você que fez o trabalho malfeito?

Ana suspirou profundamente e disse:

— Há dois anos o doutor Moacir me encarregou de cuidar do trabalho dos funcionários.

— Então você é chefe? – disse Yago sorrindo.

— Não, apenas cuido para que tudo funcione de maneira ordenada neste escritório.

Enquanto Yago e Ana conversavam, Beatriz olhava insistentemente para os dois.

— Refaço o trabalho, mas ninguém deverá saber que o refiz, afinal, já tive problemas demais com essa moça.

Ana, que sabia do que o rapaz estava falando, exortou:

— É bom você tomar cuidado com Beatriz, pois ela é maldosa, invejosa e vingativa. Ela não mede esforços para prejudicar quem quer que seja.

Yago, ao ouvir o comentário de Ana, sentiu um calafrio percorrer-lhe a espinha.

— Nunca fiz nada a Beatriz, não entendo por que me odeia.

— Beatriz é uma moça com autoestima baixa, então, ela não gosta de ninguém, nem mesmo dela mesma – disse Ana.

Yago, colocando o papel na máquina, respondeu:

— Não sei como agir.

— Não faça nada e, se possível, mantenha distância de Beatriz. Será melhor para você.

Yago ficou em silêncio tentando entender por que a moça agia de maneira tão mesquinha.

Ana, ao entregar o trabalho e dar as recomendações necessárias a Yago, se afastou, dizendo que qualquer coisa poderia pedir sua ajuda. Por um momento Yago olhou para a mesa de Beatriz e pensou: "Beatriz está acostumada a prejudicar pessoas inocentes, mas, se ela fizer alguma coisa nesse sentido comigo, ela se arrependerá". Levou a mão à testa como a afastar maus pensamentos e logo se pôs a trabalhar. O trabalho de Yago era tido como bem-feito, pois ele se esmerava, não errando na datilografia. O que ele não havia percebido era que Ana o flertava discretamente. Na hora do almoço, Yago devolveu o trabalho a Ana, que disse:

— Onde almoça?

Yago respondeu de maneira direta:

— Não almoço. Como qualquer coisa na rua e volto para o trabalho.

A moça, sorrindo, disse:

— Eu também não almoço, mas trago lanche todos os dias. Se quiser, pode lanchar comigo.

Yago, sorrindo, aceitou o convite da moça, e logo os dois saíram para lanchar. Ele se sentia bem ao lado de Ana. E, a partir daquele dia, era comum o dois lancharem juntos. O tempo passava e Ana sentia-se mais atraída por Yago, porém, o rapaz a via apenas como uma boa amiga.

Certo dia, os dois estavam lanchando e Yago perguntou:

— O que seu namorado diz de trabalhar?

— Não tenho namorado. Estou tão preocupada em ajudar em casa e estudar que o namoro ficou em segundo plano.

Yago logo percebeu que a moça tinha a mesma mentalidade da irmã e com isso disse:

— Minha irmã é como você, voltada somente ao trabalho e aos estudos. As moças de hoje estão mudando.

— Sempre acreditei que mulher precisa trabalhar, por isso corro atrás do que quero.

— Você está na faculdade?

— Sim, estou fazendo matemática – respondeu a moça.

Yago sorriu e pela primeira vez se arrependeu por não ter terminado o colegial.

— Meu sonho é me tornar professora.

— Você é esforçada, então conseguirá, sim, realizar esse sonho.

A cada dia, Ana sentia-se ainda mais atraída pelo rapaz, que logo começou a perceber. À medida que os dois conviviam, Yago percebia várias qualidades em Ana, e não demorou a corresponder ao flerte discreto da moça. Quem não estava vendo aquilo tudo com bons olhos era Beatriz, que se irritava com a aproximação dos dois. Todas as vezes que Ana conversava com Yago não deixava de perceber os olhares de reprovação de Beatriz.

Certo dia, Moacir mandou que chamasse Yago à sua sala. O dono do escritório começou dizendo:

— Yago, sei que tem se esforçado, mas preciso dizer que Beatriz reclamou dizendo que Ana a está perseguindo. O que acha?

O rapaz irritou-se, dizendo:

— Perseguindo? Isso não é verdade, pois o que o senhor não sabe é que quase todos os dias corrijo o trabalho de Beatriz. E ela vem dizer que está sendo perseguida? Ana é uma boa moça, tanto que evitou vir lhe trazer esse problema.

Moacir indignou-se.

— Isso não pode acontecer. Nada deve fugir ao meu conhecimento.

Moacir deixou Yago sentado e, saindo do escritório, gritou:

— Ana, por favor, venha até minha sala agora!

A moça estranhou o chamado e imediatamente foi até a sala de Moacir. Todos no escritório ouviram o grito de Moacir. Beatriz ficou feliz, pois achou que os dois levariam uma chamada, porém o que ela não imaginava era que ela era o pivô daquela situação.

Ao entrar, Ana ouviu Moacir dizer, em tom austero:

— Por favor, feche a porta e sente-se – a moça imediatamente obedeceu, e o dono do escritório continuou: – Yago disse que Beatriz não está desempenhando bem seu trabalho, é verdade?

Trêmula, a moça respondeu:

— É verdade, Beatriz tem rasurado muitos documentos, errado a numeração de documentos de clientes e quase todas as manhãs tem chegado atrasada.

Moacir, transtornado com o relato, perguntou:

— Por que não me disse que estava com problemas? Saio algumas vezes ao dia do escritório, mas sempre estou aqui para ajudá-los no que for necessário.

Ana pensou por alguns instantes e disse:

— Doutor, não sei o que está acontecendo com Beatriz. Antes era mais atenta ao trabalho, mas de uns tempos para cá seu rendimento caiu e todos perceberam. Não lhe contei porque imaginei que ela estivesse com problemas em casa, pois, como sabe, ela ajuda a mãe. E, para que não perdesse o emprego, decidi pedir a ajuda de Yago.

— O que pensa que é este escritório? Não exijo muito dos meus funcionários, apenas que desempenhem bem suas funções, mas, quando estão abaixo das expectativas, é normal procurarmos alguém que realmente queira trabalhar.

— Doutor, a mãe de Beatriz é doente. É ela quem compra os remédios de que a mãe precisa. Entendo que tenha falhado, mas devemos levar em consideração a situação dela.

Revoltado, Moacir disse:

— Meu escritório não é posto de caridade, pois funcionário que não produz deve dar lugar a outro.

Yago, ao ver o transtorno do patrão, sentiu medo que ele fizesse alguma coisa contra Ana. Ela, por sua vez, se calou, pois sabia que o patrão estava certo, e com isso abaixou a cabeça.

— Entendo sua compreensão, mas quero que de hoje em diante funcionários que apresentarem problemas sejam denunciados, pois lhe pago para que me seja fiel.

Ana anuiu positivamente com a cabeça, permanecendo em silêncio.

Moacir prosseguiu:

— Quando saírem de minha sala, peço que não comentem o que estávamos conversando. A partir de amanhã, traga-me os trabalhos de Beatriz.

— Sim, senhor – disse Ana.

Moacir continuou:

— Veja o desperdício de tempo: Yago conserta os trabalhos de Beatriz e deixa de realizar outros trabalhos – os dois concordaram, permanecendo cabisbaixos, enquanto Moacir continuava: – Beatriz foi o motivo pelo qual dispensei Marcos, que sempre foi um funcionário exemplar.

Moacir, percebendo que não adiantava desabafar com os dois funcionários, decidiu dispensá-los. Yago e Ana saíram visivelmente abatidos da sala de Moacir, para a alegria de Beatriz.

A moça, naquela tarde, estava bem-humorada e, depois que terminou alguns documentos, entregou-os a Ana, que os levou a Moacir. Nos documentos havia algumas rasuras, o que deixou o dono do escritório visivelmente irritado.

Moacir pediu a Ana que mandasse Yago refazer o trabalho. O rapaz obedeceu e entregou o trabalho bem-feito no dia seguinte, o que deu uma ideia a Moacir: "Vou encarregar Yago de ajudar Ana em suas funções de comandar os outros funcionários". No dia seguinte, Moacir chamou Yago em seu escritório e foi logo dizendo:

— Meu jovem, você tem-se mostrado muito eficiente, então estive pensando em encarregá-lo de ajudar Ana em suas funções. Mas, para isso, há algumas regras: quero saber tudo o que acontece entre os funcionários. Não seja indulgente como a Ana. As mulheres sempre se deixam levar pelo coração. Não quero que proteja ninguém. Vou igualar seu salário ao de Ana, o que me diz?

Yago pensou um pouco e, satisfeito, aceitou a proposta de Moacir.

Faltavam poucos minutos para os funcionários saírem para o almoço quando Moacir saiu de sua sala anunciando a promoção de Yago. Beatriz, ao ouvir o pronunciamento de Moacir, se revoltou e disse:

— Por que Yago? Trabalho há bem mais tempo que ele, e até agora não saí do lugar.

Moacir, revoltado com a inveja da moça, respondeu:

— Foi bom ter dito o que pensa, Beatriz. Você não é indicada a promoção alguma, afinal, você tem trabalhado de maneira displicente, errado em numeração de documentos, rasurado documentos, e principalmente demorado tempo demais para realizar algumas tarefas. Além do mais, tem chegado atrasada e reclama de seus colegas com muita frequência. Agora eu pergunto: "Será que você é indicada ao cargo?"

Ruborizada com as afirmações do patrão, respondeu:

— Posso ter errado em alguns documentos, mas se tem algo que sou é fiel ao senhor.

— Fidelidade? Desculpe, Beatriz, mas você só pensa em prejudicar seus colegas, e isso tem me aborrecido. A partir de hoje, as únicas pessoas que poderão me relatar os problemas do escritório são Ana e Yago.

Beatriz mordeu os lábios com ódio de Moacir e principalmente de Yago. O rapaz ficou calado e no mesmo momento olhou para Beatriz, que o mirava incessantemente. Yago sentiu-se mal, baixando os olhos.

Moacir retirou-se, voltando à sua sala. Então, Beatriz aproximou-se de Yago e disse:

— Sua vitória será breve.

O rapaz não se intimidou com a ameaça da moça:

— Beatriz, se você trabalhasse mais e prejudicasse menos os colegas, certamente esse cargo seria seu.

Beatriz sentiu ódio de Yago e encerrou a conversa dizendo:

— Isso não vai ficar assim...

Ana, ao ouvir a ameaça, nada disse, esperando que Yago se defendesse, porém o rapaz simplesmente a ignorou. Depois daquele dia, Beatriz passou a odiar profundamente Yago. Qualquer dúvida ela chamava Ana, evitando-o. Moacir passou a gostar não somente do serviço de Yago, mas principalmente dele como pessoa, pois realizava seu trabalho com maestria, mantendo sempre a discrição.

O sábado chegou e Yago levantou faltando poucos minutos para as oito horas da manhã. Naquele dia, ele havia combinado de ir à loja em que Mercedes trabalhava para comprar roupas. Passava das nove horas quando o rapaz finalmente chegou lá. Ao entrar, logo pôde ver Mercedes, que conversava animadamente com uma cliente.

— Será que a senhorita poderia me mostrar roupas bonitas e baratas?

— Temos roupas muito bonitas, mas baratas... Aí fica a critério do freguês – respondeu Mercedes sorrindo.

Os dois desataram a rir.

— Venha, separei algumas roupas para você – disse Mercedes.

Ela levou o rapaz ao fundo da loja e lá mostrou camisas, calças, cinto e meias. Yago sorriu satisfeito. Confiava no bom gosto da irmã, mas desanimou-se ao saber dos preços. Com timidez, disse:

— Mercedes, gostei da calça cinza, mas é muito cara.

Mercedes fingiu não ouvir e, com euforia, continuou a mostrar outras roupas e depois perguntou:

— Do que gostou?

Yago, que não gostava de experimentar as roupas, disse:

— Gostei da calça cinza, do cinto preto, da camisa bege e da branca, enfim, gostei de tudo.

— Tem certeza de que servem em você?

— Servem. Afinal, conheço muito bem esse corpo lindo que Deus me deu.

Mercedes riu do comentário do irmão e completou:

— Deus te deu um corpo lindo e modéstia também.

— Qual seria o valor se eu levasse todas essas roupas? – perguntou o rapaz por curiosidade.

Mercedes marcou o preço de todas as peças e, ao falar o preço, Yago disse:

— Não sou rico, então ficarei apenas com uma calça e uma camisa.

— De maneira alguma! Você levará todas as peças. Marcarei em minha conta e dividirei em algumas vezes.

Yago sentiu medo de não poder pagar, afinal, não sabia quanto receberia no escritório.

— Não se preocupe, você pagará com tranquilidade – completou Mercedes.

Yago pensou e, com orgulho, disse:

— Está bem. Levarei todas as peças.

— Isso mesmo, é assim que se fala – a moça anotou o valor da compra em sua ficha.

Depois de ficar pouco mais de uma hora na loja, o rapaz voltou para a casa de Júlia, afinal, faltavam poucos minutos para a hora do almoço. Ao chegar, procurou por Júlia pela casa e a encontrou em seu quarto, arrumando as gavetas. Ele mostrou as roupas e imediatamente Júlia levou as calças ao quarto de costura, pois precisavam de alguns ajustes.

Satisfeita, Júlia perguntou:

— Como se sentiu ao comprar roupas?

— Senti-me um homem responsável.

— Esse é pagamento pelo trabalho honesto.

Os dois conversaram por alguns instantes e, em seguida, foram almoçar. Depois do almoço, Yago resolveu visitar sua mãe, pois sabia que o pai costumava ir à imobiliária.

CAPÍTULO DOZE

A vingança de Beatriz

Fazia dois meses que Yago estava trabalhando no escritório e, embora estivesse ganhando um pouco mais, sabia que seu salário não daria para se manter sozinho. Ele se saiu muito bem no trabalho, e todos os funcionários gostavam de sua maneira discreta de agir. A cada dia que passava o rapaz se sentia mais próximo de Ana.

Numa tarde chuvosa, Yago estava terminando de preparar um documento para um cliente, quando Ana se aproximou dizendo:

— Yago, gostaria de jantar em casa esta noite?

Surpreso, o rapaz olhou para sua interlocutora e devolveu a pergunta:

— Você está me convidando para jantar?

A moça anuiu em afirmativa, e prontamente o rapaz disse:

— O que acha de deixarmos esse jantar para amanhã? Não posso ir jantar em sua casa sem antes avisar dona Júlia.

Ana sabia de toda a vida de Yago, e não deixou de concordar com o rapaz. Rapidamente voltou à sua mesa, mas quem não via com bons olhos a amizade entre eles era Beatriz, que ficava espreitando cada passo de Yago. Ele, por sua vez, falava somente o necessário com Beatriz, e o fato de o rapaz evitá-la a deixava cada vez mais irritada.

Naquela noite, ao chegar em casa, Yago logo contou a Júlia sobre o convite que recebera de Ana. Encantada com a notícia, Júlia disse:

— Essa moça está apaixonada por você.

Quando pensava nisso, Yago sentia um certo frenesi, no entanto, controlou-se a fim de não deixar transparecer o que lhe ia ao coração. Júlia, sem pudor, foi direto ao assunto ao perguntar:

— Está apaixonado por essa moça?

Yago tentou disfarçar, mas foi interrompido por Júlia, que disse, feliz:

— Não há vergonha alguma em estar apaixonado, aliás, isso é absolutamente normal.

Ao ouvir Júlia, o rapaz finalmente disse:

— Sinto algo forte por Ana, mas ainda é cedo para dizer se é paixão.

— Yago, já pensou que a moça talvez só esteja esperando que se declare apaixonado por ela? Meu filho, você nunca se apaixonou antes?

Yago pensou por alguns instantes e respondeu:

— Para ser sincero, não sei! Quando tinha dezessete anos, me interessei por Maria Helena, filha do seu Antonio Galvão, mas ela nunca ficou sabendo, e eu nunca tive coragem de lhe dizer. Mas não era algo sério, pois, quando eles se mudaram, senti saudade dela por uns dois dias, mas depois nem me lembrava mais de que um dia havia a conhecido. Com Ana é diferente. Penso nela todo o tempo. Meu dia só começa quando a vejo.

Na semana passada, ela faltou ao trabalho, pois sua mãe estava doente, e senti que o escritório estava vazio e sem graça.

— Como é bom nutrir esse sentimento por alguém. A vida passa a ser colorida, e nós não nos importamos com nada.

— A senhora acha que tenho que me declarar a Ana?

— E por que não? Vocês são jovens. E talvez ela esteja esperando por isso.

— Não sei se terei coragem, pois sou muito tímido – confessou Yago, encabulado.

Pela primeira vez, Júlia apenas sorriu sem nada dizer. Yago pensou por alguns instantes e disse:

— Está certo, vou me declarar a ela amanhã depois do jantar.

— Yago, se tudo correr bem e vocês começarem a namorar, lembre-se de que é um compromisso que estará assumindo com essa moça, portanto, pense que haverá certos limites que terá que seguir – aconselhou Júlia.

— Que limite? Do que a senhora está falando?

— Quando namoramos, sentimos certos impulsos, o que é absolutamente natural, porém, devemos controlar esses impulsos para não fazer nada que venha a se arrepender futuramente.

Yago empertigou-se na cadeira sem nada dizer. Júlia, sem rodeios, foi direto ao assunto, fazendo com que Yago ficasse um tanto constrangido.

— Quando somos jovens, somos tomados de determinados desejos, porém para tudo há tempo certo. O livro de Eclesiastes, capítulo três, versículo um, diz "Para tudo há um tempo determinado", e no versículo cinco a segunda parte diz que "há tempo para abraçar e tempo para manter-se longe do abraço". Isso que dizer que os jovens precisam ser ajuizados e não se deixarem cair em tentação, pois, quando se namora, uma coisa leva à outra. Tudo começa com um aperto de mão, depois vêm abraços e beijos calorosos, culminando em uma relação sexual. Mas, como sabemos, nem sempre os jovens estão preparados para tal ato, e, como ninguém foge à lei da ação e reação, virá a consequência do ato impensado. O que resultará em muitas dores que poderiam ser evitadas. Meu filho, seja ajuizado e procure sempre respeitar uma mulher, pois ela não é somente fonte de prazer. Um homem sério deve procurar uma moça para ser sua companheira na vida. E nunca se esqueça de que filha dos outros não deve ser usada e depois descartada como se fosse lixo. Já pensou se

Fernando tivesse abusado de Mercedes e depois a tivesse descartado como um traste qualquer?

Yago, ao pensar na irmã, disse com veemência:

— Fernando seria um homem morto!

— Portanto, meu filho, lembre-se de que essa moça é filha de alguém, irmã de alguém, e não deve ser tratada com desrespeito – disse Júlia em tom sério.

Yago pensou por alguns instantes e disse:

— Entendi aonde a senhora quis chegar e prometo que, se começar a namorar Ana, serei respeitoso.

— Não esperava ouvir outra coisa de você.

Yago mudou o rumo da conversa ao perguntar:

— Dona Júlia, a senhora acha que devo comprar alguma coisa para presenteá-la?

Júlia foi razoável ao responder:

— Meu filho, será apenas um jantar. Deixe os presentes para quando começarem a namorar.

Yago, sorrindo, mudou completamente de assunto:

— Dona Júlia, recebi meu segundo salário, e esta é a minha contribuição para ajudar nas despesas da casa.

— Meu filho, não precisa se preocupar, você é meu hóspede e não seria certo pegar parte de seu salário.

— Dona Júlia, por favor, pegue, pois sei como está caro o custo de vida, e não é justo a senhora arcar com todas as despesas.

Júlia recusou veementemente, porém Yago insistiu, dizendo:

— Se a senhora não aceitar minha contribuição, serei obrigado a procurar outro lugar para ficar.

Ao ouvir que o rapaz poderia ir embora da sua casa, Júlia amedrontou-se e aceitou a oferta.

Yago, naquela noite, fez tudo como de costume. Tomou banho, fez a barba, jantou e depois conversou com Júlia até sua mãe chegar. Depois de ficar um pouco com as duas mulheres, finalmente se recolheu. Júlia contou a Mirtes sobre a contribuição de Yago, o que deixou a mãe imensamente feliz.

— Sempre sonhei que meu filho se tornasse um homem responsável, mas confesso que não pensei que fosse em tão pouco tempo – disse Mirtes.

— Yago é um rapaz bom. O que lhe faltava era um pouco de disciplina.

Mirtes irritou-se dizendo:

— A senhora está dizendo que não soube educar meu filho?

— Não é isso, Mirtes. O que estou querendo dizer é que Yago precisava de autodisciplina e senso de responsabilidade. Ele está se esforçando e confesso que está se saindo muito bem.

Mirtes acalmou-se ao ouvir a explicação de Júlia e, sorrindo, pediu desculpas. Ela disse que havia contado a Arnaldo sobre as mudanças do filho e que o pai novamente cobrou que ele voltasse para casa.

— Desculpe, Mirtes, mas não gostaria que Yago fosse embora. Me habituei tanto com sua presença que não consigo imaginar minha casa sem ele – disse Júlia com tristeza.

Mirtes comoveu-se com a sinceridade da amiga.

— Yago é um menino adorável, mas também sinto falta dele.

— Um dia Yago irá embora, e nada poderei fazer para impedir, mas, seja como for, que Deus o ajude a fazer o que for melhor para ele.

Mirtes levantou e, abraçando a amiga, disse:

— Esse nosso filho é muito querido.

O que as duas não imaginavam era que Yago estava com a porta de seu quarto aberta e ouvia a conversa das duas mulheres. Yago pensou satisfeito: "Elas me amam...". Sorrindo, o rapaz remexeu-se confortavelmente em sua cama e logo adormeceu. As duas mulheres conversaram por mais algum tempo e logo Mirtes foi embora. Naquela noite, Mercedes não se juntou às duas mulheres, pois resolvera ficar arrumando suas gavetas.

No dia seguinte, Yago arrumou-se com esmero para ir ao trabalho, pois sabia que, ao sair do escritório, acompanharia Ana à sua casa para o jantar. Ao chegar, encontrou-a conversando com Pedro sobre algumas tarefas para aquele dia. Pedro, ao ver Yago, disse:

— Nossa! Por que se esmerou tanto em se arrumar?

Ana compreendeu por que o rapaz se vestira tão bem naquele dia, e sorriu sem nada dizer. Yago, depois de os cumprimentar, dirigiu-se à caixa de tarefas daquele dia, e sorrindo perguntou à moça:

— Já distribuiu as tarefas de hoje?

— Sim, estava falando para Pedro que hoje ele terá que ir à delegacia para pegar a assinatura do delegado.

Pedro pegou alguns papéis e saiu, e Ana se aproximou de Yago dizendo:

— Ontem pedi a Beatriz que preenchesse esses requerimentos, porém, veja como ela me entregou.

— Não é possível que alguém erre tanto. Chego a pensar que ela faz isso de propósito para nos aborrecer.

— Não sei mais o que fazer, a cada dia que passa Beatriz está pior, e penso que levar tudo a Moacir de nada vai resolver – disse Ana desanimada.

— Não podemos ocultar isso de Moacir. Não se trata só de erro, mas de descaso no trabalho – respondeu Yago de maneira incisiva.

— O que pretende fazer?

Yago pensou por alguns instantes e disse:

— Vou ter que expor o caso a Moacir. Somente ele poderá fazer alguma coisa.

— Faça o que achar melhor, mas eu não vou acompanhá-lo até a sala do chefe, pois hoje ele está com um humor horrível.

— Seu mau humor não me assusta – disse Yago sorrindo.

Ana tentou interferir, dizendo:

— O que acha de conversarmos com Beatriz? Talvez possamos pedir que refaça seu trabalho.

— Ela nos entregará outro requerimento com erros até piores que estes. Além do mais, Beatriz nos odeia e fará de tudo para nos prejudicar.

Ana pensou por alguns instantes e disse:

— Está certo. Converse com doutor Moacir sobre o assunto.

Yago pegou o requerimento e foi até a sala de Moacir. Sem rodeios, disse tudo o que estava acontecendo.

— Por favor, chame Beatriz à minha sala – disse Moacir, irritado.

Yago retirou-se e, em poucos minutos, a moça entrava na sala do chefe. Em tom austero, Moacir disse:

— Entre e feche a porta, por favor.

Beatriz obedeceu às ordens do patrão. Assim que se sentou, ele começou:

— Beatriz, por favor, queira me explicar o que é isso.

A moça, ao ver o requerimento que havia preenchido, disse com deboche:

— Um requerimento...

Moacir, percebendo o tom desafiador da moça, disse em tom áspero:

— Que é um requerimento isso eu sei, mas o que não consigo compreender é como consegue entregar um serviço como esse? Veja quantas rasuras.

— Doutor, deixe que eu refaça esse documento.

Moacir meneou a cabeça.

— Pedirei que Ana ou Yago refaça esse trabalho malfeito, mas agora quero saber por que está errando tanto.

— Não sei dizer, senhor.

Moacir, percebendo que a moça estava querendo prejudicar alguém, disse:

— Vou lhe dar outra chance, mas quero que saiba que será a última, portanto, peço que se esforce, pois da próxima vez não serei tão condescendente para com você.

Sentindo-se ameaçada, a moça respondeu:

— Acredite! Isso não vai acontecer novamente.

— Não vai acontecer mesmo. Minha paciência com você está nos limites.

— Por favor, dê-me a chance de refazer esse documento – pediu Beatriz.

Moacir colocou o documento na frente dela e, com seriedade, disse:

— Quando terminar, entregue em minhas mãos.

Beatriz pegou o papel e saiu da sala do patrão sentindo verdadeiro ódio de Yago.

— Isso não vai ficar assim. Yago me paga.

A moça pegou outro requerimento e se pôs a preencher. Ana e Yago se entreolharam. Depois de meia hora, Beatriz foi até a sala de Moacir e entregou o trabalho sem rasuras.

— Não tenho dúvida de que sabe trabalhar, mas por que está errando tanto nos últimos tempos?

A moça nada disse e, pedindo licença, se retirou voltando à sua máquina. E assim o dia transcorreu sem qualquer outro sobressalto. No final do expediente, Yago ficou esperando Ana para saírem juntos. Beatriz viu os dois e seu ódio pelo rapaz aumentou ainda mais. Ela pensou: "Esses dois estão namorando. Preciso encontrar uma maneira de acabar com a alegria desse patife!".

CAPÍTULO TREZE

Yago pede Ana em namoro

Os dois chegaram em frente à casa de Ana, e o rapaz não deixou de perceber que se tratava de uma casa simples. Era antiga e demonstrava a corrosão do tempo.

— Esta casa minha mãe recebeu de herança quando era criança. Era mais bem-cuidada, papai vivia a arrumando, mas, desde que ele morreu, nunca mais ninguém fez nada nela.

A casa era em tom rosa-claro, porém, a marca do tempo deixara claro que outrora se tratava de uma bela construção. O muro baixo e o jardim na frente da casa davam indícios de que a dona não cuidava havia anos do jardim, que apenas tinha um pé de hortênsia velho e que mal dava flores. Embora a casa demonstrasse que em seu tempo de glória havia sido uma bela construção, não deixava de mostrar também que estava quase em ruínas, mantendo apenas sua história.

Yago permaneceu calado, e naquele momento a moça se deu conta de que deveria pedir que o rapaz entrasse. Assim que chegou à varanda, Yago não deixou de notar que o piso antigo deveria ter sido muito bonito em sua época. Ao entrar, o rapaz percebeu que o assoalho já não era tão firme, e que ao andar fazia barulho. Os móveis velhos e as cortinas puídas evidenciaram que a família enfrentava graves problemas financeiros. O papel de parede da sala estava se soltando, e em alguns lugares já não existia. Yago observava tudo com discrição. Assim que Ana pediu que se sentasse, uma senhora entrou na sala dizendo:

— Boa noite! Sou Maria Luiza, mãe de Ana.

Yago estendeu a mão cumprimentando a mulher, que respirava com dificuldade.

— Mamãe, esse é Yago.

A mulher gostou da aparência do rapaz e sorrindo disse:

— Seja bem-vindo à nossa casa.

O rapaz sorriu e educadamente respondeu:

— Obrigado, dona Maria Luiza.

A mulher disse à filha:

— Vou à cozinha terminar o jantar e voltarei em seguida.

Yago se sentou no velho sofá que estava coberto por um lençol. A mulher voltou à cozinha sorrindo, deixando os dois sozinhos.

— Esta é uma bela casa – disse Yago.

— Não temos dinheiro para a reforma, mas gostaria de fazer isso por minha mãe – respondeu Ana desanimada.

Yago olhou penalizado para a moça e disse:

— Na época em que foi construída, devia ser uma bela casa.

— E era. Lembro-me de que essa era a casa mais bonita da rua, mas com o tempo vieram as demolições, e as novas construções deram ao lugar um aspecto moderno.

Yago, não querendo se prolongar naquele assunto, disse:

— Ana, tenho uma coisa para lhe falar...

— O que houve? – respondeu a moça, curiosa.

Yago pigarreou e, depois de alguns instantes, voltou a dizer:

— Sabe que nos damos bem, e confesso que não consigo tirá-la do pensamento. Por esse motivo, gostaria de saber se aceitaria meu pedido de namoro.

Ana não esperava que o rapaz dissesse tudo de uma só vez, então respondeu:

— Tem certeza?

— Sim – respondeu o rapaz. – Ana, estou apaixonado por você, mas como vê sou tímido, e neste momento mal consigo esconder meu nervosismo.

A moça abriu um largo sorriso e disse:

— Bem, vou pensar...

Yago, então, sentiu como se o chão sumisse debaixo de seus pés e gaguejou:

— Não precisa me responder agora, quero que pense no assunto.

— Já pensei e não vou voltar atrás.

Yago esfregava uma mão na outra, evidenciando sua excitação nervosa. Ana, percebendo quão difícil estava sendo para Yago, antecipou-se, dizendo:

— Aceito!

Yago mal podia acreditar no que estava ouvindo.

— Tem certeza? – perguntou ele.

— Se tem uma coisa que a vida me ensinou é que não posso ser uma pessoa indecisa. Já tomei tantas decisões e confesso que não me arrependi. Com respeito ao namoro, decidi aceitar porque gostei de você desde o início.

Naquele momento, Maria Luiza entrou na sala:

— Por favor, venham jantar.

Os dois acompanharam a mulher e logo entraram em uma copa. Yago não deixou de observar quão grande era a casa. Maria Luiza era uma senhora obesa, e andava com dificuldade, mas sua simpatia a deixava muito bonita.

— O que fez para o jantar, mamãe? – Ana perguntou.

— Fiz estrogonofe, como me pediu.

Yago, então, perguntou:

— Como sabia que gosto de estrogonofe?

Ana respondeu:

— Eu não sabia...

Os três começaram a rir simultaneamente. Naquele momento, Yago percebeu que Ana era completamente diferente da moça que conhecera no escritório. E sua descontração a deixava ainda mais bonita. Maria Luiza gostou de Yago e disse, sorrindo:

— Espero que goste.

Yago sorriu amavelmente à boa mulher, e assim os três jantaram tranquilamente, falando sobre assuntos corriqueiros. Depois do jantar, Maria Luiza serviu quindim de sobremesa, para a alegria de Yago.

Assim que terminaram o jantar, Yago disse:

— Dona Maria Luiza, aproveitando a oportunidade, gostaria de pedir sua permissão para namorar Ana.

Maria Luiza, que simpatizara com Yago, disse:

— Que bom! Não só permito como apoio.

Maria Luiza gostou do pedido do rapaz, pois acreditava que a filha estava ficando velha para namorar, então começou a dizer:

— Dou minha permissão, mas desde já vou avisando que há regras para namorar minha filha.

Yago ficou aguardando que a mulher passasse a esclarecer as regras.

— Não pensem que vão namorar todos os dias. Permitirei que venha em nossa casa duas vezes na semana, sábado e domingo. Não quero que namorem nas ruas, pois minha filha é moça de família. Se saírem, o horário para chegar em casa é vinte e duas horas, e não aceitarei atraso. Tenham juízo e não façam o que não devem. E, mesmo que se vejam todos os dias no trabalho, peço que respeite minha filha.

Yago logo se lembrou das palavras de Júlia e disse:

— Dona Maria Luiza, saiba que obedecerei às suas regras. Sou um rapaz respeitador, pois uma moça sempre é filha de alguém, ou irmã de alguém, portanto, cabe a mim respeitá-la pelo ser humano que é, e por esse motivo eu a admiro muito.

Maria Luiza gostou do que ouviu e, sorrindo, respondeu:

— Vejo que vamos nos dar muito bem.

— Onde estão seus irmãos? – Yago perguntou a Ana.

— Não tenho irmãos. Meu único irmão morreu quando tinha apenas seis anos. Ele era mais novo que eu.

Maria Luiza, ao se lembrar do filho que morrera, sentiu uma tristeza momentânea, e Ana, percebendo a tristeza no olhar da mãe, mudou de assunto:

— Assumiremos nosso namoro no escritório?

Sem compreender aonde Ana queria chegar, o rapaz respondeu:

— Não vejo motivo para esconder nosso namoro. Somos jovens, livres e não estamos prejudicando ninguém.

— Esqueceu que temos uma inimiga no trabalho?

Yago, sem levar em consideração o que Ana queria dizer, respondeu:

— Beatriz é inofensiva, embora seja venenosa.

Naquela noite, os dois jovens se despediram felizes. Ao sair da casa de Ana, Yago percebeu que, pela primeira vez em sua, vida estava se sentindo plenamente feliz.

Yago chegou em casa e encontrou dona Júlia e sua mãe conversando.

— A senhora tinha razão, dona Júlia, Ana estava esperando que me declarasse, e assim o fiz: eu a pedi em namoro.

— E ela aceitou? – perguntou Júlia.

— Sim! Estou tão feliz, tudo parece um sonho!

Mirtes, sem entender, perguntou:

— Quem você está namorando, meu filho?

O rapaz se juntou às duas mulheres e contou a história desde o início à sua mãe.

— Quero conhecer minha futura nora – disse Mirtes, feliz.

— Isso acontecerá na primeira oportunidade, minha mãe.

— Não se esqueça do conselho que lhe dei, meu filho. Como Ana é uma moça de família, merece ser respeitada – disse Júlia.

O rapaz anuiu com a cabeça.

— Farei tudo o que estiver a meu alcance para não a magoar.

Júlia era uma médium que tinha o dom de ver coisas que outras pessoas normalmente não enxergavam, e logo viu uma luz atrás do rapaz:

— Ao se deitar, não esqueça de fazer uma prece em agradecimento.

— Por favor, dê-me licença, estou cansado – disse Yago sorrindo.

— Claro, meu filho, vá descansar – respondeu Mirtes.

— Yago, deixei uma toalha de banho limpa sobre sua cama – completou Júlia.

O rapaz se aproximou primeiro de Júlia e beijou-a ternamente no rosto; em seguida, fez o mesmo com sua mãe. E assim entrou em casa, sentindo uma paz que nunca antes sentira.

— Yago nem de longe se parece com aquele rapaz perdido de outros tempos – disse Mirtes, feliz com as últimas notícias.

— Graças a Deus! Yago é um bom menino. O que estava lhe faltando era disciplina – respondeu Júlia.

Mirtes pensou por alguns instantes e acabou relembrando a maneira traumática com que o rapaz foi embora de casa:

— Quando Yago saiu de casa, pensei que meu mundo havia acabado, pois eu o julgava incapaz de viver longe de minha proteção. Hoje, olhando para esse rapaz que acabou de entrar, vejo quanto estava enganada.

Júlia, lembrando-se da conversa que tivera com a amiga, disse:

— Amiga, o mal momentâneo muitas vezes é o remédio para nossa dor. Naquele dia, sofreste amargamente, porém hoje viu com seus próprios olhos que foi o melhor para Yago. E aprenda a lição: um filho vive muito bem sem a proteção materna.

— Se naquele dia soubesse que Yago se transformaria em um homem, não teria sofrido tanto...

Júlia convidou a amiga a acompanhá-la em uma prece. Mirtes concordou, e Júlia agradeceu a Deus não somente pelo amadurecimento de Yago, mas também por sua companhia.

Ao voltar para casa, Mirtes encontrou o marido deitado no sofá. Sorrindo, ela disse:

— Arnaldo, se eu te contar você não vai acreditar. Yago está namorando.

O homem sentou-se e, sem compreender, perguntou:

— Como? Yago está namorando?

A mulher contou ao marido tudo o que soubera na casa de Júlia, e o homem, surpreso com as mudanças do filho, disse:

— Era essa a vida que sempre quis a nosso filho. Que trabalhasse, namorasse e fizesse coisas que fazem os jovens de sua idade.

— Yago ter ido embora de casa foi a melhor coisa que poderia ter acontecido.

— O sofrimento amadurece – disse Arnaldo, orgulhoso.

— Quando temos filhos, somos capazes de qualquer coisa para impedir seu sofrimento, mas agora chego à conclusão de que o sofrimento é necessário para que haja amadurecimento. Júlia sempre esteve certa, mas eu não conseguia entender.

Arnaldo ficou feliz e, pela primeira vez na vida, desejou muito ver o filho. Afinal, desde que Yago saíra de casa, ele nunca mais o tinha visto. Mirtes foi em direção a seu quarto e, ao olhar para o quarto de Mercedes, percebeu que a moça ainda estava acordada. Foi então até o quarto da filha e a encontrou lendo um livro de poesias. Deu a notícia a ela, o que a deixou imensamente feliz:

— Quem o viu, quem o vê! Finalmente Yago se tornou um homem.

Mirtes, pegando uma boneca da filha, disse:

— Devo a Júlia o crescimento de meu filho.

— Mãe, devemos o crescimento de Yago a Deus. Dona Júlia foi apenas um meio que os amigos espirituais encontraram de mostrar o caminho a meu irmão.

— Tem razão, minha filha. Deus é tudo em nossa vida.

Mercedes mal pôde acreditar no que acabara de ouvir. Pela primeira vez percebeu que sua mãe estava perdendo o velho preconceito com a religião de Júlia.

— Minha filha, Yago pagou a prestação das roupas que comprou?

Despreocupada, Mercedes disse:

— Mãe, se Yago não puder pagar, não tem problema, pois as prestações serão descontadas do meu pagamento.

— Filha, se Yago não pagar, eu pagarei.

Mercedes repreendeu a mãe:

— Não volte a cometer os mesmos erros com Yago. Se ele não pagar, eu o cobrarei, para que aprenda a ter responsabilidade.

— Você terá coragem de fazer isso com seu irmão?

— Mãe, Yago está começando a crescer, portanto, não o atrapalhe com seus mimos. Farei isso para o bem dele, embora não esteja preocupada com o dinheiro.

— Como pode ser tão dura com seu irmão?

— Não serei tão dura quanto a vida se mostrou, e ainda se mostrará, a meu irmão – Mercedes respondeu em tom áspero.

Mirtes logo percebeu que Mercedes estava certa:

— Minha filha, Yago já aprendeu muito, mas ainda há mais para aprender.

Mercedes sorriu para a mãe e disse:

— Dona Mirtes, aceite: a senhora não estará sempre por aqui para proteger Yago. Deixe-o crescer.

A mulher concordou com a filha. Em seguida, depositou a boneca sobre a cama de Mercedes e, dando boa-noite, saiu do quarto da filha.

Passava das seis horas quando Yago levantou e encontrou Júlia terminando o café. Acostumado àquela cena, ele deu um beijo em Júlia e sorrindo disse:

— Acordei mais cedo para ir à padaria, mas vejo que acordei tarde.

— Meu filho, sente-se. Vamos tomar café, os pães acabaram de sair do forno.

Yago obedeceu, e Júlia, querendo saber mais detalhes da noite anterior, perguntou:

— E você gostou da mãe da moça?

O rapaz disse que sim e que fora bem recebido.

— Hoje você vai à casa da Ana?

O rapaz disse que a mãe da moça lhe dera algumas regras, às quais ele seguiria à risca. Júlia ficou feliz pelo rapaz ter sido bem recebido e com isso disse:

— Meu filho, peço que as traga para que eu possa conhecê-las.

O rapaz, sorrindo, concordou com o pedido de Júlia e disse:

— A senhora vai gostar de Ana e da mãe dela.

— Já gostei, meu filho, pois vejo que são boas pessoas.

O rapaz contou detalhes do jantar, da casa, enfim, contou tudo o que acontecera na noite anterior. Já eram mais de sete horas da manhã, quando saiu de casa para ir ao trabalho.

Yago chegou ao escritório e, para sua surpresa, Ana ainda não havia chegado. Ele se esmerou em se arrumar aquele dia, e foi com alegria que viu a moça entrando no escritório. Ela agiu normalmente, aproximou-se do rapaz e logo perguntou sobre os afazeres daquele dia. Yago entregou a ela dois documentos que deveriam ser feitos em caráter de urgência e com isso disse:

— Pedirei a Beatriz que preencha esses formulários, o que acha?
Ana pensou por alguns instantes e disse:

— Não acho uma boa ideia. Esse trabalho deverá ser colocado sobre a mesa do chefe até as dez da manhã.

— A quem pediremos para preencher esses formulários? – perguntou Yago após pensar por alguns instantes.

— Eu mesma faço! Se houver erros, o doutor Moacir ficará muito bravo.

— Não podemos ficar poupando Beatriz, pois ela está aqui para trabalhar.

— Deixe que eu mesma faço o trabalho. Não quero ficar arranjando encrenca com Beatriz.

— É por isso que gosto tanto de você – respondeu Yago sorrindo.

A moça sorriu sem nada dizer. E assim o dia começou no escritório. Beatriz, no entanto, estava cada vez mais insatisfeita com a troca de olhares do jovem casal.

Beatriz saiu do trabalho naquele dia visivelmente irritada, e de péssimo humor chegou em casa. A moça morava em um bairro pobre, não muito distante do escritório. Encontrou a mãe sentada no sofá, pois a mulher tinha problema no coração, e se cansava ao menor esforço.

— O que faz sentada sozinha na sala? Por que não está deitada? – disse a moça com voz austera.

— Estou cansada de ficar deitada, minha filha, sinto dores pelo corpo inteiro – respondeu Sonia, mãe de Beatriz.

— Onde está Clara? – Beatriz perguntou.

— Pedi a Clara que fosse à padaria comprar pães.

— Irresponsável! Como Clara pôde sair e deixá-la sozinha? – falou Beatriz, indignada.

Clara era mais nova que Beatriz, mas tinha um temperamento melhor que o da irmã.

— Não diga isso de sua irmã. Clara é uma boa menina, e fica comigo o tempo todo.

— A senhora vive a protegê-la, e isso me enoja – respondeu Beatriz com raiva.

Não era incomum chegar de mau humor em casa, mas naquela tarde Beatriz estava insuportável, então a mãe decidiu se calar a fim de não arranjar confusão desnecessária. Clara chegou com os pães e o leite, e Beatriz, ao vê-la, gritou:

— Por que demorou tanto a chegar? Acaso não sabe que nossa mãe não pode ficar sozinha por muito tempo?

Clara, que tinha somente catorze anos, respondeu:

— Não demorei, saí há pouco mais de dez minutos.

Beatriz, querendo arranjar confusão, disse:

— Dez minutos? Não sabe que é tempo demais para uma pessoa cardiopata ficar sozinha?

Clara percebeu que Beatriz estava de mau humor, então decidiu fazer como a mãe e se calar.

Beatriz tomou café e saiu dizendo que voltaria antes das dez da noite. Sonia, ao se ver sozinha com Clara, disse:

— Sua irmã tem um gênio do cão.

— Ultimamente Beatriz está insuportável! – disse Clara.

— Penso o que será da sua irmã quando eu me for deste mundo... Essa menina sempre me deu trabalho, pois sempre foi mentirosa, ardilosa, fofoqueira, ao contrário de você, que só me deu alegrias.

Clara, que não gostava de falar da irmã, disse:

— Infelizmente, Beatriz é assim e não vai mudar.

Sonia foi obrigada a concordar com a filha e voltou lentamente a seu quarto.

Beatriz foi à casa de sua única amiga, Márcia. As duas tinham muitas coisas em comum, inclusive a mesma idade. Como a mãe de Márcia não gostava de Beatriz, ela chegou em frente à casa da amiga e ficou esperando a moça sair. Depois de alguns minutos, Márcia saiu, olhando para trás para se certificar de que ninguém havia visto Beatriz. Ao ganharem a rua, Márcia perguntou:

— Beatriz, tem certeza de que é isso que quer fazer?

Beatriz, olhando para o relógio, respondeu:

— Não sou mulher de voltar atrás. Vou me vingar de Yago e depois disso tomarei o posto de Ana no escritório.

— Entre o ódio e o amor, há uma linha tênue. Às vezes chego a pensar que está apaixonada por Yago – brincou Márcia.

Beatriz olhou seriamente para a moça e entredentes disse:

— Odeio Yago! Ele não sabe com quem se meteu.

Márcia conhecia Beatriz há pouco mais de um ano, porém, algumas vezes sentia medo da amiga, pois sabia quanto era vingativa.

As duas moças chegaram em frente a uma casa paupérrima, e por um momento Márcia, que se arrependera de ter falado sobre mãe Dinha, disse:

— Beatriz, vamos deixar de bobagem e vamos embora.

— Quero me vingar de meus inimigos e, já que oferecem ajuda, por que não aceitar?

— Não esqueça que tudo tem um preço. Não existe benefício sem sacrifício – disse Márcia, temerosa.

— Bobagem! Não pensei que fosse tão medrosa – disse Beatriz a Márcia.

Márcia respirou fundo e entrou no casebre de mãe Dinha. As duas foram recebidas por uma senhora negra, que disse:

— O que querem? Hoje não é dia de trabalhos.

Márcia gaguejou e finalmente Beatriz tomou a palavra.

— Queremos conversar com mãe Dinha, ela se encontra?

A mulher olhou Beatriz e rapidamente rodopiou nos calcanhares indo ter com mãe Dinha, que estava no interior da casa. As duas ficaram do lado de fora, enquanto Beatriz olhava curiosa para cada detalhe daquela casa.

Não demorou e a senhora veio dizendo:

— Mãe Dinha disse que receberá apenas uma pessoa hoje.

Beatriz, sorrindo, disse à amiga:

— Espere-me aqui, volto logo.

A senhora encaminhou Beatriz ao interior da casa.

— Espere aqui – disse à moça.

Beatriz obedeceu e não deixou de observar um altar com uma grande diversidade de santos. Logo uma senhora morena apareceu na porta e em tom sério perguntou:

— O que a trouxe aqui?

— Uma amiga me disse que a senhora poderia me ajudar.

A mulher, olhando firmemente para Beatriz, nada disse, ficando apenas a observá-la.

— O que deseja?

Beatriz, que estava se sentindo mal com o olhar da mulher, respondeu em poucas palavras:

— Quero destruir meus inimigos.

A mulher, que aparentava setenta anos, disse:

— Você sabe o que isso implica?

Beatriz permaneceu calada esperando que continuasse. Mãe Dinha, como era chamada, continuou a observar Beatriz e disse:

— Menina, tome cuidado com seu coração. Você é uma pessoa invejosa e isso poderá lhe trazer muitos problemas. Seu coração está manchado pela inveja, e esse desejo de prejudicar as pessoas poderá se voltar contra você.

Beatriz pensou: "Não estou aqui para ouvir sermões. Quero resolver meu problema...".

— Você precisa aprender que a vida apresenta retornos para cada ação que praticar, portanto, aconselho-a a mudar seus sentimentos antes de pedir qualquer coisa às entidades.

— Não entendo o que a senhora está querendo dizer, mas saiba que, se odeio determinadas pessoas, é porque tenho meus motivos, e peço que me respeite.

A mulher olhou para a porta e gritou:

— Aurora, venha até aqui. Preciso que jogue búzios a essa moça.

Beatriz sentiu-se vitoriosa, afinal, a mulher havia compreendido o que ela estava querendo dizer. A outra senhora, que estava fora, pegou uma peneira com várias linhas à sua volta e, depois de recolher as conchas, disse:

— Venha até essa sala.

Beatriz a seguiu e a mulher foi logo dizendo:

— Você é uma moça que tem ódio de algumas pessoas, mas vou lhe falar, se não mudar sua maneira de ser, vai sofrer muito por isso.

A mulher voltou a recolher as conchas e novamente as jogou:

— Seu trabalho vai mal. Embora culpe os outros de suas desgraças, a única responsável por isso é você mesma.

A mulher novamente recolheu as conchas e disse:

— Não mexa com o que não conhece. Essa é a recomendação que os búzios lhe dão.

Frustrada, Beatriz disse:

— Pensei que iriam me ajudar, mas vejo que são todos charlatões.

Aurora naquele momento levantou o olhar da peneira e disse:

— Pense como quiser, mas saiba que vai se arrepender se insistir nesse caminho.

— Não sou pessoa de me arrepender de nada do que faço, portanto, quero saber como farei para me vingar dos meus inimigos – Beatriz disse com altivez.

Aurora e Dinha se entreolharam, e foi a mãe de santo que disse:

— Vamos deixar que a moça aprenda com quem está mexendo...

Aurora anuiu com a cabeça e Dinha voltou a dizer:

— Volte para os trabalhos da casa na segunda-feira.

Beatriz pensou por alguns instantes e perguntou:

— Por que não podemos vir amanhã ou sexta-feira?

— No seu caso, terá que conversar com as entidades que a auxiliarão.

— Quanto pago pelo serviço – perguntou Beatriz em tom desafiador.

Dinha apressou-se em dizer:

— Não deve nada, afinal, você terá muito que pagar...

Beatriz não entendeu o que a senhora estava querendo dizer e pensou: "Essa mulher é caduca...".

Dinha, que não se sentira bem ao lado de Beatriz, disse:

— Agora, vá embora, mas lembre-se de lavar sua alma, pois o que há em você poderá prejudicá-la.

Beatriz ignorou as admoestações da mulher e, sem dizer mais nenhuma palavra, saiu para encontrar-se com Márcia, que a aguardava do lado de fora. Dinha e Aurora ficaram olhando a moça se afastar.

— Essa moça está presa em sua teia de maldades, e terá que arcar com as consequências – disse a mãe de santo.

— Não acha que os trabalhos de segunda-feira são pesados para ela? – Aurora perguntou.

— Quem procura o que não perdeu, acaba encontrando desgraça – respondeu Dinha.

Aurora compreendeu o que a mulher estava querendo dizer e, meneando a cabeça, abriu um sorriso tímido, afastando-se em seguida.

Beatriz saiu da casa de mãe Dinha sentindo-se uma idiota, e com raiva disse a Márcia, que a esperava do lado de fora:

— Por que me trouxe aqui? Pensei que me ajudariam, mas o que fizeram?

Aurora começou a jogar conchinhas em uma peneira, e, à medida que ia jogando as conchas na peneira, ia falando coisas sem sentido.

Márcia, que havia ido à casa de mãe Dinha outras vezes, respondeu:

— Isso se chama jogo de búzios. Dona Aurora consegue ver o futuro por meio das conchas.

— E você acredita nisso?

— Claro! Tudo o que dona Aurora me disse deu certo.

— Não sabia que era tão suscetível. Ninguém tem a capacidade de conhecer o futuro, não acredito nessas superstições – respondeu Beatriz, indignada.

Márcia preferiu não entrar em discussão com Beatriz, pois ela sabia que a outra sempre vencia no jogo das palavras. Com raiva, a moça decidiu não acompanhar Márcia à sua casa, pois estava demasiadamente irritada. Ao chegar em casa, Beatriz logo percebeu que sua mãe já estava dormindo e que a irmã deveria estar lendo algum livro antes de dormir. Sonia não gostava das saídas esporádicas de Beatriz, mas ela sabia que a moça era desobediente e, se fosse falar alguma coisa, a confusão estava armada, de modo que apenas ouviu a filha entrar em casa.

Naquela noite, Beatriz estava irritadíssima, pois o dia não tinha sido fácil, e, ao lembrar que fora até o terreiro de mãe Dinha, isso a deixou ainda mais irritada. Ela não levou em consideração o que Aurora disse, e sentiu ainda mais raiva por ter ouvido Márcia. A moça procurou não pensar mais no assunto e se concentrou apenas em dormir.

Beatriz acordou pela manhã com uma imensa vontade de ficar em casa, mas sabia que seu trabalho estava por um fio e, por mais que inventasse uma mentira, Moacir não a perdoaria. Vagarosamente levantou do sofá e com sofreguidão resolveu tomar banho para despertar. A moça saiu do banho e lentamente foi a seu quarto se arrumar para ir ao trabalho. O humor dela, que nunca fora bom, naquele dia estava ainda pior. Entrou no quarto e encontrou a irmã arrumando-se para ir ao colégio. Beatriz pegou uma blusa branca e Clara disse:

— Não gosto que use minhas roupas, sabe disso. Por que não usa a sua blusa?

Beatriz, querendo confusão logo pela manhã, respondeu:

— Não perguntei de quem é a blusa, apenas vou usar e pronto.

Clara trincou os dentes de raiva, mas decidiu se calar, pois sabia que, quando surgia uma discussão entre elas, dona Sonia ficava nervosa. Beatriz colocou a blusa, uma saia longa colorida e uma sandália baixa de couro. Depois de se arrumar, saiu rapidamente de casa, a fim de tomar café na padaria, como sempre fazia.

Naquele dia, enquanto tomava seu café, viu uma moça entrar. Era uma moça diferente, vestia-se toda de preto, o que chamou a atenção de Beatriz. A moça estava tomando café quando Beatriz se aproximou:

— É a primeira vez que vem a esta padaria?

A moça respondeu com descaso:

— Não! Costumo vir aqui todos os dias. Cheguei mais cedo, mas logo vou para casa.

Beatriz ficou encantada com o jeito diferente da moça e resolveu se apresentar:

— Meu nome é Beatriz e o seu?

— Marilia – respondeu a moça de maneira seca.

— Podemos tomar café juntas, o que acha? – disse Beatriz com simpatia.

— Pode ser.

Beatriz logo percebeu quanto a moça era estranha, por isso se encantou com ela. Começou a falar, mas foi interrompida por Marilia:

— Se quiser tomar café a meu lado, a escolha é sua, mas não venha conversando como se fôssemos velhas conhecidas, pois nem a conheço.

Beatriz sentiu-se ressentida com Marilia, de modo que continuou a tomar seu café em silêncio. Saiu da padaria sentindo raiva de Marilia e pensou: "Insuportável! Agora quem não quer conversa sou eu".

Depois da primeira vez que Beatriz viu Marilia, quase todas as manhãs as duas se cruzavam na padaria. Beatriz, quando via Marilia entrar, fingia que não a via. Certa manhã, Beatriz chegou à padaria e, ao olhar de lado, não viu Marilia. Isso a fez se sentir aliviada. Tomava seu café tranquilamente quando, de repente, Marilia sentou-se a seu lado dizendo ao dono da padaria:

— Quero um café bem forte.

Assim que foi lhe servido o café, Marilia disse a Beatriz:

— Hoje estou de bode.

Beatriz, sem compreender o que a moça estava querendo dizer, perguntou:

— De bode? O que isso quer dizer?

— Estou de ressaca! Ontem bebi o dia inteiro e à noite fui cumprir com minhas obrigações.

Beatriz não era discreta e, sem pudor, perguntou:

— Que obrigações?

Marilia respondeu:

— A seita da qual faço parte exige alguns trabalhos, e isso se faz quase todas as noites. Em algumas delas, é imperioso que se faça uso de bebidas alcoólicas, e essa noite foi exatamente isso o que aconteceu.

Beatriz, sem compreender, perguntou:

— Mas, se suas obrigações são à noite, por que bebeu o dia inteiro?

Marilia, que continuava a olhar para a xícara de café à sua frente, respondeu sem olhar para sua interlocutora:

— Bebi como preparação para os trabalhos da noite.

Intrigada, Beatriz perguntou:

— Mas que seita é essa?

— Trabalho com magia negra, e adoro Satanás como o Deus Supremo.

Beatriz, ao ouvir a revelação de Marilia, sentiu certo mal-estar:

— Mas vocês praticam magia para destruir inimigos?

Marilia riu e explicou:

— Qualquer um pode fazer sua magia. A maneira de fazer isso é seguir o livro capa preta de São Cipriano. Esse livro ensina a fazer qualquer tipo de magia.

Beatriz gostou do que ouviu:

— Sou implacável com meus inimigos. Quero destruí-los, pois eles não sabem com quem mexeram.

Marilia olhou curiosa para Beatriz e disse:

— Vou avisando: esses trabalhos são muito poderosos.

— É exatamente isso que estou procurando. Fui atrás de uma mãe de santo, mas ela se negou a me ajudar.

Marilia disse em tom sério:

— Cuidado onde está entrando, pois isso poderá se voltar contra você.

— Se eu fizer tudo o que diz o livro, nada vai me acontecer – disse Beatriz com displicência. – Onde posso conseguir esse livro?

— Ganhei do senhor que me iniciou na magia negra, mas não sei onde comprar.

— Você não me emprestaria?

— Não empresto meu livro a ninguém – disse Marilia convicta.

Beatriz sentiu-se desapontada com a sinceridade da moça:

— Vou encontrar esse livro, custe o que custar.

A moça entornou a xícara de café. Beatriz foi trabalhar entusiasmada naquele dia. Seu bom humor era visível, mas nenhum dos colegas prestou muita atenção.

CAPÍTULO CATORZE

Nem tudo são flores

Tudo corria bem para Yago. A cada dia que passava, ele se sentia mais apaixonado por Ana, e em casa tudo ia muito bem ao lado de Júlia. Foi à Casa Espírita algumas vezes, mas, depois que começou a namorar, preferia ficar em casa, pensando em Ana e em tudo o que estava vivendo.

Em uma manhã ensolarada, os dois resolveram assumir o namoro para todos os colegas de trabalho, e isso fez com que Beatriz odiasse ainda mais Yago. Ela decidiu que conseguiria o livro a qualquer preço, pois a inveja a estava corroendo. Começou a procurar o livro em todas as livrarias, mas não encontrava. Enquanto isso, a vida de Yago e Ana seguia normalmente.

Certo sábado, Beatriz achou uma livraria pequena no centro da cidade e resolveu procurar o livro nela. Olhou alguns títulos e perguntou para a vendedora, que respondeu:

— Tenho um exemplar desse livro.

Empolgada, Beatriz perguntou o preço e, como era o único dinheiro que tinha na bolsa, preferiu ir embora a pé a deixar para comprá-lo em outra oportunidade. Pegou o livro, colocou-o na bolsa e, depois de duas horas, finalmente chegou em casa. Trancou-se em seu quarto e se pôs a ler o livro, que acreditava que seria a solução para seu problema. Depois de algumas páginas, Beatriz, que era cética, disse:

— Não acredito que gastei todo o meu dinheiro com esse livro. Não acredito em nada que está escrito nele.

Desanimada, a moça o guardou no fundo da gaveta, pois tinha certeza de que aquilo não passava de crendice popular. E assim os dias se seguiram. Embora Beatriz continuasse a tomar café na padaria todas as manhãs, não vira mais Marilia. Certo dia, saboreando seu café, pensou: "Como pude ser tão idiota em acreditar naquela maluca da Marilia? O pior é que fiquei duas semanas sem dinheiro, indo trabalhar a pé, para conseguir tal livro, e o que vi foram somente magias bobas...". E, perdida em pensamentos, não viu quando Marilia entrou na padaria, notando-a somente quando a moça tocou no braço.

Beatriz olhou com indiferença para a moça e disse:

— Você acredita nas magias do livro de São Cipriano?

— Conseguiu o livro?

— Consegui, mas o que li não faz o menor sentido.

Marilia suspirou e disse:

— Melhor que pense dessa maneira, será melhor para você.

Intrigada, Beatriz perguntou:

— Por que diz isso?

Marilia, abatida, respondeu:

— Desde que comecei a fazer os trabalhos exigidos pelo livro, nunca mais tive sossego. Sou perturbada em sonho, vejo pessoas andando pelo quarto, ouço vozes.

Incrédula, Beatriz retrucou:

— Talvez seja o efeito da bebida.

Marilia disfarçou a irritação e disse:

— Todas as magias daquele livro são reais. Experimente fazer uma delas e depois você me conta.

Novamente a chama da curiosidade se acendeu no coração da jovem:

— Farei, mas, se não der resultado, queimarei aquele livro.

— Faça como quiser – disse Marilia, irritada.

Depois daquela manhã, Beatriz não viu mais Marilia, o que a deixou curiosa. Perguntou a Luís, o dono da padaria.

— Aquela moça é louca, fiquei sabendo que ela mexe com coisas do diabo.

Beatriz riu a valer e disse:

— Conversei com ela algumas vezes, e posso garantir que louca ela não é, mas sempre me disse que fazia magia negra e que tinha como base o livro de São Cipriano.

Como a freguesia naquele momento estava fraca, Luís continuou conversando despreocupadamente.

— Credo! Minha avó seguia os livros de São Cipriano e sua morte foi terrível.

— Do que morreu sua avó?

— Nunca ninguém soube. Certa manhã ela resolveu se deitar, pois não estava se sentindo muito bem, sentiu as pernas e os braços dormentes. Em menos de vinte e quatro horas suas pernas enegreceram e seus movimentos foram parando. Em três dias, ela já não andava e não conseguia se alimentar, e em sete dias ela morreu gritando de dor.

Beatriz não acreditou em Luís:

— Desculpe, mas não acredito nisso.

Luís era um homem magro, de quarenta e cinco anos.

— Pode não acreditar, mas essas coisas existem. – E, fazendo o sinal da cruz, encerrou a conversa dizendo: – Todos os que leem esse livro têm um fim trágico, morrem de maneira estranha ou ficam loucos. Não vê essa moça? Ela está no caminho da loucura. Veja como se veste, parece que fez aliança com o cramulhão.

Naquele momento, o homem se benzeu novamente. Beatriz, achando graça das palavras dele, disse:

— Não acredito em nada disso.

— Tem muitas coisas em que podemos não acreditar, mas que existem, existem...

Beatriz riu a valer. Terminou o café, pagou e saiu achando graça. A moça dobrou a esquina e viu Yago e Ana se beijando. Isso acendeu sua fúria e ela decidiu:

— Vou fazer uma magia. Se não funcionar, não perderei nada.

Yago e Ana, ignorando Beatriz, deram-se as mãos e entraram no escritório. Todos os colegas deram parabéns ao casal, menos Beatriz, que ficou olhando de soslaio os cumprimentos dos colegas.

Moacir, ao ficar sabendo do namoro, chamou o casal ao seu escritório e, depois de cumprimentá-los, disse:

— Sugiro que deixem os arroubos românticos fora do escritório e continuem a realizar um bom trabalho.

Tanto Yago como Ana se comprometeram a trabalhar normalmente. E assim tudo correu normalmente naquele dia. Ao saírem do trabalho, Yago disse:

— Ana, quero que almoce em minha casa no domingo. Faço questão que conheça dona Júlia e minha mãe.

Ana abriu um largo sorriso e perguntou:

— Será que elas vão gostar de mim?

Yago, apertando a mão da moça, respondeu:

— Certamente que sim. Elas se encantarão por você, assim como eu me encantei.

Os dois logo viram o ônibus se aproximar, e, depois de um discreto beijo, Ana entrou no ônibus, enquanto Yago ficou olhando a moça do lado de fora. Naquela noite, Yago chegou em casa sentindo-se feliz, pois Ana era tudo o que ele esperava em uma pessoa. Ao ver Júlia terminando o jantar, o rapaz disse:

— No domingo pretendo trazer Ana para vir almoçar, o que a senhora me diz?

Júlia ficou feliz ao saber que finalmente conheceria a namorada de Yago.

— Você vai levá-la para seus pais conhecerem?

— Avisarei mamãe que Ana virá, assim ela poderá vir conhecer a futura nora.

— Não apresentará a moça a seu pai?

Yago, ainda ressentindo, respondeu:

— Por que o faria? Papai sempre disse que eu era um doidivanas, vagabundo, boa vida, enfim, por que compartilharia minha felicidade com ele agora?

— Não esqueça que ele é seu pai e merece consideração – respondeu Júlia, discordando do rapaz.

— Mas ele não teve consideração nenhuma quando me humilhou, xingou e brigou comigo.

Júlia, percebendo que Yago não conseguia perdoar o pai, disse:

— Meu filho, todos os dias erramos e ofendemos Deus com nossas atitudes e atos, porém, Ele sempre está pronto a nos perdoar. Portanto, para que obtenhamos o perdão de Deus, é imperioso perdoarmos nossos ofensores.

Yago deu de ombros:

— Não estou disposto a compartilhar minha alegria com meu pai.

— Meu filho, pense que sua alegria poderia ser maior se conseguisse perdoar seu pai – disse Júlia, preocupada.

Yago, não querendo se aprofundar na conversa, mudou de assunto:

— A senhora vai gostar de Ana, e verá que fiz uma boa escolha.

A mulher apenas sorriu, sem dizer mais nada.

— Dona Júlia, vou tomar um banho e depois virei jantar.

A mulher anuiu com a cabeça e ficou olhando o rapaz se afastar cantarolando uma canção da moda. "Yago precisa compreender que deve perdoar o pai, pois como terá paz vivendo em uma família dividida? O perdão é o bálsamo que cura as chagas da alma...", pensou Júlia. Terminou o jantar e arrumou a mesa.

Quase meia hora depois, Yago voltou à cozinha e sentou-se esperando Júlia para que pudessem jantar.

— Está calor, o que acha de irmos à sorveteria? – Yago sugeriu.

Júlia concordou e, assim que terminaram o jantar, os dois saíram com o propósito de tomar um sorvete. Sentaram-se em uma mesa e fizeram seus pedidos. Conversaram animadamente sobre diversos assuntos e, assim que terminaram, Júlia disse:

— Pagarei a conta para irmos embora.

Yago não permitiu que ela fizesse aquilo e, com altivez, dirigiu-se ao balcão para pagar. Depois, estendeu o braço a Júlia e, juntos, saíram da sorveteria. Júlia ficou feliz com a atitude do rapaz, afinal, ela viu como pequenas coisas o deixavam feliz. Yago falava e sorria ao mesmo tempo, quando, de repente, surgiu Marcelo, que com deboche disse:

— Até que enfim te encontrei.

— Por que queria me encontrar? – perguntou Yago, incomodado.

Marcelo ignorou a pergunta do rapaz, e continuou:

— Está bacana, hein? Roupas novas... Seu cabelo tá o maior barato!

Yago, ignorando as palavras de Marcelo, disse:

— O que você quer? Estamos com pressa.

— Por que tanta pressa? Não pensei que estivesse tão careta! – riu Marcelo.

— Vamos, dona Júlia. Marcelo, a gente se encontra por aí! – respondeu Yago, já sem paciência.

— Espera aí! Você não pode sair assim, ainda mais que saiu de minha casa me devendo – gritou Marcelo, irritado.

— Não estou lhe devendo nada! Paguei até mesmo o que não devia.

— Você me fez perder vendas e estou aqui para cobrar.

Júlia, naquele momento, percebeu que o rapaz não estava em seu estado normal, então disse:

— Por favor, deixe-nos ir embora.

— Não estou falando com você, coroa!

Yago sentiu um vulcão entrar em erupção dentro de si e, sem pensar, gritou:

— Nunca mais fale assim com ela, pois não sei o que serei capaz de fazer.

— O que vai fazer?

Júlia pegou o braço de Yago e disse:

— Meu filho, não faça nada, deixe o rapaz, ele não está em seu estado normal.

Yago obedeceu Júlia e deu um passo para trás, quando Marcelo gritou:

— Fica na sua, papa-anjo!

Yago não se conteve e, naquele momento, agarrou Marcelo e começou a surrá-lo, enquanto Júlia gritava para ele parar. Logo dois homens que passavam, ao ver a cena, seguraram Yago, que, transtornado, ainda continuava a chutar. Júlia chorava. Ela não havia se incomodado com as insinuações de Marcelo, mas em ver o estado dele. Ele estava visivelmente alterado, de modo que não foi difícil Yago dar-lhe uma surra daquelas. Sem forças, ficou caído enquanto sangrava pelo nariz e pela boca. Um dos homens disse:

— Bater em bêbado é fácil! Queria ver você dar essa surra se ele estivesse sóbrio.

— Se está bêbado, não deveria incomodar os outros... Dei apenas o que ele merecia – disse Yago com raiva.

— Yago, não podemos deixá-lo aqui. Preciso cuidar de seus ferimentos – disse Júlia olhando para Marcelo.

— O quê? Ele a ofendeu e a senhora ainda quer curar as feridas desse canalha? – respondeu Yago, indignado.

— Isso mostra que a senhora tem bom coração – disse o homem.

— Yago, traga o rapaz até nossa casa!

— Desculpe, dona Júlia, mas não farei isso. Ele a ofendeu, e isso não admito – Yago relutou. Ele viu Júlia se curvar diante de Marcelo e saiu sem olhar para trás.

— O senhor poderia ajudar-me a levar o rapaz até minha casa? – pediu Júlia a um dos homens.

Ele pegou Marcelo como os estivadores carregam sacas, colocou-o no ombro e acompanhou Júlia até sua casa. Yago, ao ver a cena, não se conteve e gritou:

— Não acredito que fez isso!

— Estou apenas fazendo a minha parte...

O homem colocou Marcelo no sofá e saiu. Júlia esquentou água, limpou o sangue de Marcelo, passou remédio e o deixou descansando no sofá. Como Marcelo estava embriagado, Júlia fez um café forte ao rapaz. Ele estava se sentindo fraco, e com dificuldade tentava se levantar sem conseguir.

— Por que não deixou esse infeliz na rua? – perguntou Yago.

Júlia, percebendo que naquele momento não resolveria mostrar seu ponto de vista a Yago, permaneceu calada enquanto cuidava de Marcelo. Virou Marcelo para limpar os arranhões nas costas e caíram alguns cigarros de maconha. Penalizada, ela disse:

— Pobre rapaz!

— Pobre! Está nessa vida porque quer! Se não fosse vagabundo, estaria vivendo bem melhor.

Júlia, ignorando a revolta de Yago, disse:

— Ajude-me aqui!

— Só ajudaria se fosse para dar outra surra nesse infeliz! – disse Yago categórico.

Júlia novamente ignorou Yago e continuou a cuidar de Marcelo sozinha. Depois que os ferimentos estavam limpos, o rapaz continuou desacordado, então Júlia disse:

— Por ora, vamos deixa-lo aqui. Tomara que durma até amanhã.

Yago trancou-se em seu quarto, sentindo raiva da bondade de Júlia. Não demorou muito e Mirtes chegou. Ao ver o rapaz naquelas condições, deitado no sofá de Júlia, perguntou:

— O que está acontecendo aqui?

Júlia, apontando para o quarto, disse:

— Por que não pergunta a Yago?

Desesperada, Mirtes bateu à porta do quarto do filho, que logo a abriu de cenho fechado.

— O que significa isso?

Yago, mantendo a porta aberta, contou tudo que havia acontecido.

— Depois de você defendê-la, Júlia ainda traz esse vagabundo para casa?

Júlia, ao ouvir a recriminação de Mirtes, nada disse.

— De onde conhece esse vagabundo, meu filho? – perguntou Mirtes.

Yago pigarreou e logo começou a falar toda a verdade para a mãe: que fora morar com Marcelo e tudo o que havia acontecido. Revoltada, Mirtes sentiu vontade de obrigar Júlia a jogar o rapaz na rua. Naquele momento entrou Mercedes, que, ao ver Marcelo, perguntou o que havia acontecido. Júlia nada disse, pois estava desgastada demais com aquela situação, então a moça logo se juntou à mãe e ao irmão para saber quem era o rapaz e por que estava tão ferido. Mirtes, em poucas palavras, contou à filha tudo o que ficara sabendo, então Mercedes disse, em defesa de Júlia:

— Dona Júlia fez muito bem. Não se deve levar em consideração o que um bêbado diz.

— Não acredito que esteja contra seu irmão – disse Mirtes, indignada.

— Não estou contra meu irmão, mas também não o louvo por isso. Apenas acho que Yago, que viveu sob as mesmas condições desse rapaz, deveria compreender a vida difícil que ele leva. Surrar o coitado é fácil, difícil é ampará-lo e mostrar a ele um outro caminho.

— Você sabe quão difícil é a vida dele. Não acha que deveria ser um pouco mais indulgente? – perguntou Mercedes olhando para Yago.

Yago, que não havia pensado por esse lado, sentiu-se envergonhado, mas tentou se explicar:

— Quando ele insinuou algo entre mim e dona Júlia, não consegui me controlar e fui pra cima dele.

— Por que não foi um pouco racional e pensou que o rapaz não estava em seu juízo perfeito? – emendou Mercedes. – Dona Júlia agiu sabiamente, pois percebeu que esse Marcelo estava precisando de ajuda, e não de uma surra. Chutar cachorro morto é fácil. Queria ver se você conseguiria fazer o mesmo se ele estivesse sóbrio. Muito me admira a senhora, minha mãe, dar razão a Yago, sendo que ele estava completamente errado. Além do mais, se não fosse pela bondade de dona Júlia, ele estaria nas mesmas condições desse rapaz – completou Mercedes, desiludida.

Mirtes nada disse. Abaixou a cabeça, mas ainda acreditava que o filho tinha feito o certo. Júlia sentiu-se imensamente triste naquela noite, pois mãe e filho não conseguiam ver que Marcelo era apenas uma pobre criatura precisando de ajuda.

Mirtes levantou-se dizendo que iria embora, pois o ar estava irrespirável naquela casa. Júlia ouviu o comentário de Mirtes e nada disse. Ficou a olhando ir embora com os olhos rasos d'água. Mercedes saiu do quarto do irmão e disse:

— Dona Júlia, vou ajudá-la a cuidar desse rapaz.

Júlia ficou feliz em saber que Mercedes havia compreendido seu gesto. Yago ficou sentado em seu quarto, e viu que Mercedes ficara com Júlia até bem tarde da noite. Marcelo acordou poucas horas depois e, ao olhar para Júlia, disse:

— O que faz aqui?

— Meu filho, você está em minha casa. Eu o trouxe até aqui para que pudesse cuidar de suas feridas – explicou a mulher, sorrindo.

Marcelo logo se lembrou da briga e disse:

— Yago só conseguiu me surrar dessa maneira porque eu estava com a cuca cheia...

— Esqueça Yago, pense somente em se recuperar – disse Mercedes.

O rapaz sentia-se enjoado:

— Bebi demais, estou sentindo náuseas.

Júlia e Mercedes ajudaram Marcelo a se levantar, trôpego, levando-o até o banheiro. O rapaz ficou lá por quase meia hora e, ao sair, disse:

— Preciso ir embora, pois tenho que vender minhas mercadorias.

— Durma aqui e amanhã, mais disposto, você poderá ir embora.
— Não posso, dona. Tenho que conseguir dinheiro para pagar os fornecedores.
— Fique e amanhã terá o dinheiro de que precisa.
— Tome um banho e se sentirá melhor.
Júlia pegou uma toalha e entregou a Marcelo.
— Lave os cabelos, pode usar o xampu.
Marcelo obedeceu Júlia e voltou ao banheiro. Mercedes foi até o quarto de Yago e disse:
— Empreste uma muda de roupa para Marcelo.
— Não vou emprestar nada!
— Nunca imaginei que fosse tão mesquinho...
Yago, olhando para a irmã, levantou-se e pegou sua pior muda de roupa. Depois de entregar a Mercedes, disse:
— Por favor, estou cansado e agora preciso dormir, pois tenho que levantar cedo.
Mercedes saiu sem se despedir do irmão. Júlia fez outro café, ainda mais forte, e esperou que Marcelo saísse do banho. Ele saiu com as mesmas roupas.
— Meu filho, troque de roupa. Arrumei o sofá para que possa dormir. Amanhã poderá ir embora depois do café.
Marcelo, constrangido, agradeceu. Depois que se trocou, pediu um saco para colocar suas roupas, e então Júlia disse:
— Deixe, amanhã pela manhã lavarei suas roupas e à tarde poderá vir buscá-las.
Marcelo olhou para si mesmo e viu que as roupas ficaram grandes para ele, então respondeu:
— Desculpe, mas não posso voltar para casa com essas roupas. Veja como estão grandes.
— Vou lavar suas roupas agora. Quem sabe amanhã já estejam secas, pois com esse calor elas secam facilmente – disse Mercedes.
Marcelo, que já estava sóbrio, respondeu:

— De maneira alguma! Posso ir embora com as roupas assim mesmo.

Júlia, olhando para a camisa toda suja e a calça puída do rapaz, disse:

— Não se preocupe com suas roupas. De uma maneira ou de outra vai embora em bom estado amanhã.

Yago ouvia os comentários das mulheres e a, cada palavra, sentia-se ainda mais envergonhado, mas o orgulho ainda dizia que ele fizera o certo.

Marcelo tomou outra xícara de café, deitou-se e rapidamente adormeceu.

— Que triste situação vive esse rapaz – disse Júlia.

— Não se importe com as críticas de minha mãe, ela ainda não compreende o que significa caridade – respondeu Mercedes ao perceber a tristeza na voz de Júlia.

Júlia deixou rolar uma lágrima e nada disse.

— Jesus foi um homem caridoso, mas as pessoas não o compreenderam e o mataram na primeira oportunidade – completou Mercedes levantando-se e abraçando Júlia. – Vou embora, já passa da meia-noite, e amanhã tenho que acordar cedo, mas, se precisar de alguma coisa, pode me chamar.

Júlia agradeceu e Mercedes foi embora. Yago, naquela noite, não conseguiu pegar no sono, pois sentia-se envergonhado, não só pela sua atitude, como pela de sua mãe. Júlia deitou-se e ficou pensando em uma maneira de ajudar Marcelo.

Marcelo acordou passando das cinco horas e não conseguiu mais pregar os olhos. O rapaz logo se lembrou de tudo o que havia acontecido na noite anterior. "Como pude ofender uma senhora bondosa como aquela? Que vergonha...", pensava ele. E, não demorou, Júlia se levantou passando com cuidado pela sala. Foi à padaria, fez café, arrumou a mesa e logo Marcelo se levantou.

— Bom dia.
Júlia, com sua maneira bondosa, respondeu:
— Bom dia, meu filho! Como se sente?
O rapaz, ignorando a pergunta de Júlia, perguntou:
— Como se chama?
Júlia se apresentou e Marcelo disse:
— Dona Júlia, peço que me perdoe por ontem. Sei que o fato de estar bêbado não serve como desculpa para o que fiz.
Yago já estava acordado e não deixou de ouvir a conversa.
— Meu filho, não tem que me pedir perdão, pois o perdão só é válido para quem se sente ofendido, o que não foi o meu caso. Levo em conta que você não estava em seu estado normal. Por que levantou tão cedo?
— Preciso ir embora, não posso abusar de sua hospitalidade.
— Não poderá ir embora tão cedo, pois tenho que lavar suas roupas. – Marcelo tentou argumentar, porém, Júlia foi enfática ao dizer: – Você só irá embora quando suas roupas estiverem limpas e passadas.
— Não quero dar trabalho... – respondeu o rapaz, envergonhado.
A mulher, aproveitando a oportunidade, perguntou:
— Meu filho, por que disse que Yago está lhe devendo?
Marcelo, sentindo-se à vontade com Júlia, disse:
— Yago não me deve nada. Confesso que, ao vê-lo, senti raiva, pois desde que foi embora de minha casa as coisas se complicaram muito para mim.
Mas, não se preocupe, não voltarei mais a incomodar Yago.
— Por que disse que as coisas se complicaram? O que aconteceu?
Marcelo, não conseguindo fugir de sua interlocutora, se deu por vencido e contou a situação.
— Dona Júlia, a senhora está sendo muito boa, e só por isso vou lhe contar. Ontem, o dono da casa onde moro a pediu de volta, pois não estou conseguindo pagar o aluguel. Vendo cigarros de maconha para conseguir algum dinheiro, mas a polícia já está no meu pé, por isso não vendo como antes.

— Por que não arranja um trabalho e ganha seu dinheiro honestamente?

— Trabalhar onde? Não sei fazer nada.

— Você é um rapaz inteligente e poderá aprender um ofício rapidamente.

—Bem que gostaria... Mas ninguém daria trabalho a uma pessoa como eu.

— O que quer dizer com "um rapaz como você"? Pelo que vejo, tem dois braços, duas pernas, é bonito e inteligente. O que lhe falta? – respondeu Júlia empertigando-se na cadeira.

— O que me falta é oportunidade.

— Não acha que está na hora de ir atrás de sua oportunidade? Muitas vezes, o que acontece é que, quando surge uma oportunidade, a deixamos escapar, e até aparecer outra demora. Não perca as oportunidades que a vida oferece, meu filho. Veja o caso de Yago. Ele estava vivendo nas mesmas condições que você, só que apareceram oportunidades a ele e, como é um rapaz inteligente, agarrou e mudou de vida. Deus, como Pai amoroso, sempre nos favorece com oportunidades. Se vamos aproveitá-las ou não, é escolha pessoal nossa.

Marcelo, olhando para a xícara à sua frente, disse:

— Mas eu nunca tive oportunidade nenhuma. Pelo contrário, nasci em desgraça e vivo em desgraça até hoje.

Curiosa, Júlia perguntou:

— Quantos anos tem, meu filho?

— Tenho vinte e quatro.

— Você ainda é jovem e verá que a vida lhe dará muitas oportunidades.

— Minha mãe morreu quando nasci, meu pai casou-se novamente, empurrando-nos uma madrasta que mais parecia o diabo em pessoa. Ele trabalhava como motorista de caminhão, e às vezes viajava por semanas e nos deixava com sua esposa. Dolores era má, e não nos poupava de sofrimentos, pois nos obrigava a realizar os afazeres domésticos e, quando não saíam a seu contento, ela nos espancava; aliás, ela nos batia por qualquer motivo. Quando meu pai retornava de suas viagens, ela contava mentiras a nosso respeito, e meu pai, acreditando nela, sempre nos surrava também. Meu irmão mais velho se chamava Aroldo, e minha madrasta o odiava, pois ele a enfrentava, e ela quase todos os dias batia nele. Certo dia, Aroldo fugiu de casa e nunca mais voltou. Meu pai queria procurá-lo, mas ela conseguiu convencer o velho Agripino de que o menino já conseguiria levar sua vida sozinho. Depois de três anos, descobrimos que meu irmão ficou doente e morreu na rua. E assim se deu comigo e com meu irmão. Fugimos de casa, meu irmão foi embora para o interior, e eu vivo da maneira que sabe.

— Meu filho, um homem sábio disse que ninguém podia retornar ao passado e recomeçar, mas que todos nós temos a oportunidade de começar agora e fazer um fim diferente.

— Por favor, entenda, não estou me fazendo de vítima, mas a vida nunca me deu motivo para sorrir – respondeu Marcelo com lágrimas nos olhos.

— Você gostaria de mudar de vida?

— Por Deus, eu juro, isso é o que mais quero.

Júlia pensou por alguns instantes e logo se lembrou de Vinicius, um senhor abastado que ela conhecia.

— Se esse é o seu desejo, tenho certeza de que Deus vai ouvi-lo.

Marcelo sentiu-se acolhido.

— Será que Deus ainda olha para mim? Já fiz tantas coisas das quais me arrependo que tenho vergonha até de falar.

— Meu filho, há uma frase que diz: "Deus perdoa sempre, mas o ser humano perdoa às vezes, somente quando lhe convém". Deus está atento às suas dores, mas Ele não exonera ninguém do sofrimento até que mude de proceder e se renove moralmente. Deus dá a cada um a oportunidade de ressarcir seus erros por meio de uma reparação justa. Quando disse que o ser humano perdoa às vezes, digo que por inúmeras vezes o homem não consegue nem mesmo se perdoar. Perdoe-se, meu filho, para que Deus possa perdoá-lo. Deus está sempre pronto a perdoar nossas falhas.

Marcelo olhou com admiração para aquela senhora e, ao se lembrar de como a ofendeu, sentiu-se envergonhado. Júlia já havia lavado as roupas de Marcelo, só estava esperando secar e passar para entregar ao rapaz. Naquele momento, Yago saiu do quarto, e de cenho fechado disse:

— Hoje vou chegar um pouco mais tarde, pois tenho alguns documentos que estão atrasados e preciso deixar sobre a mesa de Moacir até o fim do dia.

— Não vai tomar café, meu filho? – perguntou Júlia preocupada.

— Estou sem fome.

Júlia percebeu que Yago estava enciumado e com paciência disse:

— Meu filho, sempre há tempo para tomar um bom café.

Marcelo estava constrangido, mas não estava com raiva de Yago, pois sabia que havia levado uma surra merecida.

— Yago, se minha presença o incomoda, posso ficar lá fora – disse Marcelo.

— De maneira alguma! Vamos fazer nosso desjejum em paz – respondeu Júlia ao ouvir o posicionamento humilde do rapaz.

Yago pensou por alguns instantes e disse:

— Por favor, não me dirija a palavra. Ontem você passou dos limites.

Marcelo abaixou a cabeça e, depois de alguns segundos, disse:

— Yago, me perdoe, em nome dos velhos tempos.

Yago olhou seriamente para Marcelo e respondeu:

— Quem perdoa é Deus, e eu não o sou, portanto, não me venha com essa cara de Madalena arrependida.

— Yago, talvez esse seja um ponto que deva trabalhar um pouco mais, pois Deus dá a capacidade de perdoar a seus filhos amados – interferiu Júlia, ao perceber quanto Yago estava sendo duro.

Ele ignorou as palavras de Júlia e entornou uma xícara de café, sem nada dizer.

— Deixe, dona Júlia, Yago tem razão em estar bravo comigo.
— Mas Yago há de convir que não deve ficar bravo para sempre.

Yago permaneceu em silêncio e Marcelo, percebendo sua irritação, também ficou em silêncio. Yago levantou e nem mesmo deu o costumeiro beijo no rosto de Júlia. A boa senhora, percebendo que Yago estava enciumado, disse:

— Yago, procure não demorar muito; precisamos conversar.
— Se chegar e Marcelo ainda estiver aqui, vou dormir em outro lugar.

A mulher não respondeu e ficou observando Yago sair sem olhar para trás. Júlia voltou desanimada ao interior da casa, e Marcelo, percebendo seu desalento, disse:

— Yago está com ciúme porque estou aqui.

Júlia, esboçando um sorriso triste, resmungou:

— Certa vez, um sábio disse que o ciúme é a podridão dos ossos. Quão verdadeiras são essas palavras!

— O que a senhora está querendo dizer com isso?

— O ciúme é um sentimento negativo, que faz a pessoa agir de maneira desarrazoada, ou seja, a pessoa perde o controle e se deixa levar completamente pela emoção.

Marcelo, compreendendo o que Júlia queria dizer, falou:

— Yago não precisa se preocupar. Vou-me embora e ele nunca mais me verá.

— De maneira alguma! Não permitirei que se afaste de mim dessa maneira – disse Júlia, resoluta.

Marcelo não conseguiu segurar as lágrimas e perguntou:

— O que a senhora viu em mim? Por onde passo deixo somente rastro de confusão.

— Certa vez, Jesus disse que não eram os sãos que precisavam de médicos, mas sim os doentes. Você está doente, mas não conseguirá se curar sozinho. Permita-me ajudá-lo.

— Se quer me ajudar, não desista de mim – disse Marcelo com olhar súplice.

— Certa vez, Jesus disse que havia um pastor com cem ovelhas, mas quando percebeu que uma ovelha havia se perdido, deixou as noventa e nove e foi em busca da ovelha perdida. Será que o pastor desistiu daquela ovelha perdida? Segundo a parábola de Jesus, o pastor ficou mais feliz com a ovelha perdida que foi encontrada do que com as noventa e nove que havia deixado em lugar seguro. Veja, assim como o pastor não desistiu da ovelha perdida, nós também não devemos desistir das pessoas que se encontram perdidas.

— Mas eu não sou ovelha.

— Jesus não disse que o homem é ovelha no pleno sentido da palavra, mas fez uma comparação. Essa historieta mostra claramente que as almas transviadas não ficarão perdidas no labirinto das paixões ou na escuridão onde se desenvolvem os espinhos. Como a ovelha desgarrada, essas almas serão procuradas, mesmo que para isso as outras noventa e nove sejam deixadas em um local da montanha. Deus sempre envia espíritos amigos à procura daquela que se perdeu.

— Qual é a sua religião? – Marcelo perguntou.

— A religião do amor, ensinada pelo Cristo – Júlia respondeu, sorrindo.

— Não conheço essa religião.

Júlia sorriu ao ver a inocência de Marcelo e explicou:

— Jesus, quando veio ao mundo, não ensinou nenhuma religião, mas todos os seus ensinamentos foram fundamentados no amor fraternal.

— Nunca fui a uma igreja. O pouco que sei sobre Jesus aprendi em época natalina.

— Nunca é tarde para aprender...

Marcelo sentiu-se tão bem ao lado de Júlia que esquecera de seus problemas. Ela preparou o almoço e Marcelo comeu tranquilamente.

— Dona Júlia, minhas roupas devem estar secas, preciso ir embora – disse ele logo depois de terminar a refeição.

Júlia foi até o varal e constatou que realmente as roupas estavam secas. Depois de passá-las, entregou-as ao rapaz, que as vestiu e agradeceu:

— Dona Júlia, obrigado por tudo.

— Meu filho, se não tiver onde fazer uma boa refeição, volte à noite.

— Não quero causar problemas entre a senhora e Yago, pois sei quanto ele é genioso.

— Yago pode ser genioso, mas tem bom coração. Ele logo compreenderá.

— A senhora fala a verdade quando diz pra eu voltar?

— Pareço uma velha mentirosa?

Marcelo sentiu-se envergonhado e meneou a cabeça em negativa.

— Não prometo que voltarei hoje, mas quando voltar farei em um momento que Yago não esteja em casa.

— Por que não vem amanhã?

Marcelo percebeu que a mulher estava sendo sincera, então disse:

— Está bem, até amanhã.

Marcelo, ao sair, pensou: "Dona Júlia é uma santa...". E com esses pensamentos o rapaz seguiu até o dono de sua casa para pedir que lhe desse mais trinta dias.

Júlia parou por alguns instantes e pensou: "Não negarei ajuda a quem quer que seja, e deixarei isso claro a Yago". E com esse pensamento entrou em casa, a fim de continuar seus afazeres.

Ao chegar no trabalho, Yago encontrou Ana relendo alguns documentos.

— Estou com problemas, preciso urgentemente falar com você – disse ele à moça.

— Não podemos conversar agora, mas na hora do almoço falaremos.

Yago compreendeu e logo se dirigiu à caixa de afazeres. Na hora do almoço, Yago esperou Ana para lanchar. Ela levava lanche todos os dias para Yago, e naquele dia fez um sanduíche com presunto e queijo. Abriu uma garrafa de suco e serviu ao rapaz, que foi logo dizendo:

— Estou sem fome.

Preocupada, Ana disse:

— O que está acontecendo? Você sempre está faminto.

Yago pegou o lanche e, esboçando um triste sorriso, se pôs a contar tudo o que havia acontecido na noite anterior, principalmente a atitude de Júlia. Ana ouviu atentamente o relato do rapaz até o término da história e, então, disse:

— Só isso? Pensei que fosse algo mais sério.

— Marcelo é vagabundo e temo que faça alguma coisa para magoar dona Júlia.

— Meu querido, entenda, essa senhora é muito boa e ela só está querendo ajudar Marcelo, assim como ajudou você. Deixe-a fazer o que é certo.

— Mas ele a insultou e por isso apanhou.

Ana, ao ouvir a opinião do namorado, disse:

— Mas, se ela não levou o insulto em consideração pelo fato de estar bêbado, por que você o fará?

— Ana, compreenda, eu a vejo como minha mãe, e por esse motivo não permitirei que ninguém insulte dona Júlia.

— Meu querido, se ela mesma disse que não se sentiu ofendida, por que você se ofendeu? Desculpe dizer, mas acho que você está sendo mesquinho, pois no fundo não quer que essa boa senhora ajude seu ex-amigo

— Marcelo não merece ajuda, sempre me explorou.

— Querido, mas quando você estava sem lugar para ficar ele o acolheu. Isso mostra que não é tão ruim assim... Se Deus lhe deu uma chance, por que se nega a dar uma chance a Marcelo? Coitado, a situação em que esse rapaz se encontra chega a ser desesperadora. Imagine, vendendo algo que é contra a lei, morando numa pocilga, e ainda ser despejado. Se dona Júlia tem a capacidade de ajudá-lo, por que não fazer? Se não fosse pela bondade dessa senhora, hoje não estaríamos juntos.

O rapaz, que não havia pensado nisso, concordou dizendo:

— Tem razão! Se dona Júlia não houvesse me acolhido, certamente hoje estaria morando com Marcelo e continuaria a vender aqueles malditos cigarros.

— Você na primeira oportunidade mudou de vida. Talvez Marcelo esteja precisando disso também. Não seja egoísta, meu querido, dê uma chance a Marcelo, pois ele também é filho de Deus – disse Ana, sorrindo.

— Por que sou tão mesquinho?

— Por ser o único filho homem, talvez não tenha aprendido a partilhar, mas a vida vai ensiná-lo.

— Credo! Parece dona Júlia falando.

A moça, sorrindo, alisou a mão do rapaz e disse:

— Essa é minha maneira de ver a vida.

— É por isso que a amo tanto... – disse o rapaz olhando-a nos olhos.

— Agora, trate de comer, pois daqui a pouco teremos que voltar ao trabalho.

Os dois terminaram de lanchar e, depois de alguns afagos, voltaram ao trabalho. Naquela tarde, Yago fez tudo como de costume, e se lembrou de Júlia somente no fim do expediente.

Marcelo saiu da casa de Júlia pensativo. Estava sem o dinheiro para o aluguel, e não fazia a menor ideia de para onde iria. Ao chegar em casa, decidiu conversar com Joel, seu locatário. Quando chegou à casa de Joel, logo foi atendido.

— E então, conseguiu o dinheiro do aluguel? – o homem perguntou:

— Não consegui... Peço que me dê trinta dias para que eu pague o que devo e saia de sua casa.

Joel era um homem de estatura baixa, e costumeiramente andava de cenho fechado.

— Não posso fazer isso. O aluguel é minha única fonte de renda. Como sabe, estou sem trabalho.

Marcelo, compreendendo as razões de seu locatário, disse:

— Conseguirei o dinheiro. Me dê alguns dias para que possa pagar o aluguel e mais trinta dias para sair de sua casa.

O homem pensou por alguns instantes e disse:

— Darei a você três dias para pagar o aluguel e, se o fizer, lhe darei trinta dias para sair da casa.

Marcelo respirou aliviado, afinal, teria algum tempo para conseguir o dinheiro. O rapaz agradeceu profundamente pela atitude de Joel e finalizou:

— Em menos de três dias lhe trarei o dinheiro.

E, dessa forma, o rapaz se despediu voltando para casa. "Como farei para conseguir o dinheiro do aluguel?", pensou o rapaz.

— Yago fez muito bem. Arranjou um trabalho e saiu dessa vida – disse ele em voz alta. De repente o rosto de Marcelo se iluminou e com um sorriso maroto completou: – É isso! Preciso arranjar um trabalho, só assim poderei garantir um lugar para morar.

Marcelo não viu, mas a seu lado havia uma entidade que o inspirava bons pensamentos. O rapaz deitou-se em sua cama e pensou: "Mas onde procurar um trabalho?". Novamente o desânimo se abateu sobre Marcelo, e a entidade a seu lado disse:

— Peça ajuda a Júlia. Não há vergonha alguma em pedir socorro, quando o barco está afundando.

Marcelo logo se lembrou de como Júlia o tratou e principalmente como se importou com sua desgraça. "Contarei tudo o que está acontecendo a dona Júlia. Quem sabe ela não me dá boas sugestões?" No entanto, ele, que se alegrara por alguns instantes, logo se entristeceu, pois se lembrara de que Yago poderia lhe causar problemas. O rapaz, estirado na cama suja e malcheirosa, disse:

— Não me importarei com Yago. Vou falar com dona Júlia.

No dia seguinte, Marcelo acordou e saiu a esmo, pois tinha que conseguir o dinheiro do aluguel. Passava das dez horas da manhã quando, com fome, decidiu que era hora de conversar com Júlia, afinal, ele prometera à boa senhora que voltaria. Ao chegar em frente à casa dela, Marcelo ficou receoso em bater, mas sabia que não tinha outra coisa a fazer. Júlia estava nos fundos da casa, varrendo o quintal e, ao ver Marcelo, abriu um largo sorriso:

— Marcelo! Pensei que não fosse vir.

— Dona Júlia, conversei com Joel, o dono da casa onde moro, e ele me deu três dias para pagar o aluguel e, se o fizer, ele me dará mais trinta dias para sair da casa – disse ele, envergonhado.

— Isso é muito bom – respondeu Júlia com alegria.

— Mas não tenho o dinheiro, muito menos como conseguir esse dinheiro, portanto, pensei que, se Yago conseguiu arranjar um trabalho e mudar de vida, eu também posso – respondeu o rapaz baixando a cabeça.

— Muito bem, Marcelo, é assim que se fala...

Júlia logo pensou que o rapaz fosse lhe pedir dinheiro emprestado, mas surpreendeu-se quando disse o motivo pelo qual a procurara.

— Dona Júlia, preciso arranjar um trabalho. Faço qualquer coisa, pois preciso arranjar o dinheiro do aluguel.

— O que sabe fazer?

— Não me profissionalizei em nada, mas prometo que serei esforçado – Marcelo respondeu com sinceridade.

Júlia finalmente disse o que estava pensando:

— Pensei em Vinicius, um velho amigo de meu finado marido. Ele tem uma casa de material de construção. Talvez tenha algum trabalho para você.

Marcelo abriu um largo sorriso e disse:

— Que Deus a abençoe.

A mulher, percebendo o desespero do rapaz, continuou:

— Vamos até a loja dele?

— Agora? – Marcelo perguntou.

— Agora!

— Não acha que estou malvestido?

Júlia, olhando para o rapaz, percebeu que ele usava as mesmas roupas do dia anterior.

— A roupa está boa, mas seu cabelo está horrível.

O cabelo de Marcelo era comprido e armado, dando-lhe um aspecto de rapaz desmazelado.

— Já tomou café? – Júlia perguntou.

— Ainda não – respondeu o rapaz, envergonhado.

— Por isso está tão magro e fraco, não come direito.

Marcelo esboçou um sorriso tímido, sem nada dizer. A mulher levou o rapaz ao interior da casa, servindo a ele um desjejum caprichado, com pães, geleia de amora, que ela mesma havia feito, queijo e café com leite. Marcelo estava faminto, e rapidamente comeu um pouco de tudo que estava à sua frente. Júlia olhava sem nada dizer. Quando o rapaz terminou seu desjejum, Júlia disse:

— Vamos ao barbeiro. Precisa cortar esse cabelo.

— Não tenho dinheiro para pagar.

— Não se preocupe com isso. Não sou rica, mas posso pagar um corte de cabelo.

Marcelo, olhando com admiração para aquela mulher, disse:

— Prometo que lhe pagarei assim que arranjar dinheiro.

Júlia gostou da atitude do rapaz.

— Não se preocupe com isso agora, você terá oportunidade de me pagar.

Os dois saíram e, em poucos minutos, estavam na barbearia de Valdir, o barbeiro mais velho do bairro. Valdir, ao ver Júlia, disse:

— Como vai, dona Júlia? Há tempos não a vejo.

— Estou bem, graças a Deus. Esse rapaz está precisando cortar os cabelos, o senhor poderia fazê-lo?

O homem mandou que Marcelo se sentasse e em seguida colocou uma capa em torno do pescoço do rapaz. Rapidamente foi cortando o cabelo dele, e a mulher, olhando para o rapaz no espelho, não deixou de notar quanto era bonito, embora estivesse magro. Seus traços eram belos. Marcelo tinha enormes olhos azuis, cabelos negros e uma expressão facial marcante. "Marcelo é um belo rapaz, embora esteja maltratado pela vida...", pensou Júlia. Assim que o barbeiro terminou de cortar o cabelo de Marcelo, Júlia abriu a bolsa e pagou. Logo os dois saíram e Júlia perguntou:

— Seu pai tinha olhos azuis?

— Minha mãe tinha olhos azuis e cabelos negros, pelo menos foi isso que meu pai sempre disse.

Júlia, não querendo se aprofundar no assunto, continuou:

— Que Deus nos ajude a encontrar um trabalho para você.

Marcelo sorriu e, andando vagarosamente ao lado de Júlia, caminhou até a praça onde ficava Clóvis, o taxista. Ele não estava e Júlia, percebendo a impaciência do rapaz, pegou um outro taxista disponível. Logo os dois chegaram em frente à loja de Vinicius. Júlia perguntou a um vendedor:

— O senhor Vinicius se encontra?

Um rapaz de aproximadamente vinte anos respondeu:

— Está em seu escritório.

O rapaz pediu para Júlia esperar e rapidamente se afastou indo em direção aos fundos da loja. Não demorou e o rapaz retornou e perguntou:

— O senhor Vinicius perguntou seu nome e o que deseja.

A mulher respondeu sem rodeios:

— Por favor, diga a ele que é Júlia Galvão.

O rapaz saiu rapidamente retornando em seguida:

— Por favor, me acompanhe, ele está esperando.

— Por favor, espere um momento, pois quero falar com ele a sós – disse Júlia a Marcelo.

Marcelo obedeceu, e Júlia acompanhou o rapaz, sumindo nos fundos da loja. Vinicius, ao ver Júlia, disse sorridente:

— Dona Júlia, que bom vento a traz aqui?

— Vinicius, vim lhe pedir um favor.

O homem empertigou-se na cadeira:

— Por favor, sente-se, vamos conversar.

A mulher ajeitou-se na cadeira e logo começou a dizer:

— Há um rapaz, seu nome é Marcelo. Ele precisa urgentemente de trabalho.

— A senhora sempre empenhada em ajudar a todos.

— Sou um passarinho em um bosque em chamas.

Vinicius, não entendendo o que a senhora queria dizer, perguntou:

— Como? Pássaro em bosque em chamas?

— Vou lhe contar uma historieta e logo compreenderá. Certa vez, um bosque pegou fogo e todos os animais se puseram a fugir do local, menos um passarinho que ia até o rio, trazia água em seu bico e jogava nas grandes labaredas. O jacaré, olhando para a cena, gritou: "Fuja! Saia daqui agora!". O passarinho não se importou, deixando o jacaré atônito. E novamente foi até o rio, trazendo outra gota de água para lançar nas chamas. O jacaré, percebendo o intento do passarinho, disse: "Não vê que essas gotas não apagarão o fogo?". O passarinho, depositando a gota de água, respondeu: "Posso não apagar o fogo, mas estou fazendo a minha parte" – Júlia remexeu-se na cadeira e concluiu: – Não posso resolver os problemas do mundo, pois o que faço é muito pouco diante dos problemas da humanidade, mas, ajudando um irmão, posso dizer que estou fazendo a minha parte.

Vinicius encantou-se com a fábula e disse:

— Tem razão, se todos se conscientizassem de que precisamos ajudar uma pessoa que seja, o mundo não estaria dessa maneira.

— Marcelo é um bom rapaz, mas está desempregado e, como está prestes a ser despejado, pediu-me ajuda.

Vinicius, que era um homem caridoso por natureza, pensou por alguns instantes e perguntou:

— Quantos anos tem esse rapaz?

— Vinte e quatro.

O homem pensou por alguns instantes e falou:

— Estou precisando de alguém no almoxarifado, pois Laerte está com as vistas fracas por causa da diabetes e precisa de alguém para ajudá-lo. O salário não é muito, mas, se o rapaz for competente, poderá assumir o lugar de Laerte quando se aposentar.

Júlia abriu um largo sorriso e disse:

— O amigo não sabe o bem que está fazendo em nos ajudar.

— Se tenho como ajudar, por que não fazê-lo? Onde está o rapaz?

— Está me esperando na loja.

— Que bom! Pois, ontem pensei em contratar alguém para o serviço, mas ainda não tinha tomado uma decisão, e se a senhora veio me pedir esse favor, certamente foi porque eu tenho mesmo que colocar alguém para ajudar Laerte – Júlia sorriu sem nada dizer. – Quero conhecer o rapaz.

Júlia ficou séria e respondeu:

— Marcelo é um bom rapaz, mas tem sofrido muito e não come direito. Não pense que é fraco.

Vinicius imaginou que Marcelo fosse um rapaz completamente franzino, porém, ao vê-lo, observou que era magro, mas não franzino a ponto de não aguentar o trabalho. Aproximou-se dizendo:

— Imagino que seja Marcelo.

— Sim, senhor! – o rapaz respondeu timidamente.

— Conhece alguma coisa sobre material de construção?

— Não, senhor – respondeu Marcelo. O homem continuou a olhá-lo insistentemente e Marcelo continuou: – Não tenho conhecimento desse ramo, mas posso aprender.

— Gostei de sua honestidade, por isso vou admiti-lo.

Marcelo mal podia acreditar no que estava ouvindo.

— Quando poderei começar?

— Calma! Temos algumas coisas a acertar antes que comece a trabalhar.

Júlia sorriu satisfeita, e permaneceu calada ouvindo a conversa dos dois homens. Vinicius chamou os dois em seu escritório e logo passou a explicar como funcionava a loja, qual era o salário, os horários, o setor em que Marcelo iria trabalhar e coisas dessa natureza. Júlia ouvia calada. Finalmente, Vinicius disse:

— Pode começar amanhã, mas lembre-se de que não posso assinar a carteira por ora. Eu o farei se for bom funcionário.

Marcelo não estava acreditando no que estava ouvindo:

— Prometo ao senhor que farei tudo o que estiver a meu alcance.

— Dona Júlia, venha tomar um café.

A mulher prontamente aceitou e Marcelo, querendo deixa-los a sós, disse:

— Vou esperá-la na loja.

A mulher concordou e, ao se ver a sós com Vinicius, disse:

— Não sei como agradecer pela ajuda.

— A senhora que me ajudou. Honestamente, estava precisando de alguém para ajudar Laerte no almoxarifado.

Júlia em seu íntimo sabia que aquilo não era verdade, que Vinicius apenas quis ajudar. Sorrindo, agradeceu, pois para ela não importava se o homem estava precisando de mais um funcionário ou não. O importante é que a partir daquele dia Marcelo teria como sobreviver sem incorrer em atos ilícitos. Júlia conversou por alguns minutos com Vinicius e logo se despediu dizendo que não queria tomar o tempo daquele bom senhor. Assim que saiu, encontrou Marcelo esperando sentado do lado de fora.

— Como está se sentindo? – perguntou ela, sorrindo.

— Parece um sonho! Sinto como se agora os ventos estivessem soprando a meu favor, me dando a oportunidade de sonhar.

Marcelo falou animado sobre a bondade de Vinicius. Logo os dois chegaram a uma praça e, pegando outro táxi, voltaram para casa.

— Dona Júlia, não tenho palavras para agradecer o que a senhora está fazendo por mim.

— Agradeça a Deus por essa oportunidade, e agarre-a com todas as fibras do seu coração.

— Um problema já está resolvido, agora preciso resolver o outro... – disse Marcelo, esboçando um sorriso triste.

Júlia compreendeu o que o rapaz estava querendo dizer, então perguntou:

— Se refere ao aluguel?

— Sim! Não encontro saída para o problema. Não quero vender cigarros, pois de hoje em diante quero ser um novo homem.

Júlia pensou por alguns instantes e disse:

— Acho que posso te ajudar.

— A senhora já me ajudou muito. Agora sou que preciso encontrar uma solução – disse Marcelo de maneira enfática.

— Posso emprestar-lhe o dinheiro e, quando receber seu salário, você me paga.

Marcelo pensou por alguns instantes e decidiu aceitar a oferta de Júlia. Mudando de assunto, ela o convidou para almoçar, e o rapaz não se fez de rogado e aceitou. Depois do almoço, Marcelo foi até a sala e logo viu um livro que chamou sua atenção: uma obra do famoso médium Chico Xavier, intitulada *Nosso lar*. Ele começou a ler e se interessou por um trecho:

Uma existência é um ato,
Um corpo – uma veste.
Um século – um dia.
Um serviço – uma experiência.
Um triunfo – uma aquisição.
Uma morte – um sopro renovador.

O rapaz ficou pensando em tais palavras, e depois prosseguiu com a leitura. Júlia continuou seus afazeres, pensando que Marcelo tivesse dormido. Já passava das cinco horas da tarde quando ela entrou na sala e encontrou o rapaz lendo avidamente o livro.

— O que está lendo de tão interessante? – perguntou Júlia, feliz ao ver aquela cena.

Marcelo, encantado com a leitura, passou a falar sobre o protagonista da história e em como ele acordou no Umbral. Ele não deixou de mencionar também os comentários de André Luiz. Eufórico, perguntou:

— Dona Júlia, a senhora acredita que o pós-morte é realmente como descreve o livro?

Júlia, não querendo interferir nas conclusões do rapaz, disse:

— Meu filho, pensar que a morte é o fim de tudo seria um tanto trágico, pois, se fosse como muitos acreditam, não valeria a pena a pessoa se esforçar em fazer o bem. Como sabemos, a vida é muito curta. Hoje você tem somente vinte e quatro anos, mas rapidamente chegará ao cinquenta. E, quando chegar a essa idade, sentirá como a vida é breve. Não aprendemos tudo em setenta ou oitenta anos, por esse motivo, Deus nos dá a oportunidade de aprender por meio de um fenômeno simples chamado reencarnação. A morte, meu filho, não é o fim de tudo, mas o começo. O próprio André Luiz disse que a morte é um sopro renovador. A vida não cessa com a morte, mas ela se renova, dando ao espírito a oportunidade de evoluir.

Marcelo ficou em silêncio digerindo as informações, e então perguntou:

— Dona Júlia, se a morte é um processo natural, por que sofremos tanto quando alguém querido morre?

Júlia, aproximando-se do rapaz, sentou-se à sua frente e com tranquilidade passou a falar:

— Muitas pessoas sofrem ao se despedir de um ente querido por acreditarem que nunca mais verão essa pessoa que morreu. Mas o conhecimento necessário nos mostra que a morte não existe. E o que realmente existe é uma separação temporária. Quando uma pessoa demasiadamente materialista perde um ente querido, ela diz adeus, mas aqueles que têm noção de que a morte é uma separação temporária dizem um simples até breve. Todos nós estamos cônscios de que um dia morreremos, afinal, essa é a única certeza que temos na vida. Sendo assim, aqueles que têm o conhecimento necessário acerca da morte sabem que um dia se reencontrarão com o ente querido que partiu.

Marcelo ficou extasiado com a explicação simples de Júlia e então disse:

— Como é bom saber disso.

— Continue com sua leitura, vou começar o jantar.

Naquele instante, Marcelo percebeu que a tarde havia passado e, não querendo arranjar confusão com Yago, disse:

— Dona Júlia, vou embora antes que Yago chegue, não quero arranjar problemas para a senhora.

Despreocupada, Júlia respondeu:

— Se for embora porque tem alguma coisa para fazer, eu até entendo, mas não permitirei que vá por causa de Yago.

— Não quero lhe arranjar problemas.

— Quero que fique para o jantar.

— Mas e se Yago ficar bravo?

— Não se preocupe com isso. Conversarei com ele e ele entenderá que você está passando pela mesma situação que ele passou.

Marcelo agradeceu e com ansiedade voltou a ler o livro de dona Júlia. Passava das seis e meia da tarde, quando Yago chegou em casa. Ao entrar, não notou a presença de Marcelo, que estava na sala lendo tranquilamente. Quando viu dona Júlia, disse envergonhado:

— Dona Júlia, queria lhe pedir perdão pela minha atitude.

— Tinha certeza de que compreenderia minhas razões.

— Onde está Marcelo?

A mulher respondeu com tranquilidade:

— Está lendo na sala.

Yago sentiu certo mal-estar e, de cenho fechado, foi até a sala conversar com Marcelo. O rapaz disse com timidez:

— Como está?

— Estou bem. A surra que me deu nem deixou marca – respondeu Marcelo, sorrindo.

Naquele momento, Yago sentiu vergonha do que tinha feito e, lembrando-se das palavras de Ana, disse:

— Desculpe-me pelo que fiz, agi como um animal.

— Deveria ter arranjado trabalho como boxeador, você bate muito bem – brincou Marcelo.

Yago não gostou da brincadeira. Mudando de assunto, perguntou:

— O que está lendo?

Marcelo pôs-se a falar sobre André Luiz, das misérias que havia vivido nas zonas umbralinas e de seu desespero em voltar para casa.

Yago, interessado, disse:

— Como não peguei esse livro para ler?

— Esse livro é um verdadeiro tesouro que dona Júlia tem em casa – respondeu Marcelo.

Yago ficou ali por mais vinte minutos e disse:

— Vou tomar banho. Nos falamos durante o jantar.

Marcelo estava tão empolgado com o livro que se esqueceu de dar a notícia do trabalho a Yago. Ao entrar no banheiro, Yago pensou: "Marcelo está fingindo. Vou provar para Ana e Júlia que ele não passa de um farsante...". Durante o jantar, Marcelo falava euforicamente sobre o livro, enquanto Yago o olhava de soslaio. Marcelo passou a fazer perguntas sobre o livro e também acerca da vida espiritual. Yago ouvia tudo calado, e então disse:

— Marcelo, quem te viu, quem te vê...

O rapaz, não compreendendo aonde Yago queria chegar, perguntou:

— O que está querendo dizer com isso?

Júlia, percebendo a alfinetada de Yago, disse sorrindo:

— Deus, em sua infinita bondade e misericórdia, dá a cada um de nós a oportunidade de mudar nosso proceder, não é mesmo, Yago?

O rapaz olhou seriamente para Júlia sem nada dizer. Marcelo então disse:

— Yago, cansei daquela vida, quero ser um homem de bem. Amanhã mesmo começarei a trabalhar, e finalmente terei dinheiro para me manter.

Quando Yago soube que Marcelo ia trabalhar, não se conteve e começou a gargalhar. Somente naquele momento Marcelo percebeu a maldade de Yago, mas, sem se irritar, disse:

— Por que o riso? Você foi minha fonte inspiradora para as mudanças necessárias, ou seja, se você mudou de vida, por que não posso fazê-lo?

Júlia abriu um largo sorriso, enquanto Yago se sentiu envergonhado e rapidamente parou de rir. Como não teve argumentos contra Marcelo, simplesmente perguntou:

— Onde vai trabalhar?

Júlia observava cada reação de Yago e logo percebeu que novamente o rapaz estava sentindo ciúme de Marcelo. Marcelo passou a falar sobre o trabalho, que começaria no dia seguinte e o que faria. Yago prestou atenção e percebeu que o rapaz havia cortado o cabelo e que suas atitudes já não pareciam em nada com as de antanho. Ficou calado e Marcelo, voltando sua atenção a Júlia, continuou a falar sobre o livro que estava lendo.

— Se a morte é como relata o livro, posso dizer que não é ruim morrer – concluiu Marcelo.

— Meu filho, a morte não é o fim, ou seja, a vida continua apesar dos tropeços e sofrimentos que nós mesmos causamos. Se a morte é boa ou ruim, depende de nossas ações – respondeu Júlia, sorrindo.

Marcelo anuiu com a cabeça e disse:

— Por isso Deus dá a oportunidade de mudarmos enquanto estamos na Terra?

— Isso mesmo, meu filho. Deus dá a chance de mudanças, para que não nos surpreendamos com o que virá após a morte.

Marcelo ficou sério enquanto pensava e, levantando os olhos, disse:

— Sempre soube que não poderia levar aquela vida para sempre, mas não imaginei que a vida continuasse depois da morte. Graças a Deus estou tendo a oportunidade de mudar enquanto ainda há tempo.

Yago, irritado com Marcelo, disse:

— Mas não era você que dizia que deveríamos aproveitar cada momento da vida, pois não sabíamos quando tudo acabaria?

— Yago, desde que comecei a ler este livro, muitas coisas mudaram. Agora vejo que minhas palavras eram tolas, pois saber que a vida continua após a morte nos faz sentir ainda mais responsáveis pelos nossos atos – Marcelo respondeu com sinceridade.

Yago não esperava aquela resposta, então pensou: "Será que Marcelo está falando a verdade ou está apenas fingindo?". Não conseguiu chegar a nenhuma conclusão, então disse:

— Marcelo, espero realmente que esteja falando a verdade, pois lembre-se de que ninguém consegue segurar a máscara por muito tempo.

— Por que a dúvida, Yago? – disse Júlia ao constatar a desconfiança nas palavras do rapaz.

Ele apenas riu maliciosamente, sem nada dizer. Marcelo, compreendendo o que Yago queria insinuar, respondeu:

— Tem razão, Yago, mas há perguntas que só o tempo vai responder.

— Sábias palavras, meu filho. Somente o tempo para provar quem realmente somos.

Marcelo, percebendo que Yago não estava satisfeito com sua presença, tratou de comer rapidamente, a fim de voltar logo para casa. Assim que terminou o jantar, se propôs a lavar a louça antes de voltar para casa. Depois que terminou a tarefa, perguntou:

— Dona Júlia, a senhora poderia me emprestar este livro?

A mulher concordou feliz, o que deixou Yago ainda mais irritado. Júlia havia emprestado o dinheiro do aluguel, mas Marcelo não comentou nada com Yago, pois sabia que o colega se irritaria. Pegou o livro rapidamente e tratou de voltar para casa. Ao ganhar a rua, Marcelo foi pensando em tudo o que havia lido no livro. Andou mais depressa, porque queria apenas pagar o aluguel e continuar a ler o livro. E assim o fez, o que lhe garantiu uma moradia por mais trinta dias. Marcelo voltou a ler o livro, agora sob a luz tênue que iluminava seu quarto. Só percebeu o adiantado da hora quando terminou de ler o livro, e então disse em voz alta:

— "A vida não cessa e a morte é um jogo escuro de ilusões. Fechar os olhos do corpo não decide o nosso destino. É preciso navegar no próprio drama ou na própria comédia... E a morte... A morte é um sopro renovador. Mas não vou sofrer com a ideia da eternidade, é sempre tempo de recomeçar!"

Ao recitar as palavras do autor do livro, Marcelo chorou arrependido pelas escolhas que fizera na vida, e foi naquele momento que decidiu que estava pronto para recomeçar. Vencido pelo cansaço, finalmente adormeceu, e seu sono foi tranquilo e sem sonhos.

Yago, ao se ver a sós com dona Júlia, disse:
— Dona Júlia, não acha que está dando muita atenção a Marcelo?
Júlia, que bordava, respondeu:
— Todos nós precisamos de atenção, e Marcelo não é diferente. Além do mais, esse rapaz não é tão ruim quanto pensa. Ele apenas está sem rumo.
— Mas a senhora arranjou trabalho para Marcelo, que a meu ver sempre foi irresponsável. Se ele fizer alguma coisa na loja do seu amigo, poderá abalar a amizade, não acha?
Júlia, deixando o bordado no colo, respondeu:
— A regra é clara, meu filho. Se Marcelo não aproveitar a oportunidade que a vida está lhe dando, quem sofrerá as consequências será ele. Fiz apenas o que achei certo fazer, portanto, não cabe a mim julgar as verdadeiras intenções de Marcelo.
— Mas como pode ajudar quem não conhece? – disse Yago irritado.
A mulher, tirando os óculos, fixou os olhos em Yago e respondeu:
— Yago, para ajudar alguém, não precisamos conhecer essa pessoa, pois, como diz um velho ditado: "Devemos fazer o bem sem olhar a quem". O que a pessoa fará com essa ajuda é com ela.
Yago, percebendo que a mulher não mudaria sua maneira de ver a vida, disse:

— Isso é com a senhora, mas depois não diga que não avisei – e, mudando de assunto, disse: – Domingo trarei Ana para o almoço.

— Que bom, meu filho! Finalmente conhecerei a moça que roubou seu coração – a mulher pensou por alguns segundos e perguntou: – E então levará a moça para seus pais conhecerem?

— Estou pensando em chamar minha mãe e minha irmã para virem aqui conhecê-la.

Júlia não concordava com a atitude do rapaz:

— Seu pai tem o direito de conhecer a futura nora, não acha?

Yago respondeu:

— Não sei...

— A decisão é sua, mas lembre-se de que há uma reação para cada ação praticada.

Yago deu de ombros e, novamente mudando de assunto, disse:

— Minha mãe está ressentida com a senhora por ajudar Marcelo.

Júlia, sem tirar os olhos do bordado, respondeu:

— Yago, gosto muito de sua mãe, mas não vou deixar de fazer o que acredito ser certo só porque ela quer.

Yago não gostou da resposta de Júlia, mas ficou calado. Naquele momento, pensou: "Preciso afastar Marcelo de dona Júlia, pois foi ele aparecer e dona Júlia mudou comigo. Vou arranjar um jeito de provar para ela que Marcelo não merece ajuda nem consideração de ninguém". E com esse pensamento o rapaz resolveu se deitar, pois sabia que tinha que levantar cedo para trabalhar.

Mirtes, embora não estivesse indo à casa de Júlia, ficou sabendo pelos vizinhos que a mulher continuava ajudando Marcelo. Indignada, disse a Mercedes:

— Onde já se viu Júlia aceitar qualquer vagabundo em sua casa? Se continuar assim, serei obrigada a afastar meu filho de sua companhia.

Mercedes, ao ouvir o comentário preconceituoso da mãe, disse:

— Não esqueça que Yago foi morar na casa de Marcelo quando saiu de casa. Por que acha que só Yago precisa da ajuda de dona Júlia? Pobre rapaz, estava tão perdido quanto Yago.

Mirtes, irritada, respondeu:

— Há uma grande diferença entre teu irmão e esse rapaz. Júlia conheceu Yago ainda criança, e esse rapaz, de onde veio? Ninguém sabe. Além do mais, se fosse coisa que prestasse, estava com sua família.

Mercedes olhou com raiva para a mãe e disse:

— Dona Júlia também não conhecia Yago, pois ela o conheceu criança, mas depois que entrou na adolescência nunca mais falou com ele. Ela só conhecia Yago pelas coisas que a senhora falava. Além do mais, acredito que todo mundo merece uma segunda chance.

— Seu irmão não merece viver na companhia daquele rapaz – respondeu Mirtes com altivez.

Mercedes meneando a cabeça respondeu:

— Yago não é melhor que Marcelo. Se fosse, não teriam morado juntos na mesma casa. Não veja meu irmão com lente de aumento só porque está trabalhando, pois Yago não mudou. Para mim ele é como um camaleão, na primeira oportunidade mudará de cor somente para se camuflar.

— Como pode dizer uma coisa dessas? Yago é teu irmão.

— Tem razão, Yago é meu irmão, e é como conhecedora de causa que digo isso. A senhora lembra quando ele deixou de sair à noite e ficou por dois meses em casa? Pois bem, ele só o fez porque arranjou confusão na rua, e a senhora ficou toda satisfeita achando que ele havia mudado – disse Mercedes, sorrindo com deboche.

— Uma coisa não tem nada a ver com outra. Esse Marcelo não é digno da companhia de Yago.

— Pense que talvez Marcelo só estivesse precisando de uma oportunidade.

— Enquanto esse rapaz estiver frequentando a casa de Júlia, não porei mais meus pés lá, pois isso para mim é falta de consideração.

— Sabe o que percebo? Que se fosse o contrário Júlia não deixaria de vir aqui só porque a senhora se propôs a ajudar alguém. Dona Júlia é mais sua amiga que a senhora dela.

Mirtes naquele momento ficou lívida, pois jamais imaginara ouvir tais palavras da filha. Sem esperar resposta, Mercedes saiu, dizendo que ia à casa de Júlia para conversar e rever o irmão.

Marcelo levantou cedo, se arrumou e foi ao trabalho. Estava ansioso, pois nunca havia trabalhado em uma casa de material de construção antes, então tratou de ir cedo a fim de conhecer o almoxarifado. Ao chegar, constatou que Laerte ainda não estava. Como não sabia o que fazer, o rapaz pegou a vassoura e tratou de limpar o chão. Laerte encontrou o rapaz ocupado limpando o chão e satisfeito perguntou:

— Você é o ajudante que o patrão contratou?

Marcelo respondeu com humildade:

— Sim, senhor!

Laerte passou a falar tudo sobre o trabalho de almoxarifado, e Marcelo logo percebeu que era simples, porém pesado. Laerte era um homem de cinquenta e cinco anos e trabalhava havia mais de quinze anos na loja de Vinicius. Quando sua vista começou a falhar por causa da diabetes, não conseguia mais ler os pedidos que chegavam à sua pequena sala. Marcelo, então, ficou encarregado de recolher os pedidos e avisá-lo sobre os materiais que eram retirados.

No primeiro dia, Marcelo fez tudo o que Laerte solicitou. No final da tarde, Vinicius foi até Laerte e perguntou:

— E então, o que achou do rapaz?

— É esforçado, limpou o galpão pela manhã, recolheu os pedidos, ajudou a carregar o caminhão e deu baixa em todos os pedidos.

— Acha que ele dará conta do trabalho?

— Com certeza, pois, apesar de ser discreto e falar pouco, ele é muito inteligente.

Vinicius gostou de saber que o rapaz era indicado para o trabalho.

Naquele dia, Marcelo saiu da loja e foi à casa de Júlia, pois ele concordara em jantar lá. Passou também a levar uma marmita para o dia seguinte.

CAPÍTULO QUINZE

O reconhecimento do erro

Ana estava eufórica, porque almoçaria na casa de Júlia e, para agradar a boa senhora, passou em uma floricultura e comprou dois vasos de violetas. Ao chegar em frente a casa, a moça perguntou:

— Acha que dona Júlia gostará de mim?

— Você é adorável! Tenho certeza que sim – Yago respondeu sorrindo.

Os dois entraram e encontraram Marcelo conversando animadamente com Júlia. Ele falava sobre o trabalho e as coisas que tinham acontecido naqueles dias. Júlia sorria ao ver a alegria do rapaz. Yago não gostou de ver Marcelo em sua casa num dia tão especial para ele. O rapaz apresentou Ana, que foi bem recebida pela dona da casa. As duas falaram sobre diversos assuntos, até que finalmente o almoço ficou pronto.

Yago aproximou-se de Júlia e perguntou a seu ouvido:

— Marcelo ficará para o almoço?

— Filho, Marcelo almoçará aqui todos os domingos.

— Hoje não! Quero que vá embora, pois essa é uma reunião de família.

— Por favor, Yago, não faça isso! Marcelo em nada me desapontou e não pedirei para que saia.

Naquele momento, Marcelo entrou na cozinha e percebeu que Yago falava dele. Não querendo ser intrometido, disse:

— Dona Júlia, estou indo embora, pois preciso terminar de ler este livro.

Júlia era uma boa mulher, mas não gostava de se sentir pressionada e, com altivez, respondeu:

— Meu filho, você não vai sem almoçar conosco.

Yago, não acreditando no que estava ouvindo, disse:

— Se Marcelo almoçar aqui, vou embora com Ana.

Marcelo, não querendo arranjar uma confusão desnecessária, respondeu:

— Fique tranquila, dona Júlia, vou-me embora, pois estou ansioso para ler este livro.

Júlia resmungou:

— Não existe boa leitura de barriga vazia.

Ana, que estava sentada na copa, percebeu que havia algo errado, mas limitou-se a ficar calada folheando o livro *Nosso lar*, que Marcelo indicara.

— Se ele ficar, eu vou sair com Ana.

— Não se preocupe, dona Júlia, ficarei bem – respondeu Marcelo com tristeza.

Júlia foi enfática em dizer:

— Quero paz nesta casa! É a primeira vez que Ana vem nos visitar e encontrará este lar desarmonioso? Por favor, não me façam passar vergonha.

Yago percebeu que talvez estivesse sendo implicante e com isso disse:

— Tem razão. Pode ficar, Marcelo, mas peço que não me dirija a palavra.

— Obrigado pelo carinho. Vou-me embora e voltarei amanhã para o jantar – respondeu Marcelo, ressentido.

Yago gostou da decisão do rapaz e então disse:

— Será melhor assim. Depois do almoço minha mãe virá com minha irmã, e será uma reunião de família.

— Não se preocupe, vou para casa ler o livro que me emprestou – Marcelo disse a Júlia.

Ele tinha pegado o livro *Os mensageiros*, de André Luiz, e já ia se despedindo quando Júlia ordenou:

— Depois que almoçar poderá ir embora, mas não permitirei que saia da minha casa com fome.

Yago abaixou a cabeça e Marcelo disse:

— Estou sem fome!

— Você irá depois do almoço – Júlia ordenou.

Marcelo, percebendo que Júlia falava sério, concordou, embora a contragosto. Enquanto o almoço estava ficando pronto, Júlia chamou Ana para que lhe fizesse companhia. Os dois rapazes ficaram esperando na varanda, e foi nesse momento que Marcelo disse:

— O que está havendo com você, Yago?

— Você é irritante! Dona Júlia é crédula e confia nas pessoas, mas isso não acontece comigo.

— Por que diz isso?

— Porque sei que está enganando dona Júlia, mas lembre-se de que, se fizer alguma coisa que a magoe, vou atrás de você nem que seja no inferno.

Ana, para ajudar Júlia, arrumou a mesa, enquanto os dois trocavam farpas do lado de fora da casa. Ela simpatizara profundamente com Marcelo, e durante o almoço vez por outra fazia perguntas a ele. Marcelo pensava que não tinha nada a esconder, e passou a relatar como crescera sem mãe. Ana ficou com pena dele, enquanto Yago a olhava com ciúme. Júlia percebeu que precisava ter uma conversa séria com Yago.

Marcelo, como estava querendo ler o livro, logo depois do almoço se despediu de todos e foi embora, para a alegria de Yago. Ana, ao ver o rapaz sair, aproximou-se de Júlia dizendo:

— Logo se vê que Marcelo é um bom rapaz.

— Marcelo é como muitos que precisam apenas de uma oportunidade – disse Júlia, aproveitando a deixa.

Yago, que não estava gostando do rumo da conversa, disse:

— Vocês dizem isso por não conhecerem o Marcelo. Ele não é nada do que aparenta.

— Por que julga o rapaz dessa maneira, meu filho? Não temos o direito de condenar ninguém, pois os caminhos do coração são insondáveis, e ninguém conhece as intenções de ninguém.

Ana olhou para Yago como se o estivesse vendo pela primeira vez e disse:

— Yago, deixe de se implicar com Marcelo. Não acha que ele já sofreu mais do que o suficiente?

Yago tentou se explicar:

— Marcelo é mercenário, pois, enquanto eu morava na casa dele, era obrigado a vender aqueles malditos cigarros, correndo o risco de ser preso, e ele ficava com todo o dinheiro.

Ana apressou-se em responder:

— Isso se deu porque Marcelo não tinha perspectiva de vida, e além do mais, era sua única fonte e renda, mas agora está trabalhando e cabe a você perdoar e esquecer.

Yago, não querendo se indispor com Ana, decidiu se calar. As palavras de Ana fizeram que Júlia apreciasse ainda mais a moça.

Passava das duas horas da tarde quando Mirtes, Mercedes e Fernando chegaram à casa de Júlia.

Mirtes tratou bem a Ana, porém em seu íntimo não gostou de ver o filho ao lado da moça. Mercedes logo se identificou com a moça.

— Você ainda está acolhendo aquele marginal em sua casa? – perguntou Mirtes, ainda ressentida com Júlia.

— Marcelo não é nenhum marginal. Ele é como Yago. Precisava apenas de uma oportunidade para tomar o caminho certo.

— Discordo veementemente da senhora, mas, se o julga assim, o que posso fazer? – respondeu Mirtes irritada.

Ana, ao ouvir o comentário preconceituoso da mãe de Yago, sentiu certa repulsa pela mulher, mas permaneceu calada. Mercedes, no entanto, disse:

— Mamãe, deixe de recriminar dona Júlia, pois se ela não desse uma oportunidade a Yago ele ainda estaria morando com Marcelo.

Mirtes ignorou as palavras de Mercedes, passando a conversar com Ana. Júlia, apesar de estar com pessoas de que gostava, sentia-se triste, pois sentia pena de Marcelo, que passaria a tarde sozinho.

Passava das seis horas da tarde, quando Yago decidiu levar Ana embora, e logo a casa voltou a ficar vazia. Júlia havia feito bolo para o café da tarde e, pensando que talvez Marcelo sentisse fome, decidiu ir até sua casa.

Arrumou uma cesta para levar bolo, café, leite e pães para Marcelo. Contratou os serviços de um taxista e, assim que chegou em frente à casa, pôde ver que ele se encontrava lá, pois uma luz estava acesa. Júlia entrou e encontrou Marcelo deitado, lendo o livro de André Luiz. A mulher ficou feliz e sorrindo disse:

— Passou a tarde sozinho, meu filho?

— De maneira alguma! Quem tem um bom livro nas mãos nunca está só.

Ela foi tirando da cesta o que havia levado, o que deixou Marcelo imensamente feliz. Ele estava ávido por explicações acerca do livro, então deixou o lanche para depois. Júlia sorria ao ver a ânsia de aprender do rapaz, e com tranquilidade foi respondendo a cada pergunta. Marcelo sabia que Júlia frequentava a Casa Espírita e, decidido, disse:

— Dona Júlia, quero ir com a senhora à Casa Espírita na quarta-feira, o que me diz?

A mulher olhou com carinho para Marcelo e respondeu:

— Para mim será um honra.

Marcelo, no entanto, logo se lembrou de Yago:

— Yago vai nos causar problemas...

— Não se preocupe com Yago, afinal, a Casa Espírita é um posto de atendimento a todos os necessitados.

Marcelo sorriu feliz, e com isso tratou de comer o que Júlia havia levado. Enquanto comia, Júlia disse:

— Marcelo, aproveitando a visita, levarei suas roupas para lavar.

Marcelo pegou rapidamente as poucas roupas que tinha, colocou em uma sacola e entregou à mulher. Ela saiu feliz da casa de Marcelo e, enquanto caminhava em direção ao carro que a esperava, pensou: "Marcelo é um bom rapaz. Essa é uma das ovelhas que estava perdida e que a espiritualidade fez questão de procurar".

Finalmente chegou o primeiro pagamento de Marcelo, que ele separou dizendo:

— Isto é o que devo para dona Júlia, e esse aqui é para o aluguel.

Todas as noites Marcelo ficava conversando com Júlia até as nove horas, o que a deixava imensamente feliz, mas quem não gostava disso era Yago. Naquele dia não foi diferente. O rapaz chegou, tomou banho e ficou conversando animadamente com Júlia, que terminava o jantar.

— Dona Júlia, o Joel, dono da casa onde moro, ao ficar sabendo que estava trabalhando, disse que eu podia ficar na casa, desde que pagasse rigorosamente em dia o aluguel.

Júlia pensou por alguns instantes e disse:

— Que bom, meu filho, mas acho melhor você procurar outra casa, pois aquela precisa de reformas, e não é um lugar digno para viver.

— Como farei isso? Trabalho o dia inteiro e não tenho tempo para procurar uma casa decente.

— Ficarei de olho em alguma casa aqui perto, confie em Deus que tudo dará certo.

O rapaz abriu um largo sorriso, que se fechou em seguida. Júlia percebeu a preocupação do rapaz e perguntou:

— Por que a preocupação, meu filho?

— Dona Júlia, todos os locatários pedem um fiador...

— Não se preocupe com isso, pois serei sua fiadora.

Não acreditando no que estava ouvindo, o rapaz perguntou:

— A senhora faria isso por mim?

— Sem dúvida farei. Quero que tenha uma vida melhor.

— Deus me tirou a mãe quando ainda era pequeno, mas me deu outra depois que cresci.

Júlia sorriu sem nada dizer. Naquele momento, Yago entrou na cozinha e, ao ver os dois conversando animadamente, perguntou:

— Qual o motivo de tanta alegria?

Marcelo se aproximou de Yago:

— Hoje recebi meu primeiro salário, e você não sabe como isso me fez bem.

— Quanto recebeu?

Marcelo tirou o envelope mostrando a Yago, que ficou irritado ao perceber que o rapaz ganhava mais que ele.

— Ganhou tudo isso? Você não faz nada, fica olhando a saída de material e ganha mais que eu?

— Não é bem assim. Não fico olhando sair material, meu trabalho é muito pesado – Marcelo respondeu, sem perceber a inveja de Yago.

Yago gargalhou ironicamente e disse:

— Pesado? Desde quando você é homem de trabalhar no pesado?

Júlia, temendo uma discussão, repreendeu Yago:

— Todo trabalho é digno de seu salário. Marcelo não ganharia esse valor se não trabalhasse com afinco.

Yago, diante da reprimenda, decidiu se calar. Marcelo não dava atenção às provocações de Yago, e então mudou o rumo da conversa a fim de evitar confusão.

O jantar ficou pronto e foi com alegria que Marcelo disse:

— Dona Júlia, quero pagar tudo o que lhe devo.

— Pelo que eu saiba, você não está me devendo nada – disse Júlia, dando uma de desentendida.

— Estou lhe devendo dois aluguéis, um corte de cabelo e um dinheiro extra para as despesas da casa.

Yago permaneceu calado, embora em seu interior sentisse como se um vulcão estivesse entrando em erupção.

— O dinheiro do corte de cabelo foi um presente, e quanto às despesas, não se preocupe com isso.

— De maneira alguma, dona Júlia, faço questão de pagar, pois, se hoje tenho esse dinheiro, foi graças à senhora – respondeu Marcelo, todo orgulhoso.

Yago não se conteve:

— A senhora emprestou dinheiro a Marcelo?

— Sim! Pois ele estava prestes a ser despejado da casa.

Yago sentiu ódio de Marcelo e então disse:

— Marcelo, já estou me cansando de seu fingimento! Pensa que me engana? Está enganando dona Júlia, que não o conhece, mas não a mim.

— Yago, não tenho que provar nada a você. Quem está cansado dessas desconfianças sou eu. Além do mais, estou fazendo o que acredito ser certo.

Júlia intrometeu-se:

— Não quero discussão! Yago, deixe Marcelo em paz.

— Quer saber? Vou-me embora desta casa, pois estou vendo que logo vai virar reduto de vagabundos.

Marcelo, sentindo-se ofendido, disse:

— Tem razão, o primeiro foi você.

Yago não se conteve e avançou sobre Marcelo, mas dessa vez foi diferente, pois Marcelo estava lúcido, e não permitiu que Yago lhe desse outra surra. Júlia se pôs a gritar e os dois pararam, mas Yago passou a odiar Marcelo com todas as fibras de seu coração. Ele entrou em seu quarto, enquanto Marcelo dizia a Júlia:

— Por que Yago implica tanto comigo? Que mal fiz a ele?

Júlia, tentando contemporizar, respondeu:

— Yago está um pouco enciumado. Deixe estar que isso vai passar.

Marcelo, que perdera o apetite, disse magoado:

— É melhor eu deixar de vir aqui, pois Yago está sempre me alfinetando e eu finjo não perceber, mas confesso que estou cansado disso tudo.

— Não quero que deixe de vir à minha casa. Conversarei com Yago.

Marcelo entregou o dinheiro à Júlia e saiu tristonho. A mulher, procurando se equilibrar, fez uma prece pedindo orientação espiritual para saber como agir diante de uma situação como aquela. Depois, dirigiu-se ao quarto de Yago, e após bater algumas vezes o rapaz finalmente abriu a porta:

— O que a senhora quer?

A mulher, olhando aborrecida para Yago, respondeu:

— Me acompanhe até a sala, precisamos conversar.

Júlia estava séria e de cenho fechado. Yago a seguiu. Por um momento, ele sentiu medo e tratou de obedecer. Sentaram-se frente a frente, e Júlia disse:

— Yago, por que essa implicância com Marcelo? Que mal ele te fez?

Yago disse com ressentimento:

— A senhora sabe o que ele me fez passar. Vendia cigarros e ele ficava com todo o dinheiro.

— Há coisas que precisamos esclarecer. Primeiro, você é meu hóspede tanto quanto ele, e segundo, Marcelo está me provando que é um bom rapaz. Antes de sair, pagou tudo o que estava devendo. Nem mesmo o corte de cabelo ele deixou de pagar. Compreendo as razões dele quando ficava com o dinheiro dos cigarros, pois ele era responsável pelo aluguel da casa. O pobrezinho lutava somente pela sobrevivência, aliás, você não sabe o que é isso, pois seus pais sempre lhe deram tudo o que estava ao alcance deles. Não acha que está se portando feito criança mimada? – Yago logo percebeu, pelo tom de voz de Júlia, quão irritada ela estava. – Nunca mais quero ouvir que vai embora desta casa! Nunca o maltratei, sempre procurei compreender suas razões, e, além do mais, o trato como um filho. O que mais espera de mim? Não esqueça, não sou sua propriedade, mas quero ser como uma mãe para você!

— A senhora mudou comigo desde que Marcelo chegou. Antes conversávamos mais, e agora a senhora só tem olhos para Marcelo.

A mulher naquele momento não teve dúvida de que o problema de Yago era o ciúme desmedido do amigo. Ela suspirou fundo e disse:

— Lembra quando lhe contei a história de José do Egito? Pois bem, o que fez com que seus irmãos fossem tão duros com ele?

Yago, lembrando-se da história de José, respondeu:

— Ciúme!

— Será que você quer ser como os irmãos de José? Eles, em nome do ciúme, foram cruéis ao extremo e não se preocuparam com o sofrimento de seu pai Jacó. Você não vê que essa implicância com Marcelo me faz sofrer? Ele tem se mostrado um bom rapaz, e não vejo motivo para não ampará-lo.

— A senhora se afastou até de minha mãe por causa de Marcelo.

Indignada com o que acabara de ouvir, Júlia respondeu:

— Eu me afastei? Não foi bem isso que aconteceu. Sua mãe evita vir à minha casa por causa de Marcelo, mas ela se esqueceu que você vivia nas mesmas condições. Se você merecia ajuda, por que Marcelo não? Isso para mim é egoísmo. Como já disse, acredito estar fazendo o certo, e não vou mudar minhas atitudes porque vocês assim o querem.

— A senhora não gosta mais de mim como gostava antes... – disse o rapaz, sentindo-se magoado.

— Yago, gosto de você da mesma maneira. Quem foi se afastando lentamente de mim foi você. Desde que começou a namorar, você já não me acompanha mais à Casa Espírita, não conversa comigo como antes, e quando está em casa, fica trancado em seu quarto. Marcelo chegou em boa hora, pois ele me faz companhia, coisa que você não faz há algum tempo.

— A senhora está dizendo que a culpa é minha? – perguntou Yago, surpreso.

— Não é culpa de ninguém. Como você prefere ficar em seu quarto, eu o respeito e nunca lhe cobrei nada, portanto, não lhe dou o direito de me cobrar alguma coisa. – Yago não se conteve e entregou-se ao choro. Embora sentisse pena do rapaz, Júlia continuou falando de maneira firme e respeitosa: – Yago, às vezes você se comporta como um menino, mas lembre-se de que já é um homem. Meu filho, procure compreender que nada nesta vida é por acaso. Quando alguém surge em nossa vida, não surge por acaso. Sempre há um motivo para isso. Ninguém permanece em nossa vida por coincidência, pois sempre há um propósito para que essa pessoa tenha surgido, mesmo que não o compreendamos. O universo conspira para que as pessoas se encontrem e resgatem algo que talvez tenha ficado inacabado. Discutir o que cada um nos trará, não mostrará nada, e nos fará perder tempo para conhecer a alma dessa pessoa. Conhecer a alma significa conhecer o que a pessoa sente, o que ela realmente deseja de nós ou o que ela vem buscando no mundo, pois só assim é que poderemos tê-la por inteiro em nossa vida. A amizade é algo importante para o ser humano, pois sem esse vínculo nós não temos harmonia nem paz. Deus, quando nos criou, não nos fez autossuficientes para não precisarmos de ninguém, pois todo mundo precisa de todo mundo, essa é a regra. Precisamos de amigos para nos ensinar, compartilhar, nos conduzir, nos alegrar e também para cumprir nossa maior missão na Terra. Jesus disse que deveríamos amar ao próximo como a nós mesmos. O que isso implica? – Júlia suspirou fundo para retomar a palavra: – Para que possamos amar o próximo, é necessário que o aceitemos com todas as suas virtudes e defeitos, passando a enxergá-lo como nosso reflexo. Muitas vezes, uma pessoa entra em nossa vida de maneira tão estranha que chega a nos intrigar. Mas não devemos esquecer que cada ser humano é único, e por esse motivo é especial. Entrar em nossa vida não significa que permanecerá, mas, seja como for, mesmo que essa pessoa um dia saia, ela nos deixará alguma coisa. Yago, pense um pouco em sua vida e tente recordar todas as pessoas que já passaram por ela. Em seguida, pense que cada uma delas deixou alguma coisa. Ao fazer isso, você estará buscando sua própria identidade, que foi sendo construída aos poucos, de momento a momento, e foram elas que construíram seu caminho. Houve momentos que marcaram indelevelmente sua vida. Algumas vezes te comoveram, outras te ensinaram, e muitas outras até te machucaram profundamente, mas tudo isso foi importante para seu crescimento como ser humano. Quando sentir que Marcelo não te agrada, dê a ele uma segunda chance. Isso significa a chance de conhecê-lo melhor. Não se esqueça de que poderá se surpreender dando-lhe essa oportunidade. O mesmo se deve fazer quando sentir que alguém é especial para você. Faça o mesmo, dê a chance a essa pessoa de te conhecer e aproveite a oportunidade de conhecê-la melhor. Não deixe para fazer amanhã as coisas que podem ser feitas hoje, pois o amanhã poderá nunca chegar. Meu filho, viva cada dia como se fosse o último, abrace seu amigo, ame seus familiares, agradeça a Deus todas as manhãs pela oportunidade bendita da reencarnação, tendo-a como meio de aprendizado. Sorria a todos e ame desmedidamente, pois é isso que faz a vida valer a pena. Marcelo está precisando dessa oportunidade, porque no momento está completamente sozinho, tendo somente nós como companheiros. E lembre-se de que tudo que fizer aos outros você receberá em dobro. Cada pessoa está no lugar onde ela precisa estar, portanto, se Marcelo está entre nós, é porque está precisando dessa experiência. A única coisa que quero é marcar o coração de Marcelo como algo bom em sua vida. Faça o mesmo e tenho certeza de que não vai se arrepender.

Yago, comovido com aquelas palavras, chorou compulsivamente. Levantou-se e abraçou Júlia. Ela comoveu-se igualmente com suas palavras, pois sentia que fora intuída e que tocara o coração do rapaz. Yago pediu licença, pois não se sentia em condição de continuar com a conversa, trancando-se em seu quarto em seguida. Passados alguns minutos, o rapaz saiu do quarto com os olhos vermelhos de chorar e disse:

— Dona Júlia, preciso sair.

— Aonde vai meu filho?

Yago não respondeu, saindo rapidamente. Ao ganhar a rua, dirigiu-se à praça e lá pegou um táxi. Decidido, foi até a casa de Marcelo. Ao chegar, ele o encontrou estirado em sua cama lendo um livro.

— Yago, o que faz aqui? Por favor, não quero encrenca!

O rapaz aproximou-se de Marcelo e o abraçou:

— Marcelo, sei que tenho sido duro com você, peço que me perdoe.

Marcelo ficou sem reação e perguntou:

— Por que isso agora?

— Ninguém surge em nossa vida por acaso, e você apareceu na minha por alguma razão. Dei-me conta de que precisamos um do outro.

Marcelo sutilmente aspirou o ar, pensando que Yago houvesse bebido alguma coisa, porém, ao notar que estava sóbrio, disse:

— Por que isso agora?

— Dona Júlia me fez ver quanto estava sendo intolerante com você, portanto, peço que me perdoe.

Marcelo ficou feliz em ouvir tais palavras:

— Yago, quando veio morar em minha casa, eu só tinha você como amigo, e, por acreditar que é meu amigo, nunca levei em consideração as surras que me deu nem as alfinetadas.

— Errei profundamente quando o julguei, portanto, estou aqui para me redimir – Yago respondeu, envergonhado.

Marcelo achou graça no palavreado de Yago, e sorrindo disse:

— Está perdoado.

Marcelo estava terminando de ler o livro de André Luiz, então passou a falar sobre ele e, pela primeira vez, Yago se interessou pelo assunto.

— Não tenho nada para lhe oferecer. Prometo que o convidarei para ir tomar um refrigerante.

— Pensei que fosse me chamar para tomar umas caipirinhas...

— Há duas coisas que aprendi com dona Júlia: que um homem não precisa beber para provar que é homem, e muito menos beber para se divertir.

Yago olhou surpreso para Marcelo e perguntou:

— Marcelo, o que acha de dona Júlia?

O rapaz, ao lembrar da fisionomia bonachona da senhora, esboçou um sorriso e com toda a sinceridade do seu coração disse:

— Dona Júlia é o anjo que apareceu em minha vida, a luz que clareou meu caminho... Sempre me senti frustrado por não ter mãe, mas Deus, em sua infinita bondade, permitiu que eu encontrasse uma mãe depois de adulto.

Naquele momento, Yago percebeu quanto Marcelo gostava de Júlia, e sorrindo completou:

— Dona Júlia sempre falou a respeito da missão do homem inteligente na Terra, e a missão dela era mostrar o caminho para dois perdidos como nós.

— Por dona Júlia sou capaz de dar a minha vida...

— Marcelo você está mudado...

— Impossível não mudar quando um anjo bom aparece para nós. Minha vida se resume a antes de dona Júlia e depois dela.

Yago sentiu-se envergonhado por ter julgado mal Marcelo.

— Marcelo, preciso ir embora, já passa de meia-noite e com certeza dona Júlia está me esperando.

— É melhor ir embora mesmo. Dona Júlia não merece ter nenhuma preocupação conosco.

Yago se despediu e saiu. Como era tarde e o táxi custava muito caro, decidiu ir andando. Olhando para o céu estrelado, pensava: "Dona Júlia tem razão! Julguei mal Marcelo, ele realmente está mudando, e para melhor".

Passados pouco mais de vinte minutos, finalmente Yago chegou em casa e encontrou Júlia sentada na varanda. A mulher perguntou:

— Onde esteve, meu filho?

— Dona Júlia, depois que conversamos, pensei muito em Marcelo e resolvi pedir desculpa a ele.

— Não esperava outra coisa de você.

Yago, que ainda estava sem sono, conversou com Júlia e contou tudo o que havia conversado com Marcelo, e encerrou a conversa dizendo:

— A senhora conseguiu o que queria. Fez a diferença na vida de Marcelo, pois ele a tem como mãe.

— Nunca me engano com as pessoas. Logo vi que Marcelo era um bom rapaz.

Yago sorriu, beijou a testa da senhora e, pedindo licença, entrou em seu quarto a fim de descansar para o dia seguinte.

Beatriz ao ficar sabendo do namoro de Yago e Ana, ficou com raiva e ao chegar em casa naquele dia, correu a seu quarto e tirou o livro da gaveta.

A moça folheou algumas páginas e disse:

— Isso tudo é bobagem, não acredito em nada do que estou lendo; talvez precise de ajuda de quem realmente entenda do assunto.

A moça pensou em recorrer a Marilia, porém pensou:

— Em que aquela alcoólatra poderá me ajudar? Ela vem com essa desculpa de magia negra somente para se embebedar, a mim ela não engana...

Beatriz pensou por mais alguns instantes quando se lembrou que sua mãe falara a respeito de Sofia, uma amiga que pedira ajuda a espíritos para se separar do marido. Em poucos dias, o marido decidiu sair de casa.

Beatriz pensou por alguns instantes e falou:

— Vou procurar dona Sofia e pedir o nome da mãe de santo.

Naquela noite, depois do jantar, Beatriz disse à sua mãe:

— Vou à casa de dona Sofia.

A mãe de Beatriz, estranhando o fato, nada disse, mas, assim que Beatriz saiu, a mulher olhou para Clara e comentou:

— Isso não está me cheirando coisa que preste.

Clara, rindo, disse:

— Dona Sofia é fofoqueira, e amanhã todo mundo fica sabendo o que Beatriz pretende fazer.

Clara passou a falar animadamente sobre uma história que lera em uma fotonovela.

CAPÍTULO DEZESSEIS

E a vida segue...

Beatriz chegou em frente à casa de Sofia e já foi entrando, quando a mulher disse:

— Entre, Beatriz!

Ela entrou sorrindo e fingindo uma simpatia que não existia:

— Boa noite, dona Sofia, tudo bem? Vim lhe fazer uma visita.

A mulher perguntou:

— Aconteceu alguma coisa com a sua mãe?

— Não! Está tudo bem, apenas vim lhe fazer uma visita.

A mulher suspirou aliviada e então disse:

— Fiquei preocupada, pois você nunca vem à minha casa.

Beatriz não gostou do comentário, mas disfarçou muito bem, e com um sorriso mentiu:

— Pensei muito na senhora, por isso resolvi lhe fazer uma visita.

A mulher, sem desconfiar que havia algo por trás da visita, a convidou para ir à cozinha. Beatriz falou sobre diversos assuntos, e em determinado momento perguntou:

— Dona Sofia, há quanto tempo a senhora se separou?

A mulher pensou por alguns instantes e disse:

— Há seis anos... Faz seis anos que vivo em paz com meus filhos, sem a presença daquele traste.

— Por que a senhora se separou de Olímpio?

A mulher, servindo uma xícara de café a Beatriz, respondeu:

— Por que iria querer ficar com aquele homem sem juízo? Há homens que nasceram para constituir uma família, são honestos e responsáveis, mas Olímpio era diferente. Você acredita que na primeira noite de casado ele me deixou dormindo e foi jogar baralho? O infeliz não trabalhava, vivia jogando o pouco dinheiro que entrava em casa, e para completar sempre estava metido com mulheres. Olímpio era um malandro incorrigível, e homem como ele não muda.

— Imagino como a senhora deve ter sofrido ao lado de seu Olímpio.

A mulher suspirou aliviada e completou:

— A vida não é fácil, você bem sabe que tenho três filhos, mas confesso que com ele as coisas eram ainda piores. Hoje vivo só, meus filhos e eu, trabalho muito para manter a casa, mas é melhor sem ele.

— Por isso não quero me casar. A mulher começa a sofrer quando se casa. Casamento é sonho de toda mulher, mas elas não imaginam o que as espera.

— Olímpio era bom para a senhora?

A mulher, ao se lembrar, passou a dizer com raiva:

— Bom, ele sempre foi um traste, pois sempre me batia para tomar meu dinheiro para poder ir jogar cartas com seus amigos vagabundos.

Beatriz sentiu pena da mulher e, aproveitando a oportunidade, perguntou:

— Como a senhora conseguiu se livrar dele?

A mulher pensou por alguns instantes e disse:

— Por diversas vezes tentei me separar, porém ele sempre voltava e fazia escândalo, ameaçava me matar caso não o aceitasse de volta. E como sempre fora um homem violento, eu cedia. Até que certo dia dona

Eulália me disse que havia ido a um pai de santo que era bom em afastar homens como Olímpio.

— E a senhora foi?

— Fui, sim, e não me arrependo, pois, se não fosse o pai Tico, hoje ainda estaria aguentando aquele infeliz.

— Mas o que esse pai Tico fez para tirar Olímpio de sua vida?

— Quando procurei o pai Tico, ele me disse que faria um trabalho para que nunca mais Olímpio me importunasse, mas a decisão de fazer ou não o trabalho era minha. Tive que trabalhar um mês para conseguir o dinheiro, mas deu certo. Fui até pai Tico, entreguei-lhe o dinheiro e ele garantiu que em três luas Olímpio já não estaria mais em casa. E assim aconteceu. Na semana em que mudou a lua, Olímpio decidiu que iria embora morar com Regina. Não houve briga, não houve nada, ele simplesmente pegou suas roupas e foi embora, e depois disso nunca mais me procurou. Minha vida é dura, luto para manter meus filhos, mas vivo em paz.

— Mas a senhora acredita mesmo que ele foi embora só por causa do trabalho?

— Não tenho dúvida! Se não fosse pai Tico, ainda hoje aquele infeliz estaria aqui me atormentando as ideias.

— Onde mora esse pai Tico?

— Morava em Parelheiros, mas, como já era um senhor de idade, talvez nem esteja vivo.

Beatriz ficou desapontada com a notícia.

— Gente boa morre cedo...

Sofia, como gostava de uma boa conversa, perguntou:

— Está precisando da ajuda de um pai de santo?

Beatriz, percebendo que cometera uma gafe, respondeu:

— De maneira alguma!

Sofia logo mudou de assunto e falou sobre a dificuldade do filho mais velho na escola. Entediada, a moça finalmente se despediu e voltou para casa. Sofia, ao ver Beatriz rodopiar rapidamente nos calcanhares, pensou: "Beatriz não me engana... Ela está querendo ir a um terreiro e ficou com vergonha de falar. Eu a conheço desde que era menina, e coisa boa não está pensando em fazer". Sofia esboçou um sorriso e fechou a porta a fim de continuar com seu trabalho antes de dormir.

Beatriz, ao chegar em casa, encontrou a mãe sentada na poltrona da sala, conversando animadamente com Clara, sua irmã mais nova.

Clara perguntou:

— Onde esteve, Beatriz? Mamãe já estava preocupada.

A moça, olhando com desprezo para a irmã, respondeu com mau humor:

— Por que deveria responder? Se mamãe estivesse tão preocupada ela perguntaria, não acha?

Clara olhou para a mãe, que fez sinal para a filha se calar, e a mocinha obedeceu. Beatriz, com seu habitual mau humor, entrou no quarto e bateu a porta com força.

— Beatriz está cada dia mais insuportável – disse Clara.

A mulher, esboçando um sorriso triste, confidenciou:

— Não sei a quem Beatriz saiu, mas que bom que você é tão diferente.

Clara olhou com seriedade para a mãe e respondeu:

— Mamãe, Beatriz é uma pessoa má.

A mulher apenas anuiu com a cabeça sem nada dizer.

No dia seguinte, Beatriz acordou no horário de sempre e decidiu que não iria trabalhar, para o desgosto de Clara, que não gostava de ficar com a irmã em casa. A moça tomou seu café e foi falar com mãe Dinha novamente, pois queria fazer um trabalho para destruir Yago e Ana.

Com seu habitual mau humor, olhou para a mesa posta e soltou:

— Por que arrumar a mesa para tomar uma xícara de café com leite e pão com manteiga? Por favor, Clara, não seja ridícula.

A mocinha, com raiva da irmã, disse:

— Por acaso não aprendeu que para fazer qualquer refeição tem que arrumar a mesa?

— Deixe de frescura! – resmungou Beatriz.

Clara ignorou a irmã e dirigiu-se ao quarto da mãe antes de ir ao colégio. Beatriz voltou a seu quarto, arrumou-se e foi à padaria, pois não gostava do café da irmã caçula. Ao chegar à padaria, sentou-se e pediu o pão de queijo de que gostava e um café com leite. Enquanto comia, viu Marilia entrar, e continuou tomando seu café e fingindo que não a havia visto.

Marilia se aproximou e disse:

— E aí, fez o trabalho que queria?

Beatriz, com arrogância, respondeu:

— Não acreditei em nada que li naquele livro.

— Se não acredita em magia, por que comprou o livro?

— Porque fui uma idiota em acreditar em você.

Marilia, sentindo-se desafiada, disse:

— Te esperarei meia-noite em frente ao cemitério, o que me diz?

— Não espere que não vou! Não acredito nessas coisas.

Marilia, percebendo que Beatriz não estava querendo conversar, se afastou e tomou seu café sozinha. Beatriz terminou o café, pagou a conta e foi embora, pretendendo voltar ao terreiro de mãe Dinha. Ao chegar lá, encontrou Benedita, a velha senhora que limpava o local.

— Em que posso ajudá-la? – disse Benedita.

— Preciso de ajuda – respondeu Beatriz esboçando um sorriso.

A mulher não conhecia Beatriz, pois ficara no lugar da outra zeladora, que morrera repentinamente.

— Vou chamar mãe Dinha. Por favor, espere um minuto.

Ela desapareceu no interior do barracão e encontrou Dinha sentada olhando para o nada.

— Mãe Dinha, há uma moça querendo falar com a senhora.

A mulher levantou a cabeça vagarosamente e perguntou:

— Que moça? E o que ela quer?

— Não a conheço. Faz somente uma semana que estou trabalhando com a senhora.

— Mande-a entrar, sei bem para que veio.

Benedita rodopiou rapidamente nos calcanhares e, ao se aproximar de Beatriz, disse:

— Mãe Dinha quer vê-la.

Satisfeita, Beatriz acompanhou Benedita ao interior do barracão e em poucos minutos estava diante de mãe Dinha.

— Ainda não mudou de ideia, menina?

Beatriz respondeu com insolência:

— Não sou mulher de desistir das coisas que quero.

Mãe Dinha olhou seriamente para Beatriz e disse:

— A decisão é sua, mas lembre-se de que para tudo há um preço.

Beatriz, achando que se tratava de dinheiro, respondeu:

— Pago o preço que for preciso, mas preciso destruir meus inimigos.

A mulher firmou os olhos em uma imagem de São Jorge, depois olhou para Beatriz e disse:

— Então venha na terça-feira, que é dia de Ogum.

— Por que não podemos acertar as coisas hoje?

— Venha na terça-feira e ficará sabendo.

— Só isso? Preciso de ajuda urgente.

A mulher ignorou as palavras de Beatriz e voltou a olhar para a imagem de São Jorge. A moça sentiu-se ofendida e saiu, mas estava decidida a fazer o que mãe Dinha havia dito.

Depois daquele dia, Yago se esforçava para manter uma boa convivência com Marcelo.

Marcelo trabalhava com afinco, e aos poucos foi conquistando todos com sua maneira solícita de ser. Ele se esforçava no trabalho e, sabendo das limitações de Laerte, procurava poupá-lo de determinados serviços. Laerte era um homem de estatura mediana, calvo e sua tez morena fazia com que parecesse mais novo do que realmente era. Naquela manhã, Laerte decidiu ajudar a carregar um caminhão de cimento, enquanto Marcelo arrumava uma das prateleiras. Sentiu vertigem e caiu antes mesmo que pegasse o próximo saco de cimento. O rapaz que viu a queda de Laerte gritou por Marcelo, que foi imediatamente ver o que tinha acontecido. Desesperado, Marcelo foi até o escritório de Vinicius e solicitou que o levasse ao hospital. Laerte foi encaminhado ao hospital e lá ficou sabendo que havia sofrido um mal súbito devido à elevação da pressão arterial. Marcelo, preocupado, esperou que terminasse seu expediente para ir visitar o colega no hospital. Ao chegar, encontrou a esposa de Laerte sentada na sala de observação do pronto-socorro. Marcelo, que a conhecia por foto, disse:

— A senhora é dona Cleuza?

A mulher logo deduziu que o rapaz era o colega de trabalho do marido e respondeu chorosa:

— Sim! Você deve ser Marcelo.

Marcelo se aproximou e educadamente a cumprimentou com um aperto de mão.

— Como está Laerte?

— Está melhor. Foi uma elevação da pressão arterial, mas já foi medicado.

Marcelo pediu licença, entrou na sala de observação e encontrou Laerte com os olhos fechados. O rapaz ficou olhando para Laerte até que ele abriu os olhos:

— O que faz aqui?

— Que pergunta descabida. Vim lhe fazer uma visita.

— Se as coisas continuarem assim, logo abotoarei um paletó de madeira – disse o homem esboçando um sorriso.

— Deixe de bobagem! Por que foi ajudar a carregar o caminhão? Poderia ter me chamado que eu faria o serviço.

Laerte sorriu ao ver a ingenuidade do rapaz e com isso respondeu:

— Não foi o trabalho que me fez cair, foi a pressão alta, portanto, não se culpe por isso. Onde está Cleuza? – Laerte perguntou.

— Está sentada no corredor, aguardando sua melhora.

— Por favor, chame-a, preciso conversar com ela.

Como Marcelo era um rapaz discreto por natureza, obedeceu sem questionar. Logo a esposa de Laerte entrou na sala, enquanto Marcelo aguardava.

— Como está se sentindo? – perguntou ela.

— Estou melhor. Graças a Marcelo, que correu em busca de ajuda.

Cleuza olhou agradecida para o rapaz e então disse:

— Laerte nunca se engana com as pessoas. Logo vi que você é um bom rapaz.

Marcelo sorriu constrangido com o elogio, e Laerte disse sorrindo:

— Cleuza, não quero ficar aqui. Por favor, leve-me para casa.

— Laerte, quem tem que ver isso é o médico. Vou conversar com ele.

Laerte, sorrindo, chamou Marcelo para junto do leito e disse:

— Como vê, não posso continuar trabalhando. Talvez você fique no meu lugar.

— Não quero ficar no seu lugar. Quero que continue trabalhando comigo.

— Marcelo, aproveite a oportunidade, fique em meu lugar. O senhor Vinicius é um bom homem, e uma de suas maiores qualidades é a generosidade. Se você for um bom funcionário, ele saberá compensá-lo regiamente. Graças a ele, consegui construir minha casa e manter minha família.

Marcelo, que não pensara no assunto, anuiu e perguntou:

— Mas você não pretende voltar a trabalhar?

— Um bom ator sabe o momento certo de sair de cena. Acho que já trabalhei mais que o suficiente.

Marcelo esboçou um sorriso triste. De repente, Cleuza voltou a entrar na sala:

— O médico disse que não vai lhe dar alta, pois precisa dos resultados de alguns exames.

Laerte sorriu resignado:

— Como poderia voltar a trabalhar, sendo que não posso nem mesmo voltar para casa?

Marcelo esboçou um sorriso triste, quando de repente o doutor Milton entrou na sala:

— Precisamos dos resultados de alguns exames. Por enquanto você ficará nos fazendo companhia.

Laerte sorriu dizendo que ficaria. O médico fez algumas perguntas de praxe para Laerte, saindo em seguida, enquanto Marcelo observava atentamente tudo que o médico fazia.

— Preciso ir embora, amanhã virei visitá-lo – disse Marcelo.

Laerte, estendendo a mão, apertou a de Marcelo, agradecendo pela ajuda recebida. Marcelo só percebeu o adiantado da hora ao sair e perceber que a noite caíra. O rapaz chegou à casa de dona Júlia um pouco mais de oito horas. Ela estava sentada na varanda, como fazia todas as noites, e ao ver o rapaz perguntou:

— Onde esteve?

Marcelo explicou tudo o que aconteceu, e ela disse:

— Fez muito bem. Um amigo não abandona o outro quando mais precisa. Isso se chama caridade.

Yago, ao ficar sabendo o que acontecera, pensou logo que fosse mentira de Marcelo, mas nada disse. Júlia percebeu que o rapaz estava cansado, então sugeriu:

— Marcelo, tome banho enquanto esquento a janta.

O rapaz obedeceu sem contestar.

— Marcelo é um bom rapaz – Júlia disse a Yago.

Embora Yago tivesse ficado em silêncio, em seu íntimo acreditava que Marcelo estava mentindo. Ele tomou banho, jantou e já ia saindo, quando Júlia disse:

— Durma aqui, está tarde para ir embora.

Marcelo estava cansado e, sem se fazer de rogado, aceitou o convite. Deitou-se no sofá, enquanto Júlia continuou sentada na varanda. Júlia, embora não falasse, sentia falta de Mirtes, pois em todos aqueles anos de amizade a vizinha nunca deixou de ir à sua casa. Marcelo, assim que se deitou, adormeceu. Naquele momento, Yago, ao ver a boa mulher olhando para o nada, perguntou:

— O que faz aqui fora? Por que ainda não foi se deitar?

— Sinto falta de Mirtes, pois ela sempre se mostrou companheira em todos esses anos.

Yago sentiu pena da mulher e disse:

— Mamãe está sendo infantil. Onde já se viu se afastar da senhora por ajudar Marcelo.

— Cada um tem sua maneira de pensar...

Revoltado, Yago disse:

— Mamãe é a última pessoa no mundo que deveria ficar ressentida com a senhora, pois, se não fosse por sua bondade, onde eu estaria hoje?

— Estaria vivendo como sempre viveu...

— Em que condições? Mamãe está se mostrando ingrata.

— Cada um dá o que tem. Sua mãe só está querendo te proteger.

— Mamãe não consegue compreender que me tornei um homem e que sua superproteção me atrapalha.

Júlia levantou-se vagarosamente e disse:

— Vamos dormir! Amanhã será um novo dia.

E os dois caminharam ao interior da casa e, ao passar pela sala, Júlia viu Marcelo dormindo.

— Assim como você e Marcelo, no mundo ainda há muitas ovelhas perdidas...

Yago sorriu e, assim que se despediu de Júlia, entrou em seu quarto. Júlia fez sentida prece pedindo ajuda a seus dois filhos...

Marcelo, ao acordar, lembrou de tudo o que havia acontecido na noite anterior. Olhou para o relógio de parede e viu que passava das quatro e meia da manhã. Preocupado com Laerte, decidiu passar no hospital antes de ir para o trabalho e, em silêncio, levantou-se, porém Júlia, ao ouvir o ruído, levantou-se para ver o que estava acontecendo. Quando encontrou Marcelo na cozinha, perguntou:

— Por que está pronto para ir trabalhar?

— Dona Júlia, vou ao hospital visitar Laerte, pois o médico disse que ele ficaria internado para fazer alguns exames.

— Mas você não conseguirá vê-lo. Certamente deve estar no quarto, e cada hospital tem seu horário de visitas – disse a mulher esfregando os olhos.

— Mas ontem ele estava na observação da emergência, lá as visitas não têm horário.

— Meu filho, quando o médico disse que ele ficaria internado, sua esposa deve ter cuidado da internação, e ele deve ter sido transferido para o quarto.

Marcelo pensou por alguns instantes e disse:

— Gostaria de visitá-lo agora cedo para não ir à noite, pois vou ao Centro Espírita com a senhora.

— Tem razão, mas tenho absoluta certeza de que não vai resolver ir ao hospital agora.

— Então, vou ler até dar o horário de ir ao trabalho.

— Faça como quiser, vou me deitar novamente. Levantarei no horário de sempre.

Marcelo sorriu e dirigiu-se à sala a fim de iniciar a leitura. Ele havia lido *Nosso lar*, *Os mensageiros* e estava iniciando *No mundo maior*, do mesmo autor. A cada leitura, o rapaz ficava ainda mais encantado com a coerência e a explicação espiritual. Envolvido ao extremo com a leitura, não viu o raiar do dia, e faltavam poucos minutos para as seis da manhã quando Júlia se levantou para mais um dia de trabalho. Ao ver Marcelo lendo avidamente o livro, ela disse:

— Pensei que tivesse caído no sono.

— Este livro é tão bom que me esqueci de que havia acordado tão cedo.

— Está com fome?

— Não costumo sentir fome pela manhã, portanto, não se preocupe comigo, pois não costumo tomar café.

— Meu filho, não pode começar o dia sem um bom café da manhã, pois a primeira refeição do dia é a mais importante – disse ela, surpresa.

— Não se preocupe, estou bem.

— Vou preparar o café e depois vou à padaria.

Marcelo, querendo se sentir útil, disse:

— Pode deixar, vou à padaria comprar pães.

Júlia contou ao rapaz que pegara no sono e acordara atrasada naquela manhã. Foi à cozinha e deixou Marcelo na sala lendo seu livro.

Assim que o café ficou pronto, foi avisar a Marcelo que já podia ir buscar os pães, mas ao chegar encontrou o livro aberto sobre o sofá, e o rapaz já não estava. Júlia chamou pelo rapaz, porém não obteve resposta.

A mulher saiu na varanda e logo viu que o portão estava sem o cadeado, então concluiu que o rapaz havia saído. Logo Marcelo voltou com os pães.

— Meu filho, por que não me avisou que estava indo à padaria? Ia lhe dar o dinheiro.

— Não se preocupe, comprei com meu dinheiro – respondeu ele, orgulhoso.

— É tão bom quando o homem se sente responsável.

— Não me custa comprar pães para a senhora, afinal, fez tanto por mim que, mesmo que eu lhe desse todo o meu salário, ainda ficaria devendo.

Júlia pegou na mão de Marcelo e disse sorrindo:

— Não fiz nada. Quem o ajudou foi Deus e você mesmo.

Marcelo meneou a cabeça e mudou de assunto:

— Dona Júlia, aproveitei para comprar queijo e estes biscoitos de goiaba.

— Obrigada, meu filho!

Yago também acordou e, ao ver os dois conversando animadamente, perguntou:

— Ninguém dorme nesta casa?

— Marcelo acordou cedo para visitar o amigo que está internado, pois hoje à noite iremos ao Centro Espírita.

Yago sorriu sem nada dizer, mas em seu íntimo sentia como se Marcelo estivesse tomando seu lugar. Disfarçando, sentou-se e convidou Marcelo e Júlia para lhe fazerem companhia.

— Que bom que vai à Casa Espírita, você vai gostar.

Júlia logo percebeu que as palavras de Yago não eram sinceras.

— Por que não vai conosco, Yago? – perguntou ela.

O rapaz pensou por alguns instantes e disse:

— Hoje vou à casa de Ana.

— Mas você namora somente nos finais de semana – respondeu ela, surpresa.

Yago gaguejou um pouco:

— Combinei ontem com a Ana.

Marcelo entornou a xícara de café com leite sem nada dizer.

— Como está seu amigo? – perguntou Yago.

— Ontem me parecia bem, porém, o médico resolveu interná-lo, para fazer alguns exames adicionais.

— Quando uma pessoa está num leito hospitalar, ela se sente abandonada, e se sente querida quando recebe visitas – disse Júlia.

— Laerte é um bom homem, e ele teve a paciência de me ensinar tudo o que sei no trabalho.

Yago nada disse, mas sabia que a cada dia Júlia gostava ainda mais de Marcelo. Ele não gostava da amizade entre os dois, mas passou a fingir que aceitava aquela situação somente para não desgostar Júlia.

— Preciso ir, não posso chegar atrasado no trabalho, pois hoje vou trabalhar sozinho – disse Marcelo.

— Pegue sua marmita na geladeira.

O rapaz, que costumeiramente levava o almoço, agradeceu e saiu deixando Júlia e Yago sentados à mesa.

— Marcelo está mudado... – disse Yago.

— O amor tem o dom de mudar as pessoas...

— O que a senhora está querendo dizer com isso?

— Estou dizendo que, para que haja mudança verdadeira, a pessoa tem que aprender a amar o próximo e a vida. Esse ingrediente é fundamental para a verdadeira transformação.

Naquele momento, Yago sentiu como se levasse uma bofetada no rosto, porém decidiu permanecer calado. Júlia, levantando-se da mesa, disse:

— Por que combinou que iria à casa de Ana sabendo que hoje é dia de reunião? Mercedes e Fernando não faltam, mas você, desde que começou a namorar, deixou as reuniões de lado – suspirou profundamente e continuou: – Não se esqueça, meu filho, de que sua vida só mudou graças à boa vontade de Deus, à ajuda dos amigos espirituais.

Yago, não gostando do rumo da conversa, explicou-se:

— Dona Júlia, concordo que recebi ajuda. Não duvido dos ensinamentos espirituais, mas acho desnecessário ir ao Centro Espírita toda semana.

Júlia voltou a sentar-se e, olhando fixamente nos olhos de Yago, passou a dizer:

— Meu filho, vivemos em um mundo turbulento. Há problemas de toda sorte, e é na Casa Espírita que encontramos a paz. É nesses momentos de comunhão com os espíritos iluminados que encontramos na maioria das vezes solução para nossos problemas, principalmente os de ordem espiritual. Na Casa Espírita também obtemos o conhecimento necessário para os ensinamentos de Jesus.

— Mas a senhora vive em paz.

— É aí que mora o engano. Vivemos cercados por espíritos ignorantes que sugam as nossas energias diariamente, e é nas reuniões que encontro a força de que preciso para continuar minha jornada.

Yago pensou por alguns instantes e disse:

— Tem razão, vou à Casa Espírita com a senhora na semana que vem, pois hoje já tenho compromisso.

— Meu filho, você não deve ir à Casa Espírita porque eu quero que vá, e sim por você.

Yago nada respondeu e, olhando no relógio, disse:

— Preciso ir. Não posso chegar atrasado no trabalho.

— Hoje vou procurar sua mãe.

Estranhando a decisão da mulher, Yago respondeu:

— Por que vai procurar minha mãe? Ela que deveria vir e se desculpar com a senhora.

— Como diz o ditado: "Se Maomé não vai à montanha, a montanha vai até a Maomé...".

— A senhora não pode se humilhar para minha mãe, pois ela se sentiu ofendida sem a senhora ter feito nada a ela. Deixe que ela perceba isso e venha lhe pedir desculpas.

— Meu filho, todos nós somos companheiros de jornada. Podemos simplificar a convivência por deixar o orgulho de lado. Mirtes se sentiu ofendida, mas não vejo problema nenhum em lhe pedir desculpas.

— Não acha que está lhe faltando amor-próprio?

— O orgulho é sempre um mal conselheiro, portanto, devemos nos despir de toda forma de orgulho. O que chama de amor-próprio para mim não passa de orgulho.

Contrariado, Yago respondeu:

— Não vá procurar minha mãe até que eu converse com ela, pois ela tem que vir lhe pedir desculpas.

Júlia pensou por alguns instantes e perguntou:

— O que vai conversar com sua mãe?

— Vou lhe dizer que não se joga uma amizade pela janela por nada.

— Não faça isso, meu filho. Alguém sempre tem que dar o primeiro passo, e cabe a mim fazer isso.

— Se a senhora quer se humilhar, não posso fazer nada...

Júlia nada disse e o rapaz saiu rapidamente.

"Gosto de Mirtes e não vou deixar nossa amizade naufragar", pensou Júlia. Sentou-se na cadeira e fez sentida prece, pedindo a Deus a humildade necessária para se aproximar da amiga.

Fazia quinze dias que Yago havia levado Ana à casa de Júlia para o almoço, e desde então Mirtes não a tinha procurado. Ela sentia falta das conversas com Júlia, até mesmo da sua maneira de ver a vida. Naquela noite, Arnaldo perguntou:

— Por que você não está indo à casa de Júlia?

— Não concordo com a maneira de ela ver a vida, pois acolheu em sua casa o rapaz que levou nosso filho à perdição – Mirtes respondeu com tristeza. Se continuar assim, a casa dela se transformará em um reduto de vagabundos!

Arnaldo pensou por alguns instantes e disse:

— Sempre soubemos que Júlia tem o coração maior que ela, e além do mais não vejo por que não ajudar um amigo de Yago.

— Esse rapaz é um traste, ajudou a afundar a vida de nosso filho – disse Mirtes revoltada.

— Não vejo dessa maneira. Se Yago tem amizade com tal tipo de gente, é porque não é diferente. Ninguém estraga a vida de ninguém. Se Yago caiu nessa vida foi por livre e espontânea vontade. Não queira transferir a responsabilidade de Yago para esse rapaz.

— Se Yago fosse como esse rapaz, não teria mudado de maneira drástica como o fez, portanto, não quero meu filho em má companhia.

— Yago só mudou de proceder porque viu que o caminho em que estava apenas o levaria para baixo. Se Yago mudou de vida com a ajuda de Júlia, por que esse rapaz não pode fazer o mesmo?

— Arnaldo, compreenda, ninguém muda! Esse rapaz não é boa companhia e nunca será – Mirtes disse com raiva.

Arnaldo, levantando o supercílio, respondeu:

— Você disse que ninguém muda. Yago levava uma vida indisciplinada e agora está diferente, então ele está fingindo?

— Por favor, não queria comparar nosso filho com aquele vagabundo que se instalou na casa de Júlia! Yago estava perdido, não sabia o que fazer da vida. Júlia o ajudou a encontrar seu caminho – retrucou Mirtes, com voz alterada.

Arnaldo, percebendo que aquela conversa não levaria a lugar algum, tentou amenizar:

— Assim como ninguém descarta uma joia preciosa, penso que não deve descartar a amizade de Júlia. Além do mais, devemos muito a ela, pois, se não fosse pela sua ajuda, Yago ainda estaria vivendo nas ruas. Não suporto ingratidão, e você está sendo ingrata com Júlia, que é nossa amiga de tantos anos.

Mirtes permaneceu calada. Arnaldo estirou-se novamente no sofá e procurou não pensar mais no assunto. Mirtes foi à cozinha. Ela sentia muita falta de Júlia, e depois que conversou com Arnaldo decidiu que voltaria a frequentar a casa da amiga, mas não pediria desculpas.

Passava das duas horas da tarde quando Júlia saiu de sua casa decidida a reatar a amizade com Mirtes.

— O que aconteceu a meu filho? – perguntou Mirtes, aflita, ao ver Júlia chegando.

Júlia não compreendeu o motivo do desespero e respondeu tranquilamente:

— Não aconteceu nada. Yago está bem.

Mirtes suspirou aliviada:

— Que bons ventos a trouxeram aqui?

— Estou achando falta da companheira de todas as noites.

— Para ser sincera, eu também estou sentindo muita falta da senhora, das nossas conversas na varanda...

— Vim aqui convidá-la para ir à minha casa amanhã à noite.

— Para mim será um prazer – Mirtes respondeu sorrindo.

Mirtes sentiu vontade de perguntar se Marcelo estava lá, mas não o fez temendo magoar a amiga.

Júlia passou a falar de Yago, o que alegrou o coração de Mirtes. Ela ficou tão feliz com a visita, que preparou o café da tarde com capricho. Júlia continuou falando sobre o progresso de Yago, bem como de Marcelo. Embora Mirtes não gostasse da ideia de Marcelo receber ajuda da amiga, nada disse, aproveitando o momento da reaproximação. Júlia ficou um pouco e depois voltou para casa reforçando o convite para Mirtes ir à casa dela na noite seguinte, pois naquela ela iria ao Centro Espírita.

Marcelo decidiu seguir o conselho de Júlia e foi ao hospital depois que saiu do trabalho. Ele estava ansioso para ter notícias de Laerte, porém, como não era horário de visita, não pôde entrar. Encontrou Cleuza na recepção. Apressado, Marcelo perguntou:

— Boa tarde, dona Cleuza, como está Laerte?

— Está melhor, embora a diabetes não esteja controlada. O médico decidiu que só dará alta quando conseguirem controlar a diabetes.

— Posso entrar para vê-lo?

— Ontem você pôde vê-lo por estar na sala de observação, mas, como agora está em um dos quartos da enfermaria, só será possível vê-lo no horário de visita.

Marcelo pensou por alguns instantes e disse:

— No horário de visita estou trabalhando, então diga a ele que estive aqui e que voltarei no domingo.

— Tomara que no domingo ele esteja em casa.

Marcelo, como estava apressado, despediu-se da mulher a fim de chegar em tempo à casa de Júlia. Ao chegar na casa dela, encontrou-a pronta, esperando por ele.

— Dona Júlia, desculpe o atraso, mas fui ao hospital para obter notícias de Laerte.

— Não se preocupe, temos tempo. Vamos de carro – respondeu ela, olhando no relógio.

— Quem nos levará de carro? – Marcelo estranhou.

— Vamos com Clóvis, o taxista.

Marcelo gostou da ideia, pois estava cansado ao extremo naquele dia.

— Comeu alguma coisa? – Júlia perguntou.

— Não tive tempo de comer nada.

Ela então fez o rapaz sentar-se à mesa e lhe serviu um lanche. Marcelo estava ansioso e quase não sentiu o gosto do queijo prato e do presunto.

— Calma! Não precisa se apressar, temos tempo. Além do mais, conversei com Clóvis para vir nos buscar em casa.

Marcelo passou a comer mais calmamente. Quando terminou o lanche, Clóvis buzinou em frente à casa de Júlia. Marcelo e Júlia entraram no carro e, depois de percorrerem várias ruas, chegaram à Casa.

— Mas é uma casa...

— O que esperava, meu filho?

— Esperava que fosse uma igreja suntuosa como uma Igreja Católica.

Júlia riu da ingenuidade do rapaz e foi logo dizendo:

— Não poderei ficar com você, pois sou uma das trabalhadoras da Casa, e hoje estou escalada para administrar os passes, portanto, você entrará para ouvir a palestra, em seguida será conduzido à câmara de passes e depois será feita a prece final. Espere-me no seu lugar para irmos embora.

O rapaz entrou na Casa Espírita e observou atentamente a simplicidade do local. Logo uma senhora convidou todos para acompanhá-la na prece, e uma outra senhora iniciou a palestra. Durante a palestra, a oradora mencionou algumas vezes passagens do livro *Nosso lar*, o que prendeu a atenção do rapaz. Quarenta e cinco minutos passaram rápido e o rapaz fez exatamente como Júlia ordenara. Pouco mais de meia hora depois, Júlia se juntou a Marcelo, convidando-o a voltar para casa. Ele estava entusiasmado, pois a palestra foi sobre o espírito na erraticidade. Marcelo, pensando em André Luiz, disse:

— André Luiz é um espírito bom. Por que se diz que ele ficou na erraticidade?

Júlia, caminhando lentamente enganchada em Marcelo, passou a explicar:

— Erraticidade é o nome que adotamos para indicar o tempo que o espírito, terminada uma experiência encarnatória, aguarda para reencarnar novamente. É o período entre uma existência que terminou e outra que se iniciará. Portanto, todo espírito, ao desencarnar, entra no período da erraticidade. Nesse período, assim como André Luiz aprendeu, trabalha e transmite sua experiência, nós também aprenderemos. Erraticidade é a fila de espera para uma nova encarnação.

Marcelo, desde que começou a ler os livros de André Luiz, interessou-se profundamente pela vida além-túmulo.

Enquanto caminhava, Marcelo disse:

— Quando estiver do outro lado, quero conhecer André Luiz. Embora ele tenha desencarnado de maneira imprudente, depois que recebeu ajuda, se transformou em um sábio.

Júlia sorriu sem nada dizer.

Os dois caminhavam vagarosamente, e Marcelo disse:

— Dona Júlia, está tão calor... Um sorvete iria bem.

— Foi em uma sorveteria que me aproximei de você...

As lembranças daquele dia fizeram mal a Marcelo, e então ele disse:

— Lamento tê-la ofendido daquela maneira.

— Não fique triste ao se lembrar daquela noite, pois foi graças a tudo aquilo que aconteceu que pude conhecê-lo melhor. As coisas estão certas como estão... O importante é que, naquele dia, você renasceu para a vida.

— Nunca pensei por esse ângulo. Quando me lembro daquela noite, sempre me sinto culpado.

— Muitas vezes não compreendemos por que determinadas coisas nos acontecem, mas lembre-se, meu filho, a vida nunca erra, e aconteceu o que seria melhor para você naquele momento. Em vez de sentir culpa, deveria sentir gratidão a Deus, pois foi naquela noite que as coisas começaram a mudar.

— Marcelo, você ia à igreja? – Júlia mudou de assunto.

— Não! Minha madrasta não nos deixava sair de casa. Para falar a verdade, nem ela mesma tinha religião.

— Muitas pessoas vivem nessas condições... – Júlia meneou a cabeça e então disse, ao ver a sorveteria: – Vamos entrar e tomar um sorvete.

Naquela noite, Marcelo estava visivelmente feliz:

— Dona Júlia, nunca fui tão feliz em minha vida...

— Fico feliz em saber.

— Por que aquela senhora de vestido azul falou sobre dias de aula? Não entendi.

Júlia explicou que a Casa oferecia um curso sobre a doutrina.

— Posso frequentar o curso? – Marcelo perguntou.

— Logo o curso entrará em recesso, voltando somente no ano que vem, mas se quiser pode frequentá-lo.

— Eu quero.

Júlia estava feliz em ver o progresso de Marcelo, porém, ao lembrar-se de Yago, sentiu-se triste, pois o filho da amiga não demonstrava o mesmo interesse para os assuntos espirituais.

— Por que Yago não frequenta o curso da Casa Espírita? – Marcelo perguntou.

— Marcelo, uma das coisas que aprenderá é que cada ser humano está em uma escala evolutiva diferente. Você se interessou pelo assunto, mas a doutrina não surtiu o mesmo efeito em Yago. Devemos ter paciência com ele, pois no momento certo seu entusiasmo pela doutrina florescerá, e ele sentirá a mesma alegria que está sentindo agora.

Marcelo não compreendeu muito bem as palavras de Júlia, mas abriu seu coração ao dizer:

— Dona Júlia, antes eu me achava um desgraçado, desafortunado pela vida, mas, depois que a conheci, descobri que há sempre pessoas como a senhora, dispostas a encontrar as ovelhas que estão perdidas...

— Vamos embora, meu filho, já se faz tarde – Júlia disse, sorrindo.

Marcelo estendeu o braço para a boa senhora e juntos eles saíram da sorveteria. Ele deixou Júlia em sua casa e, como já havia lanchado, pegou a marmita que ela tinha deixado pronta e preparou-se para voltar para casa.

Yago, ao ver os dois, riu e perguntou:

— Conte-me a anedota, estou precisando dar risada.

Júlia, percebendo a maldade nas palavras de Yago, disse:

— A felicidade nos tira sorrisos... Junte-se a nós, meu filho.

— Quem sabe um dia eu faça isso... – respondeu ele, rindo de maneira debochada.

Marcelo logo percebeu o ciúme na voz de Yago, e então passou a dizer:

— Yago, nunca me senti tão bem. Na quarta-feira que vem poderia nos acompanhar à Casa Espírita.

— Quem sabe... Quem sabe... – Yago resmungou.

Beatriz já não escondia mais o ódio que sentia de Yago, e com isso todos os colegas passaram a alertá-lo:

— Cuidado com Beatriz, ela é perigosa.

Yago pouco se importava com Beatriz, de modo que não escondia seu contentamento em estar namorando Ana. Uma semana havia se passado desde que Beatriz tinha ido até mãe Dinha, e naquela terça-feira a moça estava decidida a ir ao terreiro. Ao ver Yago entrando de mãos dadas com Ana, Beatriz sentiu tanto ódio, que disse:

— Seu presente está chegando, desgraçado!

Maria Goreti ouviu a frase de Beatriz e sentiu um arrepio percorrer a espinha. Na hora do café, ela chamou Ana a um canto e disse:

— Tome cuidado com Beatriz. Eu a ouvi dizer que Yago vai receber um presente, mas, pelo tom de voz, senti que não é coisa boa.

— Sempre falo a Yago para tomar cuidado com Beatriz, mas ele não se importa.

Goreti disse:

— Ele não se importa porque não sabe do que ela é capaz.

Ana levou a mão à cabeça, preocupada, e aproximou-se de Yago para contar o que ficara sabendo.

Yago soltou uma gargalhada e disse:

— O que essa infeliz poderá fazer contra mim? Cão que ladra não morde.

— Você diz isso porque não sabe do que Beatriz é capaz – disse Ana, preocupada.

— Deixe de ser medrosa! Beatriz não pode fazer nada contra mim, ainda mais agora que passarei a ser o chefe de todo o escritório.

— Pessoas como Beatriz são capazes de fazer qualquer coisa para conseguir seu intento.

— Não se preocupe, vou conversar com Moacir.

Ana viu Yago se afastar dizendo que precisava voltar ao trabalho, pois havia alguns documentos a serem despachados. Quando ele terminou seu trabalho, resolveu conversar com Moacir sobre a ameaça que Beatriz fizera. Ao contar ao chefe o que aconteceu, Yago alertou:

— Doutor, se alguma coisa colocar em dúvida minha competência, pode ter certeza de que foi armação de Beatriz.

— Não se preocupe, estou esperando um motivo para despedir Beatriz.

Yago saiu sorrindo do escritório de Moacir e, ao passar pela máquina de escrever de Ana, deu-lhe um sorriso.

O dia transcorreu tranquilo, e Beatriz fez seu serviço com esmero. Ao chegar em casa, ela disse à mãe, que estava sentada no sofá:

— Mãe, vou sair e voltarei depois das dez horas.

— Aonde vai Beatriz? – perguntou dona Sonia, preocupada.

— Não gosto de interrogatório! Vou sair e pronto!

Clara, ao ver Beatriz gritando com a mãe, intrometeu-se:

— Não grite com nossa mãe! Não vê que está doente?

— Mamãe está doente do coração, mas não há remédio para sua curiosidade.

Naquele momento Sonia se pôs a chorar, e Clara, ao ver o aborrecimento da mãe, gritou com Beatriz:

— Você não é digna da minha raiva, somente da minha pena.

Beatriz pegou a irmã pelos cabelos. Clara, apesar da pouca idade, era uma mocinha robusta e forte, e não deixou se intimidar por Beatriz. Puxou os cabelos de Beatriz e, quando pôde, arranhou-lhe o rosto. Beatriz se desvencilhou de Clara e entrou no quarto para se arrumar para seu compromisso.

Sonia, ao ver a briga das duas filhas, chorou mais ainda:

— Beatriz está insuportável, e a culpa disso tudo é minha, que sempre a mimei demais.

— A senhora não tem culpa de nada, pois cuidou de Beatriz da mesma forma que sempre cuidou de mim. O problema é que Beatriz nunca prestou, desde que éramos crianças ela era má e fofoqueira.

Sonia, enxugando as lágrimas que escorriam pelo rosto, disse:

— Mas eu não vi esse traço da personalidade de Beatriz. Só fui perceber pouco tempo atrás...

Clara, na tentativa de acalmar a mãe, disse:

— Não se preocupe com Beatriz, ela está cavando o próprio destino. Dona Jurema sempre disse que devíamos ter pena das pessoas más, pois o pagamento vem sempre a cavalo.

Sonia concordou com a filha:

— Dona Jurema tem razão, mas como mãe me preocupo com o futuro da sua irmã.

— O futuro somos nós que construímos. Beatriz está construindo o dela e nós não podemos fazer nada para ajudar.

Beatriz lavou o rosto e, ao sair do quarto, encontrou a mãe conversando com Clara na sala. Sem falar com ninguém, saiu e não deu satisfação de onde ia.

— Sua irmã está aprontando alguma... Dona Sofia me disse que ela foi até a casa dela e ficou perguntando sobre o trabalho que ela fizera para que seu marido fosse embora.

Clara pensou por alguns instantes e disse:

— Beatriz está pensando em prejudicar alguém. A senhora acha que macumba pega?

— Se pega, eu não sei, mas de que o mal existe não tenho dúvida.

Clara ficou olhando para a janela, sem dizer mais nada.

Depois de ficar dez minutos no ponto de ônibus, Beatriz embarcou em direção ao terreiro de mãe Dinha. Enquanto o ônibus deslizava pelas ruas do bairro, ela pensava: "Esses arranhões em meu rosto sairão muito caro a Clara". E com esses pensamentos a moça não percebeu o ônibus chegar ao destino. Ela desceu do ônibus, mas as lágrimas insistiam em escorrer sem seu consentimento. Não eram lágrimas da dor do ferimento, mas de raiva da mãe e da irmã. Assim que serenou o coração, Beatriz tirou um lenço da bolsa, enxugou o rosto e entrou. Naquela noite, viu muitas pessoas que não conhecia. Uma corrente separava o ambiente e dentro daquela corrente havia uns desenhos no chão e muitas pessoas vestidas de branco. A moça sentou-se e ficou esperando que a reunião começasse.

Mãe Dinha estava sentada em uma cadeira no canto direito do desenho do chão. As pessoas se aproximavam e beijavam sua mão. A mulher parecia cansada, porém estava lá sentada toda vestida de branco, com um turbante branco na cabeça. No canto esquerdo havia vários rapazes, junto a tambores, e algumas mulheres estavam em volta ao desenho. Logo os homens começaram a tocar seus respectivos tambores e, enquanto tocavam, as mulheres começaram a dançar. As saias rodadas levantavam com a velocidade da dança, enquanto a mãe de santo observava atentamente a tudo o que estava acontecendo. De repente, uma mulher começou a fazer gestos estrambóticos, e nesse momento uma pessoa por vez foi conversar com essa senhora. Beatriz achou graça do que estava vendo. De repente, a senhora falando com voz pastosa olhando em direção a Beatriz, disse:

— Por que está aqui? Está achando graça do quê? Esse lugar é para aqueles que acreditam e têm fé.

Beatriz, olhando para o lado, percebeu que a mulher não estava em seu estado normal. Ela pensou: "Como pode saber o que estou pensando?". Envergonhada, Beatriz percebeu que alguns dos presentes estavam olhando para ela, e então abaixou a cabeça. Outra senhora se aproximou e disse:

— Venha, o Baiano quer falar com você.

Beatriz seguiu a mulher e logo estava junto aos outros vestidos de branco. Ao se aproximar, a entidade disse:

— Você não tem bom coração. Está aqui para pedir que tire seus inimigos do caminho, mas vou lhe avisando para ter cuidado com o que pede.

Atônita, Beatriz perguntou:

— Como pode saber, se não me conhece?

A entidade começou a gargalhar e respondeu:

— Estou em todos os lugares e vejo muitas coisas que você não pode ver. Sei que seu rosto está ferido por causa de uma briga que teve com sua irmã.

Naquele momento, Beatriz quase caiu e, a partir daquele momento, não teve dúvida de que se tratava de algo que estava além de suas compreensões.

— Todo mal é repartido, e você terá a sua parte na maldade que pretende fazer – continuou a entidade. – O melhor dia a vir é na segunda-feira, pois conversará com um Exu e ele saberá o que fazer. Antes que chegue esse dia, é bom que pense no assunto, pois encontrará sofrimento no caminho que escolheu.

Logo a entidade se virou e outra pessoa foi encaminhada até ele. A senhora que estava ouvindo a conversa disse:

— Espere o término da reunião e converse com mãe Dinha. Ela dirá como fazer para conversar com o Exu.

Beatriz voltou ao seu lugar, mas estava confusa, pois pensava: "Como aquela senhora poderia saber de algo que aconteceu antes de vir aqui?". Atordoada, Beatriz não prestou atenção no restante da reunião, e logo se encerraram os trabalhos daquela noite. A mulher que conversara com Beatriz falou com mãe Dinha, e logo em seguida Beatriz foi encaminhada a ela.

— Disseram que eu precisava conversar com a senhora – disse Beatriz.

— A entidade mandou que viesse nos trabalhos de segunda-feira, pois terá uma conversa com o Exu.

— Como aquela senhora poderia saber o que havia acontecido comigo horas antes de vir aqui?

— Você conversou com um espírito que falava por meio de Maria. Os espíritos sabem tudo o que nos acontece, não duvide. Para os que creem, os espíritos são benevolentes, mas aqueles que duvidam eles costumam castigar.

— Na segunda-feira, esse espírito voltará a falar comigo?

— Esse espírito, não, mas outro.

Mãe Dinha logo percebeu que Beatriz não sabia onde estava entrando e com isso aconselhou:

— Ainda dá tempo de desistir. Pense no que realmente quer da vida.

Beatriz, saindo do estado de perplexidade, disse com altivez:

— Não vou desistir, ainda mais agora, sabendo que posso conversar com os espíritos.

— Sua alma, sua palma, sua cabeça, seu guia... – respondeu a mulher.

Beatriz saiu do terreiro encantada com a descoberta e, pensando em tudo o que havia acontecido naquela noite, disse:

— Que meus inimigos se preparem, pois vou esmiuçar cada um como se faz com um inseto.

Beatriz chegou em casa faltando dez minutos para meia-noite, e encontrou tudo no mais absoluto silêncio. Embora estivesse cansada, estava ainda mais encantada com tudo o que presenciara. E dessa forma arrumou-se para dormir.

Mercedes acordou naquela manhã de cenho fechado e, ao encontrar a mãe tomando calmamente seu café, disse preocupada:

— Sinto-me estranha...

— Estranha como? – perguntou Mirtes.

— Não sei dizer. É como se algo estivesse prestes a acontecer, mas não sei o quê.

— Isso é resultado de uma noite maldormida – respondeu Mirtes, esboçando um sorriso.

Mercedes sentou-se à mesa pensativa, enquanto Mirtes falava sem parar sobre a reaproximação de Júlia. Ela mal ouvia o que sua mãe dizia, e sem pensar disse:

— Mamãe, alguma coisa vai acontecer a Yago...

— O que poderia acontecer a seu irmão? Ele está trabalhando, namorando, levando uma vida normal.

— Não sei... Estou preocupada com meu irmão – disse Mercedes, confusa.

— Hoje terei uma conversa com Yago.

A mãe não deu atenção às sensações de Mercedes, e, olhando no relógio, disse:

— Vá, minha filha, senão vai perder o ônibus.

Mercedes, ao se dar conta do adiantado da hora, pegou a bolsa e saiu rapidamente.

— Mercedes e Yago sempre brigaram feito cão e gato, porém se amam... – falou Mirtes em voz alta. E então começou seus afazeres domésticos.

Mercedes chegou à loja cinco minutos atrasada, mas, como sempre fora uma funcionária exemplar, ninguém disse nada sobre o atraso. Ela começou a arrumar a prateleira, mas estava mais quieta que o habitual. Claudia, ao ver Mercedes perdida em pensamentos, perguntou:

— Está quieta... aconteceu alguma coisa?

— Não! Está tudo bem.

— Está tudo bem entre você e Fernando?

— Estamos bem. Fernando está se controlando e estudando com afinco a doutrina espírita. Toda semana ele pega vários livros para ler.

— Vocês foram ao Centro Espírita esta semana?

— Não pudemos ir. Fomos à festa de aniversário de um amigo da faculdade de Fernando.

Claudia sorriu e procurou continuar seu trabalho. Na hora do almoço, Mercedes e Claudia foram à lanchonete ao lado da loja. Mercedes passou a dizer:

— Hoje estou com uma sensação esquisita... Sinto que vai acontecer alguma coisa, mas não sei dizer o quê. Sinto que é alguma coisa relacionada a Yago.

Claudia olhou para a amiga e respondeu:

— Não se preocupe com isso. Quando me sinto aflita e não sei a razão, procuro não pensar no assunto e logo a aflição passa.

Mercedes percebeu que Claudia não tinha nada a acrescentar, então tratou de comer o lanche em silêncio.

Mercedes chegou em casa naquele dia com a mesma sensação com que acordara, e depois do jantar disse:

— Mamãe, vou à casa de dona Júlia.

— Espere-me terminar de lavar a louça que vou com você.

Mercedes esperou a mãe para irem juntas à casa de Júlia, porém estava contrariada, pois queria conversar a sós com a boa mulher. Ao chegarem lá, encontraram-na sentada na varanda. Yago estava em seu quarto, lendo uma revista em quadrinhos. Mercedes, depois de cumprimentar a mulher, decidiu ver o irmão, e Mirtes foi logo dizendo:

— Daqui a pouco vou vê-lo.

As duas mulheres conversavam animadamente enquanto Mercedes batia na porta do quarto do rapaz. Yago, ao ver a irmã, ficou feliz, deu-lhe um abraço e perguntou:

— Como vai, Mercedes?

A moça, depois de dizer que estava tudo bem e que não havia novidade, perguntou:

— E como estão as coisas para você?

— Tudo corre normalmente – respondeu ele de maneira displicente.

Mercedes, fixando o olhar no irmão, disse tudo o que estava sentindo naquele dia.

Yago respondeu sorrindo:

— Não se preocupe, está indo tudo muito bem. Recebi promoção no trabalho, meu namoro está indo de vento em popa, aqui em casa tudo corre bem, não vejo motivos para preocupação.

Embora Yago assegurasse à irmã que tudo estava indo bem, ela sentia-se inquieta, sem saber a causa de tudo aquilo. Não demorou e Mirtes entrou no quarto, abraçando efusivamente o filho. Mercedes pediu licença e se retirou, deixando a mãe a sós com o irmão. Ela se aproximou de Júlia e, em poucas palavras, disse tudo o que estava sentindo. Júlia, ao ouvir o comentário de Mercedes, disfarçou sua preocupação dizendo:

— Mercedes, isso se chama pressentimento. Você sente que vai acontecer algo, mas não sabe o que nem com quem.

— É exatamente isso que sinto.

Júlia pensou por alguns instantes e disse:

— O *Livro dos espíritos* fala sobre isso no item... – levantou-se rapidamente e pegou o livro, abrindo-o em seguida. Depois de procurar por alguns minutos, finalmente disse: – Na questão quinhentos e vinte e dois, Allan Kardec fez a seguinte pergunta: "O pressentimento é sempre uma advertência do espírito protetor? O pressentimento é o conselho íntimo e oculto de um espírito que vos deseja o bem. E também a intuição da escolha anterior: é a voz do instinto. O espírito, antes de encarnar, tem conhecimento das fases principais de sua existência, ou seja, o gênero de provas a que vai se ligar. Quando estas têm um caráter marcante, ele conserva uma espécie de impressão em seu foro íntimo, e essa impressão, que é a voz do instinto, desperta quando chega o momento, tornando-se pressentimento – Júlia empertigou-se na cadeira de vime e continuou a falar: – O pressentimento pode ser considerado um bom conselho dado por um espírito amigo. Seja quanto ao adiantamento moral, seja quanto aos assuntos da vida particular. Mas, antes de reencarnar, podemos ter conhecimento de nossas provas, e isso fica indelevelmente marcado em nossa consciência, então, quando chega o momento oportuno, isso vem em forma de pressentimento.

— Se algo está para acontecer, podemos evitar?

Júlia pensou por alguns instantes suspirando fundo, e então disse:

— Deus não livra ninguém de sua provação. O que Ele permite é que os espíritos amigos deem forças para que passe por aquela provação com resignação. Nós que observamos podemos fazer preces por aquele que passará pela prova.

— Se sinto que algo acontecerá com Yago, nada posso fazer por ele?

— Sim! Faça preces para que Deus lhe dê a ajuda necessária para passar em sua prova.

Júlia convidou Mercedes a acompanhá-la em uma prece, e juntas pediram a Deus para ajudar Yago em tudo o que necessitasse. Mercedes sentiu como se um bálsamo tocasse seu coração, e com isso logo se acalmou. Depois da prece, Mirtes se aproximou das duas, e sorrindo passou a falar sobre as brincadeiras de Yago. Júlia sorria, porém, em seu íntimo, estava preocupada com o rapaz, pois sabia que onde houvesse pressentimento algo sério aconteceria. Mirtes conversou por mais uma hora e então convidou a filha a voltar para casa. Júlia, ao se ver sozinha, fez outra prece pedindo a Deus que desse forças a Yago, para que passasse com sabedoria por sua provação.

Depois daquela visita, os dias seguiram rapidamente, e Mirtes voltou a frequentar a casa de Júlia. No sábado, enquanto Júlia estava preparando o jantar, Marcelo chegou e disse:

— Dona Júlia, estou me sentindo tão sozinho...

— Que bom que veio me fazer companhia.

— Onde está Yago? – Marcelo perguntou.

— Yago foi à casa de Ana, sua namorada. Avisou que não virá para o jantar.

Marcelo pensou por alguns instantes e disse:

— Sinto falta de companhia... Futuramente pretendo arranjar uma namorada.

— Isso é absolutamente normal, meu filho, pois Deus criou o homem para viver em família. Todo homem deseja formar uma família, mesmo sabendo que enfrentará muitos problemas.

— Minha vida é monótona, não consigo sair da rotina... Preciso fazer alguma coisa diferente.

— Meu filho, todo ser humano passa por momentos solitários em sua vida. Não pense que é o único a passar por isso. Yago, quando se sentiu só, arranjou uma namorada, por que não faz o mesmo?

Marcelo pensou por alguns instantes e respondeu:

— Sinto que ainda não é hora de pensar nisso, pois tenho muitas coisas a resolver em minha vida.

Júlia olhou surpresa para o rapaz e perguntou:

— O que quer dizer com isso?

— Antes de arrumar uma moça para ser minha companheira, preciso arranjar um lugar digno de viver, mas, com o salário que ganho, mal dou conta de minhas despesas pessoais, por isso estou pensando seriamente em voltar a estudar.

Júlia abriu um largo sorriso e disse:

— Muito bem, meu filho, todo homem tem que pensar no futuro e se preparar para ele.

— Com o início do ano, estou pensando em voltar a estudar e, quem sabe, fazer uma faculdade.

— Faça isso, meu filho, plante para colher no futuro, pois a vida é apenas um sopro e passa muito rápido.

— Dona Júlia, quero voltar a estudar, mas não quero deixar de ir à Casa Espírita.

Júlia suspirou fundo e respondeu:

— Meu filho, não adianta você estar toda semana em uma Casa Espírita se os ensinamentos da casa não estiverem em você. Procure aprender, obter conhecimento, e guarde isso em seu coração. Nos meses de férias, poderá frequentar a casa, mas lembre-se: não deixe de fazer preces para que resista ao mal, e procure ser sempre um homem de bem.

— Dona Júlia, tudo o que venho aprendendo com a senhora, assim como a leitura dos livros, está guardado aqui comigo.

— Isso é muito bom. Se quiser ser verdadeiramente um ser humano, coloque os ensinamentos de Jesus em prática, e só assim será feliz. O livro bíblico de Eclesiastes diz que para tudo há um tempo, tempo para plantar e colher, tempo para deitar e levantar, tempo de abraçar e tempo para manter-se fora dos abraços... Portanto, meu filho, faça tudo o que estiver a seu alcance agora. Plante para colher no futuro e no momento certo você conhecerá uma moça que será sua companheira e poderá até formar uma família.

— Não sei o que faria sem a senhora...

— Já que não tem uma jovem para lhe fazer companhia, aceite a companhia de uma velha...

Marcelo sorriu e tratou de ajudar a colocar a mesa.

CAPÍTULO DEZESSETE

Beatriz não desiste

O tempo passou e finalmente chegou o dia de Beatriz ir ao terreiro. A moça estava exultante naquele dia, pois finalmente conseguiria destruir Yago. À noite, ao chegar em casa apressada, encontrou Clara conversando com a mãe, que ficava sentada a maior parte do tempo, pois se sentia fraca pela enfermidade. Beatriz não cumprimentou nem mesmo a mãe, e depois de se arrumar comeu rapidamente um lanche e ganhou a rua. Dona Sonia, ao ver Beatriz fechar a porta atrás de si, disse à outra filha:

— Não estou sentindo nada bom... Sua irmã está aprontando algo.

— Não se preocupe com isso. Beatriz vai cair e quebrar-se inteira, e quando isso acontecer, não me venha cobrar para ajudar a juntar os cacos.

— Beatriz só vai aprender quando sofrer – respondeu Sonia meneando a cabeça.

Clara, não querendo falar na irmã, mudou rapidamente de assunto, pois sabia que, quando falavam de Beatriz, costumeiramente sua mãe ficava nervosa.

Em poucos minutos Beatriz estava parada esperando o ônibus, e com raiva disse:

— Yago, seu bolo está assando e em breve vou lhe servir.

A moça chegou ao terreiro vinte minutos antes de a reunião começar, e logo tomou seu lugar. Observava tudo enquanto esperava. Exatamente no horário marcado a reunião começou, e Beatriz estava feliz. A moça estava ansiosa para ser atendida. De repente, um médium fez gestos extravagantes e logo a entidade começou a dançar e beber desenfreadamente. Começou a falar com um homem e, sem pudor algum, disse que sua esposa o estava traindo e que, se o homem quisesse, ele podia afastar o rival. Assim que o homem lhe deu o aval, ele rapidamente passou a dar uma lista de trabalhos que poderiam ser feitos, e que, ao final da reunião, poderia conversar com a mãe de santo. A entidade começou a falar com um outro senhor, que apreensivo buscava ajuda das entidades para evitar que sua empresa chegasse ao tenebroso estado de falência. Novamente a entidade deu uma lista de trabalhos e pediu que ele conversasse com a mãe de santo. E assim a entidade foi conversando com várias pessoas. Já estava quase no final da reunião, quando finalmente Beatriz foi chamada. A entidade que, antes de falar, voltou a beber, disse:

— O que faz aqui?

— Estou à procura de ajuda para destruir meu inimigo – Beatriz respondeu com arrogância.

— Você quer destruir seus inimigos? Por quê? – a entidade gargalhou.

— Por eles tomarem um posto que era meu por direito.

— Se é isso que quer, isso terá, mas lembre-se de que tudo tem um preço.

— Pago o preço que for – respondeu Beatriz.

— Quando digo que para tudo há um preço, quero dizer que, se a pessoa não merecer, o mal se voltará contra você.

Beatriz, envolvida em seus próprios pensamentos, não compreendeu as palavras e então ficou quieta.

— Terá que trabalhar comigo em todas as reuniões onde estarei.

— Farei como quiser – respondeu ela sem pensar.

A entidade então passou uma lista de trabalhos e mandou que Beatriz conversasse com mãe Dinha no final da reunião.

Ela voltou a seu lugar. Quando a reunião terminou, mãe Dinha lhe disse:

— Pense bem antes de fazer esse trabalho, pois todo mal que praticamos voltará a nós de uma maneira ou de outra.

Beatriz, ignorando as palavras da mulher, respondeu:

— Quero fazer mesmo assim.

A mulher então falou sobre o valor.

— Trarei o dinheiro amanhã mesmo – respondeu Beatriz.

A mulher, não se importando com o comentário, ajuntou:

— A escolha é sua...

Com isso, Beatriz se retirou e, ao sair, disse:

— Que trabalho caro... Conversarei com Moacir e direi que minha mãe sofreu um mal súbito e que precisarei de dinheiro para o tratamento.

Achando que tudo estava resolvido, voltou para casa faltando poucos minutos para a meia-noite. No dia seguinte, foi logo pela manhã conversar com Moacir e disse que sua mãe estava sofrendo um novo padecimento e que precisaria exatamente da quantia pedida por mãe Dinha. O homem compadeceu-se da moça dizendo que descontaria de seu pagamento. Beatriz, que esperava por aquilo, concordou rapidamente.

— Pedirei a Ana que preencha o cheque e no final do expediente poderá pegá-lo – disse o chefe.

Beatriz ficou feliz e pensou: "Hoje mesmo levarei o dinheiro. Depois é só aguardar". Naquela mesma noite foi até a mãe de santo e a entregou o cheque.

— Se quiser, poderá desistir... – disse novamente a mulher.

— De maneira alguma! Por favor, peço que respeite minha decisão – respondeu Beatriz.

— A cabeça leva o corpo, mas, quando ela não está firmada no bem, o corpo sofre...

Beatriz deu de ombros e saiu em seguida. Ao ganhar a rua, a moça pensou: "Aquele espírito disse que terei que trabalhar para ele, mas o que quis dizer? Não sei... Mas, seja como for, farei o que me pede". Ela voltou para casa e dormiu placidamente.

⁂

Uma semana havia se passado, e Yago acordou mais cedo do que costumeiramente fazia.

— Caiu da cama? – Júlia perguntou ao ver o rapaz de pé.

— Não sei... Tive sonhos estranhos, mas não lembro como foram. Acordei eram exatamente três da manhã, e pela primeira vez depois de todo esse tempo vi o dia clarear.

Júlia olhou surpresa para o rapaz:

— Com o que sonhou?

— Sonhei com lugares e pessoas estranhas, mas não me lembro nada a respeito do sonho.

— Como se sente?

— Estou cansado, como se não tivesse dormido, é algo estranho.

— Yago, Jesus disse que deveríamos orar e vigiar.

O rapaz olhou surpreso para Júlia e disse:

— Não precisa se preocupar, dona Júlia, foi apenas uma noite maldormida.

A mulher, ignorando completamente as palavras do rapaz, perguntou:

— Sabe por que Jesus disse essas palavras?

Yago meneou a cabeça em negativa.

— Certa vez, ouvi uma palestra em que o senhor disse: "O ambiente mais limpo não é aquele que mais se limpa, mas o que menos se suja".

Quando oramos de coração aberto, limpamos os nossos pensamentos e melhoramos os fluidos que nos rodeiam, e vigiamos para mantê-los assim. Quando a pessoa ora, rapidamente ela entra em contato com o mundo espiritual, e, se fizer com fé, receberá a ajuda de que necessita. E vigiar quer dizer que a pessoa deve prestar atenção em sua conduta, procurando corrigir seus defeitos, depurando suas qualidades. Yago, não deixe os maus pensamentos o contaminarem, procure elevar os pensamentos ao Criador, e preste atenção em seu proceder. Somente assim conseguirá vencer os assédios espirituais.

Yago permaneceu calado, e não querendo continuar com aquela conversa, tratou de se arrumar para mais um dia de trabalho. Não demorou e logo Yago saiu de casa. Enquanto isso pensava: "Gosto muito de dona Júlia, mas ela tem uma mania de colocar assuntos espirituais em tudo. Para uma simples insônia ela logo vê perigos espirituais... Dona Júlia se tornou fanática, pois para ela tudo que nos acontece tem um fundo espiritual. Eu não quero ficar assim...".

Levando a mão à cabeça como a afastar maus pensamentos, Yago continuou andando rapidamente. Ao entrar no ônibus para o trabalho, um rapaz perguntou-lhe a hora e Yago prontamente respondeu. O rapaz desceu do ônibus no mesmo ponto que Yago e, enquanto ele caminhava, o rapaz disse:

— Quero o relógio e a carteira.

Yago sentiu a raiva subir à cabeça:

— Não vou lhe dar nada!

O rapaz avançou sobre Yago e, embora muitas pessoas vissem a cena, ninguém se envolveu. Os dois começaram a brigar ferozmente. Mas o outro era mais forte que Yago, então tomou sua carteira, arrebentou a pulseira do relógio e saiu correndo em seguida.

Yago, com ódio, decidiu ir ao trabalho, pois estava sem dinheiro para voltar para casa. Ao chegar ao escritório, encontrou Ana, que o esperava. A moça, ao vê-lo, disse:

— Yago, o que aconteceu?

O rapaz contou em poucas palavras o que havia acontecido e de mau humor disse:

— Não tenho condições de trabalhar. Pedirei ao Moacir para ir embora.

Ana, olhando para as mãos feridas do rapaz, disse:

— Venha, vamos fazer um curativo nessa mão.

— Não se preocupe! Estou bem! – respondeu ele com raiva.

Ana ao perceber que Yago estava visivelmente transtornado, decidiu não dizer nada.

— O que mais vai me acontecer hoje? Tive insônia, fui assaltado, apanhei do bandido...

Ana nada disse, pois temia que ele se voltasse contra ela. Os colegas de trabalho, ao verem o estado de Yago, começaram a fazer perguntas e, embora estivesse irritado, o rapaz respondia educadamente a cada um. Passava das nove horas quando Moacir chegou ao escritório e, ao ver o estado de Yago, o chamou à sua sala para conversar.

— O que está ruim ficará ainda pior... – Beatriz disse satisfeita.

Moacir, percebendo que o rapaz não tinha condição de trabalhar, ordenou:

— Volte para casa. Ana cuidará de tudo na sua ausência.

— Voltar para casa... Não tenho dinheiro nem mesmo para isso.

Moacir abriu a carteira e entregou algumas cédulas de cruzeiro para o rapaz. Yago se despediu de Ana e rapidamente saiu. Ao chegar em casa, Júlia perguntou assustada:

— O que aconteceu, meu filho?

O rapaz contou o que havia acontecido e, como estava de mau humor, alfinetou dizendo:

— Isso que me aconteceu é obra dos espíritos?

Júlia, percebendo a irritação do rapaz, não respondeu e gentilmente disse:

— Tome um banho. Vou fazer um curativo nessa mão.

O rapaz fez o que a mulher sugeriu e, assim que saiu, dona Júlia já estava com a caixinha de curativo em mãos.

— Procure descansar, na hora do almoço eu o chamo – disse Júlia depois de fazer o curativo.

Yago foi até seu quarto, porém o rosto do meliante não lhe saía da cabeça. Demorou pouco mais de uma hora para Yago finalmente adormecer. Júlia terminou o almoço e era quase meio-dia quando abriu lentamente a porta para acordá-lo e viu um espírito a seu lado. Júlia não se deixou intimidar, e a entidade a fitou com um largo sorriso. A mulher fechou a porta lentamente e, voltando à cozinha, fez sentida prece pedindo a Deus sabedoria e aos amigos espirituais que cuidassem do rapaz. Assim que terminou a prece, voltou ao quarto de Yago, e dessa vez nada viu. Yago acordou sobressaltado dizendo:

— Me sinto estranho... Estou cansado, e meu sono foi intranquilo.

A mulher, olhando com seriedade para o rapaz, disse:

— Yago, precisa se apegar à prece.

— A senhora sempre arruma um cunho espiritual para tudo que acontece.

— Compreenda, meu filho, há espíritos por toda parte, e eles interferem nos acontecimentos da vida, quer acredite, quer não.

— Não me leve a mal. A senhora está obcecada por essa religião e não percebeu que se tornou fanática. Todos os dias pessoas são assaltadas neste país. Não sou a primeira nem serei a última.

Júlia, percebendo que não daria para conversar com Yago naquele dia, resolveu se calar.

Os dois almoçaram em silêncio, pois Yago não estava disposto a conversar com ninguém. Logo depois do almoço, ele trancou-se em seu quarto e pensou nos últimos acontecimentos: "Não deveria agir com tamanha grosseria com dona Júlia, ela só quer o meu bem". O rapaz não viu, mas a seu lado havia duas entidades que falavam sem parar perto de seu ouvido. A primeira delas tinha a aparência de uma pessoa desleixada, sem cabelos, com o peito desnudo e olhos arregalados. Na bocarra havia grandes presas, e ela parecia uma fera enjaulada. Sua expressão era de ódio. Com sorriso sarcástico, dizia:

— Não dê ouvidos a Júlia, você é homem!

A outra entidade gargalhava e, quanto mais se aproximavam de Yago, mais envolviam o rapaz em miasmas escuros. O fedor que provinha das duas entidades era forte, a ponto de Yago perceber e, irritado, ele disse:

— Dona Júlia não anda limpando meu quarto como deveria... Que cheiro horrível! Parece que há um animal em decomposição aqui...

Então saiu do quarto dizendo a Júlia:

— Que cheiro é aquele em meu quarto?

Júlia, sem compreender, respondeu:

— Limpo seu quarto como sempre fiz, e deixo a janela aberta a maior parte do tempo para renovar o ar.

— Por favor, venha a meu quarto e sinta a senhora mesma.

A mulher acompanhou o rapaz e não sentiu o cheiro. Então, pediu a Yago:

— Por favor, feche os olhos e me acompanhe em uma prece.

— A senhora não muda... Sempre está com essa história de oração. Meu quarto precisa de limpeza, e não de oração.

— Você melhor que ninguém sabe como sou prestimosa com minha casa — disse Júlia magoada.

— Esse cheiro nauseabundo está me incomodando.

Júlia olhou penalizada para o rapaz e o convidou novamente a acompanhá-la em uma prece. Yago, percebendo o desapontamento da mulher, resolveu ceder, embora não acreditasse em oração. Ela fez sentida prece, e por um momento viu os autores do mau cheiro. As duas entidades trataram então de sair do quarto de Yago.

Logo depois da prece, Yago inspirou fundo para sentir o mau cheiro, mas sentiu apenas o cheiro do lustra-móveis que Júlia usara para tirar o pó. A mulher saiu do quarto pensando que aquelas entidades estavam envolvendo Yago em miasmas escuros.

Yago trancou a porta do quarto e, não sentindo mais o mau cheiro, adormeceu tranquilamente.

Júlia, ao voltar para a cozinha, pensou no que vira naquele dia, e decidiu procurar Paulo Rubens, um dos trabalhadores da Casa Espírita. Ele era um homem forte, apesar da idade, e como estava aposentado, gostava de gastar seu tempo entre estudo e os trabalhos da casa. Era casado com dona Emerenciana, amicíssima de Júlia. O casal tinha dois filhos casados, um morava no Rio de Janeiro e o outro morava no Mato Grosso.

Naquela tarde, Paulo Rubens estava estudando para uma palestra que faria em outra Casa Espírita. Ao chegar, Júlia logo avistou dona Emerenciana, e a boa mulher, ao ver a amiga, disse:

— Que prazer recebê-la em minha casa.

Ao ouvir as palavras eufóricas da esposa, Paulo Rubens foi até a sala para saber de quem se tratava. Júlia sorriu com a alegria aos amigos, e depois de falar sobre vários acontecimentos na Casa Espírita, passou a relatar tudo o que estava acontecendo a Yago, bem como o que viu naquela manhã.

— Esse rapaz precisa de ajuda, pois sinto que uma grande teia se forma ao seu redor – Paulo Rubens disse.

— Penso da mesma forma, mas Yago não acredita em nada, o que dificulta ainda mais as coisas.

— Vamos fazer preces pelo rapaz, pois algo muito ruim está prestes a acontecer.

Júlia empalideceu, então contou sobre os pressentimentos de Mercedes, sem esconder nenhum detalhe.

Então, Emerenciana disse:

— Júlia, entendo que queira ajudar esse rapaz, mas lembre-se de que todo necessitado precisa ter consciência de suas necessidades, e depois disso tem que pedir ajuda. Mas infelizmente não é isso que vemos, pois essas entidades malfazejas estão controlando seus pensamentos, e no momento a única coisa que podemos fazer por ele é prece. Sabemos como esses espíritos agem, primeiro influenciam tenazmente a pessoa e segundo prendem aqueles que têm a forma de pensar semelhante. Como pude observar, esse rapaz está sofrendo forte perseguição espiritual, e começou a agir de maneira grosseria. Seus pensamentos estão alheios, de modo que não aceita nenhum raciocínio lógico, pois está vendo somente o que seus algozes querem que veja. Tenha paciência, minha amiga, pois nesse estado é fácil ele se melindrar por pouca coisa.

— Estou percebendo que aos poucos Yago está deixando de ser aquele rapaz que se mostrou a mim – respondeu Júlia com um suspiro cansado.

— Dona Júlia, vamos pedir em prece por Yago – interveio Paulo Rubens.

— Yago e Marcelo são como a filhos, e vou fazer o que estiver a meu alcance para ajudá-los – Júlia confessou com os olhos marejados.

— É assim que se fala, minha amiga, um bom soldado não foge à luta – Emerenciana respondeu, sorrindo.

— Está na hora do Evangelho no Lar, o que acha de nos fazer companhia? – Paulo Rubens sugeriu a Júlia.

Ela ficou satisfeita em saber que chegara no dia do Evangelho, e rapidamente concordou. Os três sentaram-se à mesa, e quem dirigiu a reunião foi Paulo Rubens.

Júlia saiu da casa dos amigos eram quase seis horas da tarde, porém estava se sentindo revigorada e alegre.

※

Yago estava irritado, e nem ele mesmo sabia por quê. Tudo era motivo para reclamação. Se Júlia pedia as roupas para lavar, o rapaz reclamava, se procurava falar sobre pontos da doutrina, ele ficava ainda mais irritado. Se Marcelo e Júlia conversavam animadamente, se irritava. As noites insones eram comuns, e Yago já não tinha a mesma jovialidade de antes, pois sua tez foi ficando pálida e o brilho de seus olhos se apagou. Yago sabia que gostava imensamente de Ana, mas sua presença o incomodava, assim como suas carícias. A moça, percebendo a frieza de Yago, perguntou:

— Yago, ainda nutre o mesmo sentimento por mim?

O rapaz, olhando com carinho para a moça, respondeu:

— Claro. Estou passando por um momento difícil, é só isso. Espero que compreenda minha angústia, pois se a perder, o que será de mim?

Ana pôde sentir a aflição do rapaz e, esboçando um sorriso triste, ajuntou:

— Tem andado nervoso. Talvez esteja na hora de ir ao médico e pedir um calmante.

Yago gostou da ideia, então resolveu que não iria trabalhar no dia seguinte. Beatriz observava de longe a desgraça de Yago, pois ele comentava com Ana, que comentava com Lúcia, e logo todo o escritório estava sabendo.

Yago já não acompanhava Ana até o ponto de ônibus como antes fazia, e ia andando para casa, o que fazia que chegasse tarde. Júlia preocupava-se cada vez mais com a situação do rapaz, pois sua decadência era visível a todos. Ele, que antes se sentava à mesa para fazer o Evangelho no Lar, passou a ficar trancado em seu quarto, procurando ficar sozinho a maior parte do tempo.

Marcelo, no entanto, ficava até mais tarde todas as segundas-feiras na casa de Júlia, pois era dia do Evangelho no Lar. E, naquela noite, Marcelo perguntou:

— Yago não participa mais do Evangelho, o que está acontecendo?

— Yago está passando por uns problemas de ordem espiritual, mas com a ajuda dos amigos espirituais ele ficará bem.

— Que problemas? – respondeu Marcelo, interessado no assunto.

A mulher pensou por alguns instantes e decidiu falar a verdade e tudo o que estava acontecendo. Marcelo ouviu atônito o relato de Júlia e, então, disse:

— Precisamos fazer alguma coisa para ajudá-lo, pois seu sofrimento é visível.

— É isso que me dói. Percebo que Yago está sofrendo, mas agora dependerá somente dele, pois, o que cabe a mim, estou fazendo...

— Mas o que a senhora está fazendo?

— Preces, meu filho... pois não tenho o controle da situação em minhas mãos.

— Prometo que serei sempre um bom rapaz, pois jamais quero lhe trazer aborrecimentos – respondeu Marcelo, ao perceber o abatimento de Júlia.

— Marcelo, sinceramente, o tenho como um filho.

Júlia fez uma prece, e logo se iniciou o Evangelho. Yago estava irritado, pois não gostava do Evangelho, e naquela noite, depois de terminada a prece, falou com mau humor:

— Dona Júlia, vou sair, estou me sentindo sufocado.

— Por que não se junta a nós? – perguntou Marcelo com um sorriso.

Yago não percebeu, mas seus companheiros espirituais estavam a seu lado, e um deles passou a falar:

— Esse rapaz está se intrometendo na sua vida! Vai permitir isso, seu fracote?

Yago irritou-se com Marcelo e respondeu:

— Por que me juntaria a vocês? Minha vida já está muito difícil para me preocupar com espíritos.

Marcelo abaixou a cabeça e pela primeira vez percebeu que não tinha como manter uma boa comunicação com Yago.

— Aonde pretende ir? – Júlia perguntou.

— Preciso caminhar, e não me espere porque não sei a que horas voltarei.

A mulher deixou brilhar uma lágrima em seus olhos, e observando o rapaz se afastar disse a Marcelo:

— A situação de Yago me desespera, mas ele não faz nada para se ajudar.

— O que acha de segui-lo? – sugeriu Marcelo.

— Yago não é criança...

Marcelo compreendeu o que Júlia estava querendo dizer, então ficou um pouco mais e só foi embora quando Mirtes chegou, pois sabia que a mãe de Yago não gostava dele. Júlia contou a Mirtes tudo que estava acontecendo, o que deixou a mãe preocupada:

— Preciso ter uma conversa com Yago, isso não pode continuar.

Júlia não contou sobre os assuntos espirituais que envolviam aquela situação, pois sabia que Mirtes não aceitaria, e logo mudou de assunto, procurando esquecer tal problema.

Yago saiu andando a esmo pelas ruas do bairro. Ao chegar em frente à casa de sua mãe, o ódio que sentia pelo pai voltou com força.

— Maldito! Se tudo isso está acontecendo a culpa é sua. Se não tivesse me expulsado de casa, hoje estaria bem – ele falou. Encostou-se no poste e ficou olhando para a fachada da casa. – Vou me vingar de todos aqueles que causaram a minha ruína.

O rapaz viu quando sua mãe saiu da casa. Escondeu-se para que ela não o visse. Mirtes rapidamente atravessou a rua, e em poucos passos chegou à casa de Júlia. A mãe não viu o filho, que se escondera atrás do poste, permanecendo na sombra.

Yago voltou a caminhar, sem ter noção de para onde estava indo. Logo um rapaz de nome Jorge, ao ver Yago, disse:

— Yago, há quanto tempo... Onde esteve?

Yago conhecia Jorge das noites que perambulava pelas ruas, e com tristeza disse:

— Nunca saí de São Paulo, apenas abandonei essa vida sem futuro, comecei a trabalhar, estou namorando e levando uma vida como qualquer rapaz da minha idade.

Jorge desatou a rir, e com deboche perguntou:

— E as biritas?

Yago não se irritou com Jorge e sorrindo respondeu:

— Estou preso a um monastério, pois não tenho mais a velha birita para me fazer companhia.

— O que acha de irmos ao velho bar tomar umas doses? Estou com sede.

Yago decidiu acompanhar Jorge, e bebeu muito. Jorge, ao ver que Yago estava extrapolando, tratou de ir embora, pois não pretendia levá-lo para casa. Yago bebeu tanto que caiu na calçada e dormiu até amanhecer o dia.

Passava das seis horas quando o rapaz acordou com o sol alto, e, lembrando-se do que havia acontecido, levantou-se a fim de voltar para casa. Ao chegar, encontrou Júlia na cozinha, que estava visivelmente preocupada. Quando sentiu o odor etílico que vinha de Yago, Júlia resolveu não lhe perguntar nada naquele momento, pois o rapaz estava precisando descansar. Yago caiu na cama sem nem mesmo tomar banho e dormiu, acordando somente depois da uma hora da tarde. As emoções de Júlia estavam em frangalhos, pois ela nunca imaginou que veria Yago naquele estado. O rapaz acordou e resolveu tomar banho. Júlia já havia almoçado e, ao ver Yago entrar na cozinha, disse:

— Venha almoçar, meu filho.

— Obrigado, estou enjoado, pois bebi muito na noite de ontem.

— Yago, não acha que está na hora de me contar o que está acontecendo?

Naquele momento, Yago não se irritou e, olhando desolado para o xadrez da toalha, disse:

— Não sei... Sinto-me confuso, faço coisas que não queria fazer, sinto que estou num beco sem saída.

— Yago, quando sentimos que não sabemos o que fazer nem para onde ir, o melhor é permanecermos onde estamos. Entenda, meu filho, ninguém faz conosco aquilo que não permitimos, portanto, reaja e não deixe se levar por esses impulsos que o arrastam ao mal.

Yago começou a chorar e disse:

— Ontem fiz uma coisa horrível... – Júlia permaneceu em silêncio esperando que ele falasse, e o rapaz continuou o relato constrangido: – Encontrei-me com Jorge, um colega dos tempos boêmios, e ele me convidou a ir a um bar. Logo ele me apresentou a uma moça. Bebemos, conversamos alegremente, e quando eu já estava bêbado, a levei a um lugar ermo e fiz...

— Fez o quê, meu filho?

— Fiz sexo com ela.

Júlia ouviu com naturalidade, porém logo se lembrou de Paulo Rubens dizendo que os espíritos obsessores causavam constrangimento. Ela pacientemente respondeu:

— Yago, o que fez foi errado, porém, está na hora de procurar ajuda, não acha?

Yago olhou surpreso para a mulher e perguntou:

— Procurar ajuda onde?

Júlia finalmente contou que havia visto as entidades em seu quarto, e que ele estava sofrendo assédio espiritual. Yago pensou por alguns instantes e disse:

— Por que tudo que nos acontece a senhora culpa os espíritos? Não acredito nessas coisas.

Desapontada, ela respondeu:

— Nem tudo é culpa dos espíritos, tanto que Allan Kardec comentou que erramos ao pensar que os espíritos se manifestam somente por fenômenos extraordinários, pois, se assim o fosse, desejaríamos que eles viessem em nosso auxílio através de milagres, trazendo em mãos uma varinha mágica. As intervenções dos espíritos são ocultas a nossos olhos, pois eles estão em faixa vibratória diferente e são invisíveis a nós. Mas não é porque não os vemos que eles não existem; muitas coisas existem sem que vejamos, por exemplo, não vemos o vento, mas sabemos que ele existe, porque o sentimos em nossa pele, ou quando causa algum tipo de tragédia. Segundo Allan Kardec, os espíritos têm a capacidade de provocar o encontro entre duas pessoas, dando a impressão de que esse encontro foi por acaso, podem nos inspirar pensamentos, sejam eles positivos ou negativos. Segundo o grau evolutivo em que se encontram, podem induzir-nos a passar por determinado lugar, podem nos chamar a atenção para determinado ponto, desde que atenda a seus interesses, mas cabe a cada um decidir se aceitará tais sugestões ou não, pois Deus nos deu o livre-arbítrio.

Yago pensou por alguns instantes e perguntou:

— A senhora acredita que foram os espíritos que forçaram um encontro com Jorge?

— Não posso lhe assegurar, mas tudo leva a crer que sim. Esses espíritos querem causar constrangimento, e conseguiram.

Yago afundou a cabeça nas mãos:

— O que direi a Ana? Não fui correto com ela.

— Esses espíritos, além de nos constranger ao máximo, querem nos arranjar problemas. Ana é uma boa moça, mas não sabemos como ela reagirá quando souber do seu desvio...

— A senhora acha que devo contar a ela o que aconteceu? E como explicarei a ela a ausência no trabalho?

Júlia pensou por alguns instantes e disse:

— A base para um relacionamento estruturado é a verdade.

— E se ela quiser terminar comigo? O que farei?

Júlia respondeu com voz compassiva:

—É um risco que corre, pois ninguém foge à lei da ação e reação. Você agiu de maneira irresponsável, e a consequência disso pode ser o fato de ver o namoro terminar.

Yago sentiu-se o pior dos homens e decidiu:

— Não contarei nada a Ana. Vou deixar esse fato guardado em uma gaveta qualquer e jogarei a chave fora.

— Nada fica oculto, meu filho, os próprios espíritos que o inspiraram a beber em demasia e agir de maneira irresponsável poderão muito bem levar esse fato ao conhecimento dela. A sinceridade é sempre o melhor caminho.

Yago, sentindo o mal-estar da ressaca, disse:

— Vou me deitar, mas antes queria tomar um remédio para dor de cabeça.

Júlia levantou-se, foi até o armário, pegou um comprimido e um copo d'água e entregou ao rapaz. Depois de tomar o comprimido, ele foi a seu quarto para descansar. Deitou-se, porém, à sua cabeça vinha o momento em que estava com Dolores. Ela costumava frequentar bares, e sua vida promíscua era conhecida por todos. Yago sentiu um mal-estar, mas decidiu não falar nada a Ana sobre o ocorrido. Depois de quarenta minutos, acordou sentindo-se um pouco melhor, mas seu estômago ainda estava revirado. Percebeu também que estava suarento, então decidiu tomar outro banho. Júlia estava triste, pois estava vendo a ruína de Yago e não podia fazer nada.

Yago, ao chegar à cozinha, não viu Júlia, então a procurou no jardim e a encontrou podando as hortênsias.

— Como se sente? – perguntou ela.

— Não estou me sentindo bem. Antes bebia e não me fazia tão mal.

— Mas o que bebeu?

— Bebi conhaque e cerveja.

— Isso não é bom, vou fazer um chá de boldo para melhorar seu estômago.

Pela primeira vez, Yago percebeu o desgosto que estava causando a Júlia, e observando seu andar cansado pensou: "Não posso ficar aqui, o melhor que tenho a fazer é ir embora...". Júlia fez o chá e entregou ao rapaz, que tomou fazendo careta. Ela não estava disposta a conversar e, em silêncio, voltou à cozinha a fim de iniciar o jantar. O rapaz resolveu voltar para seu quarto, e naquele momento disse em voz alta, inspirado pelas entidades que o acompanhavam:

— Vou sair desta casa, não posso continuar a dar trabalho a dona Júlia. Ela não merece isso.

E naquele momento sentiu vontade de chorar. Virando de lado, ficou olhando para o móvel à sua frente.

— Dona Júlia, estou perdendo o controle da minha vida, e não é justo lhe dar aborrecimentos – disse ele.

A mulher assustou-se com as palavras do rapaz e respondeu:

— Não posso permitir que saia desta casa, pois você não tem para onde ir, e jamais o deixaria morar nas ruas.

Yago deixou que as lágrimas banhassem seu rosto, e entre palavras entrecortadas respondeu:

— Veja o que estou fazendo com a senhora. Aos poucos está perdendo a alegria, e a culpa é minha.

— O amor me faz pedir que não vá embora, pois como acha que ficarei sabendo que está passando dificuldades nas ruas? – perguntou Júlia, alisando os cabelos do rapaz.

Yago, percebendo a sinceridade nas palavras de Júlia, decidiu ficar, o que fez com que ela se sentisse aliviada. Assim que a mulher saiu do quarto, o rapaz logo adormeceu, porém seu sono foi intranquilo.

No dia seguinte, Yago chegou ao trabalho no mesmo horário de sempre. Além de estar se sentindo fraco, pelo excesso de bebida, pensava em que desculpa daria a Ana pela falta. Ela o aguardava ansiosamente, e perguntou preocupada:

— Yago, por que faltou no trabalho?

O rapaz pensou por alguns segundos e disse:

— Estava com muita dor de estômago, tanto que dona Júlia me fez tomar chá de boldo.

— E agora está melhor?

— Sim, mas o que me dói é a alma...

Ana, sem compreender as palavras do rapaz, perguntou:

— Por que diz isso?

Yago pensou rápido e respondeu:

— Dói-me ver a preocupação de dona Júlia.

—Você não tem culpa de ficar doente, essas coisas acontecem.

— Por favor, despache os trabalhos, pois não estou me sentindo muito bem – Yago disse, esboçando um sorriso triste.

Beatriz, que estava à sua máquina, olhou atenta para Yago e contente pensou: "Está dando certo... Está pálido como papel amarelado pelo tempo...". A moça trabalhou feliz e satisfeita.

A hora do almoço chegou rapidamente. Yago ficou esperando Ana para lanchar. Naquele instante, Beatriz se aproximou dizendo:

— O que aconteceu? Por que não veio trabalhar?

Irritado, Yago respondeu:

— Não é da sua conta...

— Isso é só o começo! – respondeu ela em tom ameaçador. E se afastou gargalhando, o que deixou Yago ainda mais irritado. O rapaz não imaginava o que Beatriz havia feito.

— Beatriz é má! Sua gargalhada mais parece o som de uma hiena... Maldita! – ele disse.

Logo Ana se aproximou:

— Vamos à cozinha para lanchar?

O rapaz a acompanhou, mas não quis comer nada, pois sentia agonia, e isso lhe tirava a fome.

Uma das entidades, sorrindo, disse a outra:

— Vamos acabar com esse trabalho de vez.

— Ainda não, sou como gato, que adora brincar com a comida antes de devorar...

Ana, ao perceber o abatimento do rapaz, disse:

— Por que não conversa com Moacir e pede para ir embora?

— Não posso fazer isso. O que ganho já não é muito e com desconto virá menos ainda – e, olhando para a namorada, perguntou: – Ana, você me ama?

— Que pergunta... O que acha?

— Acho que não a mereço, pois você merecia namorar um sujeito melhor que eu.

— Por que está dizendo isso?

— Porque você é um encanto...

Ana aceitou as palavras de Yago como um elogio, sem imaginar o que estava incutido nelas.

Enquanto isso, Beatriz foi a um canto comer seu lanche, e com ódio pensava: "Quero que Yago morra! Por que os espíritos não o levam para o inferno?". Esse pensamento, carregado de ódio, motivou uma das entidades a continuar com a prática do mal. E Beatriz continuou: "Quero que esse sujeito morra como um cão sarnento". Naquele momento, Yago sentiu tontura, encostou-se na parede, e então Ana perguntou:

— Yago, o que você tem?

— Não estou me sentindo bem, estou atordoado... – respondeu com a voz pastosa.

Ana pegou uma cadeira, colocou o rapaz sentado e rapidamente pegou um copo com água para ele beber. Enquanto isso, uma das entidades gargalhou e disse:

— Aprenda como fazer um bom trabalho.

— O que pretende fazer, Lobo? – a outra perguntou.

Deixando as presas à mostra, como a um lobo selvagem, Lobo se aproximou de Yago e, encostando-se nele, disse:

— Veja com seus próprios olhos.

Yago naquele momento sentiu-se ainda pior, o que chamou a atenção de Ana, e baixou a cabeça, ficando assim por alguns instantes. Ana percebeu que Yago não estava nada bem:

— Você não está bem, precisa descansar.

— Não posso ir embora, pois Moacir vai descontar de meu salário.

— De maneira alguma! Você vai embora e eu mesma vou conversar com Moacir.

Yago pensou por um momento que a namorada estava com a razão, então decidiu aquiescer e procurou não discutir com ela, que estava visivelmente preocupada. Permaneceu sentado no mesmo lugar, enquanto Ana se afastou, dirigindo-se à sala de Moacir. Depois de alguns minutos, chegou dizendo:

— Moacir disse que pode ir embora.

Yago pensou por alguns instantes e falou:

— Está bem, cuide de tudo. Se amanhã eu estiver melhor, virei trabalhar, caso contrário, vou ao médico.

— À noite vou lhe fazer uma visita – respondeu ela.

Yago dissimulou um descontentamento e então disse:

— Não se preocupe, ficarei bem.

— Aproveito para ver dona Júlia – insistiu a moça.

O rapaz anuiu com a cabeça, sem dizer mais nada. Ficou sentado por mais alguns minutos e depois resolveu voltar para casa.

Lobo disse ao companheiro:

— Quando nos aproximamos dos encarnados, podemos transmitir a eles o que sentimos. Como sempre sinto esse mal-estar, transmiti a ele apenas com a força do pensamento.

Espantado, o outro disse:

— Sempre soube que era mau, mas não imaginei que fosse tanto.

— Você ainda não me conhece, um dia serei o chefe – Lobo disse sorrindo.

Bigorna olhou para Lobo e falou:

— Deixe-o em paz! Acho que já sofreu muito por hoje.

— Deixe de ser molenga! Fomos incumbidos de realizar um trabalho, e assim faremos, precisamos agradar o chefe.

Bigorna não gostava da atitude bajuladora de Lobo, mas não se atrevia a dizer nada, pois temia sua maldade.

Yago saiu andando a esmo pelas ruas e decidiu que iria embora a pé, pois queria pensar em tudo que vinha acontecendo nos últimos dias.

Lobo, sorrindo, disse:

— A moça está preocupada com você, mas não imagina que foi traída. Seu mal é peso na consciência.

Yago disse em voz baixa:

— Ana não merece o que fiz a ela. Talvez dona Júlia tenha razão, é melhor contar tudo o que vem acontecendo.

O rapaz andou a passos lentos e, depois de duas horas, finalmente chegou em casa.

Ao vê-lo, Júlia perguntou:

— Por que veio embora tão cedo?

Yago, cansado da caminhada, respondeu:

— Senti-me mal no trabalho e recebi autorização para voltar para casa.

Júlia naquele momento sentiu um arrepio percorrer-lhe a espinha, e lançando um olhar compassivo ao rapaz disse:

— Venha! Vou arrumar a cama para que se deite.

Yago nada respondeu e acompanhou a mulher como um autômato. Ao ver a fisionomia desfigurada de Yago, Júlia sentiu-se mal, e, depois que deixou o rapaz descansando, foi à cozinha e fez sentida prece a fim de recuperar o equilíbrio. Então, teve a ideia de ir até o quarto de Yago e aplicou-lhe um passe a fim de que melhorasse. Ele se remexeu, mas as duas entidades que estavam junto com ele se afastaram, e, depois de um longo suspiro, o rapaz aquietou-se, o que fez Júlia se sentir em paz.

Yago dormiu o resto da tarde e levantou-se quando faltavam poucos minutos para as sete da noite.

— Como se sente, meu filho? – perguntou Júlia ao vê-lo de pé.

— Me sinto melhor, acho que estava cansado.

Júlia o repreendeu dizendo:

— O materialista sempre procura arranjar uma explicação para tudo, o que não sabe é que voltei a seu quarto e apliquei-lhe um passe, e depois disso você passou a dormir melhor. Por que se nega a aceitar as coisas mais simples da vida? Os espíritos têm a capacidade de influenciar nossa vida muito mais do que imaginamos. Não farei rodeios. Você está com dois espíritos obsessores do seu lado, e isso ninguém me contou, eu mesma vi.

Yago perguntou incrédulo:

— A senhora viu? Por que não me disse?

— Porque você se nega a aceitar os fatos da vida, portanto, posso lhe dizer que são esses espíritos que o estão induzindo a agir dessa maneira insana.

Yago pensou por alguns instantes e perguntou:

— Se esses espíritos estão me influenciando, faça alguma coisa que eu possa ver, pois só assim acreditarei.

— Estou me cansando de jogar pérolas aos porcos – Júlia respondeu.

Yago pensou por alguns instantes e perguntou:

— O que a senhora está querendo dizer com isso?

— Certa vez, Jesus disse: "Não deis aos cães o que é santo, nem lanceis antes aos porcos as vossas pérolas, para que não as pisem com os pés e, voltando-se, vos dilacerem". Quando Ele mencionou cães, não falava de cachorros literais, mas, antes, usou uma figura de linguagem para aqueles que se recusavam a aceitar as palavras de Jesus. E esse também foi o caso quando Ele se referiu a lançar pérolas aos porcos. O que Jesus estava querendo dizer é que não podemos forçar o Evangelho a algumas pessoas, embora queiramos servir de bússola a elas, não podemos obrigar ninguém a obedecer a Deus nem seguir os caminhos de Jesus. Em outra passagem, Jesus disse: "Se alguém não vos receber, nem ouvir as vossas palavras, ao sairdes daquela casa ou daquela cidade, sacudi o pó dos vossos pés". Essas palavras de Jesus deixam claro que Deus nos dotou do livre-arbítrio.

Yago pensou por alguns instantes e perguntou:

— Por que Jesus disse lançar pérolas aos porcos?

— Porque um porco jamais saberia definir a beleza e o valor de uma joia rara como essa. Assim são os ensinamentos de Jesus. Há pessoas que rejeitam os ensinamentos; há outras que não conseguem ver a beleza e a singularidade em seus ensinamentos.

— A senhora acha que sou assim?

— Bem, não costumo julgar ninguém, mas, da maneira que rejeita os ensinamentos espirituais, evidencia-se que se comporta como um porco que não sabe ver as belezas espirituais – Yago sentiu-se magoado, mas Júlia foi firme em continuar: – Não negue uma coisa só porque não a vê, pois nem tudo o que é invisível a nossos olhos não existe.

Yago pensou por alguns instantes e disse com sinceridade:

— Nunca fui um homem de fé, nunca acreditei em nada, minha mãe me criou assim.

Júlia, não querendo se aprofundar no assunto, perguntou:

— Como está, meu filho?

— Estou bem melhor...

Yago contou a Júlia tudo o que havia acontecido no trabalho, inclusive o fato de ter se sentido mal.

— Yago, acredite no que estou dizendo, se for ao médico, ele passará exames, e estes não acusarão nada. Quando fazemos exames e nada acusa, pode ter certeza de que é um problema espiritual.

— Só acreditarei quando o médico disser que não tenho nada – Yago disse em tom de desafio.

Júlia sorriu, pensando em como Yago era parecido com Mirtes.

No dia seguinte, Yago levantou-se cedo e foi ao mesmo hospital em que seu pai se internara quando sofreu o mal súbito. Logo ficou sabendo que o médico chegaria às nove horas da manhã, de modo que resolveu ir a um telefone público para ligar para Ana, que se encontrava no escritório, e contar que estava indo ao médico. Ela ficou aliviada.

O rapaz ficou esperando o médico visitar os pacientes que estavam internados e, após quarenta minutos, finalmente o doutor Viana apareceu. Havia algumas pessoas na frente de Yago, mas logo chegou a sua vez. O médico chamou-o à sua sala, e Yago obedeceu. Ao ver o sobrenome Gouveia e a semelhança do rapaz com Arnaldo, perguntou:

— Você é filho de Arnaldo Gouveia?

Yago respondeu timidamente:

— Sim!

— Como está seu pai?

— Está bem.

Percebendo que o rapaz era de pouca conversa, o médico logo começou a examiná-lo. Yago contou tudo o que acontecera no dia anterior. O experiente médico passou a ele vários exames e pediu para que fizesse alguns ainda naquele dia. Yago saiu do consultório pensando: "Não gostei desse médico! Ele é muito curioso...". Tomou a rua em direção ao laboratório para fazer alguns exames. Passava de meio-dia, quando chegou em casa e contou a Júlia sobre os exames.

— Perdeu uma manhã inteira sem ter nada físico – Júlia disse sorrindo.

Yago, acreditando que seu exame daria alguma coisa, sorriu sem nada dizer.

O rapaz estava se sentindo melhor naquele dia, então ficou faminto. Júlia serviu o almoço, e o rapaz se serviu avidamente. Depois da refeição, Yago entrou em seu quarto e logo adormeceu, porém seu sono foi sem sonho e tranquilo. O que Yago não sabia era que a mulher o esperou adormecer para lhe aplicar mais passes. As duas entidades, ao perceberem que Yago estava sob a influência dos passes, se afastaram. Bigorna viu que das mãos de Júlia saíam feixes de luz que iam de azul-celeste a branco, e então perguntou:

— Por que essa mulher está mandando luzes ao rapaz?

— Essa mulher é uma pedra em nosso caminho. Precisamos afastar Yago de sua companhia – Lobo respondeu, irritado.

Bigorna, sem compreender o que estava acontecendo, perguntou:

— Não entendo por que tanta luz.

Lobo foi logo respondendo:

— Essa mulher está conectada com os iluminados, por isso saem de suas mãos e peito luzes para revigorar o corpo de Yago. Enquanto esse rapaz estiver em sua companhia, não poderemos fazer muitas coisas, portanto, na primeira oportunidade, terminarei o trabalho ao qual fui incumbido.

— Você que pensou que brincaria com o rapaz assim como um gato brinca com a comida... – riu Bigorna.

Lobo, ao perceber o deboche nas palavras de Bigorna, avançou sobre ele, dando-lhe uma surra. Bigorna odiava Lobo, mas era obrigado a permanecer junto a ele por ordem do chefe que incumbira tal trabalho. Depois daquela surra memorável, Bigorna jurou a si mesmo que na primeira oportunidade que tivesse abandonaria aquela vida.

Yago acordou sentindo-se tranquilo e, como estava muito calor, decidiu tomar um banho a fim de se refrescar. Bigorna estava todo dolorido, mas seu orgulho estava demasiadamente ferido para conversar com Lobo. Yago saiu do banheiro trajando uma bermuda branca e uma camisa azul-marinho. Sentia-se quase que feliz, mas naquele momento sentiu saudade de Ana. Lobo tentou se aproximar de Yago, mas o rapaz ainda estava sob a influência dos passes, de modo que, ao se aproximar, notou que naquele estado o rapaz não ouviria suas sugestões. Sentindo ódio de Júlia, Lobo se aproximou da mulher na tentativa de influenciá-la, porém Júlia estava pensando que Yago continuava a ser um bom rapaz, apesar de ser cético e isso o fazer se tornar presa fácil de espíritos infelizes. Lobo aproximou-se de Júlia e, ao sondar seu pensamento, sentiu-se enjoado e, levando a mão à altura do estômago, afastou-se dizendo:

— Yago é fácil de manipular, porém essa mulher é um perigo...

Bigorna, ao ver a cena, permaneceu sério, porém, em seu íntimo, sentia-se feliz, pois aquilo era pouco para Lobo.

— Preciso ter com o chefe. Fique sondando o ambiente, voltarei em breve – Lobo ordenou.

Bigorna nada disse, pois estava ressentido com Lobo, porém tratou de obedecer, por temer uma nova surra. Ao ver Lobo desaparecer de suas vistas, aproximou-se de Júlia, que fazia lentamente um bolo. A entidade logo se lembrou dos tempos de outrora, quando ainda era criança no corpo físico. Sentiu-se profundamente triste com as lembranças, entretanto, ao observar Júlia, logo percebeu que a mulher se parecia com sua mãe. Envolvido em lembranças, sentiu-se triste. Lembrou-se de quando era criança, de como sua mãe o amava e de que seu pai a espancava sem motivo; das surras memoráveis que levara de seu progenitor e do ódio que sentia por ele. Bigorna lembrou-se do apelido que um colega o colocara por ele ter um nariz acentuado, parecendo a ponta de uma bigorna, e de como ele aceitou o apelido. Ele se lembrou claramente daquele dia...

Bigorna não trabalhava, e naquele dia, ao chegar para almoçar, seu pai, que estava bêbado, gritou:

— Mauricio, essa casa não é pensão para chegar para comer a hora que bem entende!

O rapaz, irritado, pegou o martelo que estava na caixa de ferramenta, aproximou-se do pai, que estava completamente bêbado, e sem compaixão desferiu-lhe várias marteladas na cabeça. Bateu tanto na cabeça do pai, que esfacelou o crânio, esmagando completamente sua cabeça.

Naquele dia, sua mãe estava trabalhando, pois seu pai há muito tempo não trabalhava para ajudar nas despesas domésticas. Embora não trabalhasse, o homem se sentia o dono da família. Mauricio, todo sujo de sangue, tratou de fugir, pois não queria que ninguém o visse naquele estado.

O rapaz dormiu nas ruas por alguns dias e, sentindo-se seguro da polícia, voltou para a comunidade que morava. Como o pai de Mauricio era odiado por todos, as pessoas passaram a ter Bigorna como herói. Não demorou e logo o rapaz passou a ser respeitado por todos. E Bigorna passou a matar pessoas que tentassem roubar a comunidade em que morava e a comandar roubo a banco, sempre com muita crueldade.

Certo dia, Bigorna foi surpreendido por Rui, o chefe de outra comunidade, e lá mesmo em seu barraco foi morto, a pauladas. Bigorna lembra-se de como acordara naquele local fétido, e de como fora recrutado para servir Luizão, o chefe. As lembranças de Bigorna o incomodaram, pois, pelas suas contas, ele havia matado cerca de quarenta e cinco pessoas, e a cada assassinato ele usava uma maldade diferente. Ele pensou: "Segui o caminho errado, matei muitas pessoas inocentes e hoje estou preso a esse bando de espíritos estropiados e maus. O duro em tudo isso é que ainda tenho uma eternidade pela frente...". Naquele momento, Bigorna deixou que uma lágrima escorresse por sua face e, se aproximando de Júlia, pensou:

— Como ela é parecida com minha mãe... Ah, como gostaria que o tempo voltasse...

Júlia estava envolta em pensamentos edificantes, mas não deixou de se sentir triste repentinamente. A mulher logo percebeu que alguma entidade se aproximara, então despejou a massa na assadeira, lavou a mão e sentou-se à mesa, a fim de fazer uma prece:

— Amado Mestre Jesus, se aqui estiver alguma entidade precisando de ajuda, permita o Mestre que ela encontre o caminho da luz que levará a lugares infindáveis de paz. Que esse irmão possa se arrepender de seus atos passados que o aprisionaram em um triste presente, e cujas amarras possam ser desvencilhadas. Envie o Mestre os Emissários do bem, para que possam socorrer esse irmão, e que ele encontre seu lugar no mundo espiritual.

Bigorna deixou que seu rosto se banhasse em lágrimas, e de repente duas entidades apareceram à sua frente. Uma delas perguntou:

— Está pronto para nos acompanhar?

— Para onde? – Bigorna perguntou temeroso.

— Para um lugar onde não há choro ou ranger de dentes, onde a paz impera e os espíritos cansados podem se revigorar e aprender sobre a bondade divina.

Bigorna sentiu-se confiante nas palavras das entidades que falavam com ele em voz paternal. E então, chorando, ajoelhou-se dizendo:

— Eu quero!

As entidades o levantaram e o envolveram em luz, e logo desapareceram. Júlia, que mantinha os olhos fechados, sentiu paz, e disse como se estivesse vendo o que estava acontecendo:

— Obrigada por me ouvir, Mestre querido.

Júlia levantou-se e foi ao quarto de Yago, e o encontrou lendo um gibi.

— Como está se sentindo? – ela perguntou.

— Estou muito bem, como há tempos não me sentia...

— As coisas irão melhorar... Confie...

Yago não entendeu o otimismo momentâneo de Júlia, porém ficou feliz em perceber a paz em sua fisionomia.

Passava das sete da noite, quando Lobo retornou, mas logo notou que Bigorna não havia obedecido e que havia abandonado o posto. Furioso, bradou:

— Maldito! Bigorna pagará caro por sua desobediência...

Passadas algumas horas, quando a casa estava em completo silêncio, Lobo preocupou-se com Bigorna:

— Onde se meteu aquele infeliz?

Com ódio, passou a pensar onde poderia estar o companheiro de infortúnio, e logo uma figura se formou à sua frente gritando:

— Incompetente! Por que deixou Bigorna sozinho?

Lobo logo percebeu que se tratava de Esqueleto, o homem de segurança do chefe.

— Deixei-o aqui vigiando, enquanto fui conversar com o chefe.

— Idiota! Deixou-o aqui e ele foi levado pelos iluminados!

Lobo, ao ficar sabendo do destino de Bigorna, emudeceu, e depois de um tempo perguntou:

— Como puderam levar aquele paspalho?

— Justamente por ele ser paspalho é que os acompanhou. Prepare-se, pois o chefe ficará sabendo... E tenha certeza de que ficará furioso. Ele não gosta de perder um membro do seu grupo para os iluminados.

Lobo logo percebeu que estava numa séria encrenca, pois conhecia muito bem o temperamento do chefe.

— Como posso reverter essa situação?

— Termine seu trabalho! O chefe gosta de competência... – respondeu Esqueleto.

Lobo perguntou:

— Mas como continuarei sozinho?

— Idiota! Não aprendeu que sempre trabalhamos em dois, e que um não deve ficar longe do outro?

Lobo, percebendo a falha, sentiu seu ódio por Bigorna aumentar e com isso determinou:

— Terminarei meu trabalho o quanto antes! Bigorna era um paspalho que ficava fazendo perguntas o tempo todo.

Esqueleto, olhando com desprezo para Lobo, respondeu:

— O chefe não quer explicação; ele quer resultados...

Esqueleto então se desfez, deixando Lobo atordoado: "Maldito! Ele seguiu com os da luz somente para me prejudicar, mas um dia vamos nos encontrar, e aquele infeliz verá a surra que vai levar".

Lobo voltou sua atenção a Yago:

— Você pagará por Bigorna – aproximou-se de Yago, que dormia, e continuou: – Hoje você não vai trabalhar. Passará tão mal que não conseguirá se levantar da cama... – Lobo gargalhava e, emitindo fluidos deletérios, concluiu: – Chegou a hora do gato deixar de brincar e se deliciar com a comida...

Yago passou a se mexer na cama, sem acordar, e logo começou a transpirar. Cansado de se debater, acordou e rapidamente foi à cozinha para tomar um copo d'água. "Por que acordei sentindo essa agonia? Acho que voltarei ao médico e pedirei que me receite algum calmante, pois não posso continuar dessa maneira", pensou ele. O rapaz voltou a seu quarto e ficou acordado até o raiar do dia.

Júlia, ao ver a luz do quarto acesa, foi até o quarto do rapaz:

— Não dormiu, meu filho?

Quando Lobo percebeu que Júlia ia novamente interferir, lançou sobre ela fluidos deletérios, mas logo viu que suas emanações não atingiam a mulher, e com ódio disse:

— Maldita! Ela não vai me fazer falhar!

Os dois, sem notar a presença da entidade, continuaram a conversar.

— Estava dormindo e acordei com uma agonia indescritível! Acho que estou com problemas neurológicos – respondeu Yago.

— Por que nega o inegável? O seu problema é de ordem espiritual. Yago, você está sendo obsidiado, mas nega o fato. E enquanto isso essa entidade tem poderes sobre você.

Yago, perdendo completamente a compostura, gritou:

— A senhora não entende que o meu mal é neurológico? Até quando vai negar que estou doente?

Júlia olhou seriamente para o rapaz e respondeu:

— Muito bem, já que acredita que seu mal é físico, peço que vá ao doutor Viana ainda hoje e faça uma avaliação. Mas lembre-se de que ele vai lhe receitar remédios e que, quando estiver sob os efeitos desses remédios, ficará completamente à mercê dessas entidades, portanto, vou logo lhe avisando que se sentirá ainda pior.

Yago arrependeu-se de ter gritado com Júlia e logo pediu desculpas.

— Continua a sentir agonia? – perguntou Júlia.

— Sim...

— Deixe-me aplicar-lhe um passe e depois me diga como se sente.

Yago concordou. Júlia posicionou-se em frente a ele, que estava sentado na cama e estendeu as mãos sobre o joelho.

— Feche os olhos e pense em Jesus, não deixe que seus pensamentos vagueiem.

O rapaz respirou fundo e se pôs a afastar os pensamentos conflitantes que pairavam em sua mente. Júlia administrou o passe e em seguida fez sentida prece.

— Como se sente? – perguntou ela.

Yago, abrindo os olhos vagarosamente, respondeu:

— Estou sentindo sono...

— Ótimo! Deite-se e procure pensar em Jesus até adormecer.

Yago logo percebeu que a agonia passou como que por encanto. Acomodando-se na cama, ele viu Júlia se afastar. Pensou na figura de Jesus, na cruz e logo adormeceu.

Lobo ficou furioso, pois sabia que naquele momento não poderia emanar fluido deletério ao rapaz:

— Miserável! Agora não posso fazer nada, porque esse paspalho está envolto em luz! Mas daqui a pouco o efeito dessa emanação vai passar, e ele voltará a ser presa fácil.

Yago dormiu tranquilamente e já passava das onze horas, quando levantou disposto.

— Como se sente? – perguntou Júlia.

— Estou bem melhor... Sabe que aquele passe me acalmou?

— O passe é a transmissão de energias que revigoram o indivíduo física e psiquicamente. O passe já era usado por Jesus para curar as pessoas e equilibrar o campo vibratório delas, de modo que quando um obsidiado vinha até ele, logo ficava bem. Portanto, meu filho, confie que sua saúde física não tem nada, mas sua saúde espiritual está seriamente abalada por essas entidades. Mude o seu padrão mental, faça preces com regularidade e verá que tudo vai melhorar.

Yago pela primeira vez nada pensou, o que deixou Lobo ainda mais irritado.

— Hoje irei ao laboratório pegar os resultados dos exames que o médico me pediu – disse o rapaz.

— Fique tranquilo, sua saúde física está muito bem, mas cuide de sua saúde espiritual – Júlia respondeu, sentindo-se vitoriosa.

Yago sorriu e pediu desculpas por ter gritado com ela.

— Não se sinta culpado, pois, quando nos sentimos em perigo, costumamos ser agressivos.

Yago não compreendeu, mas não pediu explicação sobre o assunto. Ele não sabia, mas seu nome já estava havia algum tempo no livro de oração, e os trabalhadores da casa estavam fazendo preces incessantemente em sua intenção.

Yago pensou em seu trabalho e disse:

— Preciso ir ao escritório, pois faz quatro dias que não vou trabalhar.

— Isso mesmo, vá, meu filho, pois a responsabilidade define o caráter de um homem.

Yago decidiu se arrumar para ir a um telefone público avisar sobre sua ausência.

Ana, ao entrar na sala do chefe para entregar alguns documentos, foi interpelada por ele.

— Yago não veio trabalhar?

— Não! Yago continua doente, e ontem foi ao médico.

— Ele tem a saúde frágil...

— Estou preocupada com sua saúde, mas todos esses dias ele ligou avisando que não poderia vir.

— Quando ele voltar ao trabalho, avise-o para vir conversar comigo.

Ana anuiu com a cabeça sem nada dizer e pedindo licença para sair da sala do chefe.

"Nunca pensei que Yago tivesse uma saúde tão debilitada... Mas não o demitirei, pois ele é um excelente funcionário", pensou Moacir, e voltou ao trabalho procurando não pensar mais no assunto.

Finalmente Yago pegou os resultados dos exames, mas não entendeu o que diziam, então foi ao hospital para mostrá-los ao doutor Viana. Em frente ao médico, esperava ansiosamente pela resposta. Depois de um longo silêncio, o doutor olhou para o rapaz e disse:

— Os exames não acusaram nada. Segundo eles, você tem a saúde perfeita.

— Tem como haver engano nesses exames? – Yago perguntou sem acreditar.

— Pode haver algum engano, mas em todos os exames é quase impossível.

Yago logo se lembrou das palavras de Júlia:

— Não pode ser problema neurológico? Ando muito nervoso.

— Não creio... Pois, se assim o fosse, eu já o teria encaminhado a outro especialista. – Yago permaneceu em silêncio e foi saindo, quando o médico completou: – Muitas pessoas têm determinados sintomas e quando fazem os exames nada acusam.

— Quando isso acontece, o que o senhor faz?

— Nada! Apenas receito uma boa noite de sono e calma.

Yago rodopiou nos calcanhares e saiu pensando: "Esse médico é um dos piores com os quais já me consultei". E decidiu ir até a delegacia para a retirada da segunda via dos seus documentos, uma vez que fora assaltado e já não os tinha. "Será que dona Júlia tem razão? Será que os espíritos podem interferir em nossas vidas? Se tudo for como dona Júlia acredita, como poderemos nos proteger de tais espíritos?", pensava. Logo uma relação grande de perguntas se formava em sua cabeça. Chegou em casa e contou a Júlia sobre os resultados dos exames.

— Espero que não tenha dúvida de que seu problema é espiritual – disse Júlia.

Yago olhou seriamente para a mulher e respondeu com sinceridade:

— Não sei... Tudo parece tão fantástico que é impossível de acontecer.

Júlia, ao perceber que o rapaz não se convencera dos fatos, resolveu não tocar mais no assunto. Naquela tarde, Yago resolveu sair para tomar um sorvete. Convidou Júlia, mas ela não aceitou e ficou em casa lendo um livro. O rapaz saiu e, depois de andar por vinte minutos, finalmente chegou à sorveteria. Fez seu pedido e sentou-se em uma das mesas.

Enquanto saboreava o sorvete, pensava nos exames que nada acusaram. Foi quando de repente dois rapazes entraram e Yago logo reconheceu aquele que o assaltara.

— Sabia que iríamos nos encontrar! Seu ladrão sem-vergonha! – gritou Yago.

— Lembro-me de você! – e sorrindo para o outro, disse: – Dei uma surra nesse idiota no ponto de ônibus!

O dono da sorveteria, ao ver a situação, saiu de trás do balcão gritando:

— Fora do meu estabelecimento!

— Não sairei até que me entregue todo o dinheiro – respondeu um dos rapazes.

— Ninguém roubará nada! – disse Yago, munindo-se de coragem.

Os dois rapazes estavam armados com facas, e de repente um deles avançou em Yago, enquanto o outro avançou no dono da sorveteria. Yago sofreu um golpe mortal, no peito. Ele caiu e seu agressor gritou ao companheiro:

— Vamos embora antes chegue a polícia.

Os dois rapazes fugiram sem atingir o dono da sorveteria. Logo a polícia foi chamada, e quando chegaram Yago já estava morto. O dono da sorveteria contou com detalhes o que havia acontecido e os policiais, surpresos com a descrição dos meliantes, disseram um ao outro:

— Maneco e Gino, esses dois têm espalhado terror nas redondezas.

O dono da sorveteria não conhecia Yago, e isso dificultou ainda mais seu reconhecimento. Faltavam oito minutos para as oito da noite, e Júlia estava desesperada, afinal Yago nunca saíra de casa demorando a chegar, exceto na noite que passou fora. Ela ficou esperando no portão, mas Yago não chegava. No auge do desespero, foi à casa de Mirtes avisar sobre a demora do rapaz. Mirtes começou a chorar, e Arnaldo, ouvindo a conversa das duas mulheres, disse:

— Não se preocupem, Yago sempre foi irresponsável, daqui a pouco ele chega dizendo que encontrou com alguém e se perdeu na hora.

— Yago aprendeu o significado da palavra responsabilidade nos últimos tempos, portanto, temo que algo tenha acontecido – discordou Júlia.

— Yago falou aonde ia? – Mirtes perguntou.

— É isso que me preocupa. Ele me convidou a acompanhá-lo até a sorveteria, eu disse que não iria, e ele disse que voltaria logo.

Arnaldo, ao ouvir a conversa das duas, pensou: "Yago sempre foi um camaleão, ele conseguiu enganar as duas...".

— Não estou aguentando mais, Mirtes, vamos procurar Yago.

A mãe, sem se preocupar com a aparência, saiu do jeito que estava. Ao ganhar a rua, as duas encontraram com Mercedes e Fernando, que vinham conversando alegremente. Mirtes relatou o que estava acontecendo, e a moça, olhando para namorado, disse:

— Vamos acompanhá-las! Se quando chegarmos Yago já estiver em casa, vou lhe dar uma bronca.

Os quatro saíram em direção à tal sorveteria. Quando chegaram a uma sorveteria, Mirtes, que estava segurando uma fotografia, mostrou ao dono dizendo:

— O senhor viu esse rapaz? Ele saiu de casa dizendo que ia tomar um sorvete, mas até agora não chegou em casa.

— Não vi, não, senhora, mas na sorveteria do Alemão houve uma tentativa de assalto à tarde e um rapaz morreu.

Ao ouvir esse comentário, Mirtes sentiu que alguma coisa a puxara para trás, fazendo com que ficasse atordoada.

— Não pode ser Yago, pois ele não sai sem documentos – Mercedes disse à mãe.

Júlia, sabendo que o rapaz sofrera um assalto, nada disse a fim de não deixar a mãe ainda mais nervosa. Logo os quatro saíram em direção à sorveteria do Alemão. Depois de dez minutos chegaram e encontraram o estabelecimento fechado. O dono da casa ao lado, ao ver os quatro desesperados em frente à sorveteria, perguntou:

— Vocês estão procurando Vladimir, o sorveteiro?

— Sim, meu filho saiu para tomar um sorvete e ainda não chegou em casa.

A mulher em franco desespero entregou a fotografia de Yago, que sorria ao lado do carro do pai. O homem olhou para todos com sofreguidão e disse:

— Sim! Não tenho dúvidas, é ele mesmo.

Mirtes começou a gritar, enquanto Júlia se sentou em choque na calçada. Mercedes procurou socorrer a mãe, enquanto Fernando se sentou ao lado de Júlia e disse:

— Não fique assim, dona Júlia, nem sabemos se realmente se trata de Yago.

— Ao ver Yago sair, tive um pressentimento que não consigo explicar. Ao vê-lo fechar o portão, senti algo estranho...

Fernando abraçou Júlia dizendo:

— Precisamos ter certeza de que foi Yago, pois aquele senhor pode ter se enganado.

Fernando, ao ver o sofrimento de Júlia, sentiu vontade de levar a mão em seu peito e arrancar todo o sofrimento de seu coração. Mercedes, preocupada com a saúde emocional da mãe, disse que ela deveria voltar para casa, que ela e Fernando iriam à delegacia para saber quem era o rapaz que morrera naquela tarde.

— Não vou conseguir ficar em casa esperando notícias... Vou com vocês à delegacia – disse Mirtes.

Fernando, não querendo aborrecê-la ainda mais, concordou dizendo:

— Muito bem, vamos juntos. Infelizmente hoje tive que deixar o carro com meu pai, pois ele precisaria da condução.

Mirtes não ouviu o comentário do rapaz e, preocupada, perguntou:

— A que delegacia vamos?

— Vamos para minha casa. Sairemos de carro e juntos podemos circular pela cidade.

Todos concordaram. Júlia era a que menos falava, pois sentia que seu coração estava sangrando. Mirtes não parava de falar, enquanto Mercedes a consolava. Não demorou e logo os quatro chegaram ao apartamento de Ernani, pai de Fernando. O homem, ao ver o desespero no rosto das mulheres, perguntou:

— O que aconteceu?

Fernando contou em poucas palavras tudo o que havia acontecido.

— Vamos todos de carro, pois isso economizará tempo, e logo ficaremos sabendo se realmente se trata de Yago.

Todos entraram no carro, e quem dirigiu foi Fernando. Quando chegaram na delegacia, Ernani disse às mulheres:

— Fiquem aqui, vou me informar sobre o ocorrido. Venha comigo, Fernando.

— Não me peça para ficar aqui, isso é demais para mim – respondeu Mirtes.

Ernani, percebendo o desespero da mulher, concordou que todos o acompanhassem. Em poucos minutos estavam no interior da delegacia. Mirtes chorava com a fotografia de Yago na mão. O delegado não se encontrava, apenas o escrivão. Ernani aparentava calma, porém em seu íntimo sentia o desespero de Mirtes. Mercedes procurava manter a calma para não deixar a mãe ainda mais nervosa. Júlia permanecia calada, fazendo preces em pensamento. O escrivão, ao ficar sabendo do fato, disse:

— A nossa delegacia que atendeu o caso.

Logo o escrivão disse que o corpo estava no instituto médico-legal, e em seguida forneceu o endereço. Os cinco saíram em direção ao instituto, e em pouco mais de meia hora finalmente chegaram. Pediram para reconhecer o corpo, e disseram que tinha que ser um familiar. Mirtes queria entrar, mas Mercedes disse que entraria, pois, se fosse realmente o irmão, não queria que a mãe o visse. Mercedes entrou em uma sala onde havia várias gavetas. Um homem abriu uma das gavetas e perguntou:

— Você o conhece?

Mercedes olhou para o cadáver e quase caiu de costas, pois realmente era Yago. A moça logo começou a chorar, dando vazão ao sofrimento pelo qual estava passando. O homem impaciente fechou a gaveta dizendo:

— O médico-legista fará a autópsia amanhã às oito horas, e só assim poderá vir munida dos documentos do falecido para a retirada do corpo.

Mercedes por diversas vezes pensou que aquilo não estava acontecendo. Chorosa, juntou-se aos demais. Mirtes, ao ver a fisionomia da moça, pressentiu que se tratava de seu filho, e sem mesmo ter a confirmação desmaiou, sendo socorrida por Ernani e Fernando. Júlia, com os olhos fixos em Mercedes, perguntou:

— É Yago?

Mercedes anuiu com a cabeça.

Júlia naquele momento deixou as lágrimas lavarem seu rosto, porém o fez discretamente. Mirtes recobrou a consciência e gritava:

— Não pode ser meu filho! Yago nunca fez nada de mal a ninguém para merecer tal destino. Quero meu filho! Diga que isso não é verdade, pelo amor de Deus!

Júlia, ao ver o desespero de Mirtes, não se controlou e chorou ainda mais. Mercedes chorava copiosamente enquanto Fernando a consolava. Ernani ficou mudo, olhando para a cena. Logo os cinco saíram do instituto, e em pouco mais de quarenta minutos chegaram em casa.

Arnaldo, ao ouvir a gritaria de Mirtes, levantou para ver o que estava acontecendo. Assim que ficou sabendo do ocorrido, o homem passou a tremer e, chorando, disse:

— Tem certeza de que se trata de Yago?

— Sim, meu pai! Yago levou uma facada abaixo do mamilo esquerdo.

O homem passou a chorar desesperadamente, dizendo:

— Desde aquela briga nunca mais conversei com meu filho! Meu Deus, por que fizeste isso comigo?

O peito de Mirtes estava doendo tanto, que não ouvia os lamentos do marido. Júlia havia feito uma prece, recompondo-se em seguida, de modo que foi à cozinha e fez um chá para servir aos pais do rapaz. Ela estava terrivelmente triste, pois sentia como se tivesse perdido Yago pela segunda vez. Ficou com os amigos a noite inteira, e passava das sete da manhã quando resolveu ir para casa para fazer café para Marcelo. Fez tudo como de costume, quando ouviu o portão se abrindo. Júlia permaneceu sentada quando Marcelo entrou. O rapaz, ao ver o abatimento de sua benfeitora, perguntou preocupado:

— O que houve, dona Júlia?

A mulher contou tudo o que havia acontecido, enquanto o rapaz ouvia perplexo o relato.

— Não vou deixar a senhora sozinha. Vou para casa me trocar e depois avisarei que não vou trabalhar.

— Meu filho, faça tudo como de costume, pois uma falta poderá lhe prejudicar.

— De maneira alguma! Prefiro perder o emprego a deixar a senhora sozinha num momento como esse.

Júlia deixou uma lágrima escorrer pela face. O rapaz não tomou café, e rapidamente saiu dizendo que iria ao trabalhar avisar o motivo da falta e passaria em sua casa para se trocar. Júlia concordou, pois ela se sentia cansada e naquele momento não queria ficar sozinha. Passadas duas horas, finalmente Marcelo chegou, e Júlia o esperava, pois queria ir com Arnaldo ao instituto médico-legal.

Marcelo acompanhou Arnaldo e Júlia ao instituto, e a fisionomia de Yago não lhe saía da cabeça. Arnaldo andava tropegamente. Ao ser informado de que a autópsia ainda não havia terminado, ficou a um canto pensando em como havia sido rude com seu único filho. Júlia, ao ver o estado do homem, disse:

— Vamos a uma funerária providenciar o velório e o enterro.

— Não sei por onde começar, minha amiga... – respondeu ele, choroso.

Marcelo sentiu pena do homem e com tristeza disse:

— Se o senhor permitir, posso tomar as providências necessárias.

— Precisarei de um papel que o instituto fornecerá para começar a providenciar o funeral de meu filho.

Os três continuaram esperando e passava das dez horas quando os três ficaram sabendo que a autópsia havia terminado. Depois, foram a uma funerária e contrataram os serviços. Faltavam pouco mais de cinco minutos para o meio-dia, quando os três chegaram à casa de Arnaldo. Mirtes estava dormindo, pois passou mal e Mercedes chamou doutor Viana, que administrou um calmante que a fez dormir. Arnaldo, preocupado, perguntou a Mercedes:

— Será que sua mãe vai acordar para ir ao velório de Yago?

— Não se preocupe, ela vai, pois o calmante é somente para tranquilizá-la.

Marcelo, ao ficar sozinho, fechou os olhos e fez uma prece em intenção de Yago. A todo o momento chegava um vizinho dando as condolências à família. Arnaldo decidiu que Yago seria velado em casa, de modo que os vizinhos ficaram esperando a chegada do corpo. Passava das duas horas da tarde, quando o corpo chegou. Mirtes, ao ser informada sobre a chegada, levantou-se e, mesmo sedada, não parava de chorar. Assim que o caixão foi aberto, Mirtes entregou-se ao desespero:

— Por que isso aconteceu a meu filho, Júlia? Logo agora que tudo estava indo tão bem – Júlia, chorando, abraçou Mirtes, que continuou: – Quando queria ver meu filho, bastava atravessar a rua, e agora nunca mais o verei. Como Deus é injusto!

Júlia não levou em consideração as palavras de Mirtes, pois sabia quanto aquela mãe estava sofrendo. Naquele momento, Ana chegou com os olhos marejados, pois ficara sabendo do ocorrido por um telefonema de Júlia. Ela se aproximou do caixão dizendo:

— Meu Deus, como isso foi acontecer?

Mirtes se aproximou da moça e a abraçou chorando. Ana chorava ininterruptamente, e Mercedes por diversas vezes a abraçou na tentativa de consolá-la.

— Dona Júlia, por que Deus permitiu que isso acontecesse? Ele era tão jovem... – perguntou Ana a Júlia.

Júlia abraçou a moça sem nada dizer. Enquanto isso, Mirtes continuou a resmungar e a chorar, chamando a atenção de todos. As pessoas, ao ouvirem os lamentos de Mirtes, choravam baixinho. Yago estava vestido com uma camisa azul-clara e as flores cobriam a calça bege. Estava com uma fisionomia serena, apesar de ter morrido de forma violenta.

O enterro estava marcado para as dezessete horas, pois essas foram as recomendações dos agentes funerários. Arnaldo ficou a um canto da sala recebendo os cumprimentos dos presentes. Logo chegou a hora do enterro, e Júlia, se aproximando do caixão, fechou os olhos fazendo sentida prece em intenção de Yago.

O cortejo seguiu pelas ruas, sendo acompanhado por quase todo o bairro. Depois do enterro, Mirtes chegou em casa acompanhada de Júlia e disse:

— Como queria trazer meu filho de volta a meu útero.

— Todas as mães têm essa mesma vontade, mas infelizmente isso não é possível.

Mirtes não ouviu o comentário de Júlia, e continuou chorando copiosamente. Mercedes chorou muito quando o caixão desceu pela sepultura. Embora houvesse perdido o irmão, a moça tinha a nítida sensação de que um dia o veria novamente. Arnaldo chorou pouco, mas quem o olhava pensava que o pobre pai havia envelhecido vinte anos em menos de vinte e quatro horas. Mirtes tomou três comprimidos do calmante, e em poucos minutos adormeceu.

Na casa de Mirtes ficaram muitas pessoas, mas aos poucos todos foram indo embora, permanecendo somente Júlia e Marcelo. Faltavam poucos minutos para as sete horas da noite quando voltaram para casa. Marcelo, preocupado com sua benfeitora, disse:

— Dormirei aqui esta noite, se a senhora permitir.

— Não vejo necessidade para tanto. A morte é um fenômeno tão natural como o nascimento – respondeu Júlia, olhando com tristeza para o rapaz.

— Como pode dizer com tanta frieza que a morte é um processo natural? Por que os espíritas não temem a morte?

Júlia, percebendo o real interesse do rapaz, passou a dizer:

— A Doutrina Espírita transforma completamente a perspectiva do futuro. A vida futura deixa de ser uma hipótese para se transformar em uma realidade. Quando perdemos alguém na morte, a doutrina explica muito claramente que a morte, do ponto de vista humano, não existe. O que existe é uma mudança de estado, ou seja, a pessoa deixa o estado físico para se tornar espírito. A separação não é algo definitivo, mas, sim, temporário. Sabemos que a morte não é o fim de tudo, como muitos materialistas pensam, mas apenas o reinício da vida espiritual. Isso não quer dizer que os espíritas são insensíveis a respeito da morte. Sentem falta, choram, mas, ao contrário das pessoas que não têm esperança, não se desesperam.

— Vejo seu abatimento pela morte de Yago, mas em nenhum momento a vi desesperada.

— A dor causada pela perda dos entes amados atinge todos nós com a mesma intensidade, afinal, estamos sujeitos à lei da vida. Quando nascemos, nossa única certeza é de que um dia morreremos. Não costumamos pensar muito na morte, então ela deixa de fazer parte de nossas preocupações. E com isso vamos levando a vida sem pensar que um dia morreremos, mas, quando o inesperado chega, quando deparamos com a morte levando-nos um ente querido, sentimo-nos impotentes. E, ao pensar que nunca mais veremos aquela pessoa que se foi, aumenta ainda mais nossa dor. Dor alguma se compara com a da perda de um ente querido, ainda mais no caso de Mirtes, que traz consigo a ideia de que nunca mais verá Yago. Isso a deixa no mais completo desespero. Para Mirtes, a dor da perda de Yago a levará à perda da alegria de viver, deixando em seu campo emocional o vazio, que a fará uma mulher velha, mesmo com pouca idade. A diferença entre Mirtes e eu é que, ao contrário dela, eu tenho uma esperança viva em meu coração de que um dia reencontrarei Yago, bem como todos aqueles que partiram antes de mim. Certamente, Mirtes demorará um tempo para se recuperar, mas as marcas indeléveis permanecerão em seu campo emocional. Minha amiga passará por um momento de luto intenso, mas isso não quer dizer que ela não se recuperará. Claro que, se ela tivesse a esperança que tenho, isso seria mais fácil. Afinal, ela perdeu Yago no auge da juventude e saúde, e não podemos negar que a morte do garoto foi marcada pela violência. Isso tudo levará a mãe a se prolongar em seu luto. Não pense que sou uma pessoa fria, pelo contrário, só Deus sabe quanto estou sofrendo, mas não entro em desespero por saber que a morte não existe, trago comigo a certeza de que um dia estarei junto de Yago, bem como de todos aqueles que partiram.

As lágrimas brilharam nos olhos de Marcelo:

— A cada dia que passa, amo mais essa doutrina que nos prepara para a vida.

— Filho, não quero que mude sua rotina por minha causa, afinal, tenho que me habituar a ficar sozinha novamente.

Marcelo, que via a mulher como mãe, disse:

— A senhora não está sozinha, eu não vou permitir que isso aconteça – Júlia emocionou-se com tal declaração, esboçando um leve sorriso. Marcelo então deixou que a emoção o envolvesse e continuou: – Dona Júlia, a senhora é a mãe que não tive, portanto, ficarei sempre a seu lado, mesmo que um dia a senhora se canse de mim.

Júlia, não contendo a emoção, respondeu:

— Yago e você se tornaram meus companheiros, agora um se foi, ficando somente você. Jamais me cansarei de você, meu querido, pois uma mãe nunca se cansa de seus filhos.

Marcelo a abraçou ternamente e, chorando, disse:

— Quer ser minha mãe?

Júlia sorriu com lágrimas escorrendo pelo rosto e respondeu:

— Quero!

— Então de hoje em diante não direi mais a ninguém que não tenho mãe.

— Um filho sempre mora com sua mãe. Por que não vem morar comigo? – perguntou Júlia sorrindo e pegando em seu rosto.

— Não posso fazer isso, pois a senhora está habituada a sua rotina, e eu aqui, o dia inteiro, principalmente nos finais de semana, tirarei sua liberdade.

— De maneira alguma! Poderá dormir no quarto de Yago, e sua presença me ajudará a superar a falta dele.

— Prometo que pensarei sobre o assunto, pois os amigos espirituais me ajudarão a tomar uma sábia decisão.

Júlia naquele momento percebeu quanto Marcelo era ponderado.

— Faça isso, meu filho, e, se decidir que virá, não se faça de rogado, a casa é sua.

Marcelo ficou por mais algumas horas e então resolveu ir embora, uma vez que Júlia estava decidida a ficar sozinha naquele momento. Ela pensou sobre as dificuldades espirituais que Yago estava enfrentando. E, ao se lembrar das entidades que viu no quarto do rapaz, disse:

— Nada acontece por acaso...

A mulher entrou no quarto de Yago, abriu seu armário, ficou olhando para as roupas do rapaz, para o perfume, um caderno de anotações. Curiosa, Júlia pegou o caderno e sentou-se na cama para ler. Ao abrir a primeira página, leu:

"Estou morando com dona Júlia há pouco mais de duas semanas. Como minha vida melhorou. Hoje não sou mais sozinho e já não me sinto tão carente. Dona Júlia é o anjo em pessoa que veio ao mundo para me ajudar."

A página acabou. Logo em seguida, outra anotação dizia:

"Dona Júlia quer que eu a acompanhe à Casa Espírita. Confesso que não estou muito entusiasmado em ir, mas, afinal, por que não alegrar o coração daquela que tantas alegrias vem me dando nos últimos dias?"

Júlia continuou chorando, e a ultima anotação de Yago foi:

"Não consegui me conter e me declarei a Ana. Para minha surpresa, ela também me ama. A única coisa que quero é arranjar um outro trabalho que ganhe mais, me casar com Ana, ter uma casa simples e um cachorro."

As anotações terminaram e Júlia naquele momento chorava copiosamente. A mulher, percebendo que se desequilibrara, decidiu fazer uma prece, e pela primeira vez em alguns anos resolveu se deitar, esquecendo-se de seu lugar preferido na varanda.

CAPÍTULO DEZOITO

O retorno à vida espiritual

Yago acordou sentindo forte dor no peito, no mesmo lugar onde levara o golpe. Ele voltou à consciência e no mesmo instante pôde ouvir sua mãe gritar. Sem compreender o que estava acontecendo, disse:

— Por que minha mãe está gritando?

Tentou abrir os olhos para ver onde estava, mas não conseguiu; tentou mexer os braços, mas eles estavam tão pesados que sua tentativa foi em vão. Finalmente, tentou se levantar, mas seu corpo não obedecia aos comandos do cérebro. Quase em desespero, pensou: "Devo estar em coma no hospital, pois somente isso explicaria tal situação". Yago sempre ouvira falar que quem estava em coma ouvia tudo o que acontecia ao redor. Procurou manter a calma, mas, vez por outra, o desespero tomava conta de todo o seu ser. Em dado momento, Yago ouviu a mãe dizer:

— Por que Deus levou meu único filho? Por que Deus me castiga dessa maneira?

— Mãe, Deus não me levou, estou aqui! – respondeu ele.

Ele logo começou a sentir o aroma das flores que estavam em volta de seu rosto e pensou: "Será que estou morto? Mas como poderia estar morto se continuo sentindo tudo como antes? Acho que vão me enterrar vivo".

Naquele momento, Yago sentiu o desespero tomar conta de todo seu ser, e seu desespero aumentou quando sentiu uma mosca posando em sua testa. "Se estou morto, como posso continuar pensando?" Ao imaginar que pudesse estar em um caixão, desesperou-se a ponto de desmaiar. Depois de um tempo, Yago voltou a si e, pensando se tratar de um pesadelo, disse:

— Isso não está acontecendo comigo, preciso acordar.

Ao ouvir a voz de Ana, falou:

— Ana, você está aqui? Por favor, diga a minha mãe que estou vivo.

Embora gritasse, percebeu que ninguém o ouvia, e o desespero voltou, mas dessa vez ele não desmaiou. Logo ouviu a voz de pessoas conhecidas que eram vizinhas de sua mãe. Yago sentia que falava, porém nenhum músculo de sua face se mexia, fazendo com que o desespero aumentasse ainda mais. O tempo foi passando e Yago identificou a voz de Mercedes, que dizia a uma senhora que morava duas ruas acima.

— Que horas será o enterro? – perguntou a mulher a Mercedes, e ela em tom choroso respondeu:

— Será às dezessete horas.

Yago finalmente se rendeu aos fatos:

— Estou morto! E agora, o que será de mim?

Desanimado, Yago ficou esperando que algum milagre acontecesse e o tirasse daquele estado. De repente, sentiu uma mão quente em sua testa, e depois de alguns minutos sentiu como se alguma coisa o arrancasse do lugar onde estava aprisionado. Atordoado, ele se viu ao lado de Júlia, que mantinha os olhos fechados, e feliz disse:

— Quem bom vê-la, dona Júlia.

Yago falava, mas logo percebeu que Júlia não ouvia suas palavras. Ele olhou para todos, viu o desespero de Mirtes, a tristeza de Júlia, viu também os olhos vermelhos de Mercedes, e principalmente o desalento de seu pai. Olhou para todas as pessoas que estavam na sala de sua mãe, mas não para o caixão, que estava no meio. Yago pedia licença às pessoas e, como elas não ouviam, ele ficava esperando por uma fresta para passar a fim de ir a outro cômodo. Depois de algum tempo, finalmente pensou: "Por que dizem que estou morto se ainda estou andando pela casa?". Cansado de tantas perguntas sem resposta, ele decidiu ir a seu quarto para descansar. Não se importou com o fato de a cama estar sem lençol, deitou-se e logo adormeceu. Quando acordou, já se fazia noite, e todos haviam ido embora. Foi à sala e viu seu pai sentado como um velho em uma poltrona. Sorrindo, disse:

— Envelheceu tanto pelo remorso que carrega por ter me expulsado de casa.

Naquele momento, decidiu que iria à casa de Júlia, pois sentia falta de sua benfeitora. Ao chegar, encontrou a mulher sentada em sua cama, lendo suas anotações. Irritado, ele disse:

— Por que não respeita minha privacidade?

Esperou pela resposta, que não veio, e, perdendo completamente a paciência, voltou a gritar:

— Velha bisbilhoteira! Como pode mexer nas minhas coisas dessa maneira?

Júlia não ouviu os gritos de Yago e, chorando, continuou a ler suas anotações. Ele sentou-se ao lado de Júlia e junto releu o que havia escrito anos atrás. Chorando, disse:

— Não gosto de brigar com a senhora. Devo-lhe tudo o que sou hoje.

E ouviu quando Júlia disse:

— Yago, aceite seu novo estado de espírito e siga para o mundo de refazimento e paz em uma das casas do Pai.

E ele pensou: "Se estou morto, por que não vi nenhum lugar de paz?". Começou a chorar, e depois de alguns instantes levantou-se e foi ao portão. Saiu a esmo, não queria voltar para a casa de seus pais, tampouco queria ficar na casa de Júlia. Ao se lembrar dos assaltantes, o ódio invadiu todo o seu ser, e então sentiu uma dor aguda no peito e o jato de sangue sair, ensopando-lhe a camisa. Ele levantou a camisa e pôde sentir com a ponta do dedo o ferimento. Quanto mais Yago se lembrava do momento da agressão, mais ódio sentia, e a dor ia aumentando ainda mais. Em dado momento, não suportando a dor, ele desmaiou na calçada.

Depois de um tempo, Yago levantou-se e, ao se lembrar de Ana, resolveu ir até sua casa, pois em seu íntimo guardava a esperança de que ela o ouviria. Andou por longo tempo e, cansado, finalmente chegou à casa de Ana. Bateu palma, mas ninguém abriu a porta. Desanimado, resolveu andar pela calçada. Passou em frente a um portão onde havia dois cachorros grandes.

— Meu sonho sempre foi ter um pastor alemão, porém aquele energúmeno do meu pai nunca permitiu – ele disse.

Enquanto olhava para os cães, percebeu que os cachorros latiam sem parar. Parou em frente ao portão e os cães ficaram possessos, de modo que Yago percebeu que estavam latindo para ele.

— Pelo menos alguém está me vendo – disse ele, contente. – Vou colocar a mão em um dos cachorros. Se me morder e machucar é porque não estou morto.

Yago fechou os olhos e enfiou a mão pelas barras do portão. Um dos cachorros latia sem parar e, quanto mais ele empurrava a mão, mais os cães se afastavam. Ao tirar a mão, Yago percebeu que não sentiu a rigidez do portão e, estranhando o fato, voltou a colocar, e novamente não sentiu a frieza do portão. Cansado, ele pensou: "Será que estou morto? Não pode ser". Naquele momento, lembrou-se de uma conversa que tivera com Júlia: "O espírito conserva as mesmas impressões de quando estava na matéria, e isso explica por que muitos desencarnados ignoram seu estado, acreditando que ainda estão vivos no corpo".

Yago voltou a chorar, desejava muito ver Ana. De repente, sentiu como se algo o puxasse, e logo percebeu estar ao lado da cama da moça, que chorava copiosamente.

— O que lhe fizeram? Por que chora dessa maneira? – perguntou a ela.

Ana, sem perceber a presença de Yago, pegou a fotografia em que os dois estavam felizes e, chorando, deixou uma lágrima cair sobre ela. Foi então que não restou dúvida a Yago sobre seu estado. Chorando junto com Ana, disse:

— Estou morto.

Yago sentou-se em um canto e decidiu ficar ali, pois não sabia o que fazer nem para onde ir. Olhou para Ana, que, vencida pelo cansaço, adormeceu. Depois de uma hora, pôde ver o corpo de Ana se duplicar. Logo a parte duplicada se levantou, e Ana, ao ver Yago, disse feliz:

— Yago, você está aqui?

— Ana, você pode me ver?

Ela não respondeu. Yago levantou e, ao se aproximar, passou a mão em seu rosto.

— Pensei que não fosse mais te tocar... – ele disse.

— O que aconteceu? – ela perguntou chorando.

— Os mesmos sujeitos que me assaltaram me machucaram.

— Como vou viver sem você?

— Estarei sempre do seu lado.

Naquele momento, Ana sentiu que estava sendo puxada pelo corpo que ainda dormia, e em poucos segundos desapareceu.

Yago ficou olhando para o corpo de Ana e, surpreso, disse:

— Acho que dona Júlia sempre teve razão...

Ana remexeu-se na cama e logo acordou gritando:

— Yago!

Surpreso, Yago viu quando a mãe de Ana entrou no quarto perguntando:

— Ana, o que aconteceu?

— Sonhei com Yago. Ele me dizia alguma coisa, mas não lembro o quê.

Maria Luiza, não se contendo em ver o sofrimento da filha, disse:

— Vou lhe dar um calmante, pois você está nervosa devido ao que aconteceu.

— Como poderei viver sem Yago? – Ana, chorando, perguntou.

— Isso vai passar, minha filha. Com o tempo você encontrará outro rapaz e se apaixonará, e Yago será apenas uma doce lembrança – respondeu a mãe, chorando junto com a filha.

Ressentido, Yago disse:

— Ana jamais arranjará ninguém, pois sou o amor da vida dela e continuarei sendo.

Maria Luiza estava sofrendo junto com a filha... Yago a viu se levantar e dar um comprimido a Ana. Depois de pouco mais de quinze minutos, finalmente Ana adormeceu, mas dessa vez Yago não viu seu corpo se duplicar.

Yago pôde ver Ana dormindo.

— Isso não pode estar acontecendo... Estou vivendo um pesadelo sem fim. Estou morto, mas ainda vejo tudo, ouço tudo e sinto as mesmas coisas. Dona Júlia sempre falou sobre isso, mas nunca acreditei.

Abatido, olhou para Ana dizendo:

— Dona Júlia sempre disse que a morte é apenas uma mudança de estado.

Ana acordou desanimada. Sabia que todos iriam fazer perguntas sobre Yago. Mas, como sempre foi uma moça responsável, arrumou-se e ao sair de seu quarto encontrou a mãe olhando preocupada para ela.

— Aonde vai, minha filha? – Maria Luiza perguntou.

— Vou trabalhar, pois se ficar em casa será pior. Lá pelo menos me distraio com o trabalho.

— Não vá, minha filha, está tudo muito recente.

Ana não aceitou a sugestão da mãe, e então se arrumou a fim de não chegar atrasada. Beijou ternamente a mãe e saiu, mas nenhuma das duas viu o espírito de Yago em um canto da cozinha.

Ana fez tudo como de costume. Quando chegou ao escritório, começou a chorar ao ver a máquina em que Yago trabalhava.

Beatriz, ao ver Ana, perguntou:

— Por que veio trabalhar? Não precisava se preocupar, eu dou conta do serviço.

— Preciso trabalhar, senão minha cabeça vai explodir.

Maria Goreti chegou e, ao ver Ana, perguntou:

— Como está se sentindo, minha amiga?

— Estou péssima, pois não consigo acreditar que isso tenha acontecido.

Goreti, olhando com tristeza para a amiga, respondeu:

— Pense em quanto Yago te amava e como foram felizes juntos, pois a única coisa que temos é o que vivemos.

Ana não se sentiu consolada com as palavras da amiga, e com lágrimas nos olhos disse:

— Pensar que nunca mais verei Yago me desespera.

Goreti, sem palavras, ouviu o comentário de Ana e preferiu ficar calada, pois sabia que nada do que dissesse ou fizesse ia fazer a moça se sentir melhor.

Yago ficou a um canto do escritório, e quando todos estavam trabalhando, Ana foi chamada à sala de Moacir. O chefe, ao ver os olhos inchados da moça, perguntou:

— Como foram o velório e o enterro de Yago?

A moça, não conseguindo controlar a emoção, contou tudo o que sabia sobre o assunto, e principalmente como fora o enterro.

Triste, o homem disse:

— Yago sempre foi um ótimo funcionário, mas infelizmente o inesperado aconteceu... – Ana chorava sem se constranger na presença do homem, que continuou: – Vá para casa e descanse. Volte a trabalhar quando se sentir melhor.

— Por favor, deixe-me trabalhar, pois não posso ficar em casa sem fazer nada – ela pediu.

Moacir pensou que talvez o trabalho fizesse bem à moça, e então disse:

— Está bem, fique trabalhando.

Não querendo voltar para casa, Ana perguntou:

— O que acha de levar algum trabalho para casa?

Quando o trabalho apertava, Moacir costumava dar trabalho extra a Ana para que fizesse em casa, tanto que deixou uma máquina do escritório na casa da moça.

— Pode levar alguns requerimentos para encaminharmos amanhã. Deixarei em sua mesa no final do expediente.

Ao ouvir as recomendações de Moacir, Yago disse:

— Moacir foi o único chefe que tive na vida, mas posso garantir que foi o melhor.

Ana pediu licença e se retirou. Após alguns minutos, Beatriz entrou na sala de Moacir dizendo:

— Chefe, não acha que seria melhor Ana voltar para casa?

— Por quê? – perguntou preocupado.

— Ana está muito chorosa, e se continuar assim não desenvolverá um bom trabalho.

Moacir logo percebeu a maldade nas palavras de Beatriz e então disse:

— Não se preocupe. Quando estamos pesarosos com a perda de alguém querido, o melhor que temos a fazer é preencher a mente.

— Concordo! Mas não acha que no momento seria melhor afastá-la de suas funções?

Não se contendo, Yago gritou:

— Cobra peçonhenta! Aproveitando a primeira oportunidade para tomar o lugar de Ana. Queria estar vivo para lhe dar um soco!

Beatriz sentiu tontura e forte dor no peito, obrigando Moacir a dar-lhe um copo d'água.

Yago percebeu então que Beatriz sentiu o que ele sentia, e com isso disse:

— Maldita! Se fizer alguma coisa a Ana, vou acabar com você.

Moacir, pensando que tudo aquilo era mais uma farsa de Beatriz, disse:

— Tudo está certo como está. Ana continuará exercendo suas funções. É uma pena que Yago não faça mais parte de nosso quadro de funcionários.

Beatriz, que recobrara a cor, ao sair do escritório do chefe, disse com um sorriso:

— Os espíritos fizeram a parte deles no acordo! Tirei Yago do meu caminho e agora farei o mesmo com Ana.

Yago, ao ouvir as palavras de Beatriz, não entendeu do que a moça estava falando, e a primeira coisa que lhe passou pela cabeça foi que talvez Beatriz tivesse contratado os bandidos para o matarem.

— Se Beatriz tiver alguma coisa a ver com isso, vou acabar com ela. Se ela é vingativa, eu sou três vezes pior – disse ele revoltado.

Sentindo verdadeiro ódio por Beatriz, Yago resolveu acompanhá-la até sua casa. O que ele não sabia era que Beatriz era ainda mais sórdida do que ele imaginava, afinal, ela recorrera à ajuda espiritual para eliminá-lo.

Beatriz chegou em casa e, ao ver Clara, foi logo perguntando:

— Clara, você lavou minha blusa branca?

— Sim! Mas ainda não passei – ela respondeu sem olhar para Beatriz.

Tomada pela fúria, Beatriz foi logo dizendo:

— Como não passou? Coloquei a blusa para lavar há três dias e ainda não está pronta? Você é muito preguiçosa!

Yago, ao ver como Beatriz se comportava em casa, disse:

— Essa víbora é bem pior do que pensava.

Logo Beatriz começou a brigar novamente com a irmã. Irritado, Yago se aproximou de Beatriz gritando:

— Cale a boca, megera!

Yago proferiu aquelas palavras com tanto ódio que Beatriz no mesmo momento se sentiu mal. Começou a suar e a ficar inteira trêmula. Clara, ao ver que Beatriz estava realmente passando mal, foi até ela e a fez sentar-se na cadeira. Yago, ao perceber que conseguira seu intento, se afastou, e rapidamente Beatriz melhorou. Não falou mais na blusa e foi até o quarto. Ao se deitar, Beatriz pensou: "O que será que está acontecendo comigo? Hoje é a segunda vez que passo mal. Talvez esteja na hora de procurar o doutor Giovani". Giovani era médico de sua mãe, e era elogiado por todos que o procuravam.

Beatriz logo se sentiu bem, de modo que rapidamente se levantou e foi tomar um banho. Naquela noite, ela não saiu. Permaneceu trancada em seu quarto, lendo uma revista. Yago, ao ver a moça lendo uma história romântica na fotonovela da revista, pensou: "Devo estar equivocado, a Beatriz não é esse tipo de pessoa. Que ela não seja boa coisa, ainda posso aceitar, mas uma assassina?". Ele pensou em ir embora, quando de repente se lembrou de Ana, que poderia ser prejudicada por Beatriz.

— Tenho que ficar de olho em Beatriz, afinal, ela não é flor que se cheire. Além do mais, quer prejudicar Ana – falou Yago.

Naquela noite, ele ficou na casa de Beatriz e no dia seguinte a acompanhou ao escritório. Sentiu vontade de ir até a casa de Ana, mas sabia que não poderia tirar a atenção de Beatriz.

Pela manhã, Beatriz fez tudo como de costume. Levantou-se, tomou banho, arrumou-se e foi à padaria tomar café antes de ir trabalhar. Yago estranhou o fato de ela ir tomar café na padaria, pois poderia muito bem fazer o café e tomar com a família. Mas, não dando tanta importância ao fato, Yago acompanhou Beatriz, que se sentou em um lugar discreto do estabelecimento. O dono da padaria, que estava atrás do balcão, disse:

— O que vai querer?

Mal-humorada, a moça respondeu:

— O de sempre.

O homem, como já estava acostumado com a presença diária de Beatriz, serviu pão com manteiga e café com leite. Ela começou a comer quando Marilia entrou. A moça sentou-se perto de Beatriz e perguntou:

— Como vão as coisas?

Beatriz, sentindo-se vitoriosa, disse:

— Não poderiam estar melhor... Lembra daquele problema que eu havia dito a você tempos atrás?

— Lembro. Como poderia esquecer?

Beatriz quase gargalhando disse:

— Morreu!

Marilia pensou por alguns instantes e perguntou:

— Morreu como?

— Quis ser o valentão e reagiu a um assalto.

— Qual a idade do rapaz?

— Acho que tinha uns vinte e dois anos...

— Mas você fez alguma coisa para contribuir com essa tragédia?

— Claro que não! Respondeu Beatriz, disfarçando a felicidade.

Marilia não se convenceu de que Beatriz nada tinha a ver com o assunto. Yago sabia que Beatriz o odiava, e convenceu-se de que ela tinha alguma coisa a ver com sua morte, de modo que decidiu permanecer constantemente ao lado dela:

— Ficarei ao lado de Beatriz, pois, como sempre dizia meu pai, amigos devem estar perto, mas os inimigos temos que os manter ainda mais perto.

Fazia pouco mais de um mês que Yago havia morrido, e a vida de Mirtes mudou drasticamente. Ela desleixou-se com a casa e consigo mesma. Arnaldo ficou muito abalado, porém, sabia que tinha que seguir adiante, apesar da dor. Mirtes já não fazia as coisas como antes. Acordava depois que Arnaldo e Mercedes já haviam saído para trabalhar.

Naquele dia, Arnaldo levantou e a cozinha estava toda bagunçada. Desanimado, fez café, e limpava a cozinha quando Mercedes acordou. Ao ver aquela cena, tomou a frente dizendo que ele poderia se arrumar, pois ela cuidaria do serviço. Arnaldo obedeceu à filha como um autômato e disse:

— Mirtes deixou o serviço todo para você, e isso não está certo.

A moça olhou para o pai e percebeu como o homem havia envelhecido em pouco mais de um mês. Sentiu pena dele e respondeu:

— Mamãe está sofrendo muito, e não me importo em fazer os trabalhos domésticos.

— Mas você trabalha e ainda tem que chegar e fazer todo o trabalho da casa.

— Precisamos ter paciência com mamãe, pois cada um sofre de maneiras diferentes.

— O que acha de pagarmos alguém para fazer os trabalhos domésticos?

— Mamãe não permitirá, pois dona Júlia por diversas vezes veio ajudá-la nas tarefas de casa, e ela sempre recusou.

Desanimado, Arnaldo disse:

— Sua mãe está ainda mais difícil, pois não faz mais os trabalhos domésticos e ainda recusa quando alguém vem ajudá-la. Todos nós sofremos com a morte do seu irmão, mas compreendemos que a vida continua, e temos que aceitar o que não se pode mudar.

— Eu sei, meu pai, mas cada um sente a perda de um ente querido de uma maneira, e essa é a maneira de mamãe. Cabe a cada um de nós ter paciência e pedir a Deus que ela supere a morte de Yago. Claro que ela nunca vai esquecer, pois um dia essa dor virará saudade, mas, até que chegue esse dia, mamãe sofrerá sobremaneira.

Cansado, Arnaldo disse:

— Sabe por que sua mãe sofre dessa maneira? Por não ter uma religião. Eu sempre digo que a religião nos ajuda a suportar a dor e a prosseguir.

Mercedes, que estava lavando a pia, respondeu:

— Papai, desde que Yago morreu, passei a frequentar a Casa Espírita juntamente com dona Júlia. Antes eu ia uma vez ou outra, mas agora não só assisto a todas as reuniões como pretendo fazer o curso que a casa oferece. Isso tem me ajudado muito não só a aceitar a morte, como a enfrentar a ausência de Yago. Mas não acredito que a religião em si pode trazer alento. Lembra de seu Marcelino? Ele se enforcou depois do desastre de ônibus que vitimou a esposa e seus dois filhos.

Arnaldo pensou por alguns instantes e disse:

— É verdade, e ele era tão religioso... Ia com a família todo domingo à missa; os filhos fizeram catecismo, a mulher não saía da igreja, mas a religião não foi suficiente para que o pobre Marcelino suportasse a dor da perda.

— A morte de Yago me causou um grande impacto, porém, estou encontrando consolo nos ensinamentos espirituais. Não é fácil perder um ente querido, pois esse sofrimento é um dos momentos mais difíceis para o ser humano. Ontem, conversando com mamãe, ela disse que seu coração sangra desde aquele dia, e que sua alma está despedaçada. Não podemos evitar a dor da perda, porém essa dor pode ser atenuada com os conhecimentos espirituais que nos consolam. O primeiro passo é saber que a morte não existe.

Arnaldo, não compreendendo a expressão da filha, perguntou:

— Minha filha, como que a morte não existe? Seu irmão morreu e o enterramos, todos os presentes viram.

Mercedes, percebendo a ingenuidade do pai, passou a explicar:

— A morte existe, porém não como as pessoas acreditam. Alguns acreditam que a morte é o fim de tudo, e que depois do fatídico nada sobra, tudo morre. Mas a doutrina kardecista deixa claro que os materialistas sofrem mais, pois acreditam que nunca mais verão aquela pessoa. Mas isso não é verdade, pois, quando a pessoa morre, ela continua existindo, apesar da morte do corpo físico. Nosso corpo não é tudo o que há; antes de sermos corpo de carne, somos espíritos imortais, pois assim Deus nos fez. Quando digo que a morte não existe é porque, mesmo a pessoa perdendo seu corpo físico, ela continua vivendo. A morte é apenas uma mudança de estado, em que a pessoa deixa o corpo físico para viver plenamente a vida espiritual. Outro aspecto importante da doutrina é que ela nos ajuda a aceitar as coisas como são, sem nos revoltar e muito menos nos deixar guiar pelo desespero. Estou estudando o *Livro dos Espíritos* com dona Júlia. Ela disse que os próprios espíritos da codificação afirmaram que a dor incessante e desarrazoada nada mais é que falta de fé no futuro e principalmente de confiança em Deus... Mas como podemos cobrar fé de mamãe se ela sempre afirmou não acreditar em Deus?

Arnaldo coçou a cabeça e disse:

— Se sua mãe tivesse fé, hoje sofreria bem menos.

Mercedes olhou com tristeza para o pai:

— Mamãe pode aprender a desenvolver a fé, mas isso requer certo esforço.

— Sua mãe não se esforça em nada, a casa está sempre desarrumada, e seus cabelos estão sempre em desalinho. Não anda tomando banho e passa o dia deitada no quarto escuro.

— Precisamos ter paciência com mamãe, pois ela não está assim porque quer, mas tem um motivo plausível para isso.

— Eu sei, minha filha, mas sua mãe precisa reagir.

Mercedes pensou por alguns instantes e disse:

— Papai, compreenda, mamãe não está encontrando forças para superar essa dor, e nós como família precisamos ajudá-la. Ela está deprimida. – Arnaldo estava desanimado, pois não conseguia encontrar palavras para consolar a esposa. – Papai, o senhor precisa aprender que a depressão é uma alteração do estado de humor, uma tristeza intensa, um abatimento profundo, com desinteresse pelas coisas e principalmente pela vida. Mamãe se encontra nesse estágio, onde nada mais tem graça e a vida de colorida assumiu um tom acinzentado. E isso por um motivo claro: a morte de seu único filho.

Arnaldo interferiu:

— Único filho, não; sua mãe ainda tem você.

— Papai, quando digo único filho, me refiro ao fato de ser o único filho homem. Mamãe sofre de depressão reativa, pois esse tipo de depressão depende de fatores externos, como frustrações e perda de um ente querido.

— Compreendo que sua mãe esteja deprimida, mas nada podemos fazer para ajudá-la, pois isso só cabe a ela.

— Concordo que ela precisa se ajudar, mas nós podemos incentivá-la encorajando-a a voltar a conversar com dona Júlia, a se interessar por leituras e sair da reclusão em que se encontra. Somente assim ela poderá começar a reagir, vendo o problema de um ângulo diferente. Deus quer que sejamos alegres, mas, se sofremos, é por nossa causa. O consolo de que mamãe precisa no momento vem de Deus, pois o próprio Jesus disse que Deus não dá um fardo demasiadamente pesado para carregarmos sem antes nos dar forças para fazê-lo. Confiar em Jesus nos ajuda a prosseguir, pois ele disse as seguintes palavras: "Eu sou o bom pastor, tende bom ânimo, não se turbe o vosso coração, vinde a mim vós que andais fatigados, cansados e oprimidos, e Eu vos aliviarei". Quando mamãe compreender o valor de tais palavras, ela aprenderá a ver a ausência de Yago de outra forma.

Arnaldo, olhando para o relógio, disse:

— Minha filha, preciso me arrumar senão vou me atrasar. Arrume-se e eu a levarei ao trabalho.

Mercedes tomou rapidamente a xícara de café e foi se arrumar.

⁂

Mirtes acordou e a casa estava em silêncio. "Arnaldo e Mercedes já foram trabalhar, vou ficar um pouco mais na cama", pensou ela.

Dormia com a fotografia de Yago embaixo do travesseiro, fato que Arnaldo não sabia. Toda manhã, ela pegava a fotografia, chorava por um tempo e depois se levantava. A pobre mãe desesperada passava horas sentada no mesmo lugar, levantando somente para ir ao banheiro – isso quando não decidia ficar deitada.

Naquela manhã, Mirtes estava sentada pensando no filho quando de repente sentiu como se houvesse alguém na sala, e isso lhe causou um arrepio nas costas.

— Essa dor está me enlouquecendo... Às vezes, sinto que Yago vai entrar por essa porta e me dar o beijo que sempre me dava quando me via.

Meneando a cabeça, ela olhou mais uma vez para a foto do filho e se pôs a chorar. O que ela não sabia era que o espírito de Yago estava a seu lado. Penalizado, ele disse à mãe:

— Por que sofre dessa maneira? Estou vivo e aqui ao seu lado...

A mulher logo parou de chorar e disse em voz alta:

— Seria tão bom se Yago ainda estivesse vivo de alguma forma... A religião de Júlia diz que o espírito não morre. Seria bom se assim o fosse, mas será que realmente existe espírito?

Yago respondeu quase gritando:

— Claro que existe! Estou aqui do seu lado!

Ele sentiu raiva pelo fato de a mãe ser tão descrente, e então disse:

— O que adiantará ficar olhando a fotografia e chorando o dia todo?

A mulher não ouviu as palavras de Yago, mas as sentiu em seu coração.

— Preciso sair desse marasmo em que me encontro, mas como? Minha alegria foi levada com Yago...

Naquele momento, Júlia bateu palmas no portão e Mirtes, que sabia se tratar da boa amiga, não a atendeu, o que deixou Yago visivelmente irritado.

— A senhora fica se colocando como vítima e quando a ajuda aparece a ignora! Pra mim, chega! Quer saber? Vou embora e só voltarei quando tiver melhorado.

Yago não sabia que poderia se locomover com a força do pensamento, mas saiu pela porta da cozinha, que estava aberta, e rapidamente ganhou a rua. Viu Júlia andando devagar em direção à sua casa. Yago sentiu um amor imenso por ela, que o ajudou sem esperar nada em troca. Ao sentir esse amor, a dor do peito melhorou e o ferimento parou de sangrar.

Yago pensou: "Estranho... Quando sinto fortes emoções, meu peito melhora ou piora...".

O espírito de Yago levou a mão ao peito quando decidiu ir à casa de sua benfeitora espiritual. Ele chegou junto com Júlia, porém a mulher não o viu. Ela estava preocupada com a amiga, de modo que disse:

— Mirtes está me evitando há dias...

Entrou em casa e, desanimada, passou a cumprir com seus afazeres. Yago decidiu ir a seu antigo quarto para descansar. Júlia, naquele dia, estava inquieta, e logo sentiu um mal-estar, principalmente no estômago. "Esse mal-estar é típico de alguém que está acompanhado por um espírito...", pensou ela. Então, fez sentida prece pedindo ajuda a Deus.

Yago, que estava deitado, logo viu duas figuras se fazerem à sua frente. Com medo, perguntou:

— Quem são vocês?

Uma das entidades respondeu:

— Sou Apolo, e esse é o irmão Danúbio.

— Por que ainda está aqui? Não sabe que esse já não é mais seu lugar? – perguntou Apolo.

— Não sei onde é meu lugar. De repente tudo mudou e as pessoas não me veem nem falam comigo – Yago respondeu amedrontado.

— Yago, você perdeu seu corpo físico, passou pelo processo natural chamado morte – Danúbio respondeu.

— Entendi que algo sério aconteceu, mas como poderei acreditar que estou morto se estou em meu quarto falando com vocês?

— Você está vivo, mas não como antes. Você está vivo em sua essência, ou seja, em espírito – disse Apolo.

Yago pensou por alguns instantes e disse:

— Se passei por esse processo chamado morte, por que não vi nenhuma pessoa como eu?

— Está nos vendo agora... E nós também passamos por esse processo – Danúbio disse, sorrindo.

Não se dando por vencido, Yago perguntou:

— Por que não vi nenhum familiar que já morreu?

— Talvez porque esteja em vibração diferente... – Apolo continuou.

Yago estava confuso, e uma das entidades, percebendo a confusão mental do recém-desencarnado, disse:

— Por que não nos acompanha a uma das moradas do Pai?

Yago foi enfático ao dizer:

— Preciso descobrir a verdade. Sinto que Beatriz tem alguma coisa a ver com isso, e se tiver vou me vingar. Além do mais, preciso descobrir onde moram os dois assaltantes, e me vingarei sem piedade.

Danúbio passou a dizer:

— O ódio faz mal a quem o sente, pois leva à vingança, e a vingança leva a pessoa a cometer atos insanos. O que resolverá se vingar de seus inimigos? A vingança leva a pessoa a sofrer terrivelmente.

Yago pensou por alguns instantes e se justificou:

— Nunca fiz mal a ninguém, e não compreendo por que essas pessoas me prejudicaram dessa maneira. Concordo que não voltarei a levar a mesma vida de antes, mas da mesma forma que estou sofrendo quero que cada um sofra.

Apolo passou a dizer:

— A vingança é um sentimento terrível. Com efeito, aquele que se entrega a essa paixão cega e fatal quase sempre o faz na mais completa escuridão. O vingador sempre se lança como uma fera sobre seu inimigo, esquecendo-se da decência e da transparência. Como você agora é invisível aos olhos dos encarnados, tem a capacidade de agir sem que eles desconfiem, e fica aguardando o momento oportuno para agir, ignorando completamente a lei universal chamada de causa e efeito. Um dia seus inimigos o prejudicaram. Agora você pensa em revidar, porém essa atitude pode levar a muitas dores desnecessárias. Não seria mais fácil seguir as veredas do perdão? Perdoar é não se deixar arrastar pelas teias da vingança, e fazendo assim viverá melhor consigo mesmo e ajudará seus ofensores a progredir. Um dia, todos os que o prejudicaram compreenderão seu erro e se arrependerão, mas, se apelar para a vingança, dificultará o arrependimento do ofensor.

Yago, ao pensar em Beatriz e em seus agressores, disse:

— Não costumo perdoar ninguém. Se a pessoa me fez bem, terá sempre minha gratidão. Dona Júlia sempre fez o bem e sempre me ajudou, então nutro por ela um sentimento verdadeiro e puro. Mas, quanto aos três que me prejudicaram, não são dignos do meu perdão e sofrerão terrivelmente as consequências de seus atos.

Apolo percebeu naquele momento que não resolveria argumentar com Yago, afinal, ele estava preso a sentimentos de ódio e vingança.

Yago, ao ver que seus interlocutores estavam calados, mudou de assunto e perguntou:

— Se sou espírito, por que ainda tenho que andar muito até os lugares aonde quero chegar?

Danúbio, esboçando um sorriso triste, respondeu:

— Compreenda, queremos ajudá-lo a viver como espírito, por isso estamos aqui.

Irritado com a resposta, que julgou ser vaga, Yago gritou:

— Não quero ajuda! Quero vingança!

Danúbio e Apolo olharam para Yago e um deles disse:

— Yago, siga-nos e deixe o passado se resolver sozinho. Não faça nada que aumente sua dor e seu sofrimento.

— Não quero deixar nada para trás! Vou resolver do meu jeito.

As duas entidades benfazejas, percebendo que Yago não mudaria seu proceder, ficaram em silêncio, e Danúbio finalmente disse:

— Você disse que ama Júlia...

— Dona Júlia é uma segunda mãe para mim, isso não posso negar.

Danúbio continuou:

— Se a tem como mãe, por que insiste em prejudicá-la?

— Nunca faria qualquer coisa para prejudicar dona Júlia.

Apolo, aproveitando o momento, passou a dizer:

— Mas está prejudicando. Entenda, hoje você está em uma vibração diferente de Júlia, e sua presença a faz sofrer. Estamos aqui neste momento devido à sua prece, pois ela percebeu sua presença, e isso a fez sentir o que você sente.

— Mas, então, ela sabe que estou aqui?

— Júlia sabe que há um desencarnado, mas não sabe que é você.

A alegria de Yago durou pouco. Ele fechou o cenho e disse:

— Preciso que minha mãe saiba que estou vivo, pois ela está mais morta que eu.

— Quando sua mãe abrir o coração para a ajuda, ela o receberá – Apolo disse.

Yago ficou em silêncio e depois perguntou:

— O que quer dizer com isso?

Danúbio tomou a vez:

— Há pessoas que querem ajuda e vão atrás, há outras que se posicionam como vítimas e ficam estagnadas no próprio sofrimento. Mas, como Deus é misericordiosamente bom e justo, ele oferece as ferramentas necessárias para que a pessoa não só procure ajuda, mas a encontre. Júlia tentou de várias maneiras falar sobre a vida além da vida para sua mãe, mas ela rejeitou a ideia ferozmente. Hoje ela está precisando da ajuda que um dia lhe foi oferecida.

Yago, ao pensar na mãe, disse:

— Minha mãe sempre foi cabeça-dura.

— Ela aprende... – disse Danúbio sorrindo.

— Vocês disseram que estou prejudicando dona Júlia, poderiam me explicar como?

Apolo passou a dizer:

— Os espíritos desencarnados continuam a sentir as mesmas coisas que sentiam quando estavam encarnados. Você ainda sente dores horríveis no ferimento que o vitimou. – Yago concordou anuindo com a cabeça. – Então, você sente dores atrozes no peito, sente fome e algumas vezes frio.

— Como sabem disso? – Yago perguntou assombrado.

Danúbio respondeu:

— Seu desencarne foi violento e trouxe muito sofrimento ao seu perispírito, portanto, é comum ter tais sensações. Já reparou que, quando se lembra de alguns de seus inimigos, seu ferimento volta a sangrar? Isso se dá porque você, por meio de seu ódio, faz reabrir a chaga que tirou sua vida, trazendo de volta a dor. E quanto mais ódio você sentir, mais a ferida se abrirá, tornando a dor insuportável.

— Mas como isso afeta dona Júlia? – perguntou Yago.

— Isso se dá por meio de um fenômeno chamado de simbiose energética, ou seja, o espírito passa a sentir o bem-estar do encarnado, enquanto o encarnado passa a sentir o mal-estar do desencarnado. Portanto, Júlia, ao recorrer à prece pedindo ajuda, estava sentindo sua agonia e provavelmente algumas de suas dores.

— Mas, como dona Júlia pode sentir o mesmo frio, se estamos em pleno verão, ou fome com o estômago cheio? – Yago perguntou.

Danúbio explicou:

— Como Júlia tem uma sensibilidade acentuada, ela passa a ter as mesmas sensações do espírito. Mas isso não quer dizer que ela esteja com fome, ou frio, são apenas sensações, que, ao se desligar do desencarnado, desaparecem como que por encanto. Afinal, quem está com essas sensações são os espíritos, e não a encarnada em questão.

Yago pensou por alguns instantes e perguntou:

— O que dona Júlia sentiu?

Novamente, Apolo tomou a palavra:

— Ela sentiu a mesma agonia que está sentindo, e isso veio acompanhado de confusão mental.

— Não quero prejudicar dona Júlia, vou-me embora desta casa – disse ele, perplexo.

Danúbio prosseguiu:

— Não acha melhor nos acompanhar? Somente assim aprenderá o que está envolvido no processo vibratório.

— Não posso! Ainda tenho muitas coisas para fazer – Yago respondeu resoluto.

Danúbio e Apolo arremataram a conversa com um deles dizendo:

— Pense em nossa proposta e, quando se sentir à vontade, nos chame.

Logo as duas entidades desapareceram da frente de Yago, que disse:

— Queria aprender a fazer isso.

Ele ficou pensando sobre o possível mal-estar de Júlia e, chegando a um canto da cozinha, disse:

— Não vou prejudicar minha mãe, vou-me embora.

E saiu pela porta da cozinha, ganhando a rua. Andou a esmo por algum tempo quando finalmente resolveu ir ao escritório ver Ana e Beatriz. Ao chegar lá, pôde constatar quanto Ana estava abatida.

— Ana, um dia ficaremos juntos, pois a morte não existe... – ele disse, penalizado.

Logo se lembrou de que poderia prejudicar o equilíbrio de Ana, e desse modo resolveu se postar ao lado de Beatriz para descobrir alguma coisa. Ao se aproximar dela, viu que estava cometendo vários erros de propósito.

— Por que está fazendo isso? – perguntou ele.

Beatriz não ouviu a pergunta de Yago, e sorrindo disse em voz alta:

— Yago já morreu, mas Ana continua aqui para travar meu caminho. Não vou pedir ajuda no terreiro, pois os trabalhos são muito caros.

— Que história é essa de trabalho? Será que ela pediu algo aos espíritos? – Yago perguntou, ao ouvir Beatriz resmungar. Começou a rir e disse: – Idiota! Além de má é supersticiosa. O que me aconteceu foi uma fatalidade, e ela está acreditando que os espíritos me mataram.

Yago estava sorrindo quando Beatriz tirou o formulário da máquina e o levou ao escritório de Moacir.

— Acabei de pegar este formulário da Ana. Veja como ela está errando – disse a moça ao chefe.

Moacir não podia acreditar que Ana estivesse tão desequilibrada.

— Diga a Ana para vir à minha sala!

Beatriz saiu rapidamente e foi chamar Ana, que preenchia um formulário em sua máquina. Yago, ao ver o que Beatriz fizera, sentiu tanto ódio por ela que a dor no peito se tornou quase insuportável. Ele aguentou a dor e ficou esperando Ana chegar. Depois de alguns minutos, finalmente ela bateu na porta, entrando em seguida.

— Como está, Ana? – Moacir perguntou sorrindo.

— Estou me sentindo melhor. Tenho acompanhado dona Júlia à Casa Espírita, e tenho aprendido muitas coisas que me servem de consolo.

Moacir empertigou-se na cadeira e perguntou:

— Casa Espírita? O que tem aprendido de tão importante que a tem deixado calma?

— Tenho aprendido de onde viemos e para onde vamos depois da morte, tudo com explicações lógicas e claras.

Moacir interessou-se pela conversa:

— Há muito tempo tenho feito essa pergunta, mas confesso que não cheguei a nenhuma conclusão.

Moacir pediu a Ana que se sentasse. A moça obedeceu e passou a dizer:

— Estou aprendendo que Deus, ao nos criar, nos fez espíritos simples e ignorantes. De onde viemos e para onde vamos é uma pergunta que muitos já fizeram antes de nós, porém, só encontraram respostas na Doutrina dos Espíritos, codificada por Allan Kardec, que nos levou à mais sensata resposta, com a base nos ensinamentos de Jesus. Ele ensinou que na casa do Pai há muitas moradas, e a Terra é uma das moradas do Pai, que responde às nossas necessidades evolutivas. Antes de recebermos este corpo, ao qual estamos habituados, Deus nos deu um corpo espiritual. Dessa forma, é necessário que reencarnemos na Terra para seguir o rumo natural da evolução. E a evolução é necessária para que possamos progredir como espíritos. Podemos exemplificar os degraus evolutivos ao olhar ao redor e ainda vermos pessoas perversas à nossa volta. Essas pessoas não conseguem ver que a vida responde a cada um segundo suas ações, e que o sofrimento a elas imposto nada mais é que uma resposta às suas ações. Por isso vemos tantas misérias pelo mundo. Isso é apenas a Terra respondendo adequadamente à lei da evolução natural. E para onde vamos depois da morte do corpo físico nada mais é que o retorno à vida espiritual.

Moacir ficou surpreso ao ver a calma de Ana, de modo que pensou: "Não posso acreditar que Ana tenha feito tal relatório; isso é inconcebível". Ele gostou da explicação dela:

— Interessante, preciso pensar sobre o assunto, mas eu a chamei aqui para lhe fazer uma pergunta: Você preencheu o formulário do senhor João Gregório?

Ana puxou pela memória e lembrou:

— O senhor me deu esse formulário junto com os demais, mas como Beatriz fez questão de me ajudar, dei-lhe o formulário junto com os outros.

— Foi isso mesmo que pensei...

— Pensou o quê? – perguntou Ana sem compreender.

Moacir pegou o formulário que estava sob uma pasta e entregou a Ana. A moça, ao olhar, pôde ver que havia várias rasuras, o que a deixou perplexa.

— Mas como uma pessoa pode errar tanto?

Yago teve uma ideia e, ao se aproximar de Moacir, passou a dizer:

— Deixe Beatriz no lugar de Ana por uma semana.

Yago foi falando mansamente e de repente gritou, mas não foi ouvido por nenhum dos dois. Foi então que Moacir teve uma ideia:

— Vamos pregar uma peça em Beatriz. Você sairá de minha sala, pegará suas coisas e irá para casa. Voltará depois de uma semana. Enquanto isso, deixarei Beatriz responsável pelo pessoal do escritório.

— Mas o que pretende fazer?

— Beatriz não tem competência para tomar seu lugar, e vou provar isso a ela.

Yago gargalhou feliz...

Ana, a contragosto, aceitou a proposta, pois Moacir era o chefe e não podia contrariá-lo em nada.

— Você ficará descansando esses dias. Vão lhe perguntar o que fez para ter tomado essa decisão. Responda apenas que tudo isso foi por causa de um formulário preenchido errado.

Ana ficou triste por ter que ir embora aquele horário, mas pensou que agora teria tempo de ler o livro *E a vida continua*, de André Luiz. A moça, embora se sentisse tranquila, fingiu estar triste. Beatriz, ao vê-la arrumando suas coisas, perguntou:

— O que Moacir queria com você?

— Um relatório e um formulário foram entregues repletos de erros, e ele decidiu que eu ficaria uma semana em casa para descansar.

Escondendo a exultação, Beatriz perguntou:

— Mas quem ficará em seu lugar?

Ana, fingindo abatimento, respondeu:

— Não sei... Vou embora, pois estou cansada.

Beatriz ficou olhando Ana rodopiar lentamente nos calcanhares e depois disse:

— Logo seu lugar será meu... Ana é muito passiva. Se ela tivesse um pouco mais de voz ativa, se defenderia das acusações – sorrindo, voltou a trabalhar em sua máquina.

No final do expediente, Moacir chamou Beatriz à sua sala, e a moça obedeceu sorrindo.

— Hoje estou triste, pois tive que pedir a Ana que ficasse uma semana em casa. A moça está passando por um momento delicado e uns dias em casa lhe farão bem. Vários documentos estão vindo malfeitos, e só por isso o fiz. – Beatriz controlava a alegria, permanecendo calada em frente ao patrão. E ele continuou: – Beatriz, gostaria de ficar no lugar de Ana esta semana?

Beatriz não estava acreditando no que estava ouvindo, e feliz respondeu:

— Sem dúvida!

Moacir, fingindo esgotamento físico, disse:

— Muito bem, de amanhã em diante, você assumirá o lugar de Ana.

Beatriz ficou feliz, levantou-se pedindo licença e se retirou da presença de Moacir.

Yago, que ouvira a conversa, disse:

— Cobra peçonhenta! Morrerá pelo próprio veneno! – e começou a rir, ficando até o término do expediente.

Assim que os funcionários saíram, Yago acompanhou Beatriz à sua casa. Ela chegou de bom humor, e sorrindo disse à irmã:

— Boa tarde, Clara. O que teremos para o jantar?

Clara, estranhando o bom humor da irmã, respondeu:

— Mamãe pediu-me para fazer caldo verde.

— Hum, que delícia!

Yago, que estava logo atrás, disse sorrindo:

— Delícia será no final da semana que vem – e desatou a rir.

A moça entrou em seu quarto e começou a procurar roupas para ir ao trabalho no dia seguinte.

Clara, ficando a sós com a mãe, disse:

— Beatriz está bem-humorada... Isso é bom sinal.

Dona Sonia, que ouvira a conversa, respondeu:

— Não vejo bom sinal nisso. Tenho certeza de que Beatriz aprontou alguma coisa.

Clara conversou com a mãe por mais alguns instantes, e depois foi à cozinha para preparar o jantar. Naquela noite, tudo era paz na casa de Beatriz. A moça nem mesmo reclamou do tempero da irmã, como sempre fazia. Depois do jantar, disse:

— Vou à casa de Márcia, faz tempo que não a vejo.

Sonia e Clara permaneceram em silêncio, e observaram com estranheza a moça sair tranquilamente de casa. Yago novamente a acompanhou e, assim que a moça ganhou a rua, viu Benedita a uma esquina.

Beatriz, bem-humorada, disse:

— Dona Benedita, o que faz aqui?

A mulher respondeu secamente:

— Meu filho mora neste bairro.

— E como está mãe Dinha? – Beatriz perguntou.

— Está bem, mas por que não foi mais ao terreiro?

— Devo muito aos espíritos, mas ando sem tempo.

Dona Benedita, com olhar matreiro, disse:

— Já sentiu os efeitos dos trabalhos?

— Sim, os espíritos cumpriram a parte deles no acordo. Tiraram do meu caminho meu inimigo. Serei sempre grata por tudo o que fizeram por mim.

Yago inquietou-se:

— Ela se refere a Ana e a mim como seus inimigos... – e continuou ouvindo a conversa.

Benedita prosseguiu:

— Eles cumpriram sua parte no acordo, mas você não fez o mesmo.

— O que a senhora está querendo dizer com isso?

— Você combinou com os guias que ajudaria nos trabalhos do terreiro, mas não o fez.

— Não me lembro de ter feito acordo nenhum com eles – respondeu Beatriz de maneira cínica.

Benedita, que ouvira a conversa que Beatriz tivera com os espíritos naquela noite, disse:

— Como não se lembra?

— Não me lembro. Dei a eles o que me pediram, mas não prometi que trabalharia com eles.

— Pense melhor, menina, pois os guias, quando se sentem enganados, costumam se vingar, ainda mais a linha dos Exus – respondeu Benedita com preocupação.

Beatriz começou a rir e disse:

— Desculpe, dona Benedita, mas tenho que ir, pois estou atrasada para um compromisso.

A moça ia se afastando, quando Benedita disse:

— Os guias costumam castigar quem não cumpre com sua palavra.

— Diga a eles para virem conversar comigo – respondeu Beatriz de maneira debochada. E gargalhando se afastou, deixando Benedita perplexa com tamanho desrespeito.

— Os guias vão dar uma lição nessa moça, e quando ela sentir na pele a fúria dos espíritos, voltará com o rabo entre as pernas – disse Benedita.

Ela continuou andando e logo chegou à casa do filho, que a esperava para jantar.

— Se pensa que irei trabalhar com eles naquele lugar horroroso, está muito enganada! Procurei ajuda dos espíritos, e isso me saiu muito caro, pois tive que pagar o que devia em duas vezes – disse Beatriz ao se afastar de Benedita. E pensou: "Será que foram os espíritos que tiraram Yago do meu caminho, ou tudo o que aconteceu não passa de coincidência?". Não querendo pensar no assunto, continuou andando até chegar em frente à casa de Márcia. Como a mãe da moça não gostava dela, chamou-a no portão.

Márcia saiu e logo as duas amigas foram até uma praça para conversar. Beatriz contou tudo o que havia acontecido, de seu retorno ao terreiro à morte de Yago, finalizando com a dispensa de Ana.

Márcia ficou horrorizada e perguntou:

— O que os guias lhe disseram?

Beatriz respondeu com displicência:

— Disseram que era pra eu trabalhar com eles, o que fingi aceitar.

— Esses guias são bravos, ainda mais a linha dos Exus, tome cuidado.

— Não acredito que esses espíritos fizeram alguma coisa para matar Yago, pois aconteceu o que fatalmente aconteceria – Beatriz respondeu sorrindo.

Márcia, naquele instante, pensou: "Minha mãe está certa quando diz não gostar de Beatriz, ela tem o coração negro...". E, querendo dar a conversa por encerrada, disse:

— Preciso voltar para casa, pois saí sem avisar.

Beatriz percebeu que Márcia não concordava com seu proceder, e irritada perguntou:

— O que há com você?

— Não há nada, apenas não concordo com sua maneira de agir.

— Cada um luta com as armas que tem, não me arrependo de nada do que fiz.

— Se afaste de Beatriz enquanto pode, faça isso enquanto há tempo – disse Yago a Márcia.

Ela não ouviu as palavras de Yago, mas sentiu em seu íntimo. Despediu-se de Beatriz e, enquanto andava, pensou: "Não quero mais a amizade de Beatriz, ela é má".

Márcia, ao chegar em casa, encontrou a mãe na cozinha.
— Onde esteve, minha filha? – perguntou a mãe.
— Estava conversando com Beatriz.
— Não gosto dessa moça! Ela não me cheira coisa que preste!

Márcia estava se sentindo sufocada com o desabafo de Beatriz, e então disse:
— A senhora tem razão! Beatriz é má.
— Que estranho... Você sempre a defendeu...

Márcia, não aguentando guardar para si tantas informações, passou a contar tudo o que Beatriz havia feito. Marta ficou horrorizada, e foi logo dizendo:
— Se afaste dessa moça, ela não é boa companhia.
— Tem razão! Nunca pensei que Beatriz fosse capaz de ir tão longe...
— Pessoas assim são capazes de tudo para atingir um objetivo, portanto, não se iluda achando que ela é sua amiga. Pessoas assim não costumam ser amigas de ninguém. Como dizia minha mãe: "Quem faz com um é capaz de fazer com qualquer outro".

Márcia se recolheu, pois não queria continuar falando sobre o assunto. Ao ver o abatimento da filha, disse:
— Nunca me enganei com essa moça... Ela é uma serpente à espreita esperando pela vítima – e continuou a lavar a louça, procurando não pensar no assunto.

Beatriz chegou em casa acompanhada do espírito de Yago. Ao entrar, logo percebeu que sua mãe e sua irmã já haviam se recolhido.

Beatriz, pensando em Márcia, disse:

— Por que Márcia recriminou o que fiz? Ela mesma recorreu à feitiçaria para ficar com Donato. Ficou com ele por algumas semanas e depois o dispensou, enquanto o rapaz se rastejava a seus pés. Isso é maldade. Eu não fui má, apenas quis afastar alguém que estava me prejudicando.

Tentando se desculpar, Beatriz deitou pensando no trabalho do dia seguinte. Não demorou e a moça logo adormeceu.

Yago ficou a um canto, esperando clarear o dia, quando de repente viu outro corpo idêntico ao dela.

— Já vi isso antes... – disse ele.

Beatriz olhou para o lado e, ao ver Yago, disse:

— O que faz em meu quarto? Você está morto...

Yago, sorrindo, pegou-a pelo braço e disse:

— Você é má! Mandou me matar, e agora pensa que conseguiu o lugar de Ana! Mas está muito enganada. Vou te arrastar comigo para as profundezas do inferno.

Beatriz lutou e, desvencilhando-se de Yago, refugiou-se em seu corpo. Yago tentou impedir que fugisse, mas ela foi mais rápida. Em alguns segundos, Beatriz começou a gritar e Clara, ouvindo os gritos, foi até o quarto da irmã para saber o que havia acontecido.

— O que está havendo?

— Tive um pesadelo... – respondeu Beatriz, ofegante.

— Às vezes tenho pesadelos, mas nem por isso acordo gritando...

Beatriz ignorou as palavras de Clara e se levantou para tomar um copo d'água.

Naquela noite, Yago percebeu que poderia aterrorizar Beatriz durante o sono. Ela voltou da cozinha e demorou a dormir. Ao despertar, não se lembrava do sonho com nitidez:

— Sonhei com Yago, ele estava bravo, mas não consigo me lembrar o que dizia...

Beatriz deitou, ajeitando-se na cama, e depois de duas horas finalmente se entregou ao sono. Yago ficou a um canto olhando para Beatriz, quando de repente uma entidade se fez ao lado da cama. Ele olhou atônito para a entidade enquanto ela emanava sombras sobre a moça. Yago permaneceu calado, e Lobo finalmente disse:

— O que faz aqui, garoto?

Yago não respondeu, pois a aparência da entidade lhe causava medo. Gargalhando, Lobo passou a dizer:

— Essa moça o odeia. Ela pagou ao chefe para destruí-lo, e vejo que fiz um bom trabalho.

Yago não compreendeu:

— O que você está querendo dizer com isso?

— O chefe foi contratado por Beatriz para acabar com você, e como servo obediente obedeci.

O rapaz continuou sem entender:

— O que está dizendo?

Lobo, gargalhando, passou a relatar tudo o que havia acontecido, desde a ida de Beatriz ao terreiro ao contato com o espírito ao qual ela pediu ajuda. Ele relatou o que fazia, falou também sobre a influência de Júlia, quando emanava um passe.

Boquiaberto, Yago perguntou:

— Você me matou?

Rindo debochadamente, Lobo respondeu:

— Não matei, mas dei uma ajudazinha.

— Como assim?

— Naquela tarde, ao entrar na sorveteria, induzi Maneco e Gino a assaltarem o estabelecimento. Você reconheceu Maneco prontamente, e eu o induzi a enfrentá-los. Maneco foi até o fundo da sorveteria, enquanto Gino, munido de uma faca, aceitou sua provocação. O resto você já sabe...

Yago logo se lembrou de que ele não era bom em guardar fisionomias, então perguntou:

— Por que fez isso?

— Garoto, compreenda uma coisa: como Bigorna seguiu os iluminados, era você ou eu. Se você não morresse naquele dia, o chefe cobraria isso de mim.

Tomado de ódio, Yago disse:

— Por que Beatriz pediu isso a seu chefe?

Gargalhando, Lobo respondeu:

— Beatriz é das nossas... Não tem compaixão, não tem empatia não tem nada. Neste mundo de fantasma, é cobra engolindo cobra... Se for pra eu deixar uma cobra me engolir, eu engulo primeiro, entendeu?

Yago pensou por alguns instantes e perguntou:

— Se você fez o trabalho ao qual foi incumbido, por que está ao lado de Beatriz?

— Beatriz, prometeu ao chefe que trabalharia para ele, mas agora se esqueceu da promessa. Estou aqui para lembrá-la...

— O que pretende fazer?

— Quem não cumpre a palavra com o chefe, sofre.

Yago sentiu nojo daquela entidade, mas limitou-se a ficar calado. Lobo aproximou-se de Beatriz, que dormia, e começou a falar:

— Você é uma traidora, não cumpriu com sua parte no acordo e agora sofrerá.

Beatriz remexeu-se na cama, e Yago pôde ver que a moça suava abundantemente. Ele não se atreveu a dizer nada, e Lobo, ao ver o sofrimento de Beatriz enquanto dormia, disse:

— Você tem que se vingar de Beatriz! Afinal, ela acabou com sua vida.

— Por que você aceitou o pedido dela?

— Não aceitei pedido de ninguém, apenas cumpri ordens!

— Como faço para me vingar dessa cretina?

— É simples, quando ela dormir, você poderá conversar com ela e até surrá-la, pois, quando estamos do lado de cá, é muito fácil nos vingar daqueles que nos causaram mal. E não esqueça que você poderá intuir alguns encarnados a fazerem o que você quer.

Yago não percebeu, mas o intento de Lobo era fazer com que ele o ajudasse a se vingar de Beatriz. Manteve-se calado, observando a figura asquerosa à sua frente. Lobo ficou observando o sono intranquilo de Beatriz, e então disse:

— Agora ela é toda sua... Divirta-se.

Yago não respondeu e observou Lobo desaparecer da sua frente. Depois de alguns instantes, pensou: "Não é só de Beatriz que vou me vingar; esse sujeito também está na minha lista negra".

Yago andou ao lado de Beatriz, que continuava dormindo, e disse:

— Não posso me vingar de Lobo no momento. Ele acha que tenho sangue de barata e que vou deixar tudo como está? Vingarei-me de Beatriz e depois me voltarei contra Lobo, mas antes preciso aprender esse truque de aparecer em um lugar e em outro. – Ele se aproximou de Beatriz e continuou a falar: – Você pediu ajuda a espíritos como esse para me matar, mas agora vai pagar por tudo o que fez a mim, assim como a Ana.

Quanto mais Yago falava no ouvido de Beatriz, mais ela se remexia na cama. "Lobo tem razão! Quando falo, Beatriz fica inquieta...", pensou ele. E sorrindo disse:

— Estou gostando de estar neste estado... Nunca pensei que pudesse me vingar das pessoas depois de morto.

Yago sentiu ódio por Beatriz e tentou enforcá-la, mas suas mãos não conseguiam sentir a pele quente do pescoço dela. O ódio de Yago era tanto que sentiu fortes dores no peito, e quando olhou o sangue estava jorrando. Ele se afastou segurando o peito, e então se sentou no chão, ficando ali por longas horas, esperando o dia clarear. Sentiu sono, e assim que melhorou a dor, adormeceu ali mesmo no chão.

Yago acordou com o gorjear dos passarinhos que pousavam alegremente na mangueira que ficava ao fundo da casa de Beatriz. Ao se sentar, logo percebeu que ela ainda dormia, mas sua fisionomia estava cansada. Em poucos minutos, ela acordou, e logo se lembrou que aquele seria seu primeiro dia como líder, porém, sentia dores no pescoço.

A moça fez tudo como de costume. Levantou-se, tomou banho, arrumou-se e saiu sem se despedir de ninguém. Clara seguia a rotina de todas as manhãs. Levou café para sua mãe, que continuava na cama e, ao se certificar de que sua mãe estava confortavelmente deitada, a mocinha saiu, sem se preocupar com Beatriz.

Beatriz foi a padaria tomar seu café matinal. Sentou-se e pediu o de sempre, e logo Marilia entrou dizendo:

— Bom dia, Beatriz!

Beatriz respondeu mal-humorada:

— O que o dia tem de bom?

Marilia, sorrindo, sentou a seu lado e, ao observar sua fisionomia, perguntou:

— Nossa, dormiu com guaxinins? – e desatou a rir.

— O que está querendo dizer com isso?

— Está com olheiras, parece que ficou acordada a noite inteira.

Beatriz, ao se lembrar da noite maldormida, respondeu:

— A noite passada foi terrível! Tive pesadelos, mas consegui dormir em seguida, porém hoje acordei com dor no pescoço e um cansaço horrível.

Marilia, entornando o copo de café com leite, respondeu:

— Beatriz, vou lhe falar uma coisa: você mexeu com coisas que não devia e agora está começando a sofrer as consequências.

Beatriz empertigou-se no banco e perguntou:

— O que está querendo dizer com isso?

Marilia pensou por alguns instantes e passou a falar:

— Quando se mexe com espíritos, essas são as primeiras consequências: noites insones, pavor noturno, ferimentos inexplicáveis, enfim, há uma gama de coisas que atrapalham a nossa vida. Talvez você tenha prometido algumas coisas aos espíritos com os quais se envolveu, e agora eles estão cobrando.

— Não prometi nada a esses espíritos. O que eles pediram eu comprei e entreguei, só isso.

Marilia sorriu maliciosamente e respondeu:

— Você sabe que não é só isso. O que eles pediram para você fazer?

Beatriz, dando de ombros, respondeu:

— Não me pediram nada!

— Os espíritos, quando nos fazem alguma coisa, sempre pedem algo em troca.

Beatriz lembrou-se do encontro com Benedita, e sentindo-se acuada respondeu:

— Eles me pediram para trabalhar com eles no terreiro da dona Dinha, afirmando que tudo tem um preço.

Marilia olhou assustada para Beatriz e perguntou:

— E o que você disse?

— Nunca tive intenção de trabalhar naquele lugar horrendo. Falei que o faria somente para conseguir o que queria.

— Você está louca? Acho bom voltar ao terreiro e começar a cumprir com sua parte no acordo, pois a cobrança é muito alta.

— Não vou cumprir com palavra alguma. Pelo que me lembre, não assinei contrato nenhum com eles.

Yago ouvia a conversa e, sentindo ódio por Beatriz, aproximou-se dela, dizendo:

— Eles vão fazer picadinho de você, sua megera!

Beatriz não ouviu as palavras de Yago, mas seu espírito estava tão envolto em ódio que logo começou a passar mal. Em poucos segundos, Beatriz começou a sentir o mesmo mal-estar de Yago. Sua cabeça e seu estômago começaram a dar voltas.

O dono da padaria, ao ver a palidez da moça, disse:

— Tome um pouco d'água.

Beatriz sentiu tonturas e enjoo e depois de alguns segundos disse:

— Estou me sentindo melhor.

Yago continuava em um canto do estabelecimento passando mal. De repente, Lobo apareceu e, sorrindo, disse:

— O que há com você?

— Beatriz não presta, pois participou da minha morte, e agora está dizendo que não fez acordo nenhum com vocês.

Lobo, olhando com raiva para Beatriz, perguntou:

— Ela disse isso?

— Sim! E tem mais: ela disse que não assinou nenhum documento que prove esse acordo com seu chefe.

Irado, Lobo se aproximou e começou a gritar:

— Olha o que vou fazer contigo agora, sua miserável!

Estendeu a mão sobre Beatriz, que estava sentada, e de suas mãos e peito começaram a sair sombras escuras, que tomavam conta de todo o corpo da moça. Beatriz foi se sentindo pior, e em poucos minutos começou a vomitar. Lobo gargalhava e, mesmo com Beatriz vomitando, continuou a emanar fluidos deletérios a ela. Yago logo se lembrou dos passes de Júlia: "Que estranho, lembro-me dos passes de dona Júlia, que me faziam sentir bem, mas esse passe de Lobo está fazendo Beatriz passar mal". Lobo ficou por mais alguns minutos emitindo fluidos deletérios para Beatriz, e quando se cansou disse:

— Você tem muito a aprender, garoto! – Yago não gostou do comentário, mas permaneceu em silêncio. Lobo continuou: – Garoto, quer saber como faço isso? – Yago apenas anuiu com a cabeça, enquanto Lobo prosseguia: – Ao contrário de Júlia, que lhe aplicava passes com amor, eu apenas emano todo o meu ódio, pois ele me alimenta e me torna capaz de fazer tudo o que quero.

— Você também fazia isso comigo?

— Sim! Embora você nunca tenha me feito nada, eu sabia que não podia falhar com o chefe, e isso me dava forças para realizar minhas emanações.

Yago logo se lembrou dos exames que fizera e nada acusaram, e então disse:

— Dona Júlia sempre teve razão. Meu mal não era físico, mas espiritual.

Ao ouvir o comentário de Yago, Lobo desatou a rir, constrangendo o rapaz. Parou de emanar fluidos deletérios a Beatriz, que foi melhorando aos poucos. Marilia, ao ver a cor retornar às faces da moça, disse:

— Beatriz, o melhor que tem a fazer é voltar ao terreiro e apaziguar esse espírito, pois ele é muito poderoso.

— Deixe de bobagem! O café apenas não me caiu bem – respondeu Beatriz ainda atordoada.

Ela pagou a conta e se retirou da padaria, envergonhada. Marilia pensou: "Beatriz não sabe onde foi se meter... Ela agora está nas mãos dos espíritos vingadores...". E desistiu de tomar seu café, pois o vômito de Beatriz a fizera perder a fome.

Beatriz chegou ao trabalho e não viu que o espírito de Yago permanecia a seu lado. Fez o que Ana fazia todas as manhãs. Foi até a caixa de tarefas do dia e começou a distribuir o trabalho. Embora estivesse fazendo o que sempre sonhou fazer, ela não se sentia feliz. Sentou-se à máquina, colocou um documento nela e pensou nas palavras de Marilia.

— Vou ao terreiro. Tenho que saber o que aqueles espíritos estão querendo de mim – disse.

Yago pela primeira vez não ouviu, mas sentiu os pensamentos de Beatriz.

— Maldita! Preciso impedir que Beatriz volte ao terreiro, pois, se ela for, o chefe de Lobo a deixará em paz.

Sentindo verdadeiro ódio por Beatriz, Yago se aproximou e, estendendo a mão sobre ela, concentrou-se somente em seu ódio. Ela novamente passou mal, desta vez sentindo-se atordoada ao extremo.

Yago logo se lembrou das palavras de Lobo: "Todos podem fazer o que você quiser...". Aproximou-se de Goreti e, olhando ela desempenhar seu trabalho, viu o número do documento do cliente. No lugar de oito ele começou a gritar que era três. De maneira autômata, Goreti colocou o três que Yago queria. Ele ficou feliz e começou a ir de máquina em máquina, fazendo com que os funcionários errassem. Lúcio foi o único que não se deixou influenciar por Yago, de repente Lobo apareceu.

— Por que Lúcio não faz o que eu quero? – Yago perguntou irritado.

Lobo, gargalhando, passou a explicar:

— Todos, exceto Lúcio, estão com a vibração baixa, ou seja, todos fizeram o que você quis porque seus pensamentos estão na mesma faixa vibratória que os seus. Sinta o dissabor, a raiva de todos os funcionários que não gostam de Beatriz. Lobo se aproximou do rapaz, que trabalhava tranquilamente, tentando ouvir seus pensamentos, e então continuou: – Esse rapaz está pensando no que ouviu na Casa Espírita.

Yago, que não ouviu nada, perguntou:

— Lúcio é espírita?

— Creio que sim. Ele está pensando nos trabalhadores da última hora.

Yago desconhecia o assunto, de modo que perguntou:

— Mas o que tem uma coisa a ver com outra?

— Tu é burro mesmo! Esse rapaz não está com os pensamentos negativos, e isso dificulta a nossa influência.

— Você conseguia me influenciar porque eu estava no mesmo padrão vibratório que você?

— Certamente! Você sempre estava pensando mal de Marcelo, irritava-se ao se lembrar de seu pai, ressentia-se com sua irmã por dedicar boa parte do tempo a seu namorado, irritava-se com Júlia, que falava sobre seus conhecimentos, e isso me ajudou muito.

— Então a culpa de tudo o que aconteceu foi minha?

— Quem acredita na existência dos espíritos costuma dizer que toda a culpa pelo que lhes acontece é de nós, espíritos; ledo engano, pois, se aprenderem a manter os pensamentos em boa vibração, pouco podemos fazer. – Yago pensou: "Por que não ouvi dona Júlia? Se o fizesse, talvez hoje não estivesse nesta situação". Lobo continuou: – Tentei influenciar Júlia, mas seus pensamentos estavam sempre voltados ao bem, e nunca consegui me aproximar. Das poucas vezes que emanei minhas sombras para ela, sempre senti voltarem a mim, fazendo-me passar mal. E isso me fez desistir. – Yago pensou: "Se as pessoas soubessem desse fato, mudariam seus pensamentos". Lobo voltou a dizer: – As pessoas têm o hábito de se colocar como vítimas das circunstâncias, passando a ter pena delas mesmas, e com isso ficam amargas, pessimistas, invejosas, tornando-se presa fácil para nós. – Yago naquele momento pensou em seu pai, e em como ele se sentia em relação a tudo o que havia acontecido. Lobo, sentindo os pensamentos de Yago, disse: – Você foi uma presa muito fácil, exceto quando Júlia interferia a seu favor.

— Se Júlia interferia a meu favor, por que você conseguiu fazer com que me matasse? – perguntou Yago.

— Quando Júlia lhe dava passes revigorantes, naquele momento eu não podia me aproximar de você, mas depois dos passes geralmente você voltava aos velhos pensamentos, e eu como bom oportunista aproveitava para atacá-lo.

Yago permaneceu em silêncio, e depois de alguns instantes perguntou:
— Por que as pessoas estão com raiva de Beatriz?
— Como você sabe, ela não é querida no trabalho, e todos estão com raiva por pensar que tomou o lugar de Ana.
— Mas ela não tomou... Isso é só um plano de Moacir.
— Eu sei disso, afinal, fui eu quem intuiu Moacir a agir dessa maneira.
— Você? Como? No momento em que Moacir pensou em castigar Beatriz, estávamos somente Moacir, Beatriz e eu.

Lobo, se sentindo o maioral, respondeu:

— Estava junto a Moacir, mas não permiti que me visse. Já reparou que todas as vezes que não consegue fazer algo eu apareço? Pois bem, eu estou aqui, mas não permito que me veja, embora esteja no mesmo padrão vibratório que eu.

Yago ficou atordoado com tantas informações e então perguntou:

— Como você consegue se locomover dessa maneira?

Lobo, batendo levemente na cabeça, disse:

— Tudo está aqui, garoto! Se desejar ardentemente estar em um lugar, estará. Para nós não há a barreira nem espaço nem tempo. Portanto, se desejar estar junto a sua mãe, é só pensar firmemente nela, e seu pensamento o levará junto a ela. Você fica andando pelas ruas como se estivesse no corpo de carne... bem se vê que é um novato! – Yago, naquele momento, pensou fortemente em Ana, mas não conseguiu sair do lugar. Lobo viu o esforço dele e foi dizendo: – Deixa de ser idiota! Você tem que juntar pensamento e emoção, e somente assim conseguirá ir para onde quiser. Agora você está pensando em Ana e nada mais. Sinta como gostaria de vê-la, sinta como se amavam e isso o ajudará a se locomover. – Yago, fechou os olhos e novamente pensou em Ana. Lobo sorrindo disse: – Isso não é passe de mágica! Enquanto você não aprender a usar todo o amor e todo o ódio que há em você, não conseguirá sair do lugar. – Yago tentou mais uma vez sem sucesso. Lobo, perdendo a paciência, passou a dizer: – Pelo que estou vendo, seu amor por Ana não era tão forte assim, pois, se o fosse, você estaria junto a ela. Vamos mudar. Pense em Maneco e no ódio que sentiu ao vê-lo na sorveteria.

Yago novamente fechou os olhos e passou a se lembrar da surra que levara, do relógio e da carteira que foram roubados, e principalmente do deboche de Maneco. Ele sentiu como se uma onda de vento tomasse conta de todo o seu ser, e, ao abrir os olhos, estava em um lugar que se assemelhava a um quarto.

— Consegui! Mas que lugar é esse?

A cama estava toda desarrumada, havia lixo no chão, e o mau cheiro era nauseabundo. Naquele momento, Maneco entrou dizendo a Gino:

— Gino, não é bom que fique andando durante o dia, pois a polícia já sabe que fomos nós que demos fim naquele infeliz.

— Não tenho por que fugir. Se tiver que agir dessa maneira, é melhor ser preso, pois lá posso ver o sol.

— Deixe de ser cretino! Não quero ir pra cadeia – disse Maneco irritado. – Que bobagem que foi fazer, matar o rapaz. Não bastava dar-lhe uma surra?

— Se eu só lhe desse uma surra, ele ia se vingar, pois conheço esses moleques metidos a valentes.

— Não importa, não entendeu que agora somos reféns de nossos próprios medos? Tenho pavor de pensar em ir pra cadeia. A pena é leve para quem rouba, mas pesada para quem mata. Deveria ter pensado nisso antes de acertar o peito daquele moleque.

Gino era um homem de quase quarenta anos, Maneco tinha trinta e seis. Maneco gostava de humilhar suas vítimas, surrando-as, mas, a seu ver, Gino havia ido longe demais.

— Quer saber, não sou homem de ter medo de ir em cana! Se a polícia me pegar, o que posso fazer? Vou e pronto – disse Gino.

Irritado, Maneco disse:

— Eu tenho, e se você cair na malha fina da polícia me levará junto. Portanto, deixe de bancar o valentão e faça o que eu mandar.

Gino não gostava de receber ordens, então foi logo dizendo:

— Ninguém manda em mim, está entendendo?

Maneco esboçou um sorriso debochado e disse:

— Se não quiser me obedecer aqui fora, terá que obedecer na cadeia, pois lá prisioneiro não tem vontade, apenas tem que obedecer e pronto. Sem contar que terá que obedecer a outros presos... – Maneco disse essas últimas palavras dando a entender outra coisa.

— Não sou homem de obedecer a ninguém, nem policial, muito menos bandidos como eu!

— Então coloque a cabeça no lugar! Procure não ficar na rua, pois a polícia está atrás de nós!

Gino pensou por alguns instantes e disse:

— Mas onde vou ficar? A polícia foi me procurar em casa.

— Como ficou sabendo disso?

— De madrugada, fui até minha casa e minha esposa Rosa me contou que a polícia tinha ido me procurar.

Maneco, sentindo-se acuado, disse:

— Não podemos ficar aqui, pois logo a polícia virá nos procurar. – Pensou por alguns instantes e disse: – Vamos esperar cair a noite e nos refugiaremos no mato.

Gino, gargalhando, respondeu:

— Que mato? Só se for na Serra da Cantareira.

— Por que não?

— Como chegaremos até lá? – riu Gino.

— O melhor é irmos até a rodoviária à noite e seguirmos para Guarulhos de lá. De lá, podemos seguir a pé para não levantar suspeita.

— Essa é a pior ideia que já vi. Já pensou que algum policial poderá parar o ônibus e nos pegar?

Maneco, com os nervos à flor da pele, respondeu:

— Não temos opção: ou tentamos fugir ou ficaremos aqui esperando a polícia.

— Está bem! Vamos para a Serra da Cantareira, mas só quero ver onde isso vai dar...

Maneco nada disse, enquanto andava no pequeno quarto de um lugar a outro. Yago pensou: "Posso ajudar a polícia a encontrar esses vagabundos!". Naquele momento, Lobo apareceu ao lado de Yago dizendo:

— Não vá com muita sede ao pote, garoto! A vingança é um prato que se come quente, e pelas beiradas. Yago, não compreendendo, perguntou:

— O que está querendo dizer com isso?

— Devemos fazer como os gatos, que brincam com o pássaro antes de devorá-lo, ou seja, primeiro faça esses dois idiotas sofrerem bastante, e somente depois você faz o que está pensando.

Yago gostou da ideia de Lobo:

— Como posso fazê-los sofrer?

— Garoto cabeçudo! Estou lhe ensinando coisas, mas pelo jeito você não está aprendendo nada – respondeu Lobo irritado.

Yago naquele momento pensou em esmurrar Lobo, mas se segurou, lembrando-se de que o cara estava sendo útil a ele.

Lobo, ao perceber o pensamento de Yago, foi logo dizendo:

— Garoto, não pense em me fazer mal, pois trabalho com o chefe há muito tempo e tenho muito mais experiência que você.

Yago dissimulou o ódio dizendo:

— Não estou pensando em nada!

Lobo, deixando à mostra suas presas, disse:

— Tem certeza... Não esqueça que posso ouvir seus pensamentos! Você é um garoto estúpido que não faz ideia de onde está se metendo. – Yago permaneceu calado, enquanto Lobo continuou: – O que pretende fazer com esses dois?

— Quero colocá-los atrás das grades.

Lobo, sorrindo mais uma vez, disse:

— Garoto estúpido! Não disse que precisa saborear a vingança antes de consumá-la?

— Como farei isso?

— Podemos levar os encarnados à loucura se quisermos.

— Como? – perguntou Yago.

— Você pode obsidiar esses dois intensamente. Aquele que tiver predisposição à loucura certamente perderá a razão.

Yago não compreendeu muito bem o que Lobo estava querendo dizer, porém limitou-se a ficar calado e aprender.

Naquele mesmo dia, Maneco e Gino prosseguiram com seu plano de fuga. Foram até a rodoviária e pegaram um ônibus para Guarulhos. Já passava das nove horas da noite quando os dois seguiram à pé para a Serra da Cantareira.

O que os dois, não imaginavam era que Yago e Lobo caminhavam lentamente atrás deles. Lobo, com um sorriso debochado, disse:

— Espere aqui, vou ver se consigo uma carona para esses dois paspalhos.

— Como fará isso?

— Venha comigo, vou lhe ensinar. Deixe esses dois caminharem. Enquanto isso, vamos esperar alguém passar.

A estrada naquele dia estava com pouco movimento, passando um carro e outro de vez em quando.

— O próximo veículo que passar intuirei para dar carona a esses dois – disse Lobo.

Yago estava assombrado com a influência dos espíritos sobre os encarnados. Depois de pouco mais de vinte minutos, um caminhão com carga de madeira ia passar por Maneco e Gino quando Lobo, pegando na mão de Yago, disse:

— Tudo é questão de paciência, vamos!

O motorista estava dirigindo tranquilamente quando Lobo, a seu lado, começou a dizer:

— Logo à frente há dois homens que estão precisando de ajuda. Pare o caminhão.

O homem, cantarolando a canção que estava tocando no rádio, não prestou atenção nas ordens de Lobo. Ao perceber que o homem não estava registrando as palavras de Lobo, Yago pensou: "Esse vai ser difícil...".

— Pare o caminhão ao ver os dois homens! É uma ordem! – Lobo gritou irritado.

Yago sentiu vontade de rir, porém ficou quieto. O homem continuou a cantar alegremente a canção em voga, e mais uma vez não prestou atenção na intuição de Lobo. Ao ver a expressão de riso na face de Yago, Lobo descontrolou-se e, colocando a mão no rádio, o desligou. O homem ligou e desligou o botão, mas o rádio não voltou a funcionar. Então, ele gritou:

— Porcaria! Isso que dá comprar coisa usada! Alfredo me garantiu que o rádio era bom, e logo na primeira viagem já fico sem rádio.

O homem irritou-se tanto com o rádio que abaixou a vibração e Lobo aproveitou para ordenar que parasse ao ver os dois homens. O motorista não ouviu as ordens de Lobo e, voltando sua atenção para a estrada, logo pôde ver que dois homens andavam no acostamento. Como que robotizado, o homem parou e perguntou:

— Para onde estão indo?

— Vou a uma chácara de uma tia perto da reserva do Cantareira – Maneco mentiu.

— Entra! Vou indo para aqueles lados. – Os dois entraram na boleia do velho caminhão e o homem completou: – Vocês tiveram sorte. Não gosto de dar carona a ninguém à noite, mas, como meu rádio quebrou, vi vocês andando no acostamento. – Maneco e Gino permaneceram calados, e o homem prosseguiu: – Comprei este rádio do compadre Alfredo, ele jurou que era de boa qualidade, mas logo na primeira viagem quebrou.

Maneco, que tinha conhecimento em eletrônica, disse:

— Posso ligar?

— Não adianta, já liguei e desliguei várias vezes.

Maneco fez o mesmo, e foi logo dizendo:

— Pode ser o fusível que tenha queimado, coisa simples.

— Quando voltar para minha cidade, devolverei o rádio para o compadre e vou exigir meu dinheiro de volta – disse o homem, irritado.

Gino ficou ouvindo, olhando para a estrada.

Maneco disse:

— Pare o caminhão. Vamos ver o que está acontecendo, pois viajar sozinho é ruim, e sem um rádio é ainda pior.

O homem obedeceu a Maneco e, pegando uma lanterna, clareou para que ele identificasse o problema. Atônito, Yago perguntou:

— Como pôde fazer isso? Somos espíritos e não podemos tocar em nada.

— Em tudo o que fizer, coloque sua emoção. Neste caso coloquei toda a minha raiva, todo o meu ódio, e consegui estragar o rádio.

Yago voltou a olhar para Maneco, que insistia em procurar o defeito no aparelho. Não encontrando a raiz do problema, disse:

— Estranho, está tudo aparentemente em ordem, não entendo por que o rádio não funciona.

Lobo gargalhava enquanto Yago continuava prestando atenção na situação.

De repente, Maneco disse:

— Veja, um fio parece ter se soltado.

Ele colocou o fio no lugar, e o rádio voltou a funcionar. O homem ficou feliz e, sorrindo, disse:

— Ainda bem que encontrei vocês. Pensei em brigar com Alfredo.

Maneco, sorrindo, nada disse. O homem deixou os dois viajantes onde eles pediram, e sorrindo agradeceu. Maneco, que simpatizara com o motorista, disse:

— Somos gratos pela carona, mas vou lhe dar um aviso. Não dê carona a estranhos, pois não sabe quem está colocando em sua boleia. Sem saber, poderá estar colocando bandidos...

O homem, fazendo o sinal da cruz, respondeu:

— Graças a Deus tive sorte em ser vocês, pois, em trinta e dois anos de estrada, isso nunca me aconteceu.

Maneco, fechando a porta do caminhão, ficou olhando-o seguir em frente.

Gino, gargalhando, disse:

— O que ele não sabe é que colocou em seu caminhão dois assassinos.

Maneco, ao ouvir o comentário de Gino, disse:

— Não sou assassino! Quem matou aquele idiota foi você, e não eu. Só estou fugindo porque estávamos juntos no momento do crime.

Debochando de Maneco, Gino disse:

— Diga isso à polícia...

Maneco perdeu a paciência e gritou:

— Nunca mais me chame de assassino! Pois eu nunca matei ninguém.

Gino, percebendo que Maneco faria de tudo para escapar da acusação, disse:

— Estamos juntos nisso, e não queira se safar agora!

— Como poderei me safar se estávamos juntos no momento do crime? Você fez a sujeira, mas não limpará sozinho!

Gino, não querendo brigar com Maneco naquele momento, disse com seu jeito bruto:

— Vamos parar de falar, pois até agora não sei aonde estamos indo.

Maneco fungou e passou a andar mais rápido para não ter que caminhar ao lado de Gino. Os dois andaram por quase meia hora até que Gino perguntou:

— Aonde estamos indo?

— Há várias chácaras por aqui. Podemos pedir alguma coisa para comer e nos esconder nos matos da redondeza – Maneco respondeu irritado.

—Tá maluco? O que as pessoas vão pensar ao ver dois homens estranhos pedindo comida à noite neste lugar?

Maneco pensou por alguns instantes e disse:

—Estou com fome.

— Aguenta firme! Devia ter pensado nisso antes.

Maneco, ao pensar em passar a noite no mato, entrou em desespero:

— Como dormiremos no mato? Não temos nada.

— Nos ajeitamos numa clareira e passamos a noite, amanhã veremos o que podemos fazer.

Os dois continuaram andando, porém nenhum deles teve coragem de entrar no mato. Decidiram ficar em frente a uma chácara. Yago, ao ver os dois homens que causaram sua morte, disse com raiva:

— Medrosos! Com uma faca na mão todo mundo é valente...

— Não desperdice energia, pois terá muito tempo para usá-la – Lobo respondeu sorrindo.

— Do que está falando? – perguntou Yago.

— Quando deixamos nossos sentimentos aflorarem, estamos desprendendo energia, principalmente o ódio. Guarde esse ódio todo para usar no momento certo.

Yago compreendeu o que Lobo estava querendo dizer, e então respondeu:

— Não se preocupe. Tenho energia de sobra, pois quando vejo esses dois energúmenos tenho vontade de matá-los com minhas próprias mãos.

— Deixe de bobagem! Teve sua chance de matá-los e não o fez, agora não fique falando asneiras.

Yago ficou calado, porém, em seu íntimo, sentia que Lobo seria vítima de sua vingança.

Vendo os dois homens deitados na grama em frente à chácara, Lobo ordenou:

— Vamos embora! Não há o que fazer aqui neste momento.

— Para onde iremos? – Yago perguntou.

Irritado, Lobo disse quase gritando:

— Se quer se vingar de seus inimigos, mantenha o foco! Quem é a pessoa que quer se vingar, novato?

Yago se lembrou de Beatriz e então respondeu:

— Compreendi.

Lobo não esperou por Yago. Desapareceu de sua frente, enquanto Yago ficou observando os dois, que olhavam para as estrelas sem conseguir fechar os olhos. A escuridão era densa, pois não havia iluminação pública, mas a luz da lua iluminava os dois homens que permaneceram deitados sob a copa da pequena árvore ornamental. Por um momento, Yago pensou em Júlia, e sentiu como se uma brisa suave envolvesse todo o seu corpo. Decidiu ir até sua casa para vê-la, mas logo se lembrou das palavras de Apolo e Danúbio, que disseram que sua presença a fazia passar mal, então decidiu não se aproximar. Yago sentiu-se perdido: "Em que se transformou minha vida! Há pouco tempo estava vivo, saía para trabalhar, voltava para casa, onde tinha comida e cama limpa, e agora? Nem isso tenho mais. Me tornei uma sombra triste que vaga sem destino, procurando me vingar de todos que me prejudicaram. Às vezes, penso que a vingança é uma bobagem, mas, ao lembrar do mal que me fizeram, sinto ódio. E o ódio me dá forças para prosseguir". Trincando os dentes, Yago pensou em Beatriz, e sentiu como se uma brisa invadisse todo o seu corpo e o puxasse sem ele mesmo saber para onde. De repente, Yago percebeu que estava ao lado de Beatriz.

CAPÍTULO DEZENOVE

Yago vai se adaptando

Mercedes chegou extremamente cansada naquele dia. Trabalhou até as dez da noite por conta do feriado de Natal. Ao chegar, encontrou a mãe em seu quarto como costumeiramente fazia desde que Yago fora morto. O pai estava descascando uma laranja.

— O senhor deve estar com fome. Essa semana foi difícil – disse ao pai.

Arnaldo, penalizado em ver o cansaço da filha, respondeu:

— Não se preocupe, minha filha, estou bem. Fiz um lanche de queijo e presunto.

Mercedes foi a seu quarto e, voltando à cozinha, tratou de lavar a louça que estava na pia. Mercedes não estava aguentando mais aquela rotina. Fazia quase dois meses que Yago havia morrido e sua mãe ainda não tinha superado a morte do irmão. A moça sentia-se sobrecarregada com a jornada do trabalho e os afazeres domésticos. Arnaldo, secando a louça para ajudar a filha, disse:

— Sua mãe está sofrendo muito, afinal, é o primeiro Natal sem Yago.

— Compreendo a dor de mamãe, mas ela não pode ficar apática à vida dessa maneira. Acho que está na hora de reagir.

— Não sei mais o que fazer. Nada tem graça para sua mãe. Ela só fica no quarto escuro pensando sabe-se lá em quê.

— Quando enterramos Yago, uma parte de mamãe foi junto com ele.

— Estou tendo paciência, minha filha, mas sua mãe já está passando dos limites. Júlia vem visitá-la, mas ela se recusa a atendê-la. Não sei mais o que fazer para tirar sua mãe do marasmo em que se encontra. Emagreceu a olhos vistos, não come e passa a maior parte do tempo dormindo.

Mercedes pensou por alguns instantes e disse:

— Papai, mamãe está precisando de ajuda médica.

— Mercedes, tem sido muito difícil aceitar o que aconteceu, mas sua mãe está dificultando ainda mais as coisas.

— Vou fazer uma sopa e levar para ela.

— Faça isso, minha filha. Sua mãe passa o dia tomando água, tanto que já levou a jarra para o quarto. Sua falta de apetite já está me preocupando.

Arnaldo ficou olhando para um canto da cozinha e perguntou:

— Será que precisaremos internar sua mãe no hospital de Franco da Rocha? Do jeito que está indo, vou ter que mandá-la para o Juqueri.

Mercedes, indignada com as palavras do pai, respondeu:

— Papai, compreenda, mamãe não está louca, apenas está ferida. Já conversamos sobre isso, e o melhor que temos a fazer é conscientizá-la de que precisa de ajuda.

— Mas o que vamos fazer? – perguntou Arnaldo envergonhado.

Mercedes lembrou-se de que há muito não conversava com Júlia e, como estava trabalhando em demasia, faltara a algumas reuniões na Casa Espírita.

— Papai, preciso conversar com dona Júlia, pois ela saberá como nos ajudar.

— Mirtes está evitando-a – suspirou Arnaldo.

— Quando o assunto é dor na alma, só palavras consoladoras de Jesus podem nos consolar.

— Serviria de consolo se sua mãe acreditasse em alguma coisa, mas ela insiste em negar a existência de Deus, e agora nem mesmo Ele poderá ajudar.

— Calma! Para tudo há um jeito, vamos confiar em Deus.

Arnaldo, mudando de assunto, perguntou:

— Minha filha, o que faremos para a ceia de Natal?

— Não sei... Penso em convidar dona Júlia e Fernando para cear conosco, o que acha? – respondeu Mirtes desanimada.

— Amanhã não vou à imobiliária e poderemos ir às compras.

— Essa casa precisa de um pouco de alegria.

— Muito bem, compraremos tudo para a ceia.

Mercedes fez um caldo para a mãe e levou ao quarto.

— Apague essa luz! – disse Mirtes, quando Mercedes entrou.

— Apagarei depois que a senhora tomar este prato de caldo.

— Não quero tomar nada! Deixe-me em paz! – ela respondeu irritada.

Mercedes, com voz quase maternal, passou a dizer:

— A senhora precisa se alimentar...

— Estou bem! Não se preocupe. Por favor, agora me deixe dormir.

Mercedes firmou a voz ao dizer:

— Não vou sair antes que tome este prato de sopa. Fiz com carinho e mesmo assim recusa?

— Não pedi para fazer nada!

Mercedes perdeu a paciência e passou a falar:

— A senhora está se comportando como uma menina mimada. Espero que compreenda minha situação. Tenho trabalhado doze horas por dia sem descanso. Quando chego em casa a encontro trancada neste quarto, e ainda tenho que fazer todo o trabalho doméstico. Estou cansada! A senhora tem se comportado como uma pessoa egoísta, que está olhando para sua dor e não se importa com a dor que está causando a papai e a mim. Não sei o que é perder um filho, mas posso imaginar que não seja nada fácil. Mas a senhora precisa reagir. Yago morreu, mas a senhora pouco se importa comigo ou com meu pai. Entenda, minha mãe, nada vai trazer Yago de volta. O fato de ficar trancada o dia inteiro neste quarto não fará com que meu irmão volte à vida.

— Eu sei que nada trará meu filho à vida, mas vocês não estão compreendendo a minha dor. Gerei, cuidei, criei para ver meu filho abatido como um animal – defendeu-se Mirtes.

Mercedes, olhando friamente para a mãe, respondeu:

— Esse é um fato, e nada poderá mudar isso, mas agora papai e eu precisamos da senhora, e o que tem feito? Pensa que para mim está sendo fácil ver a senhora se definhar dessa maneira? Mamãe, até mesmo dona Júlia está sentido sua falta, pois a senhora a evita. Não acha que sua dor está magoando outras pessoas?

Naquele momento, Mercedes levantou e aproximou-se ainda mais da mãe. Pegou em sua mão e disse:

— Mamãe, eu a amo, e sua dor está me fazendo sofrer. Sinto falta de levantar pela manhã e seu rosto ser o primeiro a ver todos os dias. O que posso fazer para que se sinta melhor?

Mirtes, ao ouvir a declaração sincera, deu livre curso às lágrimas, enquanto a moça a abraçou dizendo:

— Estou aqui, minha mãe, e sempre estarei. Nunca se esqueça de que não sou apenas sua filha, sou sua melhor amiga.

Mirtes chorou compulsivamente, enquanto Mercedes permaneceu calada. Assim que Mirtes serenou, Mercedes disse:

— Fiz este caldo. Não é como o da senhora, mas fiz o meu melhor.

Mirtes, sentindo pena da moça, resolveu tomar o caldo, o que fez Mercedes imensamente feliz. Depois de ver a mãe tomar o caldo, Mercedes mudou o rumo da conversa:

— O que acha de fazermos uma ceia de Natal?

Mirtes, voltando à posição de vítima, respondeu:

— Não tenho ânimo para festa.

— Não será uma festa, apenas um jantar.

— Isso a fará feliz? – perguntou a mulher com o olhar sofrido.

— O que me fará feliz é ver minha mãe de volta à vida – Mercedes sorriu.

Mirtes, suspirando, resmungou:

— Nada será como antes.

Mercedes, ignorando as palavras da mãe, perguntou:

— Amanhã vou trabalhar somente na parte da manhã. O que acha de irmos às compras na parte da tarde?

A mulher, percebendo o esforço da filha em ajudá-la, anuiu com a cabeça. Feliz, Mercedes pediu licença e saiu do quarto, deixando a mãe entregue a seus pensamentos. Ao ver a filha rodopiar lentamente nos calcanhares, Mirtes pensou: "Preciso reagir, mas como farei? Não tenho mais meu Yago...". E novamente começou a chorar baixinho. Depois de meia hora, a mulher, remexendo-se na cama, começou a pensar na conversa que tivera com a filha, e então, depois de muitos anos, pensou em Deus. Com o coração doendo e lágrimas nos olhos, disse:

— Meu Deus! Dai-me forças para suportar tanta dor... Minha família está sofrendo.

Ao lembrar de uma das conversas com Júlia sobre o poder da prece, Mirtes fez uma prece vinda do coração. Depois chorou por mais algum tempo, adormecendo em seguida. No dia seguinte, Mirtes acordou e, olhando para a janela, disse:

— Mais um dia... Queria ter ido com meu filho, mas a vida precisa continuar.

Com sofreguidão, levantou-se e, ao olhar do lado, viu Arnaldo dormindo a sono solto. Tomou um banho e dirigiu-se à cozinha. Desanimada, fez o café, mas não foi à padaria comprar pão. Arnaldo, ao ouvir barulho na cozinha, levantou-se e encontrou Mirtes entornando calmamente uma xícara de café.

— Que bom vê-la na cozinha, Mirtes – disse ele com felicidade.

A mulher esboçou um triste sorriso e perguntou:

— Vai trabalhar hoje?

Sentando-se a seu lado à mesa, ele respondeu:

— Não! Hoje é véspera de Natal.

— Yago sempre gostou das festas natalinas. Você se lembra de quando ele se esforçou para tirar boas notas naquele ano somente porque queria ganhar uma bicicleta?

Arnaldo sorriu ao se lembrar do filho, e com tristeza passou a dizer:

— Como poderia me esquecer? Yago queria uma bicicleta azul, e só a consegui em uma loja em Osasco.

Mirtes, imersa em recordações, completou:

— Não tínhamos carro, e você teve que trazer no ônibus e deixar na casa de dona Carmen, para entregar somente no dia vinte e quatro.

Os dois conversavam calmamente quando Mercedes entrou na cozinha e, ao olhar a cena, disse contente:

— Já fez café, mamãe?

— Sim! Mas vá à padaria comprar pão e queijo. Não estou com vontade de sair.

Mercedes pegou o dinheiro, mas, antes de ir à padaria, passou na casa de Júlia. Ao entrar, encontrou a mulher na cozinha lavando louça.

Mercedes disse sorrindo:

— Bom dia, dona Júlia!

A mulher, desanimada, perguntou:

— Qual o motivo de tanta felicidade?

— Mamãe saiu do quarto.

Júlia abriu um largo sorriso.

— Essa realmente é uma boa notícia! Mas o que a fez mudar de atitude?

Mercedes contou que havia conversado com a mãe na noite anterior para dizer que estava triste ao ver seu sofrimento.

— Fez bem, minha filha. Mirtes precisa aceitar a realidade e continuar a vida.

— Espero que mamãe não sofra nenhuma recaída – Mercedes disse esperançosa.

— Deus lhe dará forças para suportar a dor da separação.

Mercedes mudou de assunto dizendo:

— Vim convidá-la para a ceia logo mais à noite.

Júlia pensou por alguns instantes e disse:

— Eu vou, pois estou sentindo falta da minha velha e boa amiga.

— Peço que vá lhe fazer uma visita.

— Todos esses dias tenho ido à sua casa, e hoje não farei diferente.

A moça sorriu e se despediu em seguida. Júlia, ao pensar em Mirtes, sentou-se à mesa e fez sentida prece em agradecimento. Durante todos os dias que Mirtes ficou trancada em seu quarto sem querer receber visita, a mulher pediu a Deus que desse forças àquela mãe sofredora para enfrentar a dor da perda. Naquele dia, Júlia estava especialmente triste, pois as lembranças de Yago não lhe saíam do pensamento.

Depois de quarenta minutos, Marcelo chegou à casa de Júlia dizendo:

— Dona Júlia, hoje não vou trabalhar, espero que me faça companhia.

— Que bom que veio. Hoje estou me sentindo triste e só.

Marcelo, embora compreendesse que a tristeza de Júlia era por Yago, disse feliz:

— Hoje gostaria de comprar um presente para uma mulher.

Júlia olhou surpresa para o rapaz e perguntou:

— Está namorando, meu filho?

O rapaz, ignorando a pergunta de sua interlocutora, disse:

— A senhora me ajuda a comprar um presente para uma mulher?

Júlia, inquieta, perguntou novamente:

— Que mulher é essa?

Marcelo, fazendo suspense, respondeu:

— A senhora verá à noite.

Não querendo estragar a alegria do rapaz, Júlia respondeu que o acompanharia. Ela estava incomodada, pois pensou que Marcelo estava namorando e que nem sequer havia avisado. Pela primeira vez em todos aqueles anos de viuvez, Júlia estava se sentindo só.

— Ontem recebi meu décimo terceiro salário, e hoje tenho dinheiro para algumas extravagâncias.

Júlia, que pensara muito naquela noite, confessou:

— Marcelo, estive pensando que talvez você pudesse vir morar em minha casa, pois economizaria no aluguel.

— Sempre esperei por esse convite – respondeu Marcelo, radiante.

— Mas você logo se casará e irá embora, respeitando a ordem natural das coisas – disse Júlia, sorrindo desanimada.

Marcelo sabia o que a mulher estava pensando, e a abraçou dizendo:

— Mesmo que um dia me case, nunca vou deixá-la. Meus filhos serão seus netos, assim como um dia me aceitou como filho.

Júlia estava emotiva naquela manhã, e entre lágrimas respondeu:

— Fico feliz que me veja como uma mãe, pois eu o tenho como um filho. Não vejo a hora de ter crianças correndo por esta casa.

— A morte levou minha mãe, porém ganhei outra mãe depois de adulto.

Júlia, não contendo a emoção, deixou que as lágrimas banhassem seu rosto e, sorrindo, disse:

— Os laços espirituais são indissolúveis.

Marcelo mudou o rumo da conversa dizendo:

— A que horas podemos ir à loja?

A mulher pensou por alguns instantes e respondeu:

— Podemos ir na parte da manhã, pois à tarde pretendo fazer uma visita a Mirtes.

— A senhora tem ido todos esses dias visitar a mãe de Yago e ela insiste em não recebê-la.

— Hoje ela vai me receber – Júlia respondeu sorrindo.

Contrariado, Marcelo disse:

— Não tenho nada contra dona Mirtes, mas, para ser sincero, a acho muito egoísta. Ela fica trancada em seu quarto para chamar a atenção das pessoas, não acho isso justo.

Júlia pensou por alguns instantes e, com seu jeito peculiar, começou a contar uma historieta a Marcelo:

— Certa feita, um filho chegou ao pai e lhe pediu um coelho. O homem saiu e comprou o coelho. O filho do vizinho, ao ver o amigo brincando com o coelho, pediu ao pai que comprasse um cachorro, o que foi feito no mesmo dia. O coelho e o cachorro conviviam harmoniosamente, enquanto as crianças brincavam. Certa vez, o pai recebeu o convite de uma irmã para passar o final de semana em sua casa. Naquele domingo, quando o dono do cachorro estava arrumando a porta da cozinha, viu o cachorro chegar com o coelho na boca, todo sujo de lama. O homem, perdendo a paciência, deu uma surra homérica no cachorro, deixando nele vários ferimentos. O cachorro ficou do lado de fora da casa lambendo as feridas causadas pela surra. O homem, sabendo que o vizinho retornaria naquele mesmo dia, teve a ideia de dar banho no coelho e o secar, colocando-o em sua casinha no fundo do quintal. Passadas algumas horas, finalmente o vizinho chegou com o filho. Não demorou e logo a criança começou a gritar desesperadamente. O pai do menino que tinha o cachorro pensou: "Já descobriram". Não demorou muito e logo o dono do coelho chegou em sua casa dizendo: "Amigo, algo muito estranho aconteceu". Preocupado, o outro perguntou: "O que aconteceu?". O homem, trêmulo, respondeu: "O coelho do meu filho morreu". Envergonhado, o homem disse: "Quando foi isso?". "Na sexta-feira." Espantado, o dono do cachorro voltou a perguntar: "Na sexta-feira?". "Sim, morreu antes de viajarmos. Inclusive, nós o enterramos." O homem ficou boquiaberto com o relato, permanecendo calado enquanto o outro dizia: "Hoje, ao chegarmos, encontramos o coelho limpo, dentro da casinha". O dono do cachorro ficou calado.

Marcelo, esperando que Júlia prosseguisse com a história, perguntou:
— E então, como a história termina?
Júlia calmamente disse:
— A historieta acabou, mas o que podemos aprender com ela? – Marcelo deu de ombros sem compreender. Júlia continuou: – A lição que essa história nos deixou foi de não julgarmos ninguém, pois o homem, acreditando que o cachorro havia matado o coelho, quase o mata também sem procurar saber o que realmente havia acontecido.

Marcelo pensou por alguns instantes e se desculpou dizendo:

— A senhora tem razão. Só dona Mirtes sabe o que está passando.

Júlia continuou com seus afazeres, enquanto Marcelo lia avidamente outro livro de André Luiz. Os dois almoçaram tranquilamente e Marcelo, sorrindo, disse:

— Dona Júlia, vamos às compras?

A mulher sorriu ao ver o rapaz tão orgulhoso e perguntou:

— Agora, me conte, quem é ela?

Marcelo, fazendo suspense, disse:

— Não se preocupe, a senhora vai saber na hora certa.

Júlia não gostou do mistério do rapaz, mas decidiu respeitá-lo. Os dois ganharam a rua e em poucos minutos estavam no interior do táxi de Clóvis. Júlia conversava animadamente quando o homem estacionou o carro no início de uma rua comercial. Marcelo não permitiu que Júlia pagasse a corrida:

— Hoje as despesas correrão por minha conta.

Júlia sentiu-se feliz em ver o bom ânimo do rapaz. Entraram em algumas lojas e Júlia já estava cansada quando perguntou:

— Marcelo, o que quer comprar?

— Não sei... Por isso a trouxe comigo.

Eles viram roupas, entraram em lojas de artigos femininos, porém nada agradou a Marcelo. Ao entrarem em outra loja, Marcelo disse:

— Dona Júlia, aqui há coisas bonitas.

A mulher, embora estivesse cansada, seguiu Marcelo. Viu perfumes das mais variadas fragrâncias, mas disse:

— Não acho de bom-tom dar perfume. Por que não compra uma bolsa? Toda mulher gosta de sapatos e bolsas.

Marcelo, sorrindo, perguntou:

— Digamos que a senhora fosse a moça, o que escolheria?

Júlia sorriu e, ao olhar para um vestido na vitrine, disse:

— Que tal um bom livro?

Marcelo, achando muito simples, respondeu:

— Posso dar um livro, mas não agora.

Júlia percebeu quão intransigente Marcelo era. Por mais que ela escolhesse, ele jamais aceitaria seu gosto. Os dois saíram de mais uma loja e Marcelo viu uma joalheria. Ele convidou Júlia a entrar e ela disse:

— Nem começou a namorar e já está pensando em dar uma joia?

Marcelo, sorrindo, respondeu:

— Quisera poder lhe dar uma joia de presente, mas infelizmente não posso. O que acha de dar um relógio?

Júlia pensou por alguns instantes e disse:

— Por que dar um presente tão caro? Antes de presenteá-la com coisas caras, por que não a conhece melhor?

— Confesso que não conheço essa mulher o tempo que gostaria, mas sei que se trata de uma excelente pessoa.

Júlia não gostou do comentário de Marcelo, porém sabia que não poderia interferir em sua decisão. Ela olhou para um relógio na vitrine e entusiasmada disse:

— Esse relógio é lindo.

— A senhora acha que ela vai gostar? – perguntou Marcelo com sorriso matreiro.

— Ela só não vai gostar se for cega.

Marcelo riu e em poucos minutos comprou o relógio. Os dois saíram da loja e rapidamente foram a um ponto de ônibus. Em pouco mais de vinte minutos chegaram à casa de Júlia.

— Hoje você vai cear na casa da namorada misteriosa? – perguntou Júlia.

— Não! Vou pra casa ler o livro que a senhora me emprestou – Marcelo respondeu sorrindo.

— Se você não vai se encontrar com a mulher misteriosa, por que resolveu comprar o relógio hoje? – questionou Júlia sem entender.

— Essa mulher não é misteriosa, mas a melhor pessoa que já cruzou meu caminho.

— Onde a conheceu?

Marcelo, não suportando guardar segredo, prosseguiu:

— Esse relógio comprei para minha mãe. – Júlia ficou sem palavras, e Marcelo continuou: – Deus coloca anjos em nossas vidas, e a senhora é meu anjo protetor, que me mostrou o bom caminho, não se importando com quem eu era. Apenas reconheceu que eu precisava de ajuda e o fez, sem questionar ou pedir nada em troca. – E, com a voz embargada, disse: – Feliz Natal, minha mãe.

Júlia não conseguiu segurar a emoção, de modo que abriu os braços para Marcelo, que era mais alto, e vagarosamente aninhou-se em seu peito.

— Filho, por causa de tantas tristezas acontecidas nos últimos dias, não comprei o seu presente.

Marcelo, desvencilhando-se do abraço, disse:

— Neste Natal, só quero um presente. – Júlia ficou em silêncio enquanto Marcelo, com a voz embargada, dizia: – Só quero que me permita chamá-la de mãe.

Júlia não se conteve e chorou convulsivamente. Assim que serenaram as emoções, ela finalmente respondeu:

— Para mim é uma honra tê-lo como filho.

Novamente os dois se abraçaram, e Júlia voltou a perguntar:

— Meu filho, não posso permitir que fique sozinho na noite de Natal.

— Não estarei sozinho. Afinal, existe melhor companhia que um livro?

Júlia, penalizada em saber que o rapaz passaria sozinho, disse:

— De maneira alguma! Você vai comigo à casa de Mirtes.

Marcelo pensou por alguns instantes e disse:

— A senhora sabe que dona Mirtes me culpa pelas sandices de Yago.

— Farei alguma coisa especial para nós na noite de hoje.

Marcelo olhou seriamente para a mulher e respondeu:

— A senhora esqueceu o tema da palestra da última quarta-feira? – Júlia nada disse e Marcelo prosseguiu: – Seu sim, seja sim; e seu não,

não. A senhora deu a palavra a Mercedes que cearia com eles, portanto, cumpra-a. Não se preocupe comigo. Este é o primeiro Natal em toda a minha vida que mesmo sozinho sinto-me feliz. Não esqueça que dona Mirtes está precisando de uma palavra de consolo neste momento tão doloroso de sua vida.

Júlia, percebendo que o rapaz tinha, razão disse:

— Está bem, meu filho, mas hoje peço que fique em casa. Assim que terminar a ceia, pedirei a Mercedes que arrume alguma coisa para que possa comer.

— Não se preocupe, ficarei bem.

Júlia, temendo que Marcelo ficasse com fome, preparou um jantar no capricho para aquela noite. Faltavam poucos minutos para as oito da noite quando Júlia foi à casa de Mirtes. Ao chegar, foi bem recebida por Arnaldo e Mercedes. Mirtes, ao ver Júlia entrar, sentiu vontade de chorar, pois se lembrou de Yago, mas controlou-se a fim de não estragar a noite. Júlia se aproximou de Mirtes e não deixou de notar que a mulher emagrecera muito nos últimos dois meses.

— Como está, minha amiga? – perguntou.

Mirtes, esboçando um sorriso triste, respondeu:

— Estou tentando não chorar.

Júlia anuiu com a cabeça, e mansamente disse:

— Veja o que ganhei de presente de Natal.

— Que lindo! – disse Mercedes ao ver o relógio.

Mirtes disse o mesmo, e foi Arnaldo quem perguntou:

— Quem lhe deu um presente tão caro?

— Marcelo, o rapaz que me acompanha às quartas-feiras à Casa Espírita.

— Marcelo é um bom rapaz. Sinceramente, gostei dele.

— Por que ele não veio com a senhora? – Mercedes perguntou.

— Ele preferiu ficar em casa lendo outra obra de André Luiz.

Mirtes, percebendo que a amiga estava agindo com discrição, ficou calada. Júlia, olhando para todos, disse:

— Sabe o que Marcelo me pediu de presente de Natal? – Todos olharam para Júlia esperando que ela continuasse: – Pediu somente permissão para me chamar de mãe.

Mirtes ouviu calada o comentário de Júlia e disse:

— Por que Marcelo não veio à ceia?

— Ele não quis incomodar a família.

Mirtes lançou um olhar sofrido para Júlia:

— Julguei mal Marcelo. Não esqueço que na ocasião da morte de Yago ele ficou com Arnaldo quase o tempo todo.

— Vou chamá-lo para se juntar a nós – Mercedes foi logo dizendo.

— Faça isso, minha filha – respondeu Mirtes.

Mercedes ia saindo quando Fernando desceu do carro do pai.

— Não disse que viria perto das nove da noite?

— Consegui resolver alguns assuntos a tempo de chegar no horário.

A moça contou o motivo pelo qual estava saindo e Fernando a acompanhou. Ao chegarem à casa de Júlia, encontraram Marcelo sentado na varanda com o livro nas mãos.

— Estamos aqui para convidá-lo a participar da ceia conosco – disse Mercedes.

— Obrigado pelo convite, mas prefiro ficar lendo esse livro – Marcelo respeitosamente respondeu. E, lembrando-se da palestra da última reunião, que dizia que a sinceridade era preferível a falsidade, continuou: – Mercedes, não vou arranjar desculpas para não ir à sua casa. Agradeço de coração pelo convite, mas todos nós sabemos que dona Mirtes não gosta de minha pessoa, portanto, não acho de bom tom ir à sua casa.

Mercedes repetiu o que a mãe havia dito minutos antes, e Marcelo, depois de pensar muito, respondeu:

— Espero que seja exatamente assim como você está dizendo.

Ao chegar, ele educadamente cumprimentou os donos da casa. Mirtes olhou para o rapaz e pela primeira vez pensou: "Os olhos azuis de Marcelo são lindos". Depois dos cumprimentos, Marcelo sentou-

-se no sofá e se pôs a conversar com Arnaldo. Mercedes arrumou a mesa e enfeitou com decorações natalinas. Logo todos foram chamados à mesa para cear, e cada um sentou-se no lugar indicado. Depois da ceia, todos ficaram conversando separadamente. Júlia falava sobre vários assuntos, no intuito de ajudar a amiga a esquecer a maior dor de sua vida. Mirtes conversava com Júlia quando de repente sentiu um arrepio percorrer-lhe a espinha. A mulher não percebeu, mas o espírito de Yago estava presente naquele momento. Ao se lembrar do filho, Mirtes desatou a chorar, enquanto Júlia viu o espírito do rapaz, que apenas olhava sem nada dizer. Deixou a mulher desabafar. Mirtes chorou copiosamente por alguns minutos. Júlia, enquanto esperava, fez uma prece em pensamento, pedindo a Deus que permitisse que Mirtes fosse ajudada pelos amigos espirituais. Logo que Mirtes serenou os pensamentos, disse:

— A amiga não tem ideia do esforço que estou fazendo para ficar nessa reunião familiar.

— Posso imaginar, pois também passei por isso – Júlia respondeu com sinceridade.

— Como conseguiu superar essa dor?

Júlia respirou fundo e respondeu:

— O que me deu forças para superar a dor foram os conhecimentos espirituais. A dor da perda é algo que nunca superamos, mas aprendemos a viver com ela quando temos esperança.

— Mas que esperança uma religião pode dar? – perguntou Mirtes, enxugando os olhos.

— A esperança de saber que a morte não existe. O que realmente há na ocasião da morte é a separação do espírito do corpo. Após a morte, o espírito pode alçar novos voos, vivendo plenamente na forma original em que Deus nos criou. Yago não morreu, ele continua vivo, sentindo falta de todos os que amava e que um dia certamente reencontrará. Portanto, não se entregue ao desespero de perdê-lo, pois um dia todos nós estaremos juntos, compartilhando experiências.

— Meu filho era tão jovem para morrer da maneira que morreu...

Júlia ficou olhando para a mulher, que parecia não ter ouvido uma palavra do que ela havia falado. Finalmente entendeu que aquele não era o momento de conversar com Mirtes, e mudando de assunto disse:

— Precisarei de ajuda no dia vinte e oito.

Mirtes, desinteressada, perguntou por educação.

— O que pretende fazer?

— Vamos ter um bazar beneficente na Casa Espírita, e eu fui escalada para ajudar nas vendas, mas até ontem não havia ninguém para ficar no caixa.

Mercedes, ao ouvir o que Júlia falava, disse à mãe:

— A senhora poderia acompanhar dona Júlia, mamãe, isso lhe fará bem.

Mirtes pensou por alguns instantes e respondeu:

— Mercedes, não sinto vontade.

— Faz dois meses que a senhora não sai de casa. Não acha que está na hora de reagir? Yago, se a visse assim, ficaria muito triste.

— Não quero que meu filho fique triste.

— Então reaja, mamãe, pois onde quer que Yago esteja sofre com suas lágrimas.

Mirtes olhou seriamente para Júlia e perguntou:

— Isso é possível, Júlia?

A mulher, olhando com mansidão para a amiga, passou a dizer:

— Os espíritos disseram a Allan Kardec que podem influenciar os encarnados muito mais do que podemos imaginar. Eles influenciam nossos pensamentos e sentimentos. Após o desencarne, o espírito também fica suscetível às vibrações dos familiares. Quando estes, em desequilíbrio, ficam chamando por ele, ocorre uma atração muito forte, e o espírito recebe esse impacto de forma violenta, porque ainda está em período de adaptação. Diferentemente do que muitos pensam, se o espírito recém-liberto do corpo físico não voltar para o lar, ele sofrerá junto com os familiares, e de forma inconsciente se tornará obsessor de seus entes queridos. Nos casos de doença, pode acontecer até de um encarnado começar a sentir as dores que o moribundo sofria. Para que possamos ajudar um recém-desencarnado a prosseguir com sua jornada evolutiva, o melhor a fazer é preces por ele, vibrando amor, em vez de pesar.

— Deus me livre! Não quero que meu filho continue a sofrer com minha dor – respondeu Mirtes, assustada com o que ouviu. E, ao pensar no filho, decidiu: – Vou com você ao bazar beneficente.

Mercedes vibrou com a decisão da mãe e então disse:

— Mãe, a senhora é uma mulher guerreira, e vai conseguir ajudar Yago a se adaptar em seu novo lar.

Mirtes sorriu para a filha sem nada dizer. Júlia estava feliz, e ficou conversando com Mirtes por mais alguns minutos.

Júlia e Marcelo, após a meia-noite e os brindes, voltaram para casa felizes. Ao chegarem, Marcelo disse:

— Este está sendo o melhor Natal da minha vida. Obrigado, dona Júlia, por ter me ofertado essa felicidade.

Júlia olhou sorrindo para o rapaz e respondeu:

— Não pense que esse foi o grande Natal de sua vida, mas sim que foi um bom Natal entre todos que ainda virão.

Marcelo sorriu feliz, e Júlia continuou:

— Meu filho, estou cansada, amanhã vou levantar cedo, pois tenho muita coisa para fazer; me dê licença, vou me deitar.

Marcelo se despediu de Júlia e ficou observando a mulher entrar no quarto.

CAPÍTULO VINTE

Vingança é um prato que se come frio

O dia de Natal estava acabando e Beatriz estava entediada em casa, pois Márcia a estava evitando sutilmente e ela não tinha amigos com quem conversar. Clara ficava o tempo todo falando com a mãe, e Beatriz achava a conversa das duas monótona e sem emoção.

Beatriz folheava uma revista com descaso quando Yago surgiu à sua frente.

— A solidão é o pagamento de toda pessoa má, mas essa infeliz sofre e não sabe por quê – Yago disse.

Beatriz continuava a folhear a revista sem imaginar que tinha companhia.

— Por sua causa, perdi o Natal com minha família, e agora vivo na mais completa solidão.

Naquele momento, Yago sentiu a raiva tomar conta de seu coração. Beatriz, que ignorava completamente a presença dele, sentiu uma dor queimada no peito que até lhe faltou o ar. A moça passou do rubor à palidez, praticamente perdendo os sentidos. Levantou-se da cama, mas caiu sem ter tempo de pedir ajuda à irmã. Mãe e filha continuavam a conversar, sem imaginar o que estava acontecendo com Beatriz no quarto.

Enquanto isso, Yago emanava fluidos deletérios a Beatriz, sem pensar nas conseqüências de seus atos.

Logo Lobo apareceu gargalhando:

— Por que desperdiçar seu ódio dessa maneira? Bem se vê que é um novato! De que valerá tanto ódio se não sabe trabalhar com ele? Seja inteligente, garoto! Aprenda a dominar sua emoção. Em vez de perder tempo fazendo com que Beatriz sinta sua dor, aprenda a planejar.

Yago, sem compreender o que Lobo estava querendo dizer, perguntou:

— Como posso fazer planejamento se estou nesta situação?

— Não seja idiota! Ódio sem direção, não serve para nada – Lobo respondeu de maneira áspera. Aprenda a elaborar planos de vingança e a trabalhar para que tudo ocorra segundo sua vontade. Quando fui enviado para trabalhar com você, a primeira coisa que fiz foi estabelecer uma meta do que deveria ser feito. Portanto, se quer ver essa moça sofrer, elabore um plano de vingança e trabalhe. – Yago, ao ouvir sobre vingança planejada, sentiu ódio por Lobo, mas ele continuou: – Não se esqueça de que ainda tem dois para se vingar.

— Me vingarei de Beatriz e até mesmo você ficará surpreso.

— Pago para ver... – respondeu Lobo desafiando o rapaz.

— Espere e verá.

Yago ficou observando Beatriz, que se recuperava vagarosamente da síncope que sofrera. A moça deitou-se em sua cama e ficou olhando para o teto na tentativa de melhorar. Yago ficou em um canto pensando em tudo o que Lobo lhe dissera e então falou:

— Lobo tem razão, preciso encontrar alguma maneira de me vingar de Beatriz, mas não faço ideia de por onde começar.

Desanimado, lembrou-se de Ana e dos bons momentos que viveram juntos. Decidiu que precisava caminhar para arejar a cabeça, então foi até a casa de Ana para esquecer o pesadelo que estava vivendo. Depois de caminhar por algumas horas, finalmente chegou em frente à casa de Ana, e, ao ver a porta dos fundos aberta, entrou e a encontrou em seu quarto. Yago olhou para ela com carinho e, aproximando-se da moça, deu-lhe um beijo no rosto. Imediatamente Ana passou a sentir uma dor no peito, fazendo-a perder o ar. Ao ver que a moça estava se sentindo mal, Yago se afastou, e ela lentamente foi melhorando.

— Que situação! Não posso nem mesmo me aproximar de Ana...

Ao melhorar, ela saiu do quarto e encontrou a mãe na cozinha.

— Mamãe, senti uma dor estranha no peito, acha que estou com problemas cardíacos?

A mulher, assustada, disse:

— Você é muito jovem para ter problemas cardíacos, minha filha.

A moça contou à mãe sobre a dor, e a mãe ajuntou:

— Vamos esperar terminar os festejos de final de ano. Eu mesma marcarei uma consulta com doutor José.

Ana, aproveitando o dia, voltou a seu quarto, enquanto a mãe ficou pensando: "Talvez seja apenas seu sistema nervoso dando uma resposta a tantos desgostos. Este foi o pior ano de Ana... Pobrezinha, sofreu tanto com a morte do namorado...".

Yago não compreendeu o que estava acontecendo, mas sentiu o pensamento da mulher, o que o deixou ainda mais aflito. Naquele momento, o espírito de Yago saiu da cozinha e andou pela sala:

— Arrependo-me de ter ido à sorveteria naquele dia. Se eu não tivesse ido, nada disso estaria acontecendo.

Pela primeira vez em todo aquele tempo, Yago começou a chorar. De repente, Lobo apareceu gargalhando, e Yago perguntou:

— Por que está rindo?

— Não fique se lastimando pelo que aconteceu, e pare de se fazer de vítima.

Yago pela primeira vez, munindo-se de coragem, respondeu:

— Não estou me fazendo de vítima! Apenas penso que o mal poderia ter sido evitado.

Lobo, gargalhando mais uma vez, disse:

— Poderia ter evitado naquele dia, mas, acredite, isso aconteceria de qualquer maneira, pois não costumo falhar em minhas tarefas.

Yago sentiu o ódio tomar conta de todo o seu ser, e, avançando sobre Lobo, disse:

— Você é um assassino!

— Deixe de ser piegas! Está parecendo um menino chorão – respondeu Lobo, voltando a gargalhar.

Yago resolveu ficar calado a fim de se acalmar, porém, naquele momento, decidiu que arranjaria um jeito de se vingar de Lobo.

— Por que está aqui? Vá atrás dos homens que o executaram – Lobo disse.

— Não posso fazer nada, sou uma alma penada, esqueceu?

Lobo, não contendo o riso, respondeu:

— Você ainda não descobriu a força que tem, e com o tempo aprenderá que pode fazer qualquer coisa, basta querer.

Yago ficou pensando nas palavras de Lobo, e então decidiu que estava na hora de visitar seus algozes. Envergonhado, pediu mais uma vez a Lobo que o levasse junto de Maneco e Gino.

— Não preciso levar você a lugar algum, basta querer e você irá para onde quiser – Lobo respondeu irritado.

Yago se lembrou da emoção, e pensando principalmente em Gino sentiu o ódio tomar conta de seu ser. Quando se deu conta, apareceu ao lado de Maneco e Gino, que estavam escondidos no mato. Gino estava se lavando no rio, enquanto Maneco observava a certa distância. Maneco gritou para Gino:

— Venha! Hoje é sua vez de pedir comida nas redondezas.

Ele terminou de se lavar e ficou com o peito desnudo a fim de se secar rapidamente. Depois de meia hora, Gino se aproximou de Maneco dizendo:

— Prefiro ir pra cadeia a ficar neste lugar horrível!

— É fácil, basta você se entregar, e não terá mais que pedir comida a ninguém.

Gino, irritado, colocou a camisa e logo se retirou. Passada pouco mais de uma hora, Gino apareceu com alguns pães, o que deixou Maneco satisfeito. Os dois comeram os pães e tomaram água da vertente.

Yago observava tudo atentamente, de repente, teve a ideia de fazer com que Gino cometesse outro crime. O espírito de Yago logo percebeu que Gino mantinha uma faca na bota e, ao chegar a vez dele de pedir comida, o acompanhou. Gino chegou em frente a uma chácara e falou com o caseiro:

— Por favor, estou perdido, e não tenho comida, o que poderia me arranjar para comer?

— Desculpe, não temos nada; o almoço ainda não está pronto – disse o homem olhando curioso para Gino.

— Ou você me arranja alguma coisa para comer ou vai se arrepender – respondeu Gino mudando a fisionomia.

— Na minha casa não falta nada, e não costumo dar comida a vagabundo!

Gino então pegou a faca que estava em sua bota e gritou:

— Um homem que nega comida não merece viver, portanto, reze, pois sua hora chegou.

Lívido, o homem tentou fechar o portão, mas Gino era mais forte e empurrou. Ele tentou correr, porém Gino era mais ágil e, sem piedade, desferiu um golpe nas costas do homem, que caiu perto do canteiro. Tomado de ódio, Gino continuou a desferir golpes, acertando principalmente o tórax. O homem, sem poder se defender, morreu ali mesmo, junto ao canteiro de hortaliças. Gino, ao olhar para a casa, não viu ninguém, então correu em seguida para se esconder no mato. Viu Maneco deitado sob a copa de uma árvore.

— Não vou pedir comida a ninguém – gritou Gino, irritado.

Maneco, sem compreender, perguntou:

— Qual o motivo da ira?

— Fui obrigado a matar o desgraçado que me negou comida! – confessou Gino aos gritos.

Maneco não acreditou no que estava ouvindo e, procurando compreender, perguntou:

— O que fez?

— Você está surdo? Acabei de matar o desgraçado que me negou comida.

— Você está louco? Já havíamos cometido a loucura de matar aquele rapaz, e agora você mata novamente? Vamos apodrecer na cadeia!

— A polícia não vai pôr a mão em mim, preciso arranjar uma maneira de voltar a Pernambuco, pois lá encontrarei guarida.

— Como pretende voltar à Pernambuco? Andando? Imbecil! Não podemos dar as caras na cidade, pois a polícia está ao nosso encalço.

— Pra cadeia eu não volto! Nem que eu que tenha que morrer!

— Precisamos sair deste lugar, pois a polícia nos procurará aqui.

— Vamos esperar o cair da noite, e então fugiremos – disse Gino depois de pensar por alguns instantes.

— Estou cansado de me esconder, acho que o melhor que temos a fazer é nos entregar – sugeriu Maneco.

— Você tá louco? Isso nunca!

Maneco ficou em silêncio e colocou um pequeno galho na boca enquanto pensava. O que os dois não sabiam era que o espírito de Yago estava junto deles:

— Vocês não vão escapar!

Yago naquele momento sentiu imenso prazer em ver que seus algozes se sentiam encurralados, e então foi à casa do homem de quem Gino havia tirado a vida. Encontrou-a cheia de policiais, enquanto a família lamentava a morte do ente querido. O homem era André Menezes, um advogado aposentado que escolhera fugir do agito da cidade. Esmeralda, sua esposa, o encontrou caído junto ao portão, constatando que estava morto. Rapidamente chamou a polícia. Logo três viaturas chegaram à casa de André. Como havia chovido, a terra estava úmida, e Lúcio, o investigador, viu que os rastros iam em direção ao mato.

— Talvez, o assassino esteja escondido no mato – disse Lúcio.

Yago dizia:

— Procure no mato e vocês encontrarão o assassino que tirou a vida desse pobre homem e a minha.

Lúcio não ouviu as palavras de Yago, mas registrou-as, repetindo:

— O miserável que fez isso está escondido no mato – e no mesmo instante chamou por Dagoberto: – Peça reforço, pois tenho certeza de que o assassino está escondido no mato.

— O assassino está muito longe daqui. Certamente, quem fez o serviço fugiu no mesmo instante – respondeu Dagoberto sorrindo.

Yago, ao ouvir as palavras do policial, gritou:

— Não seja ridículo! Os assassinos estão escondidos no mato!

Dagoberto não registrou as palavras de Yago, mas Lúcio gritou:

— Peça reforço! Tenho certeza de que o assassino está escondido no mato.

Dagoberto, não querendo se indispor com Lúcio, disse:

— Está bem! Vou pedir que tragam dois cães farejadores.

Lúcio ficou olhando para a pegada, que sumia lentamente em direção ao mato. Em pouco mais de uma hora, chegaram outras viaturas, e logo todos entraram no mato. Yago acompanhava tudo de perto, dizendo:

— Esses cachorros não sabem nada, vá para o lado direito.

Lúcio, seguindo sua intuição, pediu a um policial que o acompanhasse ao lado direito. Maneco e Gino estavam pensando em uma forma de fugir quando de repente ouviram latidos.

— Ouço latidos! Não será a polícia? – Maneco disse.

Ignorando as palavras do companheiro, Gino respondeu:

— São latidos dos cães das chácaras.

Maneco ficou tranquilo, e novamente voltou a deitar. De repente, o latido do cão ficou mais alto, e Gino disse:

— Vamos embora! Estou com mau pressentimento!

Maneco levantou-se rapidamente, e juntos começaram a andar pelo mato, entrando cada vez mais na mata fechada.

Enquanto caminhavam, os dois iam quebrando galhos, pisando em folhas secas, e não perceberam que estavam deixando pistas para trás. Yago os acompanhava sorrindo, ora indo com Gino e Maneco, ora indo atrás de Lúcio. Ele aprendeu a se locomover como espírito e se divertia com a velocidade com que podia estar em lugares diferentes. Lúcio e o policial viram galhos quebrados, e no mesmo instante Yago gritou:

— Sigam os galhos quebrados que vocês vão encontrá-los.

Lúcio, seguindo a intuição fornecida por Yago, repetiu:

— Vamos seguir estes galhos quebrados que logo encontraremos o assassino.

Quanto mais seguiam folhas esmagadas e galhos quebrados, mais eles adentravam na mata fechada.

— É melhor voltarmos, pois poderemos nos perder – o policial disse:

Lúcio, decidido, ordenou:

— De maneira alguma! Para voltar, basta seguir os galhos quebrados.

Enquanto isso, Maneco e Gino andavam lentamente, pois não ouviam mais os latidos dos cachorros.

Maneco parou e disse:

— Vamos descansar, não acredito que estejam ao nosso encalço, não há mais os latidos dos cachorros.

Gino resolveu concordar com Maneco e logo os dois se sentaram sob a copa de frondosa árvore, em meio a folhas secas.

— Sou do mato, mas não suporto o cheiro do mato – Maneco disse.

— Então como pode dizer que é do mato se não gosta de andar no mato?

Os dois sorriram, quando de repente ouviram folhas secas serem esmagadas.

— Alguém está se aproximando – Gino disse.

Rapidamente os dois se levantaram, e quando começaram a caminhar, foram avistados por Dagoberto e Lúcio, que estava com a arma em punho.

— Parem ou eu atiro! – Lúcio gritou.

Maneco tentou correr, mas se enroscou em um cipó, caindo em seguida. O policial conseguiu prender Maneco, enquanto Lúcio capturava Gino.

— Por que vocês mataram o senhor André? – perguntou Lúcio.

— Não matei ninguém, foi Gino – disse Maneco.

Gino, que já estava algemado, gritou:

— Foi Maneco que matou aquele homem.

Os dois foram rapidamente encaminhados à viatura e logo estavam na delegacia. O delegado Porfírio, ao ver Gino, foi logo dizendo:

— Você? Se não me engano, está em condicional e já está aprontando novamente?

Um outro investigador que se lembrou de Gino foi logo dizendo:

— Acho que eles foram os responsáveis pela morte do garoto espanhol.

O delegado não se lembrava do caso e perguntou:

— Que garoto espanhol?

O investigador, puxando pela memória, disse o nome de Yago. O delegado logo se lembrou e então perguntou:

— Por que mataram André e o garoto?

Gino era o valente da dupla e então respondeu:

— Quer saber, matei os dois: um por me negar comida e o outro por me afrontar.

O delegado, encarando Gino, disse:

— Você deu o que precisávamos, o que foi melhor para vocês, pois quem nega um crime costuma ir para a sala de castigo.

A sala de castigo era onde se levava um suspeito para ser torturado até confessar. Gino, que já havia ido algumas vezes a essa sala, confessou para evitar apanhar. Logo o delegado disse à secretária:

— Procure o caso Yago e traga à minha mesa.

Enquanto isso, Maneco e Gino foram conduzidos à mesma cela.

— Por sua culpa estamos nessa enrascada! Por que confessou algo que poderíamos negar? – perguntou Maneco olhando com ódio para Gino. – Se não tivesse matado aquele homem, não estaríamos aqui, e com o tempo poderíamos sair do estado – e, perdendo a paciência, avançou em Gino. Os dois começaram a brigar, sendo separados pelo carcereiro da delegacia.

O delegado, percebendo que manter os dois na mesma cela causaria mais confusão, decidiu separá-los. Não demorou muito e logo o caso de Yago estava sobre a mesa do delegado. Depois de ler o relatório, disse:

— Logo vi que esses dois não são flor que se cheire...

Mandou que trouxessem Gino para mais um interrogatório. O delegado Porfírio então perguntou:

— Conte-me como foi que matou o garoto espanhol na sorveteria.

Gino não queria se lembrar do fato, porém, com medo de ser levado à sala de tortura, começou a relatar.

— Nós havíamos roubado o garoto no ponto de ônibus, e eu já nem me lembrava mais do assunto quando Maneco decidiu assaltar a sorveteria. O que não esperávamos era que o mesmo rapaz estivesse no estabelecimento. Ele nos reconheceu e resolveu se meter conosco, perdi a paciência e o feri, porém só fiquei sabendo que havia morrido duas horas depois.

Enquanto o delegado Porfírio fazia o interrogatório, Yago, que estava na sala, gargalhava dizendo:

— Na rua parece um cão feroz, mas na frente do delegado não passa de um gatinho...

Lobo, que estava ao lado de Yago, perguntou:

— Está satisfeito? Conseguiu prender os dois homens que acabaram com sua vida.

— Ainda não estou realizado. Preciso me certificar de que esses dois vão sofrer muito na cadeia, pois eles não pensaram que eu tinha uma vida pela frente – respondeu Yago com ódio.

— Vamos embora! Você já conseguiu se vingar – respondeu Lobo.

Yago, apesar de ver os dois assassinos presos, ainda não se sentia satisfeito com a ação, e então disse:

— Esses dois vão sofrer. Não quero que nenhum deles morra, apenas sofra, pois eu sofri ao deixar meu corpo físico.

— O que pretende fazer?

Yago, rindo diabolicamente, respondeu:

— Ainda não sei... Mas esses vermes vão pagar o que me fizeram. Hei de vê-los derramar muitas lágrimas e pediram para morrer.

— Não pensei que fosse tão vingativo.

— Sou muito pior que pode imaginar, pois o sofrimento de minha mãe ainda dói em meu peito, e eles vão pagar por cada lágrima derramada.

— Sua vingança ainda não acabou, ainda há Beatriz, que foi a causadora de tudo isso.

— Maldita! Beatriz se lamentará por ter nascido.

— O que pretende fazer? – Lobo perguntou.

— Arranjarei uma maneira de trazê-la para junto de mim, pois ela foi a causadora de toda a minha desgraça.

Lobo naquele momento sentiu certo medo de Yago, e então disse:

— Se é assim que quer... Assim será.

Yago ficou até o fim do interrogatório e somente depois resolveu ir ao escritório onde sabia que Beatriz estava naquele momento.

Ao chegar ao escritório, Yago viu Ana sentada à sua mesa datilografando. Ele não deixou de notar quanto a moça emagrecera e como estava abatida. Um rapaz que estava sentado na mesa de Yago levantou-se dizendo:

— Ana, gostaria que visse esse formulário. Errei um número e gostaria de saber se é necessário que eu faça outro.

Ana, olhando atentamente para o trabalho do rapaz, disse:

— Não pode haver rasuras neste documento, portanto, refaça e em seguida traga-me para que eu possa levar à mesa do chefe.

O rapaz pegou outro formulário e, sentando-se à sua mesa, passou a trabalhar calmamente.

Ana pensou: "Yago nunca rasurou nenhum formulário, nunca pedi que refizesse um trabalho...". Naquele momento, a moça sentiu uma saudade incontida e, levantando-se rapidamente, foi ao banheiro para chorar. O espírito de Yago, ao ver as lágrimas banharem o rosto de Ana, disse com voz terna:

— Ana, não chore, estou aqui.

A moça sentiu a saudade aumentar e chorou ainda mais. Lobo, ao ver o sofrimento da moça, disse:

— Se ama essa moça como pensa, saia de perto dela, pois não vê que a está prejudicando?

— Não estou fazendo nada!

Lobo gargalhou dizendo:

— Compreenda! Quando um de nós se aproxima de um encarnado, ele passa a sentir as nossas emoções. Saia de perto dela e logo ela vai se recompor. Não viemos aqui para que visse sua amada, mas para continuar com o plano de vingança para aquela que encomendou sua morte a espíritos de outras falanges.

— O que são falanges? – perguntou Yago.

— Falanges são multidões de espíritos de outras ordens!

Yago não compreendeu muito bem o que Lobo disse; decidiu se afastar e se aproximar de Beatriz e logo se pôs a ouvir os pensamentos dela. A moça, depois de datilografar um documento, decidiu tomar água. Enquanto esperava o copo encher, pensou: "A mãe de santo prometeu que eu me tornaria chefe do escritório e até agora nada; preciso voltar lá, afinal, eu paguei caro pelo trabalho. A única coisa que fez foi tirar Yago do meu caminho". Beatriz não sabia que o espírito de Yago estava ouvindo seus pensamentos. Entornou tranquilamente o copo d'água, quando

Yago apertou seu pescoço, fazendo-a engasgar com o líquido. Beatriz não estava conseguindo respirar e de repente foi ficando arroxeada. Ana, que entrara naquele momento no recinto, percebeu que Beatriz estava em apuros e começou a gritar. Logo todos do escritório foram até o bebedouro, e Yago, ao ouvir os gritos de Ana, largou o pescoço da moça que causara sua ruína. Beatriz tossiu várias vezes e foi voltando à cor natural. O rapaz que tomara o lugar de Yago disse sorrindo:

— Não precisava tomar a água com tanta pressa, há muita água no bebedouro.

Beatriz olhou para o rapaz com ódio e disse:

— É bom não mexer comigo, pois o último que o fez está a sete palmos.

O rapaz arregalou os olhos sem nada dizer e, envergonhado, voltou à sua mesa. Beatriz, ao perceber que se tornara o centro das atenções, tossiu mais uma vez e gritou:

— O que estão olhando? Nunca viram ninguém se afogar com um copo d'água? Saiam daqui, seus inúteis.

Ana olhou com desprezo para Beatriz e disse:

— Todos só queriam ajudá-la, mas você continua a mesma mal-educada de sempre.

Beatriz nada disse e rapidamente todos voltaram ao trabalho. Ela ainda sentia sua garganta arder. Yago, olhando com raiva para Beatriz, disse a Lobo:

— Maldita! Confessou o assassinato.

— Beatriz não é uma assassina! Mesmo que alguém a acuse de feitiçaria, ninguém tem como provar, e além do mais ela não fez nada diretamente a você – respondeu Lobo gargalhando.

— Mas, se ela encomendou o serviço, ela é tão assassina quanto os dois que tiraram minha vida.

— Feitiçaria não é crime no Brasil, portanto, mesmo que alguém saiba de suas mazelas, a justiça não poderá fazer nada contra ela.

Yago, tomado pela raiva, resmungou:

— A justiça pode não fazer nada contra essa assassina, mas eu posso e vou fazer.

Lobo, duvidando das palavras de Yago, perguntou:

— O que pretende fazer?

— Espere e verá...

Lobo naquele momento parou de rir, pois sabia quão odiento era aquele espírito jovem. Yago aproximou-se de Beatriz, que voltara ao trabalho, e naquele momento começou a mexer em seus cabelos, fazendo com que a moça se sentisse atordoada. Ela debruçou sobre a máquina de escrever, mas, dessa vez, nenhum dos colegas se preocupou. Ao final do expediente, saiu do trabalho se sentindo indisposta e, ao tomar a rua, respirou fundo sentindo-se um pouco melhor. Yago a acompanhou e, a partir daquele dia, o espírito enfurecido ficou atrás de Beatriz o tempo todo. Naquela noite, Beatriz ficou em casa, pois sentia-se imensamente cansada. Clara preparou o jantar e serviu a mãe como sempre fazia. Assustada, disse à sua mãe:

— Beatriz chegou estranha... Será que está doente?

Sonia esboçou um sorriso triste e respondeu:

— Talvez tenha brigado com o namorado.

Clara, gargalhando, perguntou:

— Que rapaz seria louco de namorar Beatriz? Ela não esconde de ninguém seu gênio ruim.

Clara, como tinha bom temperamento, levantou-se e foi ao quarto de Beatriz:

— O jantar está na mesa.

— Não quero jantar.

— Está sentindo alguma coisa? Está tão pálida... – disse Clara observando a tez da irmã.

— Não tenho nada! Deixe-me em paz! – a moça respondeu enfurecida.

Clara saiu do quarto rapidamente e, ao se aproximar da mãe, disse:

— Beatriz não está bem, estão tão pálida...

Dona Sonia, que ouvira os gritos de Beatriz, disse:

— Mas a garganta dela está funcionando muito bem.

Clara abriu um largo sorriso e disse:

— Sinto pena de Beatriz, ela se tornou uma pessoa que ninguém suporta.

Dona Sonia, entornando um copo de suco, respondeu:

— A vida é feita de escolhas. Infelizmente, sua irmã escolheu viver dessa maneira, e por esse motivo vive sozinha.

Clara respirou fundo e disse:

— Sua alma, sua palma, sua cabeça, seu guia... Pena que o guia de Beatriz seja tão egoísta.

Dona Sonia ficou triste pela filha, porém limitou-se a ficar calada, pois não queria continuar um assunto que lhe trazia tanto desgosto. As duas terminaram o jantar, procurando não falar mais sobre Beatriz.

Beatriz continuou confinada em seu quarto, mas não viu que o espírito de Yago estava a dois metros de distância dela. Ele tinha tanto ódio da moça que, ao pensar em tudo o que ela havia feito para prejudicá-lo, sentia seu ferimento se abrir e sangrar. Naquela noite não foi diferente, Yago sentiu a dor do ferimento e Lobo se aproximou dizendo:

— Você é o morto mais idiota que já conheci. Em vez de direcionar seu ódio à pessoa que causou sua morte, vira-se contra si mesmo.

— Do que está falando?

— Estou falando que seu ódio faz abrir sua ferida. Tente canalizá-lo para Beatriz, e com isso não sentirá as dores do ferimento.

— Mas como posso fazer isso?

— É simples: basta prestar atenção em Beatriz sem ter pena de si mesmo, pensando que tinha uma vida inteira pela frente. Pense em uma maneira de se vingar, mas sem se prejudicar.

— Como sabe que foi isso que pensei?

Lobo, gargalhando, respondeu:

— Todos que morrem nas mesmas condições que você pensam que tinham uma vida inteira pela frente e que, se aquela pessoa não tivesse feito isso, você estaria vivo e levando uma vida plena. Tudo isso é bobagem! Não se muda o que foi feito, pare de pensar no passado e concentre-se somente no presente. Você não voltará a viver entre os vivos apenas porque tem pena de si mesmo.

— Como faço para estancar o sangramento?

— Você não está sangrando, tudo está em sua mente. Sua mente pode curar ou aumentar seu sofrimento.

— Não quero sentir dores.

— Então pare de pensar em si e concentre-se somente em seus planos.

Lobo tratou de ir embora, deixando Yago imerso em seus pensamentos: "Lobo tem razão, o que está feito não se muda, e pensar no passado nada fará para mudar minha situação". E então parou para pensar em como se vingaria de Beatriz. Viu Beatriz adormecer e não prestou atenção em seu ferimento, que gradualmente parava de sangrar. Ficou a um canto pensando como faria para se vingar. De repente, viu o corpo de Beatriz se duplicar, ficando um sobre o outro, sendo ligado somente por um cordão prateado. Logo o corpo que estava sobreposto ao de baixo acordou olhando para os lados, ficando rapidamente em pé. Yago percebeu que poderia falar com Beatriz. Ela não sentiu medo:

— Yago! O que faz aqui? Você está morto.

Yago, sendo tomado pelo ódio, disse:

— Estou nessa triste situação por sua culpa! Agora terá que pagar o que me deve.

Com a mesma empáfia de sempre, Beatriz respondeu:

— Não queira me culpar pelo seu miserável destino!

— Você provocou minha morte ao contatar um espírito das sombras para me perseguir.

Beatriz, soltando uma gargalhada sinistra, respondeu:

— Fui uma idiota! Esses espíritos não fizeram nada por mim. Você morreu simplesmente porque foi sua vez.

Yago, descontrolado, avançou em Beatriz e segurou forte seu pescoço. Ela tentava se desvencilhar, mas, Yago tomado pelo ódio, não permitia. Beatriz pensava: "Isso não é real! Tudo isso é um pesadelo". Yago continuava a segurar o pescoço dela, enquanto seu corpo na cama gemia e se contorcia. Clara, ao ouvir os gemidos da irmã, entrou no quarto, acendeu a luz e tentou acordá-la, mas não conseguiu. Yago segurava Beatriz sem permitir que ela retornasse ao corpo.

De repente, Lobo se aproximou dizendo:

— Pare de agir como criança! Beatriz vai apenas se lembrar disso como um terrível pesadelo! Poupe suas energias.

Yago soltou Beatriz, que rapidamente voltou ao corpo.

Beatriz acordou com Clara dizendo:

— O que há com você?

Atordoada, sentou-se na cama e disse:

— Tive um pesadelo horrível!

— Isso é evidente, pois tentei acordá-la mas não consegui.

— O que eu dizia?

— Ficava dizendo que isso não era real e que tudo era um pesadelo.

Beatriz logo se lembrou da fisionomia atormentada de Yago:

— Foi só um pesadelo.

— Vamos dormir! Tenho que acordar cedo – disse Clara, sonolenta.

Ao sair, ela ia apagar a luz, no entanto, Beatriz disse:

— Deixe a luz acesa.

— Por que deixar a luz acesa? A luz do corredor fica acesa a noite inteira.

Beatriz, ainda trêmula, pediu com delicadeza:

— Por favor, deixe acesa. Assim que me acalmar, apagarei.

Clara não gostou, mas, para evitar uma discussão, tratou de sair calada do quarto. Beatriz lembrava-se de cada detalhe do sonho: "Como pude sonhar com Yago? Nem lembrava que aquele verme existiu". Yago, que aprendera a ouvir pensamentos, escutou de imediato o pensamento de Beatriz e então disse:

— Esse verme a quem se refere não a deixará em paz!

Lobo, que estava a seu lado, disse:

— Ela continua te odiando... Mas você está fazendo tudo errado. Em vez de atormentar seu sono, por que não a inspira a fazer o que você quer? Não o compreendo. Com aqueles dois você foi frio e os conduziu à prisão, mas com Beatriz está agindo como um idiota.

— Tem razão, preciso ser menos passional com Beatriz.

Lobo, gargalhando, desapareceu novamente, mas ficou à espreita observando todos os movimentos de Yago. "Lobo tem razão, preciso agir friamente com Beatriz...", pensou ele.

Enquanto isso, Beatriz permanecia acordada se lembrando do pesadelo que tivera minutos antes. Esforçou-se para manter-se acordada, temendo ter novos pesadelos, porém foi vencida pelo sono. Pela manhã, Clara foi ao quarto da irmã e observou que Beatriz não havia apagado a luz, e com raiva disse:

— Beatriz novamente me enganou, mas vai ser a última vez.

Yago permanecia no quarto pensando em uma maneira de se vingar de Beatriz. Passava das sete da manhã quando Clara, voltando ao quarto, acordou Beatriz dizendo:

— Levanta! O trabalho te espera.

Beatriz sentou-se na cama desanimada e disse:

— Não vou trabalhar hoje, não estou me sentindo bem.

Clara, que já havia preparado o café e servido sua mãe, tratou de se trocar para ir ao colégio. Beatriz voltou a dormir, acordando somente depois das dez horas. Tomou banho e, ao sair, encontrou com a mãe sentada na mesma poltrona de sempre na sala, ouvindo as notícias no rádio. Dona Sonia, então, disse:

— Clara disse que teve pesadelos à noite.

— Clara fala demais – respondeu Beatriz irritada.

— Por que não foi trabalhar?

— Estou me sentindo indisposta. Além do mais, tenho o direito de faltar de vez em quando.

— Está com algum problema, minha filha?

— Não que eu saiba. Tudo está bem, ontem não me senti bem no trabalho e hoje vou procurar um médico.

Sonia viu o abatimento da filha e percebeu que ela não queria muita conversa, então decidiu dar o assunto por encerrado. Beatriz dirigiu-se à cozinha, sem perceber que Yago a acompanhava, sentiu-se enjoada. Naquela manhã ela se sentia fragilizada e sozinha. Voltou à sala dizendo:

— Mãe, vou procurar o doutor Percival, estou me sentindo enjoada e atordoada.

Sonia por um momento pensou em uma possível gravidez, então perguntou:

— Minha filha, tem se encontrado com algum namorado?

Beatriz mansamente respondeu:

— Não tenho namorado, e não me encontro com ninguém, minha vida é trabalhar.

— Vá ao médico, pode ser que tenha comido algo que lhe fez mal – respondeu a mãe, aliviada.

Beatriz voltou ao quarto e sentiu um sono incontrolável tomar conta de si. A moça deitou-se e rapidamente adormeceu. Yago permanecia a seu lado, observando-a dormir tranquilamente. Beatriz acordou passando das quinze horas e encontrou a irmã na cozinha, lavando a louça.

— Seu almoço está no forno – Clara disse.

Indisposta, Beatriz respondeu:

— Não estou com fome.

— Você está bem? – perguntou Clara, assustada.

Beatriz respondeu sem agressividade:

— Não estou me sentindo bem. De manhã senti enjoo e atordoamento.

— Desde quando vem sentindo isso?

— Desde ontem no trabalho.

— Por que não vai ao médico?

— Pensei em ir pela manhã, mas senti um sono incontrolável e adormeci.

— Doutor Percival atende agora à tarde. Por que não vai até lá?
— Tem razão, vou até lá.
Beatriz retirou-se da cozinha sem dizer mais nenhuma palavra.
Clara disse a si mesma com estranheza:
— Beatriz não está nada bem... Nem foi mal-educada como de costume.
A moça voltou a lavar a louça, esquecendo o assunto. Passava das dezesseis horas quando Clara lembrou que Beatriz estava em casa e, voltando ao quarto, encontrou-a dormindo. Estranhando, acordou-a com uma pergunta:
— Você não ia ao consultório do doutor Percival?
— Não sei o que está acontecendo comigo, sinto tanto sono... – respondeu Beatriz, sonolenta.
Clara, sem pensar em nada, passou a arrumar o quarto, deixando Beatriz voltar a dormir. Depois de arrumar a casa, a moça foi até sua mãe dizendo:
— Mamãe, Beatriz não está nada bem. Não almoçou e agora está dormindo.
Sonia pensou por alguns instantes e disse:
— Sua irmã não está bem, mas tenho medo que essa doença tenha outro nome.
— Do que está falando, mamãe?
Sonia respirou fundo e disse:
— Acho que sua irmã está grávida!
Quando engravidei pela primeira vez, senti todos esses sintomas: enjoo, indisposição e sono.
— Como pode? Beatriz nem namorado tem!
Sonia permaneceu calada por alguns instantes e disse:
— Nunca se sabe, minha filha. Uma mulher pode se encontrar com um homem sem ter nenhum elo afetivo com ele.
— Mamãe, Beatriz pode ter muitos defeitos, mas leviana ela nunca foi, não acredito nisso.

Sonia, meneando a cabeça, ordenou:

— Se sua irmã não melhorar até amanhã, quero que chame doutor Percival, pois ele a consultará em casa.

— Mamãe, doutor Percival cobrará por uma consulta vindo até aqui, e como sabe o dinheiro está curto.

— Não se preocupe, quero que vá ao banco e saque o dinheiro da minha caderneta de poupança.

Beatriz mal ajudava em casa, e o dinheiro que entrava era da pensão do marido de Sonia, que morrera cinco anos antes, juntamente com os aluguéis de duas casas que ficavam no mesmo bairro. Sonia sempre foi uma mulher econômica, de modo que usava somente o dinheiro da pensão, guardando o dos aluguéis. Clara pensou por alguns instantes e disse:

— Farei o que me pede.

Sonia levantou-se com sofreguidão e foi até o quarto das filhas. Ao entrar, encontrou Beatriz dormindo e, com lágrimas nos olhos, pensou: "Tão bonita e tão infeliz... Meu Deus, não sei como ajudar minha filha...". Sentiu-se imensamente triste. Não viu que Yago estava ao lado da filha. Ele sentiu a tristeza da pobre mulher e logo se lembrou de sua mãe. Estava sugando as energias de Beatriz, fazendo com que a moça fosse tomada pelo sono. Dona Sonia sofregamente fechou a porta do quarto e se retirou em seguida. Yago pensou: "Pobre mulher! Não sabe a filha que tem!". Sentiu pena de Sonia, porém seu ódio por Beatriz era maior que sua piedade pela mãe da moça. Naquele dia, Beatriz dormiu quase que o dia todo, porém seu sono foi agitado, de modo que a moça se sentia cada vez mais cansada. Durante a noite, o corpo de Beatriz não se duplicou, impossibilitando que Yago a atormentasse. No dia seguinte, a moça acordou sentindo-se cansada e, com a voz enfraquecida, disse à irmã:

— Hoje estou me sentindo pior que ontem, então não vou trabalhar de novo.

Clara, olhando para a irmã, percebeu que suas olheiras estavam aprofundadas:

— Você precisa se consultar com doutor Percival.

Beatriz, com olhar distante, respondeu:

— Tem razão, mas não estou me sentindo bem para sair de casa, preciso avisar no escritório que estou doente e ir ao médico, mas não tenho vontade de fazer nenhuma das duas coisas.

Clara pensou por alguns instantes e disse:

— Se quiser, vou ao escritório justificar a seu chefe sua ausência.

Beatriz gostou da ideia, e então perguntou:

— Você faria isso por mim?

— Claro! Não me custa nada fazer isso por você.

Beatriz pela primeira vez olhou com carinho para Clara, mas ela não informou à irmã que chamaria o médico. Clara decidiu não ir ao colégio naquela manhã, pois sabia que tanto sua mãe quanto Beatriz precisariam de sua ajuda. Saiu de casa dizendo que iria ao escritório justificar a falta de Beatriz e em seguida iria ao consultório agendar uma visita do médico. E assim fez. Em menos de três horas já estava em casa e, ao chegar, encontrou Beatriz dormindo. Quando entrou no quarto sentiu um mau cheiro. Acordou a irmã dizendo:

— Fui ao escritório e conversei com Ana sobre suas faltas; ela disse que avisaria o doutor Moacir.

Beatriz agradeceu à irmã, voltando para o lado e adormecendo em seguida.

O dia transcorreu com muito trabalho para Clara, pois, além de cuidar da mãe, a moça também estava preocupada com o estado de saúde da irmã. Passava das dezesseis horas quando o médico chegou, e quem o atendeu foi Clara.

— Onde está sua mãe? – doutor Percival perguntou.

— Minha mãe está na sala, mas hoje o chamei até aqui para ver minha irmã, que há dois dias não vem se sentindo bem.

— Leve-me até ela – disse o médico, apressado.

Quando Clara e Percival entraram na sala, Sonia disse:

— Que bom que veio, doutor.

Percival era um homem obeso e bem-humorado.

— Pensei que a consulta fosse para a senhora, dona Sonia – respondeu ele.

Sonia passou a falar sobre Beatriz e como ela vinha se sentindo, e o médico disse:

— Vamos ver o que está acontecendo com a mocinha.

Beatriz dormia a sono solto quando o médico entrou. Clara foi logo abrindo a janela do quarto, que ficara fechada o dia todo. A moça, ao acordar e ver o médico, perguntou:

— Doutor Percival, o que faz aqui?

O médico bonachão respondeu:

— Vim lhe fazer uma visita. Fiquei sabendo que não está se sentindo bem.

Beatriz passou a falar o que vinha sentindo, enquanto o médico verificava sua pressão, temperatura e pulso. Abriu sua maleta, pegou uma pequena lanterna, olhou a garganta de Beatriz e em seguida disse:

— Seria precoce dizer o que tem, portanto, peço que faça estes exames e se possível me procure no consultório do hospital. Pelo visto, não tem se alimentado. Sua pressão arterial está baixa.

— Tenho sentido muito enjoo, doutor. O cheiro da comida me dá náuseas.

O médico pensou por alguns instantes e perguntou:

— E o namorado, como vai?

Beatriz, sem compreender, respondeu:

— Não tenho namorado.

— Uma moça tão bonita não tem namorado? Isso é inconcebível.

Beatriz afirmou que não tinha namorado, enquanto o médico fazia um pedido de exame de urina. Doutor Percival era experiente, de modo que habilmente foi dizendo:

— Tenho uma filha com a sua idade e ela já namora há um ano.

— Sorte dela! A minha vida é só trabalhar, não tenho tempo para namoricos.

O médico sorriu amavelmente e falou:

— Comece a fazer os exames amanhã mesmo, e, assim que pegar os resultados, leve-os para que eu os veja. Enquanto isso, vou lhe receitar uma vitamina, pois está muito fraca, e não se esqueça de se alimentar.

— O que acha que tenho, doutor?

O médico, guardando a caneta no bolso da camisa, disse:

— Como lhe disse, não posso dizer o que tem sem antes ver seus exames – Beatriz ficou calada enquanto o médico fechava sua pequena valise, e ele continuou: – Procure se alimentar, e amanhã comece a fazer os exames que lhe pedi.

Doutor Percival saiu do quarto e encontrou Sonia, que o esperava aflita.

— O que minha filha tem, doutor?

Percival respondeu:

— Mandei que fizesse alguns exames. Sem eles não posso diagnosticar o que ela tem.

— Qual o preço da consulta, doutor? – Sonia humildemente perguntou.

O médico, que conhecia Sonia há muitos anos, respondeu:

— Não é nada! Fique tranquila, não cobrarei a consulta. Mesmo porque meu consultório fica a duas quadras daqui.

— Ninguém trabalha de graça.

— Ora... Dona Sonia, a senhora é minha paciente há tantos anos que não tenho como lhe cobrar uma consulta de alguns minutos.

Envergonhada, a mulher agradeceu e sorrindo lhe ofereceu um café. O médico aceitou o cafezinho, tomando-o rapidamente. Assim que ele saiu, Sonia perguntou a Clara:

— Como está sua irmã?

— Está dormindo.

— Filha, prepare alguma coisa para sua irmã comer, hoje ela não comeu nada.

Clara dirigiu-se à cozinha, enquanto Sonia ficava ruminando os últimos acontecimentos. Ela fez uma sopa de ervilha para Beatriz, porém só em ver o prato a moça sentiu-se enjoada, aumentando ainda mais a preocupação da mãe. No dia seguinte, Beatriz queria ficar na cama, mas dona Sonia a chamou cedo para que fosse ao laboratório fazer os exames pedidos pelo médico. Foi com má vontade, mas deixou que colhessem todos os materiais para os exames, que ficariam prontos em três dias. Passados três dias, Clara foi buscar os exames para Beatriz e a acompanhou ao médico. Doutor Percival observou os exames e viu que não havia nada de errado com a moça, até mesmo o exame de gravidez dera negativo. Ele empertigou-se na cadeira e disse:

— Os resultados de seus exames não acusaram nada com que pudéssemos nos preocupar. Talvez você esteja com esgotamento nervoso.

E o médico, com jeito, começou a fazer perguntas sobre o dia a dia de Beatriz. Ela ia respondendo a cada pergunta do médico, colocando-se sempre na posição de vítima das circunstâncias.

— Talvez, esteja na hora de tirar férias – ele disse.

Beatriz não havia pensado no assunto.

— Se não me engano, já tenho férias vencidas.

— Vou atestar os dias que faltou ao trabalho, mas lembre-se de que o ser humano não é uma máquina, precisa parar de vez em quando para fazer uma boa manutenção.

Beatriz sorriu para o médico, que não lhe administrara medicação alguma.

※

Beatriz sentiu-se melhor ao caminhar lentamente pelas ruas do bairro e, ao chegar em casa, encontrou a mãe sentada em sua poltrona ouvindo rádio.

— E então, foi ao médico? – a mulher, preocupada, perguntou.

— Sim, mas os exames não deram nada.

Beatriz, sentindo fome, entregou os exames para a mãe, que leu um a um, descobrindo que o médico havia pensado em uma possível gravidez. Ao ver o resultado, ficou aliviada e perguntou:

— Mas, se os exames não acusaram nada, o que está havendo com você, minha filha?

Beatriz, com a velha arrogância, respondeu:

— Doutor Percival acha que estou precisando de férias, aliás, verei isso amanhã mesmo.

Yago, que estava em um canto da sala, ficou observando de longe a conversa das duas mulheres. Beatriz foi à cozinha e comeu bolo com leite sem sentir enjoo. Enquanto isso, dona Sonia pensava: "Perdoe-me, Deus, por ter julgado mal a minha filha...". Beatriz, sem imaginar o que a mãe pensava, foi ao quarto, porém não se irritou ao ver a janela aberta. Pegou uma revista de fotonovelas que havia comprado em uma banca e se pôs a ler. Yago naquele momento voltou a sentir ódio de Beatriz, então se aproximou novamente para sugar suas energias. Em menos de trinta minutos, novamente Beatriz dormiu. Enquanto o espírito de Yago emanava fluido maléfico, advindo de seu ódio pela moça, Lobo apareceu e com tom sarcástico disse:

— É assim que pretende se vingar? Ora, pare de agir feito um moleque levado e faça logo o que tem a fazer, pois não temos muito tempo para sua vingança pessoal.

Yago, não compreendendo as palavras de Lobo, perguntou:

— Como assim não temos muito tempo? Esqueceu que estou morto e que tenho todo o tempo do mundo?

— Por que acha que o ajudei esse tempo todo? Você, ao aceitar minha ajuda, assumiu um compromisso com o chefe.

— Que chefe?

Lobo respondeu com tranquilidade:

— Assim que terminar sua vingança, terei que levá-lo para meu chefe, pois agora você se tornou membro de nossa organização.

— Não me tornei membro de organização alguma! Se quiser pode desaparecer, pois continuo sendo livre como sempre fui, e jamais trabalharei para ninguém.

— Realize logo sua vingança para que se apresente ao grupo do qual faço parte.

— De maneira alguma! Estou morto e tempo é o que não me falta, portanto, peço que vá embora.

— Não seja ingrato! Quando decidi ajudá-lo, você não sabia nem mesmo se locomover, e tudo o que sabe aprendeu comigo, portanto, não ouse me desafiar.

Yago, revoltado, tentou lutar com Lobo, porém ele era mais forte e, ao vê-lo no chão, disse:

— Não se atreva a me desapontar, pois saiba que sou poderoso e costumo castigar todos os que não acatam minhas ordens.

Yago percebeu que estava envolvido em uma grande confusão, e rapidamente observou Lobo desaparecer diante de seus olhos. Esqueceu de Beatriz por alguns momentos e se pôs a pensar em tudo o que havia lhe ocorrido desde o dia fatídico de sua morte. Depois de tanto tempo se lembrou de Júlia e de suas palavras, das palestras a que assistira na Casa do Caminho e nas quais nunca acreditara, e pela primeira vez disse:

— Dona Júlia sempre esteve certa! A morte não é o fim, mas o início de um grande tormento.

Naquele momento, sentiu-se triste e, voltando a olhar para Beatriz, que estava dormindo, gritou:

— Maldita! Por sua culpa estou nesta situação! Você foi a responsável por Lobo ter se infiltrado em minha vida, e agora pagará por isso!

Beatriz passou a inquietar-se na cama, de modo que Yago logo percebeu que poderia lhe perturbar o sono mesmo que ela não saísse do corpo físico. Revoltado, decidiu que ela deveria morrer e passar pelas mesmas coisas que ele estava passando. O ódio de Yago era maior por Beatriz do que pelos homens que tiraram sua vida. Decidiu que estava na hora de agir e de se livrar de uma vez por todas de Lobo.

Beatriz acordou no dia seguinte sentindo-se melhor, então decidiu ir ao escritório para pedir suas férias. A moça fez tudo como de costume: arrumou-se e foi à padaria fazer seu desjejum, pois estava se sentindo disposta, e em seguida pegou o ônibus para o trabalho. Ao chegar no escritório, encontrou Ana, que estava com alguns formulários nas mãos.

— Como se sente, Beatriz? Sua irmã veio avisar que estava doente.

— Estou bem, obrigada, mas preciso falar com doutor Moacir para pedir minhas férias, que já estão vencidas.

— Doutor Moacir ainda não chegou, mas poderá conversar com ele mais tarde.

Beatriz sentiu ódio de Ana.

— Está bem, o que temos para fazer?

— Como sabe, às sextas-feiras, temos que enviar vários documentos, portanto, peço que comece por este requerimento, mas tome cuidado, não pode haver rasuras. Aqui estão os dados.

Beatriz, apesar de sentir raiva de Ana, decidiu fazer o trabalho. Ana distribuiu tranquilamente as tarefas, enquanto Beatriz aguardava a chegada de Moacir. Assim que chegou, Beatriz deixou o que estava fazendo para conversar com ele.

— Melhorou? Fiquei sabendo que estava doente – perguntou Moacir a Beatriz.

— Ainda estou – respondeu ela com arrogância.

Moacir, percebendo a empáfia da moça, perguntou com ar de superioridade:

— Se ainda está doente, o que faz aqui?

— As ordens médicas que recebi é que preciso me tratar e, para isso, peço que me dê férias.

A moça entregou o atestado que trazia na mão a Moacir, que leu tranquilamente.

— Muito bem, desde quando suas férias estão vencidas?
— Se não estou enganada, desde fevereiro.

Moacir pensou por alguns instantes e disse:

— No final da tarde lhe darei a resposta.

Beatriz pediu licença, retirando-se em seguida. Enquanto batia a porta atrás de si, Moacir se pôs a pensar em como aquela semana havia sido tranquila sem a presença de Beatriz, de modo que rapidamente decidiu lhe dar trinta dias de férias. Beatriz percebeu que os colegas de trabalho nada lhe perguntaram sobre sua saúde, e isso a fez ver que eles não a apreciavam como pessoa. Yago passou o dia todo a seu lado, de modo que no final do dia sua palidez e abatimento eram visíveis a todos. Moacir chamou Ana para que avisasse a Beatriz que na semana seguinte estaria de férias. Beatriz recebeu a notícia com indiferença, pois sentia um desconforto no estômago e a cabeça girar. Saiu do trabalho sentindo-se fraca, e, depois de quarenta minutos, entrou em casa. Sonia, ao ver a filha, perguntou:

— Como passou o dia, minha filha?
— Estou me sentindo do mesmo jeito. Acho que doutor Percival está certo, aquele escritório está me fazendo mal.

Sonia, preocupada com a filha, recomendou:

— Você está branca feito neve, é melhor se deitar.

Beatriz tentou esboçar um sorriso sem sucesso e, obedecendo às recomendações maternas, dirigiu-se a seu quarto. Jogou-se na cama e pensou sobre o que estava acontecendo com sua saúde. Ela não viu o espírito de Yago, mas ele continuou a sugar suas energias. Beatriz logo adormeceu, e em dado momento Lobo apareceu diante de Yago dizendo:

— Seu tempo está se esgotando... Faça logo o que tem que fazer, pois o chefe já está me cobrando.
— Não vou trabalhar em sua organização, eu decido o que fazer da minha vida! – gritou Yago.
— Que vida? Esqueceu que está morto? – Lobo, sorrindo, respondeu.
— Você entendeu o que quis dizer.

— Essa é sua vingança? Pensei que fosse inteligente para ter uma ideia melhor. Ficar sugando as energias dessa miserável não é vingança.

— Não se meta em meus assuntos! – disse Yago aos gritos.

Lobo apontou o dedo para o pulso, como se estivesse usando um relógio, e voltou a dizer:

— Seu tempo está acabando...

E desapareceu diante dos olhos de Yago, deixando-o sozinho ao lado de Beatriz. "Talvez Lobo esteja certo. Beatriz não está sofrendo como eu. Acho que está na hora de fazer alguma coisa mais concreta", ele pensou. Ficou matutando por alguns minutos, mas as ideias continuavam obscuras. Naquela noite, Yago ficou sentado em um canto olhando para Beatriz, que dormia tranquilamente. "Preciso fazer com que Beatriz morra, mas não sei como fazer isso...", pensou ele. Yago pensava e pensava e não lhe ocorria ideia alguma sobre como proceder. De repente, Lobo apareceu dizendo:

— Por que não faz com que Beatriz tire a própria vida? É tão simples...

Yago gostou da ideia, mas não sabia como fazer, de modo que perguntou:

— Como posso fazer isso?

— Faça com que ela sinta toda a sua dor, todo o seu desespero e deixe-a pensar que para ela não há saída.

— Mas não sei fazer isso...

Lobo, aproveitando-se da situação, disse:

— Se quiser aprender como fazer, basta aceitar meu convite de trabalhar na organização.

— De maneira alguma! Nem que para isso eu tenha que morrer novamente.

— A decisão é sua, mas, querendo ou não, você terá que aprender a trabalhar para meu chefe.

Yago não respondeu e viu novamente Lobo desaparecer.

CAPÍTULO VINTE E UM

E o tempo passou...

Três anos haviam se passado desde que Yago morrera, e Mirtes ainda lamentava a morte do filho. Nos primeiros meses, ela caiu em profunda depressão, deixando de visitar Júlia, sua melhor amiga. Mercedes havia terminado a faculdade e estava lecionando em uma escola do bairro, nos períodos da manhã e da tarde, de modo que chegava cedo em casa. Arnaldo envelhecera depois da morte do filho, e passou a trabalhar menos, pois, segundo ele mesmo, o que ganhava dava para manter a família tranquilamente. A tristeza pairava sobre aquela casa. Já não havia mais discussões, e seus moradores pouco se comunicavam. Mercedes tentava conversar com o pai, porém este sempre se mostrava cansado e já não ficava na sala ouvindo rádio. Logo após o jantar, era comum trancar-se no quarto até adormecer. Mirtes com o tempo voltou a frequentar a casa de Júlia, mas ela já não era a mulher irredutível a determinados assuntos como antes. Júlia continuava a frequentar a Casa Espírita juntamente com Marcelo, que com o tempo passou a morar em sua casa.

Certa tarde, Mercedes, saindo do colégio, viu Fernando a esperando encostado em seu carro.

— O que faz aqui a uma hora dessas?

— Não posso sair mais cedo do trabalho para ver minha noiva?

Mercedes, sorrindo, voltou a olhar para a mão direita, para onde estava a aliança que Fernando havia lhe dado.

— Certamente que sim! Mas você não sai do trabalho cedo, pois não gosta de deixar trabalho para o dia seguinte.

— Hoje tenho um motivo especial para estar aqui.

Mercedes, sorrindo e vendo o brilho nos olhos de Fernando, disse:

— Você deve ter recebido promoção no trabalho.

— O que tenho a conversar com você é bem melhor que uma promoção.

Mercedes, sem compreender, perguntou:

— O que é?

Fernando abriu a porta do carro, entrou no lugar do motorista e, olhando fixamente para Mercedes, perguntou:

— Mercedes, case-se comigo.

Mercedes não estava acreditando no que estava ouvindo:

— Deixe de brincadeira, Fernando.

— Não estou brincando... Quero me casar com você. Hoje comprei uma casa, pois durante esse tempo todo de namoro e noivado venho economizando para comprar uma casa.

Mercedes, sem acreditar, respondeu:

— Você comprou uma casa? Onde?

— Na Vila Matilde. Inclusive, seu pai foi o corretor.

— Mas meu pai nada disse a respeito da compra da casa...

— Quis lhe fazer uma surpresa. Venha, vamos ver a casa, quero fazer algumas mudanças, mas para isso conto com seu bom gosto.

— Papai sabe alguma coisa sobre o pedido de casamento?

— Não lhe falei claramente, mas com certeza desconfia, pois, quando lhe pedi para não falar nada, ele disse que você iria gostar.

— Meu enxoval ainda não está completo, porque, como sabe, há pouco mais de um ano que trabalho no colégio, e para alegrar os dias de mamãe sempre a levo às compras, e isso custa um pouco caro.

— Termine de fazer o enxoval depois do casamento, já namoramos há tempo demais, e para ser sincero já passou da hora de nos casar.

Mercedes, sorrindo, enlaçou o pescoço do rapaz e após um beijo respondeu:

— Concordo plenamente com você...

Fernando, ao ouvir o sim da noiva, não se conteve e, feliz, disse:

— Vamos ver a casa.

Os dois foram até a casa que Fernando havia comprado, e Mercedes ficou imensamente feliz. A moça olhou cada detalhe e então disse:

— A única coisa que quero é que mude a cor da casa...

Fernando, que havia gostado do tom azul, perguntou:

— Que cor quer?

— Tom pastel seria mais apropriado.

— A cor e a decoração serão por sua conta... – ele respondeu.

Passadas duas horas, finalmente Mercedes chegou em casa, e sorrindo disse para a mãe:

— Mãe, a senhora não sabe o que aconteceu!

A mulher, que não sabia da surpresa, perguntou:

— O quê?

— Mamãe, hoje fui pedida em casamento.

Mirtes, tomada de surpresa, perguntou:

— Mas, minha filha, como se casarão se não têm onde morar? Acaso pretende pagar aluguel?

Mercedes, sorrindo, abriu a bolsa e rapidamente mostrou a cópia das chaves para Mirtes, que assustada perguntou:

— Vocês já alugaram uma casa?

— Melhor! Fernando já comprou a casa, é na vila Matilde.

Mirtes, tomada de assombro, disse:

— Que boa notícia, minha filha!

Embora Mirtes dissesse que se tratava de boa notícia, Mercedes não deixou de perceber certa tristeza no olhar da mãe, então perguntou:

— Não está feliz por mim, mamãe?

— Estou feliz por você, minha filha, e infeliz por mim...

Mercedes, sem compreender o que a mãe queria dizer, perguntou:

— Aonde está querendo chegar, minha mãe?

— Feliz por você estar começando uma nova vida e triste por eu ter que ficar também sem você.

Mercedes, sentindo pena da mãe, respondeu:

— Vou me casar mas sempre estarei aqui para lhe fazer companhia.

— Não se iluda com isso, minha filha. Quando nos casamos, passamos a viver nossa vida, a ter novos problemas, e os laços familiares vão se enfraquecendo com o tempo.

— Isso não acontecerá comigo. Prometo que virei todos os finais de semana lhe fazer uma visita e continuaremos a ir às compras.

Mirtes, triste, respondeu:

— Minha filha, a vida de um casal é cheia de desafios. Problemas surgirão, e os pais vão ficando de lado, essa é a regra do jogo da vida. Os filhos são como passarinhos, que, enquanto são dependentes dos pais, vivem no ninho, mas, assim que criam asas, querem voar, isso é natural.

Mercedes percebeu quanto sua mãe amadurecera depois da morte de Yago e com carinho disse:

— Mãe, não existe ex-filho, ou ex-mãe, sempre terei minhas obrigações junto a senhora e ao papai, pois, se hoje estou aqui, devo tudo a vocês.

— Você sempre foi uma boa filha, e nada mais justo do que começar a viver sua vida com todos os desafios que virão pela frente, portanto, não pense, minha filha, que viverão como nos contos de fadas, felizes para sempre. Sua vida mudará depois que se casar e mudará ainda mais quando for mãe. A paixão é como uma rosa que é colhida de manhã e fenece à tarde, portanto, minha filha, não espere que sempre estará apaixonada pelo seu marido, pois a paixão vai dar lugar ao amor, que advém da convivência. Mas infelizmente nem todas as paixões se transformam em amor, pois a maioria dos casais, quando acaba a paixão, passa a se digladiar. Não deixe que isso aconteça em seu casamento. Quando perceber que a paixão está esfriando, invista em sua relação para que ela dê lugar a algo bem mais valioso.

Mercedes, olhando para a mãe, perguntou à queima-roupa:

— Mamãe, a senhora ama meu pai?

Mirtes, com olhar distante, respondeu:

— Minha filha, houve uma época que eu acreditava que não, que a paixão não havia dado lugar ao amor, mas me enganei. Seu pai sempre foi um bom marido e companheiro. Só vi isso depois da morte de seu irmão. Hoje agradeço a Deus por ter me dado um companheiro bom, que ama a família e que nunca me deu motivo para duvidar de sua fidelidade. Hoje reconheço quanto ele amava o filho, pois queria apenas prepará-lo para a vida, e eu não enxergava isso. Nunca contei a ninguém, minha filha, mas só eu vi quanto ele sofreu com a morte de Yago. Todas as noites, eu fingia que estava dormindo e o ouvia chorar em silêncio. As lágrimas do seu pai me deram forças para reagir, pois ele não se entregou ao desespero, mas me apoiava e me ajudava nas tarefas de casa, na tentativa de me poupar. Mercedes, posso afirmar com toda a certeza do meu coração que amo seu pai e não sei o que seria de mim sem ele.

Mercedes, olhando para a mãe com os olhos cheios de lágrimas, disse:

— Yago e eu tivemos sorte em ter vocês como pais.

Mirtes abraçou a filha emocionada e, sorrindo, disse:

— Case-se, minha filha, e seja feliz. Nunca se esqueça de que o casamento é como um navio. Se não investir em manutenções diárias, afunda e os dois afundam juntos.

— Sempre vou me espelhar em seu casamento, mamãe, e pode ter certeza de que nunca esquecerei de suas palavras – e, não querendo ser piegas, mudou de assunto: – O que teremos para jantar?

Mirtes, enxugando as lágrimas, respondeu:
— Farei um escondidinho de carne e salada.

Mirtes sabia que era o prato preferido de Mercedes, então, antes mesmo de continuar, a filha disse:

— Que delícia! Estou com uma fome... Fernando virá hoje pedir minha mão a papai. Quero que a senhora esteja presente.

— Estarei presente para dar a minha bênção à sua nova vida, e que venham meus netos.

— Pode deixar mamãe, darei quantos netos quiser.

Mirtes sorriu ao ouvir as últimas palavras da filha, que rodopiou rapidamente nos calcanhares se dirigindo a seu quarto. Ela continuou a preparar jantar; Arnaldo chegou em casa dizendo:

— Mirtes, hoje fechei negócio com um cliente especial.

Mirtes, dissimulando o conhecimento do assunto, perguntou:

— Quem é esse cliente?

Arnaldo, com voz baixa, respondeu:

— Fernando. Ele comprou uma casa e acredito que logo pedirá a mão de Mercedes em casamento.

Fingindo surpresa, a mulher disse:

— Tomara que seja verdade, pois Fernando sempre foi um bom moço.

— A casa é ampla, bem arejada, e principalmente bem localizada. O rapaz fez uma boa compra.

Mirtes, não querendo estragar a surpresa, disse:

— Quero que nossa filha seja feliz, assim como sou com você.

— Você é feliz a meu lado?

— Sou muito feliz, mesmo com todos os problemas que enfrentamos durante esses trinta anos.

— Minha velha, Deus não poderia ter me dado melhor esposa que você.

Os dois se abraçaram; Mercedes entrou na cozinha, e, feliz ao ver que sua mãe falara a verdade, disse:

— Mãe, o jantar vai demorar a ficar pronto?

Mirtes, desvencilhando-se dos braços de Arnaldo, respondeu:
— Já está pronto. Por favor, arrume a mesa.

Mercedes fez o que a mãe pediu; pela primeira vez em tantos anos os três se sentiam felizes. Fernando chegou em frente à casa de Mercedes um pouco depois das vinte horas. Sentia-se nervoso, pois não sabia qual seria a reação dos pais dela. Ele estava acompanhado de seu pai, que estava bem arrumado, como se fosse a uma festa.

— Levo a champanhe agora, ou deixo para depois?

Ernani, sorrindo, respondeu:

— Calma, meu filho, você só pedirá a mão de Mercedes, não vai para um julgamento. Tudo vai dar certo, afinal, tanto Arnaldo quanto Mirtes o conhecem há alguns anos, e durante esse tempo, eles já viram que você é um bom rapaz.

A mão de Fernando suava frio, e o rapaz, arrumando a gola da camisa, perguntou:

— Como estou?

— Está ótimo, meu filho.

Fernando, ainda em frente à casa de Mercedes, disse a seu pai:

— Ernani, o senhor é o melhor pai do mundo.

— Vamos entrar, pois chegou a hora de você enfrentar a fera...

— Talvez não seja de bom-tom entrar com a garrafa de champanhe na casa de meus futuros sogros.

Gargalhando, Ernani disse:

— Leve a garrafa, pois hoje temos muito a comemorar. Tenho certeza de que eles sentirão o mesmo prazer em recebê-lo como genro, assim como recebo Mercedes como nora.

Fernando, à beira de um ataque de nervos, bateu no portão da casa da noiva. Mirtes, logo após o jantar, sabendo sobre o pedido de casamento, tratou de se arrumar para a ocasião. Mercedes esmerou-se em se arrumar, e Arnaldo, ao ver as duas mulheres arrumadas, perguntou:

— Vocês vão sair?

As duas sorriram sem nada dizer, e no mesmo momento Fernando bateu no portão.

— Fernando chegou! – disse Mercedes, eufórica.

Arnaldo, sem compreender, perguntou a Mirtes:

— O que está havendo?

Mirtes voltou a fingir, dizendo:

— Mercedes me pediu para me arrumar, pois esta noite seria especial.

Arnaldo, imaginando do que se tratava, disse:

— Vou me arrumar e voltarei em quinze minutos. Enquanto isso, faça companhia ao rapaz.

Ernani e Fernando entraram e ficaram aguardando a presença de Arnaldo, para o desespero do rapaz. Depois de uns quinze minutos, Arnaldo entrou na sala:

— Boa noite!

Os dois responderam ao cumprimento, e Arnaldo sorridente perguntou:

— Que bons ventos os trazem à minha casa, Ernani?

— Hoje será uma noite especial, pois meu filho tem um pedido a fazer.

Fernando, tomado de surpresa e gaguejando, disse:

— Bem... Bem...

Ernani, percebendo que as palavras não saíam, disse:

— Fale de uma vez, meu filho!

Fernando, tomando fôlego, disse de uma vez só:

— O motivo que nos traz aqui esta noite é que quero pedir a mão de Mercedes em casamento.

Arnaldo abriu um largo sorriso e disse:

— Pensei que suas palavras não fossem sair...

— O senhor permite?

— Há tempos espero por isso, meu filho – respondeu Arnaldo.

Fernando sorriu e apertou a mão de Mercedes, que estava a seu lado. Mirtes levantou-se e abraçou a filha e Fernando dizendo:

— Que Deus abençoe essa união, pois hoje acabamos de ganhar um filho.

Ernani cumprimentou o casal e em seguida Arnaldo e Mirtes.

— Trouxe essa champanhe para comemorar – Fernando disse sorrindo.

Mirtes logo se lembrou de Júlia:

— Não podemos comemorar sem a presença de Júlia.

— Tem razão, mamãe, vou chamá-la para que venha brindar conosco.

Mercedes e Fernando saíram rapidamente e em poucos minutos chegaram à casa dela. Encontraram-na conversando com Marcelo na varanda.

— Dona Júlia, viemos aqui para pedir que venha à nossa casa para comemorar meu casamento.

Júlia abriu um largo sorriso e disse:

— Meus parabéns!

Em seguida, abraçou o casal, desejando felicidade na nova vida que se iniciaria. Marcelo ficou sem graça, e com isso disse:

— Vá, dona Júlia, ficarei aqui para terminar de ler meu livro.

Mercedes interferiu:

— De maneira alguma! Você virá também, quero que meus amigos comemorem comigo.

— Não será por falta de convite que você ficará sozinho – Júlia completou.

Marcelo aceitou dizendo que colocaria uma roupa e iria em seguida.

— Como vocês me pegaram de surpresa, não me trocarei para o evento – Júlia disse.

— Não se preocupe com isso. O pedido, embora formal, não deixa de ser simples.

Em poucos minutos, Marcelo veio e os quatro saíram em direção à casa de Mirtes. Júlia foi bem recebida, e depois do brinde todos ficaram conversando animadamente.

— Qual será a data escolhida? – Júlia perguntou.

— Não pensamos em uma data. Faremos isso agora, mas desde já convido a senhora e Marcelo para serem meus padrinhos.

Marcelo e Júlia aceitaram o convite, para a alegria de todos. E assim foi a noite especial do pedido de casamento.

As férias de Beatriz começaram, mas a cada dia que passava a moça se sentia ainda pior. Yago não dava trégua, passava todo o tempo ao lado da moça, intuindo maus pensamentos, de modo que certa manhã ela acordou e, ao ver a claridade na janela, disse:

— Mais um dia... Se a morte viesse, me seria um presente.

Yago, que estava ao lado da moça, passou a falar:

— Beatriz, você não tem saída, a única solução seria a morte.

A moça não ouvia as palavras de Yago, mas as registrava em seus pensamentos. Beatriz nunca fora uma pessoa robusta, porém, nos últimos dias, havia emagrecido a olhos vistos. Dona Sonia naquela manhã entrou no quarto da filha dizendo:

— Como se sente, Beatriz?

A moça, desanimada, respondeu:

— Do mesmo jeito, nada melhora, só piora.

Naquele momento, começou a chorar, despertando a piedade da mãe.

— Minha filha, estive pensando que talvez seja melhor ir a outro médico.

— De que resolverá ir a outro médico? Ele mandará fazer novos exames que nada acusarão, como nos últimos que fiz.

Dona Sonia, olhando desesperada para a filha, disse:

— Beatriz, talvez um outro médico peça para que faça outros tipos de exame, pois essa desmotivação para a vida e o enjoo não são normais.

A moça relutou dizendo:

— Não vou mais a médico algum. Já fiz todos os exames e o doutor Percival disse que tenho uma saúde de ferro.

Dona Sonia, sentando-se ao lado da filha, perguntou aflita:

— O que sente além do enjoo e do atordoamento?

Beatriz suspirou fundo e disse:

— Não sinto vontade de nada, nem mesmo de viver.

— Não fale assim, minha filha, a vida é um dom divino e devemos agradecer por estarmos vivos.

Beatriz, olhando para a mãe com ironia, perguntou:

— Agradecer? Agradecer por Ele ter me dado esta vida miserável? Nunca fui feliz, e nunca serei.

Dona Sonia, ignorando a ironia da filha, disse:

— Por que não sai um pouco, vai ao cinema, encontre-se com uma amiga, isso lhe fará bem.

Beatriz, olhando para a mãe, voltou a ser irônica ao dizer:

— Não tenho amigos, mamãe, as pessoas são falsas e interesseiras, e isso me enoja.

— Quando tinha sua idade, tinha uma amiga chamada Rosilene. Éramos inseparáveis, de modo que nunca me sentia só.

— Prefiro os animais a humanos, pois os animais não mentem, não enganam, não fingem e não usam de artimanhas para conseguir seus intentos. Mamãe, se a senhora teve uma amiga, se dê por satisfeita, pois os tempos mudaram e neste mundo só sobrevive quem for forte.

Sonia observou o desprezo que a filha nutria pelos seres humanos e, tentando dissuadi-la, disse:

— O mundo não é feito somente de pessoas más, há pessoas boas.

Beatriz, escancarando um sorriso magro e irônico, disse:

— Mãe, pessoa boa nasce morta.

Sonia, esboçando um sorriso triste, voltou a dizer:

— Jesus foi um homem bom e, no entanto, não nasceu morto.

— A igreja ensina que Jesus foi uma pessoa boa, mas será que realmente foi? Pelo que eu sei, ninguém o conheceu pessoalmente, portanto, tenho minhas dúvidas – respondeu Beatriz com agressividade.

Sonia, percebendo a revolta na voz da filha, perguntou:

— Qual é seu problema? Por que despreza tanto os seres humanos?

— Porque o mundo é feito de pessoas más. Neste mundo, minha mãe, ninguém presta.

— Não fale assim...

Beatriz, irritada com aquela conversa, voltou a deitar-se e disse:

— Por favor, ao sair, feche a porta. Quero dormir, pois enquanto durmo não sofro.

Dona Sonia sofria do mal de Chagas, o qual a deixava cansada com o menor esforço. Com sofreguidão, a mulher se levantou e, fechando a porta, pensou: "Nunca imaginei que Beatriz fosse tão amarga. Por que é tão diferente de Clara?". Dirigiu-se até a sala e ligou o rádio, pois era o que fazia na maior parte do tempo. Ela ouvia as notícias no rádio quando dona Augusta, uma senhora que morava no bairro, resolveu lhe fazer uma visita. Clara atendeu a porta e Sonia, ao ver a amiga de quase trinta anos, disse:

— Dona Augusta, a senhora por aqui? Que bons ventos a trouxeram?

A mulher, carregando um embrulho, disse:

— Fiz pão e lhe trouxe alguns.

Dona Sonia gostava imensamente de Augusta, de modo que passaram a conversar alegremente, embora tivesse que dar pausa por diversas vezes devido à falta de ar que sentia. Sabendo que podia confiar na velha amiga, Sonia disse:

— Beatriz não está bem e fala coisas estranhas...

— Que coisas estranhas? – Augusta perguntou.

Dona Sonia passou a falar sobre o estado da filha, e principalmente sobre sua revolta com as pessoas. Augusta ouvia tudo com atenção, e somente depois que a amiga parou, ela disse:

— Há doenças que não aparecem em exames porque elas estão na alma, e não no corpo. Pelo que me conta, Beatriz está com a alma doente, e sua revolta é uma forma de pedir socorro – Dona Augusta, que era uma senhora com mais de sessenta anos e possuidora de grande experiência de vida, continuou: – Infelizmente as pessoas têm a mania de ver os outros como seu reflexo, e isso acaba fazendo com que Beatriz veja as coisas de maneira deformada.

— Como assim? Não estou entendendo.

Tranquilamente a mulher passou a explicar:

— Quero dizer que na maioria das vezes vemos as pessoas com as mesmas qualidades e defeitos que nós mesmos possuímos. Por exemplo, quando uma pessoa é invejosa, ela acha que todas as pessoas são invejosas; quando é mesquinha, acha que todos são mesquinhos.

— Compreendi... Minha filha fala muito da maldade e falsidade das pessoas. A senhora acha que ela é dessa maneira?

Dona Augusta era uma mulher franca:

— Quem tem que responder isso é você, pois a conhece desde que nasceu.

Sonia, que nunca havia pensado sobre o assunto, passou a se lembrar das coisas que Beatriz fazia quando criança e, em tom baixo, relatou:

— Certa vez, quando Beatriz era ainda criança, abriu o portão e soltou o cachorro de propósito somente para morder as crianças que brincavam em frente à nossa casa.

— Desculpe minha sinceridade, mas desde então dava para a senhora ver que tipo de pessoa Beatriz se tornaria. Se ela acha que as pessoas são más e falsas, é porque esse defeito em sua personalidade é algo marcante.

— Clara é tão diferente... Beatriz sempre achou que eu preferia Clara a ela, mas isso não é verdade. Desde criança Clara era diferente, se dava bem com todas as crianças, e hoje se dá bem com todos.

— Isso deixa claro que cada um é único, pois a personalidade é como a impressão digital, nem mesmo de filhos gêmeos é igual.

Preocupada, Sonia perguntou:

— Tenho certeza de que Beatriz tem problemas no trabalho, mas ela não me fala nada sobre o que acontece lá.

— Ela tem seus problemas, mas não costuma dividir. Percebo outros dois defeitos: um é o orgulho, pois acha que é esperta o suficiente para resolver seus problemas, e outro é o egoísmo, pois, para ela, nada importa a não ser ela mesma e sua vida. E é assim que ela costuma ver as pessoas, como más, falsas, orgulhosas e egoístas, por isso seu desapontamento.

— Como posso ajudar minha filha? – perguntou dona Sonia.

Augusta esboçou um sorriso triste e disse:

— Você não poderá fazer nada por ela, a não ser ela mesma.

A mãe deixou uma lágrima escorrer em seu rosto quando confessou:

— Sinto pena de Beatriz...

Augusta, não querendo ferir a amiga, mudou de assunto dizendo:

— Vamos experimentar os pães? Acabei de tirar do forno e ainda estão quentinhos.

Sonia chamou Clara:

— Minha filha, faça café e ferva o leite, pois dona Augusta trouxe pães caseiros para o café da tarde.

Clara, sorrindo amavelmente para Augusta, meneou a cabeça em afirmativa e, pedindo licença, foi a cozinha fazer o café.

Ao ver a filha sair, Sonia disse:

— Clara sempre foi uma boa menina e agora está se tornando uma boa moça, e olha que eduquei as duas da mesma maneira.

Augusta, na tentativa de desanuviar os pensamentos da amiga, disse:

— A vida tem duas maneiras de aprender: no amor ou na dor. Fique tranquila que Beatriz verá com seus próprios olhos que há pessoas boas no mundo.

As duas mulheres seguiram falando tranquilamente quando Clara as chamou para tomar café, pois a mesa estava posta. Antes de irem à cozinha, Sonia confessou:

— Beatriz sempre foi altiva e nunca tratou bem as pessoas, ao contrário de Clara, que sempre teve boas maneiras para tratar os outros.

— A lição que a vida dará a Beatriz é que ninguém é autossuficiente para viver sozinho, pois todo mundo precisa de todo mundo. Acho que ela age dessa maneira por pensar que nunca precisará de ninguém, pois pode muito bem comandar a vida sozinha.

— Infelizmente, é isso mesmo que pensa.

— A vida é madrasta, e essa menina aprenderá a duras penas que somos dependentes de todos neste mundo.

Augusta foi sincera com Sonia por conhecer bem Beatriz desde criança, de modo que não usou de diplomacia para dizer o que pensava sobre a moça. Embora doesse em Sonia, ela não se ressentiu com a amiga por saber que suas palavras eram verdadeiras.

Clara foi até o quarto chamar Beatriz para se juntar a elas na cozinha, mas a moça recusou. Yago, que ouvira o comentário de Augusta, disse em voz alta:

— Infelizmente essa mãe não conhece a megera que é sua filha.

Como as duas estavam entretidas na conversa, não registraram, muito menos ouviram, as palavras daquele espírito enfurecido. Passada hora e meia, dona Augusta finalmente se despediu e disse a Clara:

— Continue a cuidar bem de sua mãe, pois a recompensa vem de Deus.

Clara, sorrindo, abraçou dona Augusta e falou:

— Tenho feito o que posso.

Dona Augusta rodopiou dizendo que voltaria no dia seguinte para ver Sonia, que não lhe parecera nada bem.

⁂

Beatriz acordou depois das dezoito horas. Quando chegou à cozinha, encontrou Clara preparando o jantar. Mal-humorada, perguntou:

— O que fará para o jantar?

— Farei frango e salada.

Irritada, Beatriz gritou:

— Credo! Você só sabe fazer isso? Estou enjoada de comer frango quase todos os dias.

Clara, percebendo o nível do mau humor da irmã, decidiu se calar para não arranjar confusão desnecessária, poupando Sonia, que ficava nervosa com discussões.

— Clara, por que finge ser uma coisa que não é? Pessoas como você são as mais perigosas – disse Beatriz em tom provocativo.

Clara continuou calada, tentando escapar da discussão. Beatriz lançou um olhar sinistro para a irmã quando ela levou a salada à mesa, porém Clara permaneceu calada, irritando ainda mais Beatriz. Para provocar Clara, Beatriz levou a mão à salada:

— Não coloque a mão na salada, espere o jantar.

— Está vendo como você não é essa santinha que mamãe pensa? Só me resta saber qual é o seu limite – Beatriz disse, ficando em pé. E continuou: – Mostre-me qual é o seu limite! Vamos!

Clara tentou se desvencilhar da mão de Beatriz, e acabou levando uma bofetada. Naquele momento, perdeu a paciência e avançou em Beatriz. As duas gritavam quando Sonia chegou à cozinha tentando impedir que a briga continuasse. Beatriz deu uma surra em Clara, que ficou com os cabelos totalmente em desalinho. Sonia começou a passar mal, e Clara, ao ver o estado da mãe, desesperou-se chamando pelos vizinhos. Beatriz trancou-se no quarto enquanto dona Sonia era socorrida pela vizinhança. Clara chorava e falava:

— A culpa de tudo isso é de Beatriz, que começou a implicar comigo desde que acordou.

Caetano, o vizinho, tinha carro e rapidamente levou Sonia ao hospital. Clara, desesperada, foi até a casa do doutor Percival pedir que ele examinasse sua mãe. Foi atendida por Lourdes, a esposa de Percival. O médico havia chegado há pouco mais de meia hora e, ao saber do ocorrido, colocou Clara em seu carro e juntos foram ao hospital. Quando chegaram, o médico soube que dona Sonia estava na emergência e, sem pedir licença, entrou e logo viu que a mulher estava em forte crise. Percival tomou todas as medidas necessárias e rapidamente mandou que a levassem à UTI. Clara chorava copiosamente na recepção quando o médico chegou.

— E então, doutor, como está minha mãe?

— Ela será encaminhada à UTI para ser assistida vinte e quatro horas por dia. Se em setenta e duas horas melhorar, poderá ir para o quarto e, em mais um ou dois dias, finalmente poderá voltar para casa.

Clara passou a falar desordenadamente:

— Tudo isso é culpa de Beatriz, mas, se acontecer alguma coisa à minha mãe, ela vai me pagar.

O médico, percebendo que houve problemas, perguntou:

— O que aconteceu para sua mãe ficar nesse estado? Quando a vi pela última vez, ela parecia bem.

Clara contou ao médico tudo o que havia acontecido, e então ele disse:

— Dona Sonia desmaiou devido ao agravante emocional, mas vamos aguardar para que reaja e logo volte para casa. E, quando voltar, evite discussões com sua irmã, pois o estado emocional abala e muito a saúde já fragilizada dela.

— Eu devia ter me controlado e não caído nas provocações de Beatriz – Clara disse chorando.

— Vamos aguardar, logo sua mãe voltará para casa.

Naquela noite, Clara não voltou para casa, pois a todo momento queria notícias de sua mãe, mas os médicos nada diziam.

O dia amanheceu e Clara estava sentada na recepção quando viu Percival entrar. O médico, olhando para o estado desolado da moça, perguntou:

— Por que não foi para casa?

— Não ia conseguir ficar longe de minha mãe.

— Antes de atender meus pacientes no consultório, vou até a UTI e, assim que tiver notícias, volto a falar com você.

Clara, com os olhos marejados e inchados pelo excesso de choro e falta de sono, disse:

— Está bem, doutor, vou esperar o senhor na porta de seu consultório.

— Por que sua irmã não está aqui? – perguntou ele, olhando para os lados.

— Com certeza ela está com remorso, mas é melhor assim, pois não quero vê-la na minha frente.

O médico pensou: "Essa garota deve ser mesmo o demônio". Clara ainda estava no hospital quando viu dona Augusta, que, ao ficar sabendo da internação da amiga, resolveu ir até lá para saber se Clara precisava de alguma coisa. Ao ver dona Augusta, a moça a abraçou dizendo:

— Que bom que veio, dona Augusta. Estava me sentindo muito sozinha.

— Mas o que aconteceu para sua mãe voltar ao hospital?

Clara contou tudo nos mínimos detalhes para Augusta, que ouvia sem esboçar nenhuma reação. E terminou o relato dizendo:

— Se acontecer alguma coisa à minha mãe, Beatriz vai se ver comigo!

E, ao dizer essas palavras, a mocinha recomeçou a chorar.

— Minha filha, não pense assim, sua irmã está doente.

— Ela não está doente, apenas quis pegar férias do trabalho para infernizar minha vida em casa.

— Clara, ontem conversei com sua mãe sobre Beatriz. Compreenda, sua irmã tem uma doença na alma, portanto, não aja como ela. Ela vai aprender que a vida dá a resposta que procuramos, e pode ter certeza de que a resposta que sua irmã terá não será nada boa. Mas como está sua mãe?

— Não sei. Durante a noite ninguém me falou nada, e agora o doutor Percival disse que iria até a UTI e me traria alguma notícia.

— Vamos aguardar o retorno do doutor Percival – disse Augusta, penalizada.

As duas estavam sentadas lado a lado, caladas, quando Percival saiu pela porta e foi ao encontro das duas. Clara perguntou em franco desespero:

— O senhor a viu, doutor?

— Dona Sonia passou bem a noite, está acordada, e a primeira pessoa de quem perguntou foi você.

— O senhor acha que ela vai morrer, doutor? – perguntou Clara com os olhos marejados.

O médico, sorrindo na tentativa de acalmar o coração aflito da filha, respondeu:

— Sim! Um dia ela vai morrer como qualquer um de nós, mas não hoje. Dona Sonia teve uma crise forte de dor no peito que a levou ao desmaio, mas acredito que hoje mesmo vai para o quarto.

Clara, sorrindo entre lágrimas, disse:

— Muito obrigada, doutor!

— Que bom que a senhora veio. A mocinha precisa se alimentar, passou a noite sentada nesta recepção e ainda não comeu nada – disse o médico para Augusta.

— Não estou com fome, doutor – respondeu Clara, limpando as lágrimas.

Dona Augusta, compreendendo o que o médico estava querendo dizer, falou:

— Eu a levarei para minha casa para que descanse e voltaremos no horário da visita.

— O horário de visita na UTI, se não me engano, é às dezesseis horas, mas antes de ir poderá se certificar melhor com a recepcionista. Preciso ir, mas pode descansar em paz, pois sua mãe já melhorou.

Augusta levou a mão ao ombro de Clara e disse:

— Venha, vamos para minha casa. Passe o dia comigo e à tarde voltaremos.

Clara obedeceu sem nada dizer, e juntas as duas seguiram a pé, a fim de pegarem um táxi para voltar para a casa de Augusta. Clara estava aflita, pois só de pensar na hipótese da morte da mãe já entrava em desespero. Ao chegarem à casa de Augusta, a mulher disse:

— Venha comer alguma coisa. Depois quero que tome um banho e descanse para ver sua mãe à tarde.

— Não se preocupe, dona Augusta, estou bem. Acho melhor voltar para casa, pois Beatriz pode muito bem ter saído, e mamãe não gosta que a casa fique sem ninguém.

Augusta, ao ver a dedicação daquela filha amorosa, disse:

— Você é boa, filha, e Deus a recompensará por isso, mas hoje peço que me faça companhia. Sou uma mulher sozinha, pois, desde que meu filho se mudou para Goiás com a família, fico só a maior parte do tempo.

Clara sorriu sem nada dizer, e decidiu fazer companhia à dona Augusta naquele dia, pois não queria ver Beatriz em sua frente.

Beatriz, ao ver alguns vizinhos em sua casa, trancou-se no quarto, pois não queria ver ninguém. No entanto, ouviu do quarto a correria e logo deduziu que a mãe havia sido levada ao hospital. Yago, que assistira à cena, gritou:

— Megera! Já não basta o fato de ser responsável pela minha morte, ainda será responsável pela morte de sua mãe!

Beatriz não ouviu as palavras de Yago, mas as registrou em sua mente e com isso disse:

— Meu Deus, acho que estou ficando louca! Por que provoquei Clara daquela maneira? Se mamãe morrer, a culpa será minha.

Yago continuava a chamá-la de assassina, e naquele instante Lobo apareceu.

— Até que enfim está fazendo alguma coisa!

Yago, indignado com as atitudes de Beatriz, disse:

— Essa bruxa fez com que a mãe fosse levada ao hospital completamente desacordada.

Lobo, gargalhando, respondeu:

— Esta é sua chance de induzi-la ao suicídio! Pessoas como Beatriz costumam se mostrar fortes, mas na verdade são mais frágeis que vidro jogado ao chão. Esta é a oportunidade perfeita para se vingar. Incuta em sua mente que ela é culpada, e ela não aguentará a pressão e em poucas horas estará do nosso lado, para que faça o que bem desejar a ela.

— Assassina! Duas vezes assassina! – Yago começou a gritar, revoltado.

Beatriz começou a chorar e a pensar seriamente em pôr fim à própria vida. A moça, como que robotizada, lembrou-se da corda que havia no quarto de despejo e rapidamente a pegou, a fim de levar ao abacateiro e se enforcar. Ela não sabia fazer o nó, e Lobo gargalhando foi lhe induzindo a fazer. Tomada de desespero, pegou o banco e, ao ficar em pé, levou a corda ao pescoço. Quando ia se jogar, a moça ouviu as batidas desesperadas no portão, e mudando rapidamente os pensamentos foi ver de quem se tratava. Ao abrir a porta, viu dona Mariquinha, uma das vizinhas, que, chorando, perguntou:

— Beatriz, como está sua mãe? É verdade que ela foi levada desacordada ao hospital?

— Sim! Mas acredito que logo ela estará de volta – respondeu Beatriz, irritada.

— Por favor, assim que ela chegar, peça a alguém para me avisar, pois dona Sonia sempre foi uma boa vizinha e quero lhe fazer uma visita.

Beatriz não respondeu e novamente entrou em seu quarto pensando: "Se não fosse essa fofoqueira de dona Mariquinha, talvez estivesse agonizando para morrer no fundo do quintal". E chorando disse:

— Eu não quero morrer e não farei nada para atentar contra minha própria vida.

Lobo, ao ver que Beatriz ia desistir da ideia, gritou:

— Não acredito que essa mulher intrometida atrapalhou nossos planos!

— Essa infeliz é como gato, tem sete vidas, mas fique tranquilo que as vidas dela vão se esgotar uma a uma, e logo ela estará do meu lado – disse Yago.

— É melhor pensar em outro plano, pois esse já não deu certo, e agora ela caiu em si e não tentará fazer novamente.

— Por que você não faz com ela o que fez comigo? Intua alguém a fazer o serviço para você – disse Yago em tom irônico.

— A vingança é sua, e não minha, portanto, se quiser faça, pois eu já tenho serviço demais.

Yago sentiu vontade de esganar Lobo, mas sabia que ele era mais forte, então, permaneceu imóvel. Viu a moça chorar até adormecer, e sabia que naquela noite ninguém a socorreria se ela tivesse um pavor noturno. Não demorou, viu a moça se duplicar e sair do corpo no momento do sono.

— Assassina! Você vai pagar por todas as suas maldades! – Yago gritou.

— Não acredito que estou tendo pesadelo com você novamente! Vá embora e deixe-me em paz.

— Você é duas vezes assassina! Primeiro contratou um espírito das trevas para me liquidar, e agora é a assassina de sua própria mãe, que agoniza no hospital!

Beatriz, ao ouvir as palavras de Yago, disse:

— Isso não é real... Você é apenas um produto de minha imaginação...

Yago aproximou-se e a pegou novamente pelo pescoço, enquanto o corpo de Beatriz se debatia no leito. Ela pediu, chorou, implorou para que Yago a soltasse, mas sem sucesso. À medida que pedia e implorava, mais Yago apertava seu pescoço.

Lobo, vendo que aquela luta não levaria a lugar algum, disse:

— Você tem potencial para ser um assassino. Vi sua selvageria quando pegou a moça pelo pescoço – e gargalhou: – Deixe de ser tonto! Ela, estando fora do corpo, é tão imortal quanto nós. Pense numa maneira de trazê-la para o nosso lado. Ficar esganando-a em espírito de nada vai resolver.

Yago pensou por alguns instantes e disse:

— Pode não resolver, mas sinto prazer em infringir dor a ela.

Lobo, lançando um olhar maroto, disse:

— Ontem quase conseguiu, mas ela não voltará a pensar em suicídio, pois caiu em si. Agora, trate de arranjar outra forma de se vingar.

Yago pensou por mais alguns instantes e disse:

— Vou brincar com ela. Por enquanto, a farei sofrer na carne, e quando quiser realmente acertar as contas, arranjarei uma forma de trazê-la para o meu lado.

— Não se esqueça de que seu tempo está acabando, e o chefe já está ficando impaciente com a nossa demora.

— Não vou trabalhar em nenhuma organização, coloque isso em sua cabeça de uma vez por todas – Yago disse irritado.

— Isso é o que veremos... – Lobo disse gargalhando.

E novamente desapareceu das vistas de Yago, mas continuou à espreita.

※

Clara e Augusta chegaram ao hospital faltando dez minutos para a visita.

— Será que mamãe melhorou? – perguntou Clara.

— Tenho fé em Deus que sim – disse a mulher, tentando acalmar o coração aflito da mocinha.

Às dezesseis horas finalmente as duas entraram na UTI e, para a alegria de Clara, a mãe estava acordada. Com lágrimas nos olhos, perguntou:

— Como a senhora está, mamãe?

— Estou melhor. O médico disse que talvez hoje ainda eu vá para o quarto.

— Que bom, minha amiga, fico feliz – disse Augusta, sorrindo. Sonia já não estava tão fadigada como da última vez que a viu, de modo que ficou tranquila.

— Onde está sua irmã? – Sonia perguntou.

— Está em casa.

A mulher ficou desapontada por saber que a filha não havia ido visitá-la, e Clara, ao perceber, disse:

— Mamãe, não fique triste por Beatriz não vir. A senhora sabe como ela é, só pensa em si mesma, sem se importar com ninguém.

Augusta, não querendo que a amiga se aborrecesse, disse:

— Clara passou a noite no hospital e depois a levei para minha casa para que me fizesse companhia.

— Quando me disse que Beatriz era egoísta, não fiquei magoada por saber que a senhora não estava falando nenhuma mentira.

Augusta, tentando poupar a mulher, disse:

— Deixemos de falar de Beatriz, pois isso não nos acrescentará em nada, ademais, devemos aceitar as pessoas como são.

Clara e Augusta ficaram por mais algum tempo, quando a enfermeira chegou dizendo que o horário da visita havia acabado. Ao sair, as mulheres ficaram esperando o médico que falaria sobre o estado de saúde de cada paciente. Ele chegou e começou a falar com todos os visitantes daquele horário. Clara esperou calmamente chegar a sua vez.

— Você é filha da dona Sonia?

— Sim! – respondeu a moça.

— Dona Sonia passou bem a noite, acordou pela manhã e se mantém acordada. Seu quadro melhorou, e talvez à noite ela seja transferida para o quarto.

— E como ela está?

O médico, sem esboçar nenhuma reação, disse:

— Dona Sonia está reagindo bem ao tratamento, e agora está melhor, mas, como sabe, ela tem o mal de Chagas, e isso requer cuidados.

— O senhor acha que o nervoso a trouxe aqui?

O médico respirou fundo e, sendo totalmente profissional, disse:

— Em sua condição é imperioso que ela se mantenha calma, pois o estado emocional afeta sua saúde.

O médico já ia se dirigindo a outro visitante quando Clara voltou a falar:

— Minha mãe passou por aborrecimentos em casa, e esse foi o motivo que a trouxe aqui.

O médico disse friamente:

— O mal de Chagas fez com que a paciente viesse parar na UTI, pois, pelos exames, percebemos que ela já não está bem há dias, portanto, uma hora ou outra ela teria essa crise. Mudamos alguns medicamentos, talvez sua qualidade de vida melhore, mas a tranquilidade a ajudará a ficar sem crises por enquanto.

Finalmente o médico começou a falar com outros parentes, e logo todos foram dispensados. Clara disse a Augusta:

— Preciso ir para casa, pois tenho que trazer alguns pertences pessoais de mamãe.

— Bem pensado. Vou com você.

— Não precisa se preocupar, a senhora já fez muito.

— Minha filha, sua mãe e eu somos amigas há pelo menos trinta anos, portanto, ficarei a seu lado, quer queira, quer não.

Clara agradeceu a presteza da mulher e juntas pegaram um táxi em direção à casa de Sonia. Ao chegarem, encontraram a casa vazia. Clara pensou que Beatriz não estivesse em casa, então foi tomar banho e, quando estava arrumando os pertences da mãe, Beatriz se aproximou. Clara ainda estava ressentida com a irmã, portanto ignorou sua presença.

— Como está mamãe? – Beatriz perguntou.

Clara continuou a ignorar sua presença, sem nada dizer, e finalmente se afastou. Augusta esperava Clara tranquilamente na sala, logo não viu a cena.

— Como está minha mãe? – Beatriz, ao ver Augusta, perguntou.

— Graças a Deus, está melhor. Talvez ela seja transferida para o quarto ainda hoje. Clara não lhe falou?

— Clara não quer falar comigo pelo que houve ontem.

— Tenha paciência, sua irmã está sofrendo muito com a internação de sua mãe.

— Paciência é algo que não tenho, pois Clara é uma garotinha mimada da mamãe, e isso me irrita.

— Sua mãe não pode se estressar, portanto, muito ajudará se poupá-la de aborrecimentos. Paciência é uma virtude que devemos adquirir para que possamos viver melhor.

Beatriz esboçou seu velho sorriso sarcástico e disse:

— Viver melhor... Já que não podemos viver bem, devemos tentar viver melhor...

— Minha filha, para vivermos bem, dependemos muito dos outros. Quando não estamos bem com os outros, não estamos bem com nós mesmos. Enquanto não aprendermos que a vida é uma troca, continuaremos a sofrer.

Beatriz irritou-se com as palavras de Augusta e em tom crítico perguntou:

— A senhora está dizendo que não vivo bem com as pessoas?

— Minha filha, não cabe a mim dizer se você convive bem com as pessoas. Isso quem sabe é só você.

Beatriz, perdendo completamente a compostura, disse:

— Prefiro os animais a conviver com pessoas falsas, mesquinhas e maldosas.

Augusta ficou observando Beatriz, aguardando que continuasse, porém, Clara entrou na sala dizendo:

— Já arrumei as coisas para levar ao hospital.

Clara falou sem olhar para Beatriz, que abaixou a cabeça sem nada dizer. Dona Augusta, olhando para Beatriz, disse:

— Vamos ao hospital, não quer nos acompanhar?

Clara olhou indignada para dona Augusta, que aguardava uma resposta. Beatriz disse friamente:

— Vejo minha mãe quando voltar do hospital.

Dona Augusta, sentindo pena de Beatriz, despediu-se saindo em seguida. Ao tomarem a rua, Clara perguntou:

— Por que a senhora convidou Beatriz para ir ao hospital? Esqueceu que mamãe está na UTI por culpa dela?

— Concordo que a briga de vocês contribuiu para a internação de sua mãe, mas essa crise aconteceria de qualquer maneira, pois ontem eu senti que ela já não estava bem.

— Ela não estava bem, mas a situação causada pela minha irmã a deixou pior.

Dona Augusta anuiu com a cabeça, concordando com a moça. As duas chegaram no hospital faltando pouco para as dezoito e trinta, e logo ficaram sabendo que Sonia havia ido para o quarto há pouco mais de uma hora. Feliz, Clara perguntou à recepcionista:

— Em que quarto ela está?

— Está na enfermaria, no quarto sessenta e dois.

A moça logo informou que precisaria levar os pertences à mãe, o que foi permitido. Como o caso de dona Sonia inspirava cuidados, foi permitido que ela tivesse uma acompanhante. Clara e Augusta rapidamente entraram e encontraram dona Sonia dormindo. A moça chamou pela mãe, que acordou rapidamente, e elas ficaram conversando por meia hora, até Augusta decidir voltar para casa. Clara ficou fazendo companhia para a mãe. À noite, o médico passou e disse que, se ela continuasse bem, poderia ir embora no dia seguinte, para a felicidade de Clara.

Yago, pela primeira vez sentiu pena de Beatriz, e com isso pensou: "Por que aumentar o sofrimento dessa criatura que já sofre tanto?". Ele permaneceu longe de Beatriz, fazendo-a sofrer pela própria consciência. Ela tomou banho e foi para o quarto, quando Lobo apareceu gargalhando como sempre o fazia, aumentando ainda mais a irritação de Yago.

— Está sentindo pena da pobre megera? Não pensei que fosse tão frouxo.

— Deixe-me em paz! – Yago gritou, perdendo a paciência.

— Se continuar assim, logo aqueles intrometidos da luz virão buscá-lo.

Ao dizer essas palavras, Lobo desapareceu das vistas de Yago, deixando-o preso às lembranças. Ele logo se lembrou das palestras que ouvira no Centro Espírita, nas poucas vezes que frequentava à casa. Uma das palestras era sobre o arrependimento, feita por um convidado da casa naquela noite. As palavras da palestra ressoavam na consciência de Yago, e com isso ele se pôs a pensar sobre parte da palestra que ouvira. Logo se lembrou de que o arrependimento tem que vir sempre acompanhado de reparação do erro e que o arrependimento sem reparação não mudava o quadro da situação. O que marcou profundamente na palestra que ouviu foram as palavras intermediárias do palestrante:

— Meus irmãos, cada um de nós foi criado simples e ignorante, de modo que o desejo de vingança mostra claramente quanto somos pequeninos. Cada pessoa tem que reconhecer que o perdão das ofensas é o melhor caminho a seguir. Quando um espírito desencarnado permanece junto a seu desafeto, no desejo de se vingar, mostra que não confia na sabedoria de Deus. O apóstolo Pedro, no capítulo quatro, versículo cinco, diz que Deus está pronto para julgar os vivos e os mortos, e que cada um vai prestar contas pelos seus atos.

A partir daquele momento, as palavras do apóstolo Pedro não lhe saíam do pensamento. Logo passou a se lembrar das conversas que tivera com dona Júlia, e de como eram sábias suas palavras.

Os dias se seguiram. Dona Sonia saiu do hospital, para a alegria de Clara, porém Yago ficou observando quanto Beatriz era infeliz.

— Como a senhora está se sentindo? – perguntou Beatriz ao ver a mãe.

A mulher, sem ressentimentos, respondeu:

— Estou bem melhor, minha filha.

— Fico feliz que esteja de volta.

— Por que não foi no hospital me visitar?

Beatriz respondeu sem emoção:

— Porque não queria ficar no mesmo ambiente que Clara.

Dona Sonia, sentindo pena da filha, disse:

— Beatriz, conheço bem você e Clara. Por que a atormentou daquela maneira? Clara sempre teve um temperamento afável, e é impossível não conviver bem com uma pessoa como sua irmã.

— Não sei o que me deu. Naquele dia, eu estava com ódio do mundo e acabei descontando em Clara.

— Minha filha, você não percebe, mas a cada dia que passa está se sentindo ainda mais só.

Beatriz enxugou o rosto com as costas da mão, e disse:

— As pessoas são más.

— Concordo que há maldade no mundo, mas sua irmã não é uma pessoa má, pelo contrário. Clara é mansa como um cordeirinho. Quando uma pessoa diz que ninguém gosta dela, é porque ela não gosta de ninguém. E ser uma pessoa que não é apreciada por ninguém é muito triste, pois a pessoa fica sozinha, sente-se solitária e corre o risco de morrer sozinha. Como é o relacionamento com seus colegas de trabalho?

— Não tenho relacionamento com ninguém, vou ao escritório e faço minha parte sem me importar com ninguém.

Dona Sonia, remexendo-se na cama, disse:

— Como pode querer que alguém se importe com você, quando, na verdade, não se importa com ninguém? Nunca se esqueça, minha filha, de que fomos criados para viver em sociedade, e quando esse convívio se torna impossível, nos tornamos pessoas amargas.

— Nasci sozinha e não tem problema se eu morrer sozinha – Beatriz disse chorando.

— Não pense assim, minha filha. Para sermos felizes, é essencial que convivamos bem com os outros, pois nada dói mais que a solidão.

— Mas por que estou condenada à solidão? O que fiz para merecer isso?

A mulher, pegando na mão da filha, respondeu:

— Minha filha, você leva uma vida solitária em resposta às suas escolhas. Para se ter um amigo, antes, é necessário que sejamos amigos. Para se ter amigos verdadeiros, é necessário que sejamos verdadeiros com eles. Ser amigo significa não usar de falsidade, ser honesto em tudo. Será que você tem agido com honestidade para com as pessoas? Tudo o que nos acontece é em consequência de nossas ações. Se você não tem amigos, é porque não fez por merecê-los – inspirou profundamente e continuou: – Mas você é jovem e tem uma vida inteira pela frente, portanto, ainda há tempo para as devidas mudanças. Mude sua maneira de ser com as pessoas que elas mudarão com você.

Clara naquele momento entrou no quarto dizendo:

— Mamãe, fiz um copo de vitamina para a senhora.

A mulher esboçou um sorriso triste e disse:

— Minha filha, como sabe, a minha doença afetou meu apetite, portanto, não estou com vontade de tomar a vitamina.

— Por favor, mãe, só um pouquinho – Clara insistiu.

A mulher, que já estava no estágio avançado da doença, tinha a deglutição comprometida, a alimentação se tornara uma batalha, porém, vendo o carinho da filha, sentou-se e sorveu um pouco da vitamina, para a alegria de Clara.

Beatriz, observando o jeito meigo da irmã, pensou: "Por que não sou como Clara? Tão meiga, tão cheia de amor...". Sentiu que não ia conseguir controlar o choro, então resolveu sair do quarto da mãe e trancou-se em seu quarto. Yago observava tudo com atenção, e viu quando a moça se deitou agarrada ao travesseiro, chorando compulsivamente. Novamente, as palavras do apóstolo Pedro lhe vieram à cabeça: "Cada um vai prestar contas a Deus pelos seus atos, pois Deus julga os vivos e os mortos". E pensou: "Por que me vingar dessa criatura? A vida miserável que leva já é uma punição". Tomou então uma decisão:

— Não quero mais me vingar de Beatriz.

Lobo apareceu naquele momento e perguntou:

— Está pensando em perdoar essa bruxa?

Yago, sem prestar atenção na conotação maldosa de Lobo, respondeu:

— Não cabe a mim julgá-la, pois isso cabe a Deus, que tem o poder de julgar os vivos e os mortos. Deixe que ela responda a Deus pelos seus atos.

— Frouxo! Como pode pensar dessa maneira?

Yago, olhando calmamente para Lobo, respondeu:

— Estou cansado de sofrer. O desejo de me vingar está me fazendo sofrer. O que ganharei por me vingar de Beatriz? Nada! Muitas vezes, penso que estou perdendo tempo ficando ao lado dessa criatura infeliz.

Lobo sorriu ironicamente e perguntou:

— O que você está perdendo? Como tem a coragem de me perguntar isso? Você está perdendo sua dignidade e acha pouco?

Daquela vez, foi Yago quem sorriu com ironia:

— Que dignidade? Quando comecei a levar uma vida digna, perdi a vida, portanto, para mim não resta mais nada. Não quero mais me vingar de Beatriz nem ficar pensando no passado, porque essa vingança não trará minha vida de volta. Tenho que pensar em o que será da minha vida daqui por diante, de modo que nada mais me importa. Se quiser ficar atormentando essa pobre criatura, isso é com você, pois para mim chega!

— Que vida? Esqueceu que já morreu? – Lobo perguntou irritado.

— Perdi meu corpo físico, isso é fato, mas também é fato que minha vida continua e que em algum lugar eu ainda posso ser feliz.

Yago pensou firmemente em dona Júlia e rapidamente sumiu das vistas de Lobo, deixando-o pasmo com aquela decisão. Apareceu na sala de dona Júlia, e logo viu Marcelo dizer:

— Dona Júlia, está chovendo muito, como vamos à Casa Espírita?

— Isso é simples, meu filho, basta chamar Clóvis, o taxista.

— A senhora fica aqui que eu vou chamá-lo, mas hoje a corrida é por minha conta.

Yago observou Marcelo e não deixou de perceber que ele não era mais aquele rapaz raquítico de outros tempos. Tinha engordado, e sua fisionomia já não era de um rapaz, mas, sim, de um homem. Triste, Yago entrou em seu antigo quarto e viu que tudo havia mudado; até mesmo a cama em que dormia já não era mais a mesma. E foi com pesar que ouviu dona Júlia perguntar ao rapaz:

— Você já providenciou o terno para o casamento?

Ele pensou que Marcelo fosse se casar, ignorando completamente o fato de que o casamento era de sua irmã.

— Andei vendo uns ternos, mas achei muito caros, sinceramente, estou pensando em alugar um.

— Boa ideia! Se você comprar um terno, não voltará a usar.

Marcelo, levando o relógio ao braço, perguntou:

— A senhora vai comigo à loja de aluguel no sábado?

— Sim, temos o dever de ser os padrinhos mais bonitos do casamento.

— Mercedes e Fernando merecem, pois são pessoas boas.

Dona Júlia, que se tornara amiga de Ana, perguntou:

— E, você, quando pedirá Ana em namoro?

— Dona Júlia, não é porque a levei algumas vezes para casa depois das reuniões na Casa do Caminho que vou pedi-la em namoro – Marcelo, sorrindo, respondeu.

Yago, ao ouvir o comentário de Marcelo, sentiu uma leve pressão no peito, porém disse a si mesmo:

— Ana e Marcelo são boas pessoas e merecem ser felizes juntos, afinal, a vida continua.

Marcelo pegou um guarda-chuva e rapidamente saiu para chamar o táxi. Yago, ao vê-lo pegar o objeto, disse:

— Tudo o que eu mais queria neste momento era sentir a chuva molhar meu rosto, mas isso me foi negado.

Dona Júlia, ao se ver sozinha, sentiu saudades de Yago, e não demorou a sentir sua presença.

— Meu filho, você está aqui?

Yago, chorando, respondeu:

— Sim, estou aqui, dona Júlia, pode me ver?

A mulher não ouviu as palavras de Yago, mas registrou-as no pensamento, e então que disse:

— Meu filho, infelizmente não posso vê-lo, mas posso senti-lo com todas as fibras do meu coração. Não sei por onde os caminhos da morte o levaram, mas saiba que eu sempre o amei como um filho. Vou à Casa Espírita, por que não me acompanha?

Yago, pela primeira vez desde que desencarnara, sentiu verdadeira alegria.

— Perdi muito tempo por não acreditar na continuidade da vida, mas hoje, vivendo como espírito, sei que a senhora sempre teve razão e que eu fui um estúpido – e, chorando, Yago continuou: – Levei minha vida como se nunca fosse morrer, mas estava enganado, pois a morte chega a todos. A diferença é para onde iremos após o fim do corpo físico. Doravante, quero fazer tudo diferente, e peço mais uma vez que me ajude.

Dona Júlia sentiu a saudade aumentar e, com lágrimas nos olhos, falou:

— Yago, Deus é misericordiosamente Bom e Justo, portanto, receba Seu amor no mundo dos espíritos.

Yago naquele momento sentiu como se um bálsamo invadisse seu espírito, e então decidiu que acompanharia dona Júlia à Casa Espírita. Antes de sair, olhou para a casa que havia morado quando encarnado, e disse:

— Este é o lugar de onde eu nunca deveria ter saído...

CAPÍTULO VINTE E DOIS

Começar outra vez

Aos poucos, as pessoas iam chegando à Casa Espírita. Marcelo, que estava sentado sozinho, ficava olhando o tempo todo para trás esperando Ana chegar. Embora não confessasse a Júlia, estava apaixonado pela moça. Júlia logo foi a uma sala para entrevistar as pessoas necessitadas. Em dado momento, a fisionomia de Marcelo se transformou ao ver Ana entrando na Casa, porém ficou quieto, esperando que ela se aproximasse. Ana, por sua vez, também estava apaixonada pelo rapaz, e para ela Yago havia se transformado em saudade. Yago, que acompanhara Júlia e Marcelo, viu quanto a Casa Espírita era diferente olhando por outro ângulo. Impressionado com a luz que irradiava do local, disse:

— Nunca imaginei que a Casa Espírita fosse dessa maneira. Que lugar lindo!

Ele viu vários desencarnados, que olhavam para ele, dando as boas-vindas. Desde que desencarnara, Yago não conversara com ninguém a não ser Lobo, que tentava de todas as maneiras persuadi-lo a trabalhar na organização. Um senhor com olhar paternal disse:

— Seja bem-vindo, meu filho.

Constrangido, Yago apenas esboçou um sorriso. Ele ficou olhando os desencarnados que andavam de um lugar a outro comandando outros desencarnados necessitados. Aquele espírito do senhor gentilmente perguntou:

— O que houve com você, meu filho?

— Fui assassinado!

O espírito, sorrindo, amavelmente se apresentou:

— Chamo-me Dardan.

Yago não disse, mas pensou: "Que nome estranho...". O espírito, ouvindo o pensamento de Yago, respondeu:

— Tenho esse nome porque meus pais eram da Albânia.

Envergonhado, Yago perguntou:

— Que país é esse que nunca ouvi falar?

O espírito amigo respondeu com calma:

— A Albânia é um país que fica no sudeste da Europa.

Yago pediu desculpas, e tratou de não pensar em nada, a fim de não descobrirem seus pensamentos. Dardan, olhando a camisa suja de sangue de Yago, perguntou:

— Meu filho, sente dores?

— Antes sentia mais dores, hoje nem tanto. Às vezes, quando fico com raiva por ter morrido, sangra, mas, assim que me acalmo, o sangramento para.

— Venha comigo, vamos dar uma olhada nesse ferimento.

Yago sentiu confiança em Dardan, de modo que o acompanhou sem pensar em nada. Dardan o encaminhou a uma sala, e lá havia vários, desencarnados deitados. Deitou-se em uma maca. Dardan fechou os olhos e depois de se concentrar estendeu as mãos sobre o ferimento. Yago, que permanecera com os olhos abertos, viu quando raios de luz verde-claros saíram da mão e do peito de Dardan. A luz envolveu seu abdome, e naquele momento Yago sentiu imenso bem-estar. Depois de alguns minutos, Dardan disse:

— Serão necessários mais alguns passes magnéticos sobre o ferimento, portanto, sugiro que fique para se curar completamente.

Yago olhou para seu abdome e percebeu que o ferimento estava quase fechado. Dardan olhou para os lados e viu um trabalhador que conversava mansamente com uma senhora, que dizia que precisaria voltar a viver para cuidar dos filhos. Ele socorreu o companheiro e, gentilmente, disse:

— Calma, minha irmã, pense em Jesus e em você.

— Como posso pensar em mim, se meus dois filhos estão com meu marido, que sempre foi irresponsável?

Yago permaneceu sentado na maca, observando a cena.

— Minha preocupação é maior que minha dor, por favor, compreendam, preciso voltar para cuidar dos meus filhos – a mulher falava aos prantos.

— Fique em silêncio, seu aparelho reprodutor foi totalmente destruído pelo câncer, agora pense em você e confie em Jesus. Depois falaremos sobre seus filhos.

O espírito da mulher, percebendo a seriedade do momento, tratou de ficar calado, e enquanto Dardan emanava luzes verde-claras, o companheiro emanava luzes lilases, que se misturavam e envolviam o baixo-ventre da mulher. Logo ela se acalmou e Yago percebeu que estava dormindo.

Dardan voltou com o mesmo sorriso gentil e, olhando para Yago, perguntou:

— Como está se sentindo?

— Estou bem, o ferimento quase que fechou por completo.

— Venha assistir à palestra, depois falaremos.

Yago voltou ao salão principal onde estavam os encarnados; viu um senhor começar a reunião com sentida prece. Naquele momento, viu luzes claras de inúmeras cores invadirem o ambiente. Depois da prece, o senhor começou a falar:

— O tema que abordaremos hoje é a ovelha que se perdeu – e começou a ler: – O Evangelho de Lucas, capítulo quinze, versículos quatro a sete, diz: "Que homem dentre vós, tendo cem ovelhas e perdendo uma delas, não deixa no deserto as noventa e nove e vai atrás da perdida até que venha a achá-la? E achando-a, coloca-a sobre os ombros. E chegando à casa, convoca os amigos e vizinhos, dizendo-lhes: 'Alegrai-vos comigo, porque achei a minha ovelha que estava perdida. Digo-vos que haverá mais alegria no céu por um pecador que se arrepende do que os noventa e nove justos que não precisam de arrependimento'". O que Jesus quis nos ensinar com esse ensinamento? Primeiro vemos a demonstração do amor do Cristo quando contou essa parábola. Ela deixa clara que alguém, diante da magnitude desse ensino, ainda possa duvidar da misericórdia infinita do Criador. Deus, através dos seus prepostos, tudo faz para encaminhar o homem no roteiro que Ele conduz. Assim como Jesus foi buscar Madalena à beira do abismo dos vícios e da vaidade, e Zaqueu no despenhadeiro da ganância e da espoliação, os seus mensageiros buscam aqueles que se avizinham dos precipícios da miséria moral e das viciações. Da mesma forma, Cristo advertiu Judas Iscariotes sobre o caminho perigoso que estava trilhando, mas este não o ouviu, pois Jesus sabia que não poderia interferir em seu livre-arbítrio. Os emissários do alto advertem todos os seres encarnados que se defrontam com os problemas agudos do crime, da intemperança e da revolta. Hoje a fé cega vem calcificando consciências, a ponto de fazer com que sejam incutidos a intolerância e o ódio entre os filhos de Deus na Terra. Temos o exemplo do apóstolo Paulo, que participou da morte de Estêvão, e não contente perseguiu ferozmente os cristãos, sendo movido pela fé cega que não lhe permitia ver que todos eram irmãos. Os mensageiros do céu, por sua vez, agiram rapidamente, fazendo com que Paulo, depois de uma cegueira temporária, recobrasse a visão e se arrependesse de seus atos. O apóstolo Paulo arrependeu-se de suas ações, mas logo percebeu que só o arrependimento não bastava, pois teria que haver a reparação. E assim se deu quando Paulo se arrependeu e procurou aplicar os ensinamentos do Cristo. Mas como somos advertidos nos dias de hoje? Como sabemos, o corpo físico serve como barreira para entrarmos em contato com os espíritos elevados; e Deus, em sua infinita bondade e misericórdia, permitiu aos espíritos encarnados que se desligassem do corpo durante o sono e volitassem no espaço para receber as instruções e as advertências. Portanto, dessa maneira, vemos quanto Deus se importa conosco, aliás, Deus se importa tanto que, até mesmo depois da morte física, Ele continua se importando. Mesmo aqueles irmãos que acabam se perdendo nas veredas do ódio, da vingança e das más paixões, ainda assim recebem ajuda. Deus é feliz, e quer que sejamos felizes, pois o livro de Provérbios, capítulo quinze, versículo dezessete, diz: "Que Deus nos guie e mostre o caminho que devemos andar". E não devemos nos esquecer de que Deus é o Bom Pastor que vai à procura de alguém que está perdido em suas más paixões e o socorre por meio dos Amigos Espirituais. E quais os papéis desses amigos? É nos ajudar a chegar sempre ao arrependimento e dar forças para retrocedermos e reparar nossas más ações. Portanto, meus irmãos, ninguém está além de ajuda, todos, estejam encarnados ou não, um dia chegarão ao arrependimento. Foi por esse motivo que nosso irmão Chico Xavier disse: "Ninguém pode voltar atrás e fazer um novo começo, mas qualquer um pode começar agora e fazer um novo fim". Deus sempre nos dará a oportunidade de nos arrepender de nossas ações.

O senhor que fazia a palestra, encarando a assistência, convidou todos à prece final. Depois da prece, foi encaminhando um a um à câmara de passes e, após a leitura de uma mensagem, finalmente a reunião terminou. Yago, que ouviu a palestra atentamente, não se controlou, e ao final estava em lágrimas. Dardan, sentindo que Yago estava arrependido, ignorou suas lágrimas e, com um sorriso paternal, perguntou:

— O que achou da palestra?

Yago, não se contendo, deu vazão às lágrimas e encostou a cabeça no ombro de Dardan sem nada falar. Dardan esperou que ele se acalmasse e disse:

— Eu vos afirmo que, da mesma maneira, haverá muito mais alegria no céu por um pecador que se arrepende do que por noventa e nove justos que não carecem de arrependimento. Chore, meu filho, deixe que as lágrimas tirem as escamas de seus olhos e passe a deslumbrar sua nova vida.

— Vocês vão me levar?

— Meu filho, nós obedecemos ao livre-arbítrio de cada um, portanto, você quer que o levemos?

Yago, com o rosto banhado em lágrimas, respondeu:

— Sim, mas não agora; minha irmã se casará e eu não gostaria de perder esse evento.

— A decisão é sua, e cabe a mim respeitar.

Yago, temendo encontrar novamente com Lobo, passou a contar tudo o que havia acontecido até o momento de sua morte, e encerrou o relato dizendo:

— Não gostaria de ficar sozinho, pois tenho certeza de que Lobo virá atrás de mim e tentará de todas as maneiras me dissuadir de minha decisão. – Dardan permaneceu calado, e Yago pediu: – Por favor, imploro que fique a meu lado até o casamento de minha irmã, e depois faça o que bem entender de mim.

Dardan pensou por alguns instantes e disse:

— Está bem, trabalho na Casa vinte e quatro horas por dia e, para sua proteção, peço que fique conosco. Por que quer ir ao casamento de sua irmã?

— É a única maneira de me despedir dos meus pais.

— Se é assim que queres... Assim será.

Yago aceitou o convite de Dardan e não retornou à casa de dona Júlia.

Beatriz chegou ao trabalho e foi informada por Ana que Moacir queria falar com ela antes que começasse a trabalhar.

— Mas o doutor Moacir só chega depois das nove, o que farei enquanto isso? – disse Beatriz, irritada.

— Poderá sair e voltar mais tarde.

Desconfiada de que alguém havia feito alguma fofoca, Beatriz perguntou a Ana:

— Aconteceu alguma coisa em minha ausência?

— Não que eu saiba – respondeu Ana.

Beatriz pensou por alguns instantes e disse:

— Ficarei esperando doutor Moacir chegar em minha máquina.

Ana, constrangida, respondeu:

— Não será possível ficar em sua máquina. Há pouco mais de quinze dias, Verá começou a trabalhar no escritório, e o doutor Moacir mandou que ela ficasse com sua mesa.

Naquele instante, as pernas de Beatriz estremeceram, pois não lhe restou dúvida de que seria demitida. Ela decidiu ir à pequena cozinha, onde os funcionários tomavam café, e Ana não fez nada para impedir. Logo Beatriz viu a nova funcionária pegar alguns requerimentos e começar a trabalhar. Ela sentiu ódio de todos ali presentes. Cida, a moça que fazia café e limpava o escritório, também entrou na cozinha. E, ao ver Beatriz, fingiu não notar sua presença, pois não gostava da moça, que diversas vezes a humilhara em frente aos colegas.

— O que aconteceu em minha ausência? Por que o doutor Moacir colocou outra moça em minha máquina? – Beatriz perguntou.

Cida, lavando os copos que estavam sobre a pia, respondeu:

— Se você não sabe, eu também não.

— Você anda por todo o escritório e sabe tudo o que acontece.

— Mesmo se soubesse, jamais lhe contaria – Cida respondeu friamente.

Beatriz irritou-se com a resposta:

— Não sei por que pergunto coisas para uma simples faxineira, você não é nada.

A mulher fingiu não ouvir os insultos. Ana apareceu na cozinha e disse:

— Beatriz, o doutor Moacir chegou e pede que vá a seu escritório.

Beatriz saiu sem olhar para Ana e Cida. Ana aproveitou para tomar um cafezinho e, voltando sua atenção para Cida, perguntou:

— Beatriz estava conversando com você?

— Ela queria saber o que havia acontecido em sua ausência, mas eu nada falei.

Ana entornou a xícara de café e respondeu:

— Ela mal sabe o que a espera.

— Cada um tem o que merece. Essa moça tem o rei na barriga e sempre me tratou mal.

— Não guarde rancor de Beatriz; ela se tornou uma pessoa desprezada por todos. Tenho pena dela.

Cida, sem piedade, respondeu:

— Eu não tenho! Essa moça foi falar mal de mim ao doutor e, se não fosse você, teria perdido o emprego. O que mais me dói é que ela inventou mentiras para me prejudicar.

— Perdoe-a, pois não passa de uma pobre coitada.

Ana saiu da cozinha, deixando Cida presa em seus pensamentos: "Está chegando a hora de Beatriz pagar por tudo o que fez". Beatriz subiu as escadas e logo bateu à porta do escritório do chefe. Moacir não escondeu o dissabor em revê-la e com isso disse:

— Que bom que me procurou, precisamos conversar.

Beatriz, com empáfia, sentou-se à sua frente, esperando que começasse a falar. Moacir, sem rodeio, falou:

— Beatriz, como sabe, estamos com muito trabalho, e como me pediu férias num momento delicado, fui obrigado a colocar outra pessoa em seu lugar.

— É simples, pode despedir a moça e devolver minha máquina.

Moacir respirou fundo e disse:

— Não posso despedir Vera. É uma excelente datilógrafa, respeita os horários, cumpre com suas obrigações e se dá bem com todos.

Beatriz, sabendo o que a aguardava, gritou:

— O senhor está pensando em me despedir? Pedi férias porque estava doente!

— Eu sei, mas os trabalhos não esperam, o serviço aumentou muito, e temos muitos despachos a fazer. Não poderia me dar ao luxo de deixar uma máquina parada.

— Por que não compra outra máquina para mim?

Moacir irritou-se com o desafio da moça, e rapidamente mudou de ideia.

— Bem, não vou comprar outra máquina, pois como sabe não temos espaço para isso.

Beatriz, com olhar altivo, perguntou:

— O que pretende fazer?

Moacir remexeu-se em sua cadeira e disse:

— Estava pensando em colocá-la para trabalhar com Maria.

— O quê? Quer me passar a faxineira? Isso é um insulto.

Moacir, esfregando as mãos nervosamente, deu sua sentença:

— Isso é tudo o que tenho a lhe oferecer.

— Não fiz faculdade, é verdade, mas sempre fui esforçada, e jamais aceitaria ser rebaixada de cargo.

Moacir, não querendo forçá-la a pedir demissão, disse:

— Não tenho outra função a lhe oferecer, portanto, a única coisa que me resta fazer é despedi-la.

Beatriz levantou-se e, olhando com ódio para o patrão, disse:

— Trabalhei durante três anos neste escritório, sempre fiz o meu melhor, e é isso que ganho?

Moacir, sabendo que não era verdade o que a moça dizia, respondeu:

— No começo você trabalhou bem, mas depois foram tantas intrigas, serviços malfeitos e atrasados, que me fizeram cansar. Você receberá tudo o que lhe é devido. Agora me deixe trabalhar e boa sorte.

Beatriz, não se dando por vencida, disse:

— Vou acabar com o senhor da mesma forma que acabei com Yago, aguarde e verá.

Naquele momento, Moacir estremeceu ao pensar que a moça tinha algo a ver com a morte do rapaz. Ela saiu do escritório sem olhar para ninguém, sentia muito ódio de todos. Não viu que Lobo estava a seu lado, pois, embora Yago não quisesse mais se vingar de Beatriz, o chefe dera-lhe ordens para exterminá-la. Ela atravessou a rua para pegar o ônibus, quando de repente caiu, batendo a cabeça fortemente no meio-fio. Os transeuntes rapidamente se aglomeraram, e um deles gritou:

— Alguém tem carro? A moça está desacordada.

— Tenho, venha, coloque-a em meu carro – disse um senhor, preocupado.

Enquanto um outro homem carregava Beatriz, o dono do carro pegou uma toalha de banho que tinha no porta-malas, dizendo:

— Enrole sua cabeça neste pano, pois não quero meu carro sujo de sangue.

O homem que carregou Beatriz enrolou a velha toalha na cabeça da moça, e rapidamente os dois seguiram ao hospital mais próximo. Ao chegarem lá, Beatriz foi conduzida à emergência. O médico atendeu Beatriz e solicitou uma radiografia craniana. Logo se descobriu que a moça estava com fratura craniana exposta. O médico que a atendeu perguntou:

— Qual o nome da paciente?

O motorista do carro, que estava com a bolsa de Beatriz, revirou e não demorou a encontrar seus documentos.

— O nome dela é Beatriz da Silva Nogueira, tem vinte e dois anos.

O médico logo notou que os homens que a socorreram não eram parentes, então disse:

— Vejam se encontram algum endereço para que possamos avisar a família.

A carteira de trabalho de Beatriz estava na bolsa, e os homens viram nela o nome do despachante em que a moça trabalhava.

— Ela trabalha no despachante Cerqueira – disse o motorista do carro.

— Esse escritório é perto do lugar onde ela sofreu o acidente – afirmou o homem que carregou Beatriz.

Os dois homens saíram do hospital e foram direto ao escritório. Assim que viram Ana, disseram:

— Beatriz da Silva Nogueira trabalha aqui?

Ana, sem compreender, respondeu:

— Ela trabalhou até hoje, mas foi demitida.

— Ela sofreu um acidente, e está em estado grave no hospital – disse um dos homens.

Ana empalideceu-se ao ouvir o relato e, quando ia perguntar mais alguma coisa, o homem, que ainda estava com a camisa suja de sangue, disse:

— Precisamos avisar a família, pois ela encontra-se no hospital.

Ana rapidamente pegou o nome do hospital e responsabilizou-se em avisar a família. Os homens entregaram a bolsa a Ana e saíram, com a consciência de missão cumprida. Ana rapidamente foi ao escritório de Moacir e contou o que havia ocorrido.

— Pegue o endereço de Beatriz e em seguida iremos à sua casa.

Ana logo se lembrou de que a mãe de Beatriz era doente, e então disse:

— A mãe de Beatriz tem problemas cardíacos, teremos que avisar a irmã.

❦

Ana e Moacir chegaram em frente à casa da moça. O chefe, ao ver o estado de abandono da residência, disse:

— Coitada dessa família. Desça e vá conversar com eles.

Ana naquele momento pediu ajuda do alto, pois temia que a mãe de Beatriz não resistisse à notícia. Fechando os olhos, pensou em Deus, quando de repente, uma senhora saiu. Ana, ao ver a mulher, suspirou aliviada e, assim que ela fechou o pequeno portão, disse:

— A senhora é amiga da família?

— Sim! Sou amiga de dona Sonia há quase trinta anos.

— Qual é o nome da senhora?

— Muito prazer, me chamo Augusta.

Ana amavelmente correspondeu ao cumprimento, apresentando-se em seguida. Depois começou a gaguejar, e dona Augusta perguntou:

— Aconteceu alguma coisa?

— Sim! Beatriz sofreu um acidente nas proximidades do escritório e encontra-se no hospital – respondeu Ana, trêmula.

Dona Augusta, sem pensar, disse:

— Meu Deus! Sonia saiu há poucas semanas do hospital, se ela souber, não vai aguentar.

— Podemos esconder esse fato da mãe, mas Beatriz precisará de alguém da família que possa cuidar da internação.

Dona Augusta, preocupada, perguntou:

— E como ela está?

— Ainda não sabemos, pois os senhores que a socorreram disseram que seu estado não era nada bom. Ela sofreu um ferimento grave na cabeça e está desacordada.

Dona Augusta olhou para o céu:

— Meu Deus, tenha pena de Sonia, ela não vai aguentar se alguma coisa acontecer a Beatriz. – Ana ficou com lágrimas nos olhos ao ver o desespero da senhora, que continuou: – Preciso avisar Clara.

Ana logo se lembrou de Clara, que tinha ido ao escritório uma única vez para avisar sobre o estado de saúde de Beatriz.

— Clara está em casa?

— Não! Ela está no colégio. Desde que Sonia foi internada desta última vez, venho todas as manhãs fazer companhia a ela, a pedido de Clara.

Moacir, que ouvia toda a conversa, disse:

— Podemos ir ao colégio avisar a irmã.

Augusta começou a informar onde ficava o colégio quando Moacir perguntou:

— A senhora pode vir conosco?

Augusta, sem pensar, respondeu:

— Sim, vamos, pois essa menina já sofre demais.

Ana entregou a bolsa de Beatriz a dona Augusta, que rapidamente entrou no carro. Logo Augusta e Ana entraram no colégio e pediram para chamar Clara. Ela estava na aula de matemática e, assim que ficou sabendo que a estavam procurando, pensou que alguma coisa havia acontecido com sua mãe. Ao ver Augusta e Ana, começou a tremer, e com lágrimas nos olhos perguntou:

— O que aconteceu com minha mãe?

Dona Augusta tomou a frente, dizendo:

— Com a sua mãe não aconteceu nada. Entretanto, Beatriz sofreu um acidente e encontra-se no hospital.

Suspirando, a moça disse:

— Graças a Deus que minha mãe está bem, e como está Beatriz?

Ana passou a contar tudo o que os homens que socorreram Beatriz lhe disseram, e Clara começou a chorar.

— Venha conosco, vamos ao hospital saber o que realmente aconteceu – Ana sugeriu.

Clara saiu correndo e rapidamente foi liberada pelo diretor. Logo os quatro chegaram ao hospital e, na emergência, ficaram sabendo que Beatriz havia sido transferida à UTI.

Clara, chorando, disse:

— Não basta mamãe, agora Beatriz, o que será de mim, dona Augusta?

— Confie em Deus que tudo dará certo.

Dona Augusta entregou a bolsa de Beatriz à Clara, que rapidamente cuidou dos papéis da internação da irmã. As duas procuraram o médico que havia atendido a moça, e logo ficaram sabendo a verdade sobre o estado de saúde de Beatriz.

O médico foi enfático ao dizer:

— Ela sofreu um traumatismo craniano. Precisamos ver como reagirá nas próximas setenta e duas horas.

Clara chorava copiosamente, pois estava preocupada com a mãe quando soubesse da notícia.

— Hoje não falaremos nada a Sonia. Dê a ela um calmante e faça-a dormir antes do horário costumeiro de Beatriz chegar – Augusta aconselhou.

Clara sentiu-se perdida, sem saber o que fazer nem para onde ir.

— Sei que não é fácil para você, por isso peço que aceite minha companhia – Ana disse.

— Toda ajuda neste momento é bem-vinda – Clara consentiu.

Augusta disse que acompanharia Clara ao centro da cidade, para que pudesse visitar a irmã. E assim se deu. Moacir permitiu que Ana tirasse folga no trabalho naquele dia, pois se sentia culpado por ter demitido a moça. Ana passou a frequentar a casa de Beatriz, tornando-se amiga de Clara e Augusta.

※

Três dias haviam se passado desde que Beatriz sofrera o acidente. Clara visitou a irmã todos os dias, acompanhada por dona Augusta. No terceiro dia, o médico disse:

— Bem, o quadro de Beatriz é grave. Foram feitos outros exames e descobrimos que ela está com um coágulo que está causando edema no cérebro. Hoje mesmo ela será encaminhada ao centro cirúrgico para uma cirurgia.

Clara começou a chorar, e então perguntou:

— Mas ela vai se curar, doutor?

O médico, que era católico, respondeu:

— Está nas mãos de Deus e da Virgem Maria.

Augusta estremeceu ao ouvir o relato do médico e, tentando consolar a moça, disse:

— Não se aflija, minha filha, tudo sairá segundo a vontade de Deus.

— Minha mãe não para de perguntar de Beatriz, e eu sempre estou mentindo, ora dizendo que está dormindo na casa de Ana, ora que ela chegou e está dormindo e, como mamãe não está saindo da cama, não percebeu o sofrimento pelo qual estamos passando.

— Deus há de dar forças à sua mãe para suportar a dor, caso venha a acontecer o pior com Beatriz.

Clara começou a chorar, pois já pensava que perderia a irmã e, em seguida, a mãe.

Dois dias haviam se passado desde que Beatriz fora operada, e, exatamente às quinze horas e vinte e sete minutos, a moça, não suportando o ferimento, veio a falecer. Clara, acompanhada de Ana e Augusta, finalmente contou à mãe sobre a morte de Beatriz. A mulher disse chorando:

— Eu sabia que havia alguma coisa errada, pois não ouvia mais os gritos de Beatriz em casa.

Sonia chorou compulsivamente, e Clara chamou o doutor Percival para dar um sedativo à mãe. O médico, depois de dar-lhe calmantes, disse:

— Sonia é uma mulher forte, e tenho certeza de que ela superará a perda.

Ana pediu para sair mais cedo do trabalho, quando ficou sabendo da morte de Beatriz. Avisou Moacir, que cuidou do funeral e pagou todas as despesas.

Sonia queria que a filha fosse velada em casa, e assim se deu. A pobre mãe chorava sobre o caixão, fazendo com que todos que estavam presentes chorassem junto com ela. O caixão saiu da sala da casa exatamente às quatorze horas do dia seguinte, mas Sonia não teve condições de ir. Ana ficou com dona Sonia, que chorava sem parar. Embora o impacto da perda da filha houvesse sido grande, Sonia reagiu bem à dor, de modo que não sofreu consequências cardíacas. Doutor Percival receitou um medicamento e mandou que lhe dessem uma hora antes de sair o caixão. E assim foi feito. Sonia, vencida pelo cansaço, logo adormeceu. Duas horas depois, Augusta e Clara chegaram. Ao ver que a pobre mãe dormia, sentiram-se mais tranquilas.

No dia seguinte, Ana foi até a casa de dona Júlia e contou tudo o que havia acontecido. Imediatamente, Júlia disse:

— Leve-me até lá, pois sinto que vão precisar de consolo.

Ana não esperava outra atitude da mulher e, sorrindo, disse:

— Neste momento, só os ensinamentos do Cristo poderão consolar aquela pobre mãe.

Júlia foi até a casa de Mirtes, que havia passado pela mesma experiência, e convidou-a a acompanhá-la. Mirtes, penalizada por Sonia mesmo sem a conhecer, foi até lá levada por Ana.

Clara, ao ver Júlia, gostou imediatamente da mulher e a recebeu com gentileza. Mirtes não fez perguntas sobre o acidente, porém Clara foi relatando tudo o que acontecera naquela semana.

Mirtes e Júlia foram apresentadas por Augusta, que disse:

— Sonia, essas são Júlia e Mirtes, minhas amigas.

Ana, embora estivesse no quarto, ficou em um canto, sem nada dizer. Sonia passou a relembrar quando Beatriz era pequena, o vestido azul com babado branco que ela usava sem esquecer os sapatinhos brancos. Júlia e Mirtes ouviam atentamente o relato da mulher, pois sabiam que essas lembranças a consolavam naquele momento. Depois daquele dia, Júlia e Mirtes, passaram a frequentar com assiduidade a casa de Sonia. Mirtes contou que também havia perdido um filho, que as feridas iam se fechando dia a dia e que era para ela ter paciência. A morte de Beatriz serviu para unir as quatro mulheres: Sonia, Júlia, Mirtes e Augusta.

Augusta estava encantada com o raciocínio lógico e claro de Júlia. Mirtes, que antes rejeitava os ensinamentos dela, logo passou a vê-los com lucidez. E assim o tempo foi passando.

Após três meses do falecimento de Beatriz, Mirtes disse:

— Minha filha vai se casar no mês que vem, e gostaria muito que a senhora e Clara fossem ao casamento.

Júlia gostou da atitude de Mirtes e então disse:

— Dona Sonia, compreendo sua dor, mas a morte não existe, o que existe é o fim do corpo físico. Beatriz continua viva e não gostará de saber que está sendo o pivô de seu sofrimento.

— Se eu não for, Clara vai.

— Virei um dia antes com um táxi e as levarei para ficar em minha casa para o casamento – disse Júlia.

Sonia, que aprendeu a amar verdadeiramente Júlia e Mirtes, com um sorriso triste respondeu:

— Está bem! Pode vir.

Clara, ao ver que a mãe havia aceitado o convite, soltou um gritinho de alegria:

— Precisamos providenciar as roupas.

Sonia ficou feliz em saber que havia contribuído para a felicidade de sua filha.

Beatriz acordou em um lugar lamacento e escuro e, embora sentisse fortes dores de cabeça, não conseguia ver ninguém, ouvindo somente choros e gritos. Assustada, gritou:

— Que lugar é esse? – e logo se lembrou de que havia caído perto do ponto de ônibus e batido a cabeça. – Quem me deixou nesse lugar para morrer? Clara não pode ser. Embora ela tenha parado de falar comigo, jamais faria uma coisa dessas.

E assim o tempo foi passando, e Beatriz foi se acostumando com a escuridão. O frio e a fome não lhe davam trégua, e vez por outra ela se arrastava pelo lugar à procura de comida ou água. Certo dia, um vulto se fez à sua frente, dizendo:

— Está gostando de sua nova casa, Beatriz?
— Como sabe meu nome?
— Somos amigos de velhos tempos.
Beatriz, arrogante, respondeu:
— Não tenho amigos, muito menos um ser fedorento como você.
O vulto aproximou-se e logo Beatriz sentiu o mau cheiro que vinha de sua boca.
— Deixe-me em paz! Não costumo fazer amizades com mendigos – ela respondeu, virando o rosto. A figura, abrindo a boca, deixou à mostra suas presas, que mais se assemelhavam às de uma serpente. Beatriz sentiu medo, então pediu: – Por favor, deixe-me sozinha.
— Eu a conheci quando foi ao terreiro contratar meus serviços. Combinamos que você passaria a me servir, mas, depois de ver seu desejo satisfeito, nunca mais apareceu. Quando alguém me promete alguma coisa, tem que cumprir. Você me prometeu e agora terá que cumprir.
— O que tenho que fazer?
— Você será minha escrava. Primeiro porque me prometeu, e segundo porque Yago se recusou a me servir, juntando-se aos da luz. Terá que trabalhar em dobro para fazer a vez de Yago, esse será seu castigo.
— Não vou a lugar algum! Estou com dor de cabeça, e não me atormente mais – respondeu ela de maneira arrogante. Embora Beatriz fosse forçada a se lembrar de Yago, em nenhum momento se arrependeu pelo que havia pedido aos espíritos. Beatriz continuou: – Yago teve o que mereceu, e eu não tenho nada com isso.
— Você vai, quer queira, quer não, pois me contratou quando foi ao terreiro. Lá me apresento como um das linhas dos Exus. – Logo Beatriz se lembrou do pedido que havia feito, mas nem assim se arrependeu. O vulto se apresentou: – Sou Lobo e trabalho para meu chefe, que já a está esperando.
— Estou morta?
— Eu mesma a matei, como fiz com Yago, agora venha, o chefe a espera.

Beatriz esperneou, porém foi arrastada pelos cabelos por Lobo, que desapareceu no meio da escuridão.

Finalmente o grande dia havia chegado. Fernando estava nervoso esperando a chegada de Mercedes, e a igreja estava cheia. Logo a marcha nupcial começou e finalmente Mercedes apareceu na imensa porta. No momento em que ela entrou, toda a igreja ficou de pé para ver a entrada triunfal da noiva. Arnaldo estava feliz, e com orgulho encaminhou a filha até o altar. O padre Aureliano logo começou a cerimônia. Todos os amigos de Mercedes estavam na igreja, dos amigos de infância aos do trabalho. Todos os trabalhadores da Casa Espírita foram convidados, e os padrinhos estavam logo atrás do padre. Júlia estava enganchada em Marcelo, e todos estavam muito sorridentes. Ela usava um vestido azul-marinho, e Marcelo também estava com um terno da mesma cor. Mirtes estava no altar ao lado de Arnaldo, que chorava discretamente ao ver sua única filha se casar. O padre falava sobre as bênçãos da família, e que Deus deveria ser colocado como um cordão tríplice na corda que uniria aquelas duas pessoas. Mercedes tremia qual vara balouçada pelo vento, enquanto Fernando segurava firmemente em sua mão. O que ninguém viu foi que a figura de Yago se aproximou de sua mãe, dando-lhe um sonoro beijo na testa, e depois, olhando para o pai, disse:

— Papai, um dia estaremos juntos e terei a oportunidade de pedir-lhe perdão pessoalmente.

Dardan olhava tudo com alegria, pois naqueles dias em que ficara na Casa Espírita havia unido os dois como pai e filho. Yago aproximou-se de Mercedes e deu-lhe um suave beijo na testa. Depois foi até Júlia e, com alegria, a beijou ternamente no rosto dizendo:

— Muito obrigado, minha amiga! Um dia nos encontraremos.

Yago olhou para a igreja cheia e logo viu Sonia, Clara e Ana.

Assustado, perguntou:

— O que a mãe de Beatriz faz aqui? Minha irmã a conhecia?

Dardan, que se informara de todos os detalhes da história, disse:

— Meu filho, do mesmo modo que o espírito trevoso tirou sua vida, tirou a vida de Beatriz. Ana, como sempre tivera bom coração, apresentou Júlia e Mirtes à pobre Sonia para consolá-la.

Yago sempre pensou que, quando Beatriz morresse, ele se vingaria, mas naquele momento sentiu pena da moça, que jogou uma vida fora em consequência de suas maldades.

— Sempre haverá tempo para o arrependimento, e peço a Deus que Beatriz perceba isso logo.

Dardan e Yago entreolharam-se e juntos partiram em direção a mundos mais felizes.